Jerzy Konikowski

Damengambit – richtig gespielt

Joachim Beyer Verlag

ISBN 978-3-95920-007-3

3. überarbeitete und ergänzte Auflage 2016

Ein Imprint des Schachverlag Ullrich, Zur Wallfahrtskirche 5,
97483 Eltmann

Inhalt

Zeichenerklärung

!	ein sehr guter Zug
!!	ein ausgezeichneter Zug
?	ein schwacher Zug
??	ein grober Fehler
!?	ein beachtenswerter Zug
?!	ein Zug von zweifelhaftem Wert
+−	Weiß hat entscheidenden Vorteil
−+	Schwarz hat entscheidenden Vorteil
±	Weiß steht besser
∓	Schwarz steht besser
⩲	Weiß steht etwas besser
⩱	Schwarz steht etwas besser
=	ausgeglichen
∞	unklar, mit beiderseitigen Chancen
=∞	mit Kompensation für den materiellen Nachteil
↑	mit Initiative
→	mit Angriff
⇄	mit Gegenspiel
Δ	mit der Idee
⌓	besser ist
x	schlagen
+	Schach!
#	matt

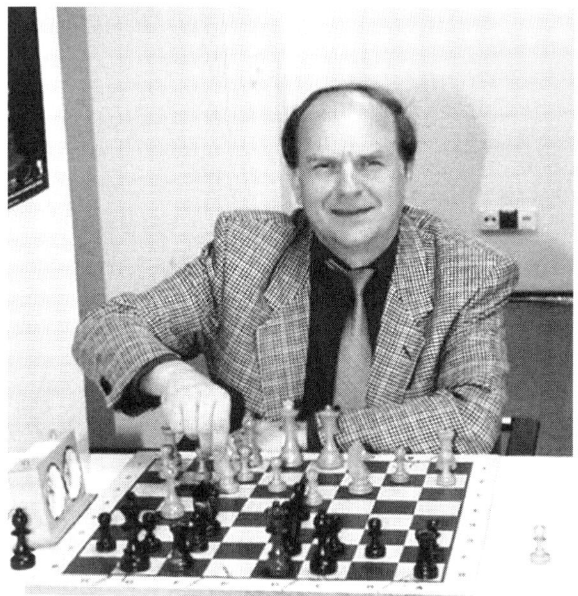

Vorwort

Das Damengambit umfasst eigentlich grundsätzlich alle Fortsetzungen, die sich nach den Zügen 1.d4 d5 2.c4 ergeben können. Häufig treten in der heutigen Turnierpraxis auch andere Fortsetzungen auf, wie 2.Sf3, 2.Lf4 usw., die mit Zugumstellung zu den Hauptvarianten des klassischen Damengambits führen können. Auch nach diesen Zügen können selbstständige Varianten entstehen, die einen eigenen Namen tragen: *Damenbauernspiele*. In der modernen Eröffnungstheorie werden sie sehr oft zur großen Familie des Damengambits gezählt. Sie werden in diesem Buch ebenfalls vom Autor berücksichtigt.

Die Popularität des Damengambits reicht zurück bis in die Mitte des 19. Jahrhunderts. Besonders nach den Weltmeisterschaftwettkämpfen zwischen Steinitz und Zukertort (1886) und später zwischen Steinitz und Lasker (1894) wurde es sehr tiefgehend analysiert. Schon damals wurden viele bedeutende strategische und taktische Ideen geboren, deren praktische Erprobung und Verfeinerung in der Großmeister-Praxis bis heute anhält.

Das Damengambit gilt gegenwärtig als eine der solidesten Eröffnungen und ist sehr populär bei den Spielern praktisch aller Klassen. Seine ursprüngliche Idee ist geradlinig: Mit dem Angriff gegen den schwarzen Zentralbauern strebt

Weiß nach Kontrolle des Zentrums und – auf dieser Grundlage und oft bei der ersten Gelegenheit – nach einem Mattangriff auf den feindlichen König. Es entstehen auch verschiedene Bauernstrukturen, die eine genaue strategische Planung des Spiels verlangen. Zu den bekanntesten gehören: Isolierte Bauern, hängende Bauern, Minoritätsangriff usw. Eine ausführliche Analyse dieser strategischen Themen überschreitet den Umfang dieser Arbeit, aber ich werde im Teil *Bauernstrukturen im Damengambit* diese Problematik allgemein besprechen.

Dem Schwarzen stehen im Damengambit eine Reihe von Verteidigungssystemen zu Gebote, z.B. 2...c6 (Slawische Verteidigung), 2...e6 (klassische Verteidigung bzw. abgelehntes Damengambit), 2...dxc4 (angenommenes Damengambit) und viele andere. Ich versuche, die wichtigsten Abspiele hier zu besprechen.

Das Damengambit ist inhaltlich zu umfangreich, um alle Varianten ausführlich in einem Buch vorzustellen. Das wäre praktisch unmöglich. Deshalb finden Sie in dieser Arbeit nur die – nach meiner Meinung – wichtigsten Feinheiten dieses Gambits in einer ausführlichen Einleitung, in 21 Kapiteln und 60 Beispielpartien. Dieses Material soll Ihnen helfen, die strategischen und taktischen Probleme des Damengambits generell kennen zu lernen. Wenn Sie sich mit einer Eröffnung vertiefend auseinandersetzen wollen, müssen Sie zur Spezialliteratur greifen. Ein ausführliches Literaturverzeichnis findet sich am Ende des Buches.

Und abschließend möchte ich auf unbeabsichtigte Fehler in Varianten bzw. Analysen hinweisen, die sich natürlich einschleichen können. Falls Sie derartige Ungenauigkeiten finden, schreiben Sie bitte an den Verlag. Konstruktive Kritik und Empfehlungen sind immer willkommen!

Und nun wünsche ich Ihnen viel Vergnügen beim Studieren dieses Buches und hoffe, dass es Ihnen hilft, Ihre Spielstärke in diesem Bereich deutlich zu verbessern.

Jerzy Konikowski, FIDE-Meister

Bauernstrukturen im Damengambit

Der französische Schachmeister François-André Danican Philidor (1726-1795) schrieb in seinem berühmten Buch *Analyse des Schachspiels* (Analyse du jeu des échecs), dass die Bauern die Seele des Schachspiels sind. Seitdem sind viele Jahre vergangen, aber diese Aussage ist immer noch aktuell, auch wenn inzwischen viele Ansichten zur Schachstrategie revidiert wurden. Die Rolle der Bauern ist sehr wichtig und diese *Theorie* muss jeder Schachspieler verstehen. Denn die Stellung der Bauern bestimmt, welche strategischen und taktischen Pläne in der Partie realisiert werden können.

Auf der Basis einiger lehrreicher Partien möchte ich verschiedene Bauernformationen vorstellen, die am häufigsten im Damengambit vorkommen. Da das Buch eigentlich die Varianten des Damengambits beleuchten soll und kein Mittelspielbuch darstellt, werde ich das Thema nur sehr allgemein behandeln. Es geht darum, dass die Leser, die sich noch nie mit Mittelspielproblemen beschäftigt haben, ein Basiswissen erhalten, wie man typische Stellungen mit verschiedenen Bauernstrukturen in dieser Eröffnung studieren soll. Ich möchte die für das Damengambit besonders relevanten Strukturen unter die Lupe nehmen und Prinzipien zu den positiven und negativen Eigenschaften solcher Strukturen formulieren.

Es werden die folgenden Typen von Bauern besprochen:

1. **Isolierte Bauern**

2. **Hängende Bauern**

3. **Die Formation c3-d4 (bzw.c6-d5)**

4. **Freibauern**

5. **Karlsbader Struktur**

Isolierte Bauern

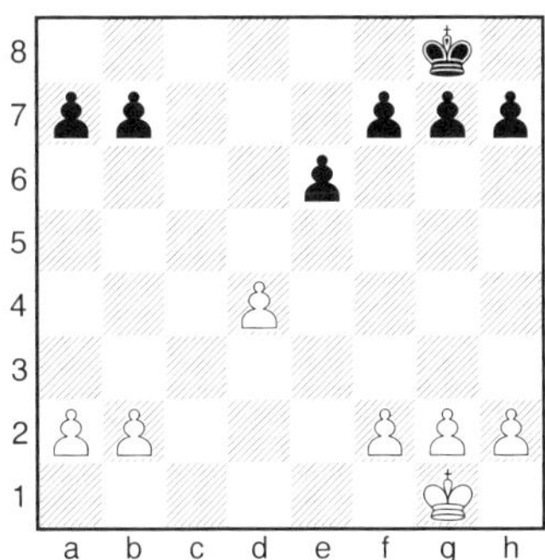

Eine typische Stellung mit einem isolierten Damenbauern auf d4. Die dynamische Kraft dieses Bauern beruht auf seiner Tendenz vorzurücken. Außerdem schafft der Isolani Stützpunkte auf den offenen Nachbarlinien, d. h. in diesem Fall, e5 bzw. c5 sind hervorragende Vorpostenfelder. Andererseits ist der isolierte Bauer schwach im Endspiel, weil er die Deckung durch Figuren benötigt.

Damit sind die Strategien für beide Parteien vorgezeichnet: Die Seite mit dem isolierten Bauern muss aktiv spielen, um den Kampf möglichst im Mittelspiel zu entscheiden, während der Gegner versucht, Figuren zu tauschen und in ein Endspiel einzulenken. Aus diesem Interessenkonflikt resultiert oft ein verwickeltes Mittelspiel.

Im ersten Beispiel wird ein simpler Königsangriff vorgestellt.

Beispiel 1

1.c4 e6 2.♘f3 d5 3.d4 ♘f6 4.♗g5 ♗e7 5.♘c3 0-0 6.e3 ♘bd7 7.♗d3 c5 8.0-0 cxd4 9.exd4 dxc4 10.♗xc4

Damit ist eine typische Isolani-Stellung entstanden.

10...♘b6

Nach allgemeinen Prinzipien plant Schwarz, das Feld vor dem Isolani – das Blockadefeld d5 – mit einem Springer zu besetzen.

11.♗b3 ♗d7

Schwarz will seinen Läufer auf der Diagonale a8-h1 postieren, um damit die Blockade des isolierten Bauern zu verstärken. Im Falle von 11...♘bd5 12.♖e1 (Es ist auch möglich, mit 12.♘e5!? sofort den Stützpunkt e5 zu besetzen.) 12...♘xc3 13.bxc3 ♗d7 14.♕d3 ♗c6 15.♘e5 ♘d5 16.♗c2 g6 17.♗h6 ♖e8 18.♕h3 bekommt Weiß einen starken Königsangriff. (Es droht schon ♘e5xf7!) Aber 11...♘fd5!? mit dem Ziel, die Stellung durch Abtausch zu vereinfachen, kam definitiv in Frage.

12.♕d3 ♘bd5?

In strategischer Hinsicht war 12... ♘fd5!? zu empfehlen. Dies entspricht der goldenen Regel, dass isolierte Bauern im Allgemeinen an Stärke verlieren, wenn Figuren abgetauscht werden.

13.♘e5 ♗c6 14.♖ad1 ♘b4 15.♕h3 ♗d5 16.♘xd5 ♘bxd5?

Schwarz wählt wieder den falschen Springer zur Blockade des Punktes d5. Notwendig war 16...♘fxd5!?.

17.f4!

Nun folgt ein einfacher Plan: Mit dem Vorrücken des Bauern will Weiß die f-Linie öffnen und den Turm ins Spiel bringen.

17...♖c8 18.f5 exf5 19.♖xf5 ♕d6?

Dieser Zug ermöglicht dem Weißen, eine Kombination durchzuführen. Mehr Widerstand könnte Schwarz nach 19...♖c7 leisten, obwohl Weiß nach dem folgenden 20.♖df1 klar besser stünde.

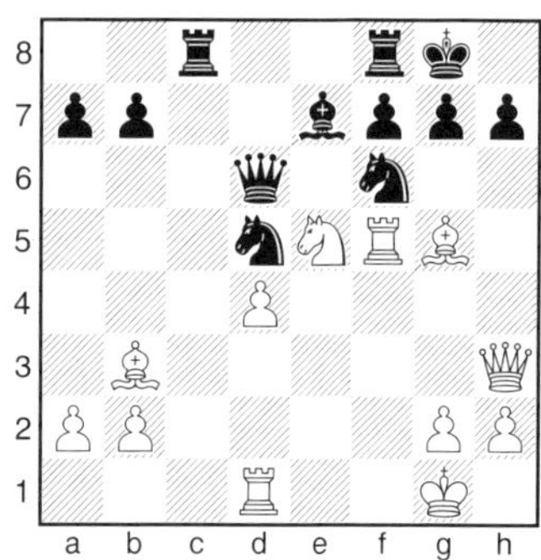

20.♘xf7!

Nun entscheidet die Taktik.

20...♖xf7

Oder 20...♔xf7 21.♗xf6 und Weiß gewinnt.

21.♗xf6 ♗xf6

21...♘xf6 22.♖xf6 ♗xf6 23.♕xc8+ mit weißem Gewinn.

22.♖xd5 ♕c6 23.♖d6! ♕e8 24.♖d7 und Schwarz kapitulierte (Botwinnik - Vidmar, Nottingham 1936).

Nun folgt ein lehrreiches Beispiel, wo es Weiß gelang, den Vorstoß d4–d5 durchzuführen. Diese taktische Möglichkeit ist immer eine große Gefahr und die Seite, die gegen den isolierten Bauern kämpft, muss ständig darauf achten, dies zu verhindern.

Beispiel 2

1.d4 d5 2.c4 dxc4 3.♘f3 ♘f6 4.e3 c5 5.♗xc4 e6 6.0-0 a6 7.♕e2

Es wird auch 7.a4 gespielt, um den nächsten schwarzen Zug zu verhindern.

7...b5 8.♗b3 ♘c6

Laut Theorie ist 8...♗b7!? besser.

9.♘c3 cxd4 10.♖d1 ♗b7?

Schwarz entwickelt erst seinen Damenflügel und vernachlässigt dabei die natürliche Entwicklung des Königsflügels. Das wird schnell bestraft. Zu empfehlen ist deshalb 10...♗e7, um den König zu sichern, z.B. 11.exd4 ♘a5 12.♗c2 ♗b7 13.♗g5 0-0 14.♘e5 ♖c8 usw.

11.exd4 ♘b4

Schwarz steht optisch gut, weil er den Punkt d5 mit seinen Leichtfiguren kontrolliert. Er braucht nur noch ♗f8–e7 zu spielen, um seinen König in Sicherheit zu bringen. Aber es folgt eine Überraschung...

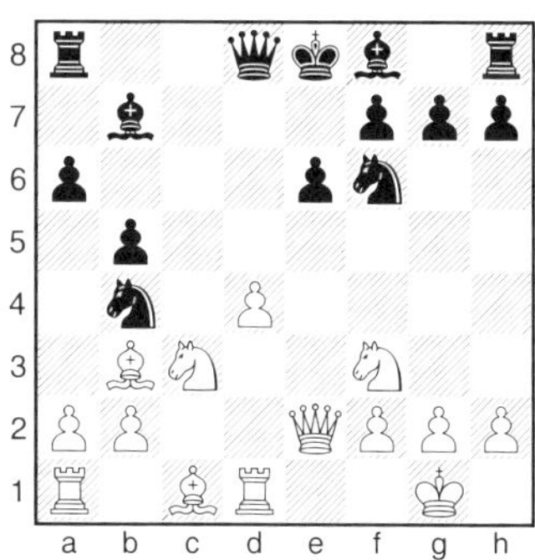

12.d5!

Ein typischer Durchbruch im Zentrum: Weiß löst seinen Isolani auf und öffnet die Stellung. Die weißen Figuren nehmen danach aktive Positionen ein.

12...♘bxd5

Auf 12...♘fxd5 entscheidet 13.a3!.

13.♗g5 ♗e7 14.♗xf6 gxf6

Erzwungen: 14...♗xf6 scheitert an 15.♘xd5!.

15.♘xd5 ♗xd5 16.♗xd5 exd5 17.♘d4

Der weiße Springer dominiert nun das Brett. Da die Königsstellung von Schwarz demoliert ist, ist sein Schicksal evident.

17...♔f8 18.♘f5 h5 19.♖xd5 ♕xd5 20.♕xe7+ ♔g8 21.♕xf6 Schwarz gab sich geschlagen (Spasski - Awtonomow, Leningrad 1949).

Im Kampf gegen den isolierten Bauern stellt die Blockade eine sehr wichtige Methode dar. Da die Wirkung des Bauern dadurch verringert wird, erleichtert dies die Verteidigung und ermöglicht es, zum Gegenangriff überzugehen. Ein anderes wichtiges Motiv ist die Reduzierung des Materials, denn der isolierte Bauer ist, wie schon gesagt, besonders im Endspiel schwach und kann oft erobert werden. Nachstehend zwei interessante thematische Partien.

Beispiel 3

1.c4 e6 2.♘c3 d5 3.d4 c5 4.cxd5 exd5 5.♘f3 ♘c6 6.g3 ♘f6 7.♗g2 ♗e7 8.0-0 0-0 9.b3

Der Läufer wird auf die lange Diagonale a1-h8 entwickelt. Zur Hauptvariante führt 9.♗g5 usw.

9...♗g4 10.dxc5 ♗xc5

So haben wir eine Stellung mit einem Isolani auf d5 erreicht.

11.♗b2 ♖c8 12.h3 ♗e6 13.e3 ♕e7 14.♘e2

Mit der klaren Absicht, den isolierten Bauern zu blockieren.

14...♖fd8 15.♘fd4

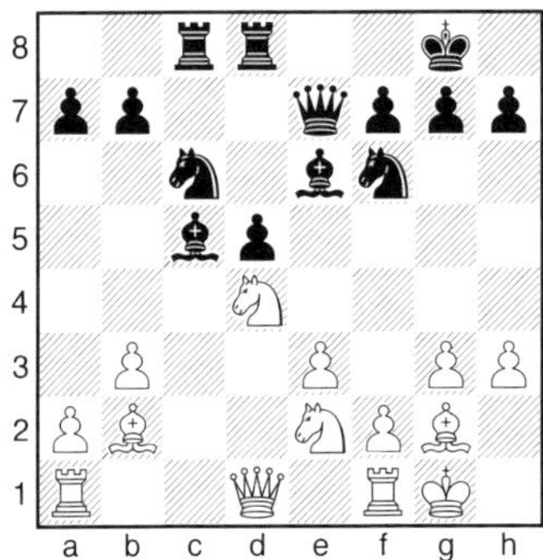

15...♗a3?

Ein Verstoß gegen die Regeln: Die Seite mit Isolani sollte jeden Abtausch der Figuren vermeiden und die Spannung des Kampfes aufrechterhalten. Logischer wäre also 15...♘e4!?.

16.♗xa3 ♕xa3 17.♕c1! ♕xc1

Schwarz sollte dem Damentausch ausweichen und z.B. 17...♕e7 spielen. Weiß hat nun einen einfachen Plan: Bei ständigem Druck gegen den Bauern d5 das Material weiter zu reduzieren.

18.♖axc1 ♘xd4 19.♘xd4 ♔f8 20.g4 h6 21.f4 ♔e7 22.♔f2!

Der Monarch greift nun in das Kampfgeschehen ein.

22...g5 23.♔e2 ♗d7 24.♔d2 a6 25.♖ce1 ♘e4+ 26.♗xe4

Damit wird zwar der Isolani aufgelöst, aber Weiß bleibt mit seinem starken Springer in klarem Vorteil.

26...dxe4 27.♖c1 ♗b5?

Nun kommt es zur Vereinfachung der Stellung, was nur für Weiß günstig ist. Zu überlegen war 27...♖xc1!? 28.♔xc1 (Nach 28.♖xc1 gxf4 29.exf4 ♗xg4 30.hxg4 ♖xd4+ 31.♔e3 ♖d6 32.♔xe4 ♖e6+ 33.♔f3 ♔d7 sollte Schwarz das Endspiel retten.) 28...f6 29.♔d2 ♖c8 mit nur geringem Vorteil für Weiß.

28.♖xc8 ♖xc8

Oder 28...♗xf1 29.♖xd8 ♔xd8 30.♘f5 ♗xh3 31.♘xh6 f6 32.fxg5 fxg5 33.♘f7+ ♔e7 34.♘xg5 mit weißem Vorteil.

29.♘xb5 axb5 30.fxg5 hxg5 31.♖f5

Das Turmendspiel ist für Weiß einfach gewonnen.

31...♖a8 32.♖xg5 ♖xa2+ 33.♔c3 b4+ 34.♔xb4 ♔d6 35.♔c3 ♖h2 36.♖h5 ♖e2 37.♔d4 ♖b2 38.♖h6+ ♔d7 39.♖b6 ♔c7 40.♖f6 ♖xb3 41.♖xf7+ ♔d6 42.♔xe4 ♖b1 43.g5 ♔e6 44.g6 b5 45.♖f4 ♖g1 46.♖g4 und Schwarz gab sich geschlagen, denn das Bauernendspiel nach 46...♖xg4+ 47.hxg4 ♔f6 48.♔d4 ♔xg6 49.e4 ♔g5 50.e5 ♔g6 51.♔c5 ♔f7 52.♔d6 ist hoffnungslos verloren (Uhlmann - Espig, Halle 1981).

Beispiel 4

1.d4 ♘f6 2.c4 e6 3.♘f3 d5 4.♘c3 ♗e7 5.♗f4 0-0 6.e3 c5 7.dxc5 ♘c6 8.♕c2 ♕a5 9.a3 ♗xc5 10.♖d1 ♗e7 11.♘d2 ♗d7?!

Die Theorie empfiehlt 11...e5!?.

12.♗e2 ♖fc8 13.0-0 ♕d8 14.cxd5 exd5

So entstand im schwarzen Lager ein Isolani auf d5, der bis zum Ende der Partie Schwarz nur Probleme bereiten wird. Karpow zeigt auf lehrreiche Weise, wie man solche Stellungen richtig behandelt.

15.♘f3 h6 16.♘e5!

Der Springer, der das Feld d4 kontrolliert, wird nun abgetauscht.

16...♗e6 17.♘xc6 ♖xc6

Nach 17...bxc6 18.♗a6 verlöre Schwarz die Qualität.

18.♗f3 ♕b6 19.♗e5 ♘e4 20.♕e2 ♘xc3 21.♗xc3 ♖d8

21...♗xa3 22.♗xg7! ist günstiger für Weiß.

22.♖d3 ♖cd6 23.♖fd1 ♖6d7 24.♖1d2 ♕b5

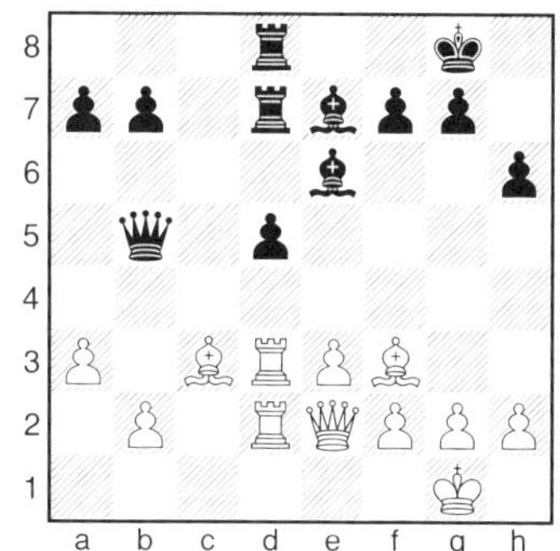

25.♕d1

Alle Kräfte Karpows greifen nun den Isolani an. Aber es ist nicht einfach ihn zu erobern, denn er ist noch ausreichend verteidigt. Weiß muss daher versuchen, einen Königsangriff einzuleiten. Wir werden gleich sehen, wie ihm das gelingt...

25...b6 26.g3 ♗f8 27.♗g2 ♗e7 28.♕h5 a6 29.h3 ♕c6 30.♔h2 a5 31.f4!

Nach den entsprechenden Vorbereitungen geht nun Karpow energisch zur Sache.

31...f6

Nicht besser wäre 31...f5 32.♕g6 ♗f8 33.♗e5 ♖f7 34.e4! fxe4 35.♗xe4 und Weiß gewinnt.

32.♕d1 ♕b5 33.g4! g5 34.♔h1 ♕c6

Etwas besser war das Schlagen auf f4.

35.f5 ♗f7 36.e4!

Nun bricht die schwarze Stellung zusammen.

36...♔g7 37.exd5 ♕c7 38.♖e2 b5 39.♖xe7! ♖xe7 40.d6 ♕c4 41.b3 Schwarz gab auf (Karpow - Spasski, Montreal 1979).

Hängende Bauern

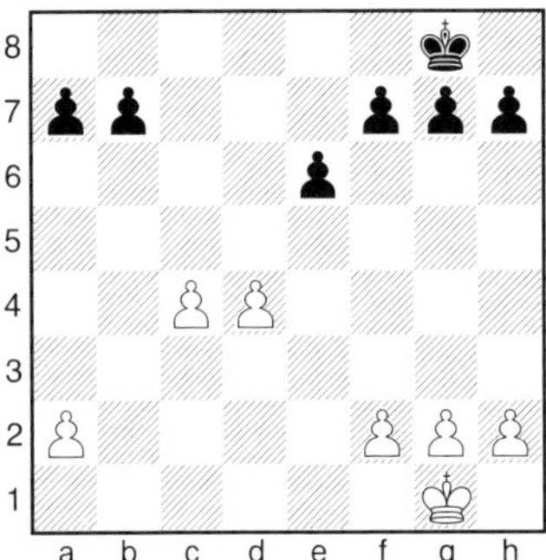

Hängende Bauern – hier auf d4 und e4 – nennt man ein Paar halbfreier Bauern, das keine stützenden Bauern auf den benachbarten Linien besitzt. Diese Bezeichnung gilt nur so lange, wie die Bauern auf der gleichen Reihe stehen. Rückt einer der beiden Bauern vor, dann entsteht *ein Loch*, das der Gegner mit einer Leichtfigur besetzen und damit die Bauern blockieren kann. Hängende Bauern haben Vor- und Nachteile. Sie sichern Raumvorteil für die eigenen Figuren und ermöglichen oft Angriffe auf den gegnerischen König. Sie können jedoch leicht angegriffen werden (sie befinden sich ja stets auf halboffenen Linien des Gegners) und oft können sie dem Druck nicht standhalten und müssen zwangsläufig vorrücken. Danach entsteht ein schwacher isolierter Bauer oder ein noch schwächeres isoliertes Bauernpaar. Ein aktives Spiel der Partei mit den hängenden Bauern ist natürlich zu empfehlen, wenn man ihre Dynamik ausnutzen will.

Die ersten zwei Beispiele illustrieren die Kraft der hängenden Bauern.

Beispiel 1

1.d4 d5 2.♘f3 c5 3.c4 e6 4.e3 ♘f6 5.♗d3 ♘c6 6.0-0 ♗d6 7.b3 0-0 8.♗b2 b6 9.♘bd2 ♗b7 10.♖c1 ♕e7 11.cxd5 exd5 12.♘h4 g6 13.♘hf3 ♖ad8 14.dxc5 bxc5

Schwarz hat nun die hängenden Bauern, die ihm einen Raumvorteil im Zentrum verschaffen. Daraus kristallisiert sich ein Königsangriff.

15.♗b5 ♘e4 16.♗xc6 ♗xc6 17.♕c2 ♘xd2 18.♘xd2

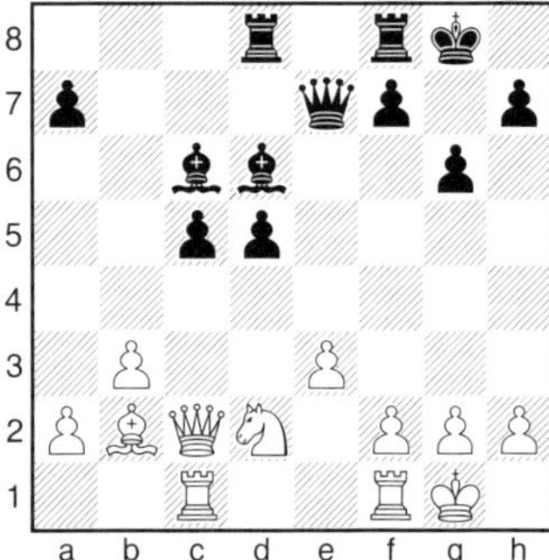

18...d4!

Damit schließt Schwarz die Schräge des Läufers b2 und öffnet selbst Diagonalen für seine aktiven Läufer.

19.exd4?

Eine falsche Entscheidung, wonach Tarrasch seine mächtigen Läufer in Szene setzt. Notwendig war 19.e4.

19...♗xh2+!

Schwarz beginnt nun einen entscheidenden Königsangriff. Effektiv war auch 19...♗xg2!? 20.♔xg2 ♕g5+ 21.♔f3 (21.♔h1 ♕f4-+) 21...♖fe8 22.♖h1 ♕f4+ 23.♔g2 ♖e2 mit Gewinn.

20.♔xh2 ♕h4+ 21.♔g1 ♗xg2! 22.f3

Es verliert auch 22.♔xg2 ♕g4+ 23.♔h2 ♖d5 24.♕xc5 ♖h5+ 25.♕xh5 ♕xh5+ 26.♔g2 ♕g5+ usw.

22...♖fe8 23.♘e4 ♕h1+ 24.♔f2 ♗xf1 25.d5

Ein verzweifelter Versuch, Gegenspiel durch ♕c2–c3 zu organisieren. Nach 25.♖xf1 ♕h2+ geht die Dame verloren.

25...f5 26.♕c3 ♕g2+ 27.♔e3 ♖xe4+! 28.fxe4 f4+

Noch schneller wäre 28...♕g3+ 29.♔d2 ♕f2+ 30.♔d1 ♕e2#.

29.♔xf4 ♖f8+ 30.♔e5 ♕h2+ 31.♔e6 ♖e8+ 32.♔d7 ♗b5# (Nimzowitsch – Tarrasch, St. Petersburg 1914)

Beispiel 2

1.c4 e6 2.♘c3 d5 3.d4 ♗e7 4.♘f3 ♘f6 5.♗g5 h6 6.♗h4 0-0 7.e3 b6 8.♖c1 ♗b7 9.♗e2 ♘bd7 10.cxd5 exd5 11.0-0 c5 12.dxc5 bxc5

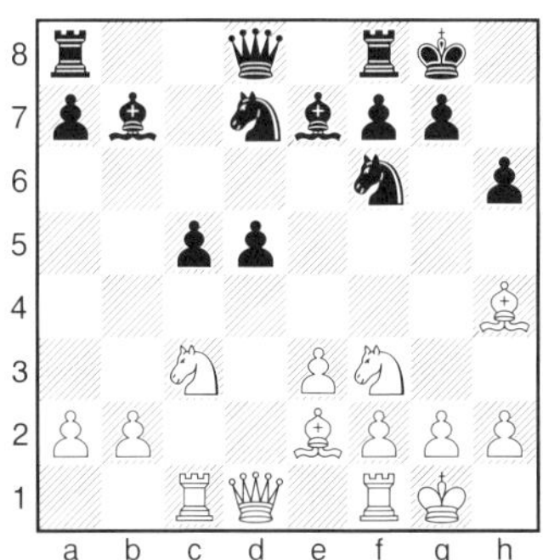

Aus dem Tartakower-System ist eine typische Formation mit hängenden Bauern entstanden. Der ehemalige Weltmeister Anatoli Karpow ist nicht nur ein besonderer Kenner dieses Abspiels, sondern überhaupt ein Spezialist in der Handhabung solcher Bauernstrukturen.

13.♕c2 ♖c8 14.♖fd1 ♕b6 15.♕b1 ♖fd8 16.♖c2 ♕e6 17.♗g3 ♘h5 18.♖cd2 ♘xg3 19.hxg3 ♘f6

Schwarz verbessert systematisch seine Stellung, während der Gegner keinen klaren Plan findet. Weiß wartet praktisch ab, was weiter passiert.

20.♕c2 g6 21.♕a4 a6 22.♗d3 ♔g7 23.♗b1 ♕b6 24.a3?

Infolge des ziellosen Spiels übernimmt der Nachziehende mehr und mehr die Initiative. Unbedingt erforderlich war 24.♘e2.

24...d4!

Schwarz hat seine Bauernformation in Bewegung gesetzt, aber mit klarem Ziel: Die Zerstörung der feindlichen Bauernstruktur.

25.♘e2

Nach 25.exd4 würde der Zwischenzug 25...♗c6 sofort entscheiden: 26.♕c4 (26.♕c2 ♗xf3 27.gxf3 cxd4 28.♘a4 ♕b5-+) 26...♗xf3 27.dxc5 (27.gxf3 cxd4 28.♘a4 ♕b5 29.♕e2 ♖e8 30.♕xb5 axb5 31.♘b6 ♖c6 und der Springer geht verloren.) 27...♖xc5 28.♘a4 ♖xc4 29.♘xb6 ♗xd1 und Schwarz gewinnt.

25...dxe3 26.fxe3 c4 27.♘ed4 ♕c7 28.♘h4 ♕e5!

Aber nicht 28...♕xg3?? wegen 29.♘hf5+ mit Damengewinn.

29.♔h1 ♔g8 30.♘df3 ♕xg3 31.♖xd8+ ♗xd8 32.♕b4 ♗e4

33.♗xe4 ♘xe4 34.♖d4 ♘f2+ 35.♔g1 ♘d3 36.♕b7 ♖b8 37.♕d7 ♗c7 38.♔h1 ♖xb2 39.♖xd3 cxd3 40.♕xd3 ♕d6 41.♕e4 ♕d1+ 42.♘g1 ♕d6 43.♘hf3 ♖b5 Weiß gab auf (Kortschnoi – Karpow, Meran 1981, 1. Matchpartie).

Es geschieht oft, dass die Seite mit hängenden Bauern deren Kraft nicht ausnutzen kann und die Bauern unter Beschuss der gegnerischen Figuren geraten.

Beispiel 3

1.d4 d5 2.c4 e6 3.♘c3 ♗e7 4.♘f3 ♘f6 5.♗g5 0-0 6.e3 h6 7.♗h4 b6 8.♗e2 ♗b7 9.♗xf6 ♗xf6 10.cxd5 exd5 11.0-0 ♕e7 12.♕b3 ♖d8

Schwarz bereitet c7–c5 vor.

13.♖ad1 c5 14.dxc5 ♗xc3 15.♕xc3 bxc5 16.♖c1

Weiß übt Druck auf die frisch entstandenen hängenden Bauern aus.

16...♘d7 17.♖c2 ♖ab8

Der Turm hat nichts auf der b-Linie zu suchen, denn der Bauer b2 ist gut geschützt. Daher sollte Schwarz seinem Bauern c5 volle Aufmerksamkeit schenken und 17...♖dc8 spielen. Der andere Turm sollte vorerst auf der a-Linie bleiben, um a7–a5 zu unterstützen.

18.b3 ♕e6 19.♖d1 ♕b6?

19...♖bc8 war besser. Nun mobilisiert Weiß die nächsten Kräfte gegen die schwarzen Zentralbauern.

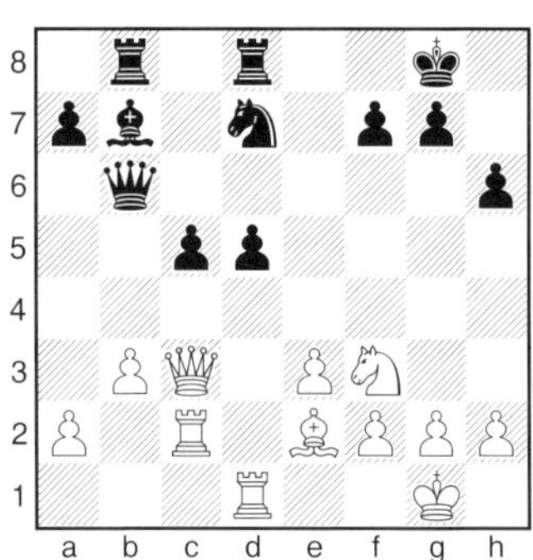

20.♘e1!

Einfach und stark. Der Springer wird auf d3 postiert, mit Druck gegen den Bauern c5.

20...♖bc8 21.♗g4 ♕g6 22.♗h3 ♖c7

Nach 22...d4 23.exd4 cxd4 folgt 24.♕a5! mit Eroberung des Bauern d4.

23.♘d3 ♘f6 24.♕a5 ♘e8 25.♖xc5 ♖xc5 26.♘xc5 und Schwarz gab auf (Kortschnoi – Geller, Moskau 1971, 5. Matchpartie).

Beispiel 4

1.d4 ♘f6 2.♘f3 e6 3.c4 d5 4.♘c3 ♘bd7 5.♗g5 h6 6.♗h4 ♗e7 7.e3 0-0 8.♖c1 b6 9.cxd5 exd5 10.♗b5 ♗b7 11.0-0 a6 12.♗a4 c5?

Stärker war 12...b5 mit Vorbereitung von c7–c5. Nach dem Textzug gerät Schwarz ins Hintertreffen.

13.♗xd7 ♕xd7

13...♘xd7 14.♗xe7 ♕xe7 15.dxc5 ♕xc5 16.♘d4 führt zu weißem Übergewicht.

14.♘a4 g5 15.♗g3 ♕b5 16.dxc5 bxc5

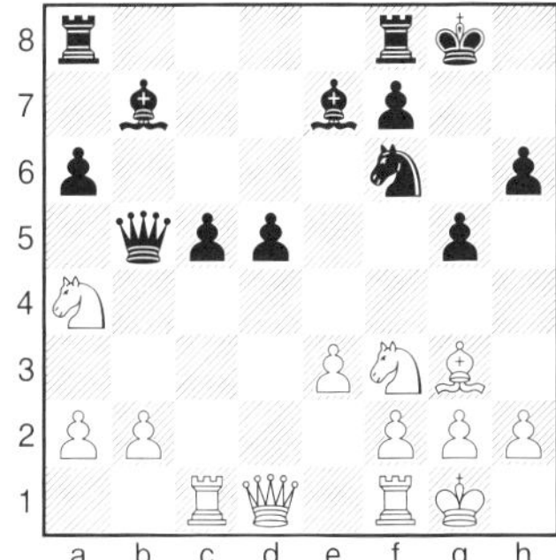

17.b4!

Die typische Bauernzange gegen die hängenden Bauern. Weiß erobert das Feld d4 für seine Figuren, denn 17...♕xb4 scheitert an 18.♖b1 mit Läufergewinn.

17...c4

Oder 17...cxb4 18.♘d4 ♕e8 19.♖c7 mit weißem Vorteil.

18.♘d4 ♕e8 19.♘f5 ♗xb4

Nun neigt sich die Waagschale endgültig zu Gunsten von Weiß. Aber was sollte Schwarz ziehen? Auf 19...♕d7 wäre 20.♕f3! sehr stark.

20.♖b1 a5 21.a3 ♗c6 22.♘b6 ♗xa3

Es gibt nichts Besseres, z.B. 22...♖a6 23.axb4 ♖xb6 24.♕d4 ♕d8 25.♗c7 ♕xc7 26.♕xf6 und Weiß gewinnt.

23.♘xa8 ♕xa8 24.♕d4 ♘e8 25.f4

Sofort 25.♖b8! wäre noch stärker.

25...♔h7 26.fxg5 hxg5 27.♖b8 und Schwarz gab auf (Gschnitzer – Ostl, Bundesliga 1988).

Die Formation c3-d4 (bzw. c6-d5)

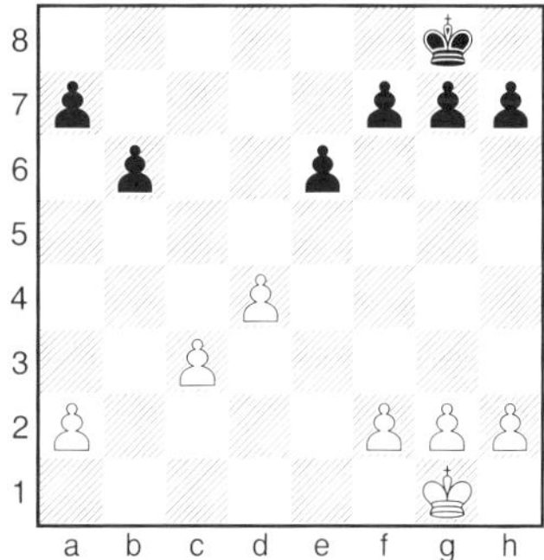

Diese Struktur ist eng mit dem isolierten Zentrumsbauern wie auch mit den hängenden Bauern verbunden. Weiß muss in diesem Fall immer versuchen, seine Bauern beweglich zu machen. Die andere Seite dagegen strebt die Besetzung der wichtigen Blockadefelder d4/c5 oder c4/d5 an.

Im ersten Beispiel geht das Bauernpaar c3-d4 in die hängenden Bauern über. Das ist das üblichste Verfahren.

Beispiel 1

1.d4 ♘f6 2.c4 e6 3.♘f3 d5 4.♘c3 ♗e7 5.♗g5 ♘bd7 6.e3 0-0 7.♗d3 dxc4 8.♗xc4 c5 9.0-0 ♘b6 10.♗b3 cxd4 11.exd4

Zunächst haben wir einen Isolani d4.

11...♘fd5 12.♕d2 ♗xg5 13.♘xg5 ♘xc3?

Der Tausch bringt Schwarz gar nichts, denn Weiß erhält nun die c3-d4-Struktur in einer günstigen Modifikation. Zu empfehlen war 13...h6 14.♘f3 ♗d7 15.♘e5 ♖c8 16.♖ac1 ♗c6 und Schwarz blockiert wirksam den weißen Isolani.

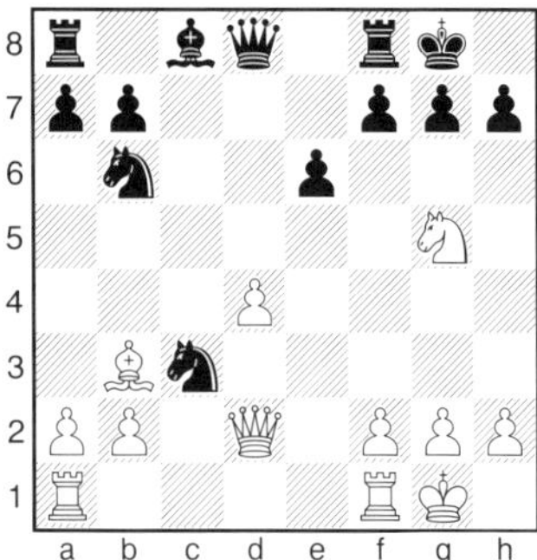

14.bxc3

Damit haben wir unsere thematische Bauernstruktur erreicht.

14...♘d5 15.f4! h6 16.♘f3 ♗d7 17.♘e5 ♘f6 18.♖ae1 ♗c6 19.f5 ♗d5 20.c4

Die Umwandlung zu hängenden Bauern ist vollzogen.

20...♗e4 21.fxe6 fxe6 22.♖f4 ♗h7 23.c5!

Die hängenden Bauern werden damit geschwächt, aber Weiß erhält nun konkrete Vorteile.

23...♘d5 24.♖xf8+ ♕xf8 25.♖f1 ♕e8 26.♖f7 ♕b5 27.♕f2 ♕b4 28.h4!

Der Bauer eilt seinen Figuren zu Hilfe. Der weiße Angriff ist schon nicht mehr zu parieren.

28...♗e4 29.♔h2 ♔h8 30.h5 ♖g8 31.♗c2 ♘f6

Oder 31...♗xc2 32.♕xc2 ♖e8 33.♕g6 ♖g8 34.♖d7 nebst Matt.

32.♖xf6! ♕xd4 33.♕xd4 und Schwarz gab auf (Eliskases - Vaitonis, Saltsjöbaden 1952).

Nun folgt ein Beispiel, in dem Weiß einen direkten Königsangriff organisiert.

Beispiel 2

1.d4 d5 2.c4 e6 3.♘c3 ♘f6 4.♘f3 c5 5.cxd5 ♘xd5 6.e3 ♘c6 7.♗c4 cxd4 8.exd4 ♗e7 9.0-0 0-0 10.♖e1 ♘xc3 11.bxc3 b6

Schwarz plant eine typische Reaktion gegen das Paar c3-d4 mittels ♗c8-b7, ♖a8-c8, ♘c6-a5 und ♗b7-d5 mit der Blockade des Feldes c4. Weiß muss daher auf der anderen Seite aktiv vorgehen.

12.♗d3 ♗b7 13.h4!?

Für den Angriff ist Weiß bereit, einen Bauern zu opfern.

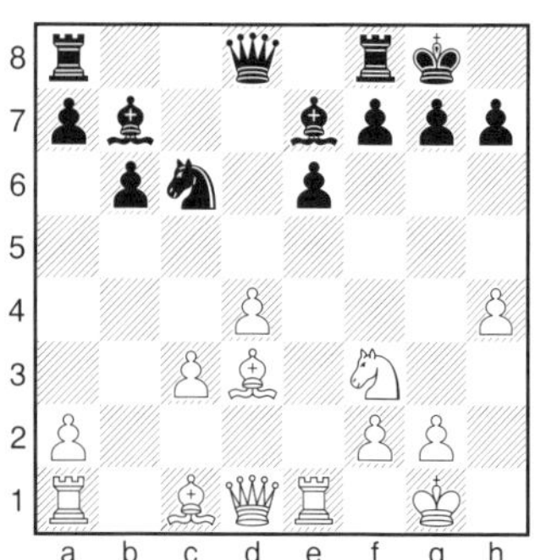

13...♘a5?

Schablonenhaft gespielt, wonach Weiß eine starke Initiative am Königsflügel entwickeln wird. Unklar wäre 13...♗xh4 14.♘xh4 ♕xh4

15.♖e3 mit der starken Drohung ♖e3-h3. Laut Theorie ist der beste Zug für Schwarz 13...♕d5!? mit guten Ausgleichschancen. Nach der Partiefortsetzung wird der weiße Königsangriff sehr stark.

14.♘g5 h6 15.♕h5! ♗d5

Der strategische Plan von Schwarz ist klar: Die Eroberung des Punktes c4. Aber die Entscheidung fällt auf der anderen Seite...

16.♘h7 ♖e8 17.♗xh6! gxh6 18.♕xh6 f5 19.♖e3

Weitere Kräfte werden in den Kampf geführt.

19...♗xh4 20.♖g3+! ♗xg3 21.♕g6+ ♔h8 22.♘f6 ♗h2+ 23.♔h1!

Nach 23.♔xh2? ♕c7+ 24.♔g1 ♖e7 wäre noch nicht alles klar. Nun hingegen gewinnt Weiß Material.

23...♕xf6 24.♕xf6+ ♔g8 25.♔xh2 ♖ac8 26.♖h1 ♖c7 27.♕g6+ ♔f8 28.♔g1 ♖f7 29.♕g5 ♖g7 30.♖h8+ ♔f7 31.♕h5+ und Schwarz kapitulierte (Rasuwajew - I.Farago, Dubna 1979).

.

Wie bereits vermerkt, liegt die beste Verteidigungsmethode in der Blockade der schwachen Felder vor diesen Bauern, um von dort starken Druck auf die gegnerische Stellung auszuüben. Hier ein lehrreiches Beispiel.

Beispiel 3

1.d4 d5 2.c4 e6 3.♘c3 c5 4.cxd5 exd5 5.♘f3 ♘f6 6.g3 ♘c6 7.♗g2 cxd4 8.♘xd4 ♕b6 9.♘xc6

Weiß ist praktisch gezwungen, auf c6 zu schlagen, denn auf 9.♗e3 ist 9...♗c5 gut für Schwarz. Nach dem Textzug entsteht die charakteristische Stellung mit den Bauern auf c6 und d5.

9...bxc6 10.0-0 ♗e7 11.♘a4

Ein logischer Zug: Weiß möchte den Punkt c5 besetzen.

11...♕b5 12.♗e3 0-0 13.♖c1 ♗g4 14.f3 ♗e6 15.♗c5 ♖fe8 16.♖f2 ♘d7 17.♗xe7 ♖xe7 18.♕d4 ♖ee8 19.♗f1 ♖ec8 20.e3 ♕b7 21.♘c5 ♘xc5 22.♖xc5

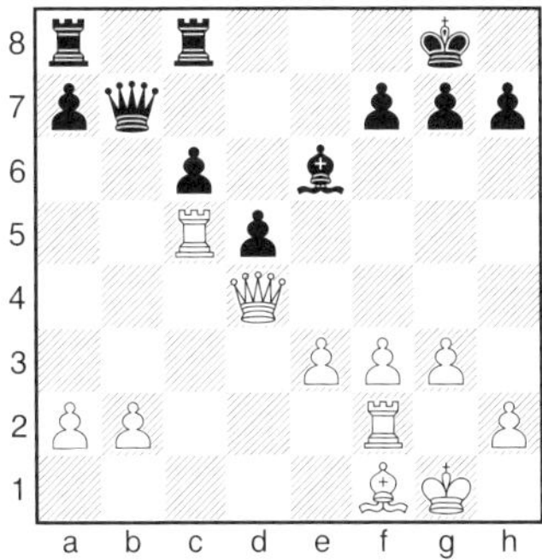

Weiß hat sein strategisches Ziel erreicht: Der Punkt c5 ist erobert und garantiert klaren Vorteil. Im weiteren Spiel verwertet der Anziehende sein positionelles Übergewicht auf lehrreiche Weise. Nun werden das schwächere Glied des Bauernpaares (c6) wie auch der isoliert gebliebene a-Bauer zu verwundbaren Angriffsobjekten.

22...♖c7 23.♖fc2 ♕b6 24.b4 a6 25.♖a5 ♖b8 26.a3 ♖a7 27.♖xc6!

Nun erobert Weiß einen Bauern und hat den Sieg praktisch in der Hand.

27...♕xc6 28.♕xa7 ♖a8 29.♕c5 ♕b7 30.♔f2 h5 31.♗e2 g6 32.♕d6 ♕c8 33.♖c5 ♕b7 34.h4 a5 35.♖c7 ♕b8 36.b5

Und so entstand ein starker Freibauer.

36...a4 37.b6 ♖a5 38.b7 Schwarz gab auf (Rubinstein – Salwe, Lodz 1908).

In der folgenden Partie kann Schwarz ebenfalls seinen strategischen Plan mit der Blockade der schwachen Felder erfolgreich durchführen.

Beispiel 4

1.c4 e6 2.d4 d5 3.♘c3 ♗e7 4.♘f3 ♘f6 5.♗g5 0-0 6.e3 h6 7.♗h4 b6 8.♗d3 ♗b7 9.0-0 c5 10.♕e2 cxd4 11.exd4 dxc4 12.♗xc4 ♘c6 13.♖ad1 ♘b4

Mit klarer Idee: Blockade des Isolani.

14.♘e5 ♘bd5 15.f4 ♘xc3 16.bxc3 ♘d5 17.♗e1?

Passiv gespielt. Infrage käme 17.♗xd5 ♗xd5 18.♗xe7 ♕xe7 19.c4 mit beiderseitigen Möglichkeiten.

17...♖c8 18.♖c1?

Verschlechtert nur die Lage von Weiß. Es sollte 18.♖f3!? geschehen.

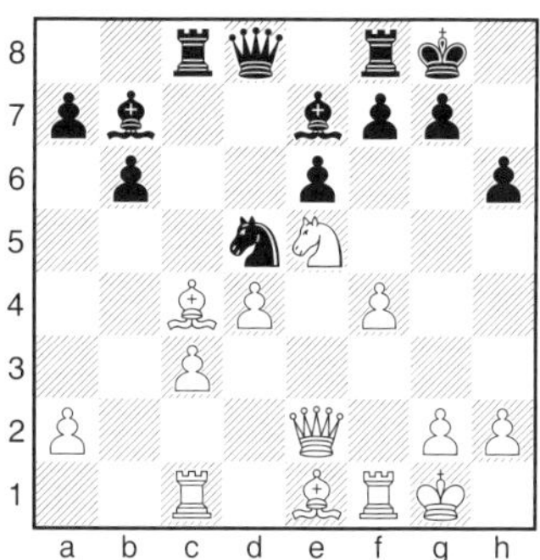

18...♖xc4!

Die kleine Kombination bringt Schwarz einen positionellen Vorteil.

19.♕xc4

19.♘xc4 ♗a6! wäre hoffnungslos für Weiß.

19...♘e3 20.♕e2 ♘xf1 21.♕xf1 ♕d5 22.♕f3 b5!

Mit diesem logischen Zug bleibt das Feld c4 unter der Herrschaft von Schwarz.

23.♕xd5 ♗xd5 24.♖b1 a6 25.♔f2 ♖c8 26.♗d2 g5!

Schwarz hat einen sichtbaren Vorteil am Damenflügel. Doch das reicht nicht zum Sieg. Er beginnt zu Recht eine Aktion auf der anderen Seite, um die weißen Kräfte auf dem gesamten Brett zu binden.

27.g3 f6 28.♘d3 ♔f7 29.♔e3 ♗d6 30.♖a1 gxf4+ 31.♘xf4 ♗c4 32.♔f2 a5 33.♘g2 ♗a3 34.♘e1 h5

Schade, dass Schwarz die taktische Variante 34...a4! 35.♘c2 ♗b2 36.♖b1 ♗xc3 37.♗xc3 ♗d3-+ übersehen hat.

35.♗c1 ♗d6 36.a3 e5 37.♘f3 ♗d5 38.♗b2 ♗xf3!

Ein Übergang ins gewonnene Endspiel.

39.♔xf3 exd4 40.cxd4 ♖c2 41.♗c1 ♔e6 42.♖b1 b4 43.axb4 axb4 44.♗f4 ♖c3+ 45.♗e3 ♔d5 46.♔e2 ♔c4 47.♗d2 ♖c2 48.♖c1 ♖xc1 49.♗xc1 ♔c3 50.♔d1 b3 51.d5 b2 52.♗xb2+ ♔xb2 53.♔d2 ♔b3 54.♔d3 f5 Weiß gab auf (Portisch - Filip, Budapest 1961).

Freibauern

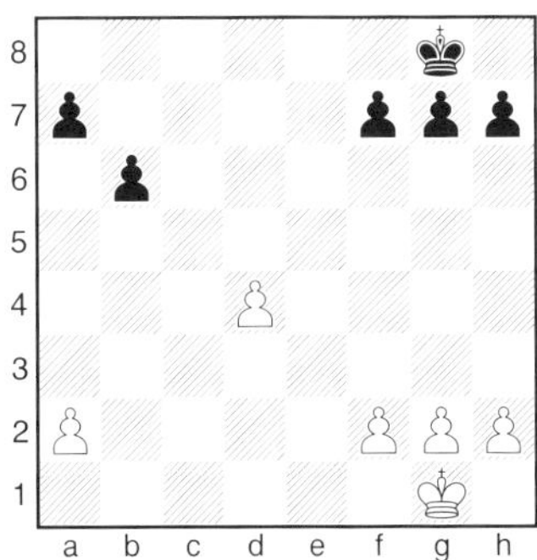

Ein Freibauer im Zentrum kann eine große Gefahr sein, wenn es dem Gegner nicht gelingt, ihn rechtzeitig zu stoppen. Abgesehen davon, dass er direkt zur Dame gehen kann, kontrolliert er einige Felder im Zentrum und schränkt die Beweglichkeit der gegnerischen Figuren ein. Solche Stellungen sind meist kompliziert und voller Dynamik. Beide Seiten müssen genau spielen, denn selbst ein kleiner Fehler kann schnell das Resultat der Partie ändern. Die Diagrammstellung ist ein typisches Beispiel eines Freibauern auf der Zentrallinie. Auf dieser und den beiden direkt benachbarten Linien gibt es keine gegnerischen Bauern mehr.

Im ersten Beispiel wird die Kraft eines Freibauern gezeigt, der problemlos zum Umwandlungsfeld marschiert.

Beispiel 1

1.c4 ♘f6 2.♘c3 e6 3.♘f3 d5 4.d4 c5 5.cxd5 ♘xd5 6.e4 ♘xc3 7.bxc3 cxd4 8.cxd4 ♗b4+

Laut Theorie ist 8...♘c6!? stärker.

9.♗d2 ♗xd2+ 10.♕xd2 0-0 11.♗c4 ♘c6 12.0-0 b6 13.♖ad1 ♗b7 14.♖fe1 ♖c8

Ein anderer Plan besteht in der Blockade des Freibauern mit dem Springer auf d6: 14...♘e7 15.d5 exd5 16.exd5 ♘f5 17.♗d3 (17.♘e5!?) 17...♘d6 mit Überlebenschancen, Uhlmann - Kortschnoi, Zagreb 1970.

15.d5 exd5 16.♗xd5 ♘a5?

Schwarz sollte nicht die gegnerische Dame nach f4 lassen. Deshalb ist 16...♕c7! besser, z.B. 17.♕g5 h6 18.♕g4 ♖fd8 19.♕f5 ♘b4 20.♗b3 ♘d3 usw.

17.♕f4! ♕c7 18.♕f5 ♗xd5 19.exd5

Damit ist im weißen Lager ein starker Freibauer entstanden.

19...♕c2

Schwarz will gerne die Damen tauschen, denn der Freibauer könnte im Endspiel eine Schwäche sein. Nach

19...♘c4 20.♘g5 g6 21.♕h3 h5 22.♘e4 wäre die schwarze Stellung nicht einfach zu verteidigen.

20.♕f4

20.♕xc2!? ♖xc2 21.♖e7 wäre eine starke Alternative.

20...♕xa2 21.d6 ♖cd8

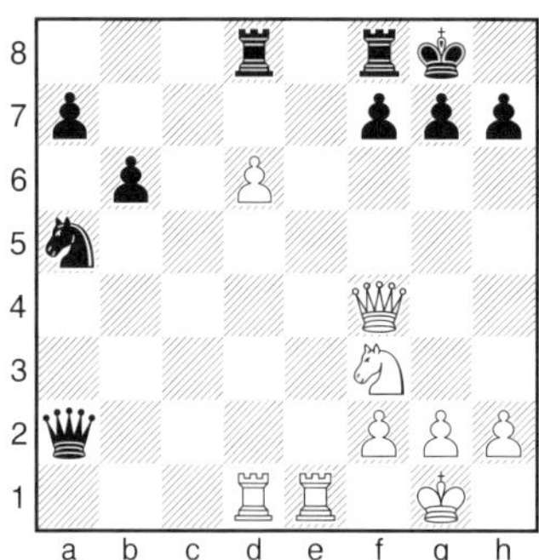

22.d7!

So eine Stellung zu erhalten ist wohl ein Traum für jeden Schachspieler: Der Freibauer lähmt völlig die schwarzen Kräfte.

22...♕c4 23.♕f5 h6 24.♖c1 ♕a6 25.♖c7 b5 26.♘d4

26.♖e8! wäre noch einfacher.

26...♕b6 27.♖c8! ♘b7

Natürlich verliert 27...♕xd4 28.♖xd8 ♖xd8 29.♖e8+ ♖xe8 30.dxe8♕#.

28.♘c6 ♘d6 29.♘xd8! ♘xf5 30.♘c6 und Schwarz gab sich geschlagen, denn aus dem bescheidenen Bauer wird bald ein General! (Spasski – Petrosjan, Moskau 1969).

Im nächsten Beispiel werden die schwarzen Figuren vom eigenen Königsflügel abgelenkt, und infolgedessen gelingt es Weiß, mittels Springeropfer einen Mattangriff zu führen.

Beispiel 2

1.d4 d5 2.c4 e6 3.♘c3 ♘f6 4.cxd5 ♘xd5 5.e4 ♘xc3 6.bxc3 c5 7.♘f3 cxd4 8.cxd4 ♗b4+ 9.♗d2 ♗xd2+ 10.♕xd2 0-0 11.♗d3 ♘c6 12.♕c3 ♗d7 13.♖b1 ♖c8 14.♕d2 ♗e8 15.d5!

Der Freibauer lebt!

15...exd5 16.exd5 ♘e7?

Eine falsche Einschätzung der Stellung, weil nun Weiß seinen Freibauern mit Tempo vorrücken kann. Empfehlenswert war 16...♕e7+!?, z.B. 17.♗e2 (17.♕e2 ♕xe2+ 18.♔xe2 ♘a5 19.♘d4 ♗d7 mit etwa gleichem Endspiel) 17...♘e5 18.0-0 ♖d8 und für Weiß wäre es nicht einfach, mit seinen Soldaten vorzudringen.

17.d6! ♘g6

Natürlich war der Bauer tabu wegen des Schlagens auf h7.

18.♗xg6 hxg6 19.0-0 b6 20.♖fe1 ♖c5 21.♖bc1!

Der Tausch einiger schwarzer Figuren ist natürlich nützlich für Weiß.

21...♗c6 22.♖xc5 bxc5 23.♘e5 ♕a8

Die Dame entfernt sich gefährlich weit von ihrem König und das wird von Weiß ausgenutzt.

24.f3 ♖d8

Nichts brächte 24...♗d5 25.d7 ♖d8 26.♖d1 ♗e6 27.♕d6 c4 28.♕c7 mit Gewinn. Der Partiezug erlaubt jedoch ein elegantes Ende.

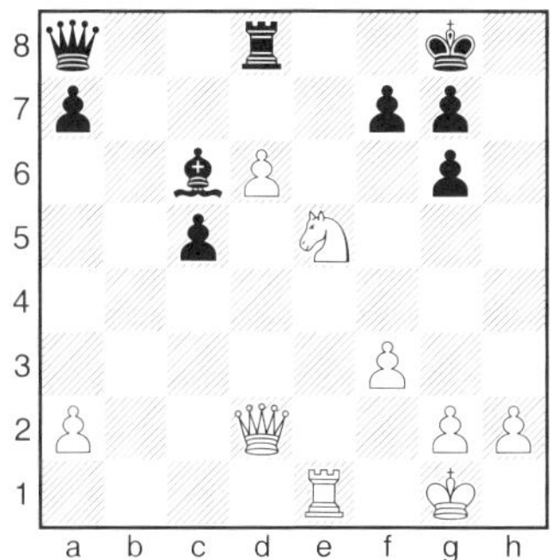

25.♘xf7! und Schwarz gab auf wegen 25...♔xf7 26.♖e7+ ♔f8 27.♕c3 nebst Matt (Jussupow – Van der Wiel, Amsterdam 1994).

Die Schwäche eines Freibauern besteht darin, dass er erfolgreich blockiert und dann erobert werden kann. In der nächsten Partie erreicht Schwarz sein Ziel, d.h. der Freibauer wird unschädlich gemacht, aber dann nutzt Bogoljubow seine Chancen nicht aus.

Beispiel 3

1.d4 ♘f6 2.c4 c6 3.♘f3 d5 4.e3 e6 5.♗d3 ♘bd7 6.♘bd2 ♗e7 7.0-0 0-0 8.b3 b6 9.♗b2 ♗b7 10.♕e2 c5 11.♖fd1 cxd4 12.exd4 dxc4 13.bxc4

Auf dem Brett ist eine Stellung mit hängenden Bauern entstanden.

13...♖e8 14.♘e5 ♘xe5 15.dxe5 ♘d7 16.♘e4 ♕c7 17.♘d6 ♗xd6 18.exd6

Weiß hat einen Freibauer gebildet. Er ist jedoch durch den schwarzen Springer erfolgreich blockiert und dadurch fehlt ihm die sonst eigene Dynamik. Schwarz hat nun einen einfachen Plan: Die Beseitigung dieses Bauern.

18...♕c6 19.♕g4 e5 20.♕g3 ♖ad8 21.♗e2 ♖e6 22.♗f3 ♕c8 23.♗xb7 ♕xb7 24.♖d5 ♖g6 25.♕h3?

Stärker war 25.♕h4!?.

25...♕c6 26.♖c1

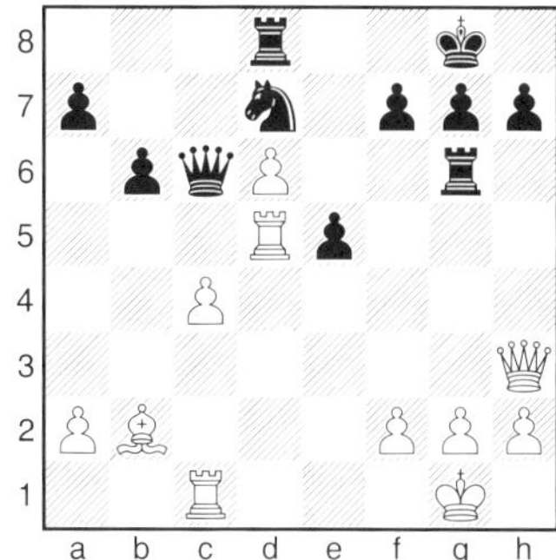

26...♖e8?

Warum so? Den Bauern auf d6 konnte man einfach nehmen: 26...♖xd6! 27.♖cd1 ♘f8 28.♕d3 ♖6d7 29.♗xe5 b5 30.♕g3 f6 31.♗d6 bxc4 32.♗xf8 ♔xf8 und Schwarz bleibt mit einem Mehrbauern.

27.♖cd1 h6 28.g3 ♖ee6 29.♕h4 ♔h7 30.♕e4 ♕a4 31.♖5d2 ♘c5 32.♕f5 ♘d7 33.♕xf7 ♖gf6 34.♕h5 ♕xc4 35.♖c1 ♕xa2 36.♕d1

Der verbliebene Freibauer bindet nun die schwarzen Kräfte und zudem hat Weiß für den geopferten Bauern a2 eine gewisse Initiative.

36...♕a5 37.♖a1 ♕c5 38.♖xa7 ♖f7

Jetzt ginge nicht mehr 38...♖xd6? 39.♕b1+ ♔h8 40.♗a3 mit weißem Vorteil.

39.♕g4?

Hier nutzt Weiß seine Chancen nicht

aus. Nach 39.♕b3! ♖ef6 40.♕d3+ ♖g6 41.♖c7 ♕a5 42.♖e2 hätte Schwarz Probleme.

39...♖g6 40.♕d1 e4!

Nun geht Schwarz zum Gegenangriff über. Es droht schon e4–e3.

41.♕b3 ♖f3 42.♕d5 ♕xd5 43.♖xd5 ♖d3 44.♗d4 ♘f6 45.♗xf6

Schwarz hat eine Falle vorbereitet: 45.d7?? ♘xd5 46.d8♕ ♖d1+ 47.♔g2 ♘f4#.

45...♖xd5 46.♗e7 ♖dxd6

Damit lenkt Schwarz in ein gleiches Turmendspiel ein.

47.♗xd6 ♖xd6 48.♖e7 ♖d4 49.♔f1 ♖b4 50.♖e6 ♔g8 51.♔e2 ♔f7 52.♖c6 h5 53.h4 ♔e7 54.♔e3 b5 55.♖b6 ♔f7 mit Remis (Aljechin – Bogoljubow, Wiesbaden 1929).

Im letzten Beispiel ist der schwarze Bauer sehr weit vorgerückt. Doch bringt das Schwarz keine konkreten Vorteile, denn der Bauer wird einfach gestoppt und der Läufer auf e1 passiv.

Beispiel 4

1.d4 d5 2.c4 e6 3.♘f3 c5 4.cxd5 exd5 5.g3 ♘f6 6.♗g2 ♗e7 7.0-0 0-0 8.♘c3 ♘c6 9.dxc5 ♗xc5

Zunächst haben wir es mit einem isolierten Bauern im Zentrum zu tun.

10.♗g5 d4 11.♗xf6 ♕xf6 12.♘d5 ♕d8 13.♘d2 ♖e8 14.♖c1 ♗b6 15.♖e1 ♗e6 16.♘f4 ♗xa2?!

16...♕d7!? scheint solider zu sein.

17.b3 ♗a5 18.♖c2 ♗xb3 19.♘xb3 d3

Anscheinend besitzt Schwarz gute Gegenchancen. Der d-Bauer erreicht gleich das Feld d2 und optisch sieht es nach Schwierigkeiten von Weiß aus. Wir werden gleich sehen, dass sich Schwarz verrechnet hat...

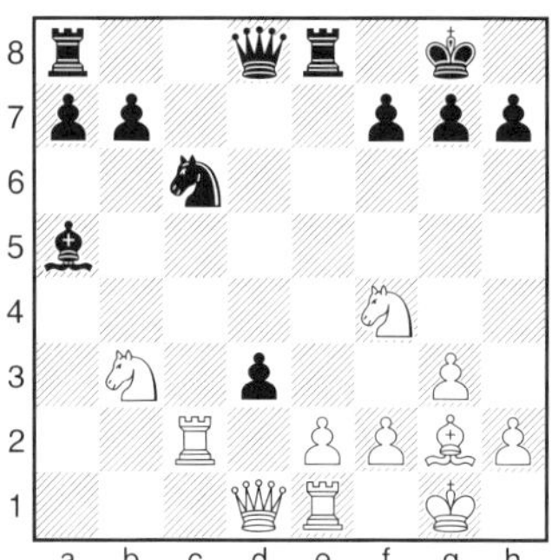

20.♖xc6!

Diesen starken Zug hat Chandler übersehen.

20...♗xe1 21.♖c1 d2

Der Bauer ist weit vorgerückt, aber er ist blockiert und der Läufer e1 vom Spiel ausgeschlossen. Nun demonstriert Karpow seine Technik.

22.♖b1 a5 23.♘d3 ♕g5 24.♘bc5!

Der schlechte schwarze Läufer wird „verschont" und Weiß aktiviert seine Figuren. Nach 24.♘xe1 dxe1♕+ 25.♕xe1 a4 könnte Schwarz mit seinem Freibauern auf der a-Linie einige technische Schwierigkeiten bereiten. Karpow hat einen sicheren Weg gewählt.

24...♖ad8 25.♗xb7 h5 26.♗f3 ♕f5 27.♔g2 h4 28.g4 ♕g5 29.h3 ♖d4 30.♕b3 ♖dd8 31.♘e4 a4 32.♕xa4

♕e7 33.g5 ♖xd3 34.♘f6+ ♔f8

34...gxf6 35.gxf6 ♕e6 36.exd3 mit Gewinn.

35.♕xh4 ♕d8 36.♖b7 Schwarz gab auf, denn Matt ist nicht zu vermeiden (Karpow - Chandler, London 1984).

Karlsbader Struktur

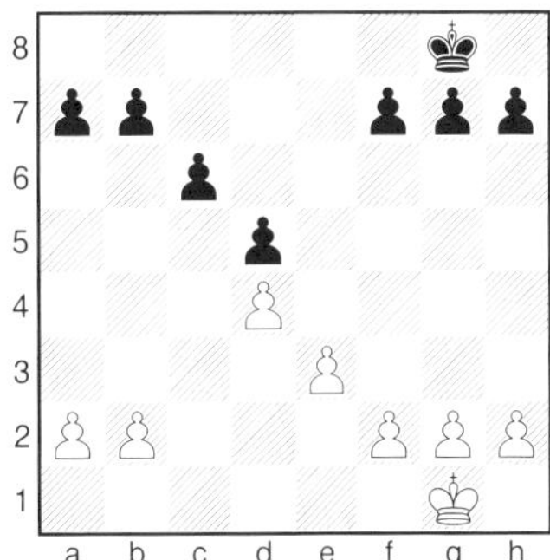

Erstmals wurde man auf diese Bauernkonstellation während des Turniers in Karlsbad 1923 aufmerksam, daher stammt die Bezeichnung. Dieser Stellungstyp ergibt sich meistens im abgelehnten Damengambit. Nach dem Bauerntausch c4xd5 und e6xd5 besitzt Schwarz die Bauernmehrheit am Damenflügel, aber Weiß kann trotz seiner Minderzahl ausgerechnet hier mit seinen a- und b-Bauern die schwarze Formation angreifen. Deshalb wird dieses Verfahren *Minoritätsangriff* genannt. In erster Linie will Weiß nach b2-b4-b5 auf c6 tauschen, und dann entsteht im schwarzen Lager ein rückständiger Bauer auf c6. Wenn der Nachziehende auf b5 schlägt, dann bekommt er einen isolierten Bauern auf d5, der schwach ist und angegriffen werden kann. Weiß hat bei dieser Bauernstruktur meist einen kleinen und dauerhaften Vorteil. Aber Schwarz ist nicht ohne Gegenchancen. Er kann z.B. durch b7-b5 den b-Bauern des Gegners stoppen und danach seinen Springer auf b6 platzieren. Er kann auch versuchen, mittels f7-f5-f4 aktiv am Königsflügel zu werden. Allgemeines Fazit: Beide Seiten haben in diesem Stellungstyp etwa gleiche Chancen.

Das erste Beispiel zeigt, wie es Weiß gelingt, den typischen Minoritätsangriff durchzuführen.

Beispiel 1

1.d4 ♘f6 2.c4 e6 3.♘c3 d5 4.cxd5 exd5 5.♗g5 c6 6.e3 ♘bd7 7.♗d3 ♗e7 8.♕c2 0-0 9.♘f3 ♖e8 10.0-0 ♘f8 11.♖ab1

Der am häufigsten angewandte Plan: Weiß bereitet einen Bauernangriff mittels b2-b4-b5 vor.

11...♘e4

Damit bildet Schwarz einen Vorposten im Zentrum und versucht anschließend, einen Königsangriff zu organisieren.

12.♗xe7 ♕xe7 13.b4 a6

Schwarz plant, nach dem Abtausch der a-Bauern die a-Linie mit seinem Turm zu kontrollieren.

14.a4 ♗f5 15.♘e5!?

Keine Schablone! Nach 15.b5 axb5 16.axb5 ♘xc3 17.♕xc3 ♗xd3

18.♕xd3 ♘e6 19.bxc6 bxc6 20.♖fc1 ♖ec8 führt Schwarz das Manöver c6-c5 durch mit Gegenspiel.

15...♖ad8

Zu empfehlen war 15...f6!?, um den Springer aus der aktiven Position zu verdrängen, z.B. 16.♘f3 ♘xc3 17.♕xc3 ♗xd3 18.♕xd3 ♘e6 19.b5 axb5 20.axb5 c5 21.dxc5 ♕xc5 22.♖fc1 ♕d6 mit Verteidigungschancen.

16.♖fc1 ♘g6?

16...f6 17.♘f3 ♘xc3 18.♕xc3 ♗xd3 19.♕xd3 ♘e6 war immer noch möglich.

17.♗xe4 ♗xe4 18.♘xe4 dxe4 19.♘xg6 hxg6

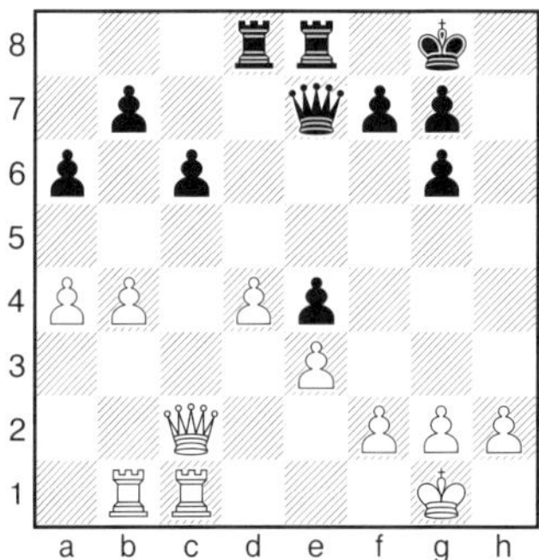

20.b5!

Endlich kommt Weiß zu diesem Zug, der ihm einen klaren Positionsvorteil sichert.

20...cxb5 21.axb5 ♖d6 22.bxa6 bxa6 23.♕a4 ♕d7 24.♕xd7 ♖xd7

Das entstandene Endspiel ist klar besser für Weiß, denn Schwarz hat eine Bauernschwäche auf a6. Der weiße Plan besteht nun darin, die schwarzen Türme an die Verteidigung dieses Bauern zu binden, um seinen König zu aktivieren.

25.♖c5 ♖a7 26.♖a5 ♔f8 27.♖b6 ♖ea8 28.h4 ♔e7 29.♔h2 ♔d7 30.♔g3 ♔c7 31.♖b2 ♖b7 32.♖c5+ ♔b8 33.♖a2 ♖e7 34.♔f4 ♔b7 35.♖b2+ ♔a7 36.♖c6 ♖h8 37.♖a2! a5

Es gibt nichts Besseres, z.B. 37...♖xh4+ 38.♔g3 ♖h5 39.♖cxa6+ ♔b8 40.♖a8+ ♔c7 41.♖2a7+ ♔d6 42.♖d8+ ♔e6 43.♖a6+ ♔f5 44.♖d5+ ♖e5 45.♖xe5#.

38.♖xa5+ ♔b7 39.♖ca6 ♖xh4+ 40.♔g3 ♖h5 41.♖a7+ ♔c6 42.♖5a6+ ♔b5 43.♖xe7 ♖g5+ 44.♔h2 ♔xa6 45.♖xf7 und Schwarz gab auf (Karpow - Ljubojevic, Linares 1989).

Weiß kann jedoch auch auf den Minoritätsangriff verzichten und einen Königsangriff organisieren. Natürlich unter der Voraussetzung, dass er lang rochiert hat. Dazu ein interessantes Beispiel.

Beispiel 2

1.d4 d5 2.c4 e6 3.♘c3 ♘f6 4.cxd5 exd5 5.♗g5 ♗e7 6.e3 0-0 7.♗d3 ♘bd7 8.♘ge2

Dieser Aufbau ist meist mit der langen Rochade verbunden. Der Springer steht auf e2 im Vergleich zu f3 etwas elastischer.

8...♖e8 9.♕c2 ♘f8 10.0-0-0

Der Anziehende wählt einen scharfen Plan mit Rochaden nach entgegengesetzten Seiten.

10...c6 11.♘g3 a5 12.♔b1 a4 13.♘ce2 a3 14.b3 ♕a5 15.♘f4 ♗e6 16.♖c1 h6 17.♗xf6 ♗xf6 18.h4 ♖ac8 19.♘f5 ♕d8?

Nun gelingt es Weiß, eine rasche Aktion gegen den schwarzen König zu führen. Notwendig war 19...♗xf5 20.♗xf5 ♖c7 21.g4 g6 mit zweischneidigem Spiel.

20.g4 ♖c7 21.g5! hxg5 22.hxg5 ♗xg5

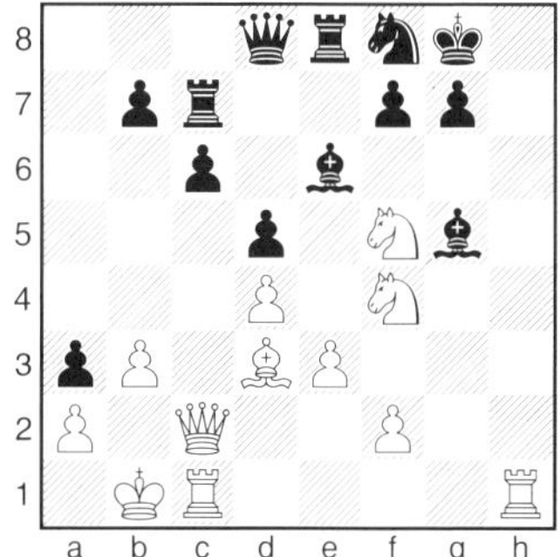

23.♘xg7!

Die Zerstörung der Königsstellung erleichtert Weiß den entscheidenden Angriff.

23...♔xg7 24.♘h5+ ♔g8

Oder 24...♔h8 25.♘f6+ ♔g7 26.♘xe8+ ♕xe8 27.♖cg1 mit Gewinn.

25.f4 ♗g4 26.♖cg1 ♗xh5 27.♖xh5 f6 28.fxg5 f5 29.♕h2 ♖g7 30.♗xf5 und Schwarz kapitulierte (Abraschkin - Korelow, St. Petersburg 1993).

Im folgenden Beispiel reagiert Schwarz auf die weiße Aktion am Damenflügel mit Gegenspiel auf der anderen Seite.

Beispiel 3

1.c4 e6 2.♘c3 d5 3.d4 ♘f6 4.♗g5 ♗e7 5.e3 ♘bd7 6.♖c1 0-0 7.cxd5 exd5 8.♗d3 ♖e8 9.♘ge2 ♘f8 10.0-0 ♘g6 11.b4 a6 12.♕b3 c6 13.♗xf6

Nach 13.a4 würde 13...♘e4 folgen.

13...♗xf6 14.a4 ♗e6 15.♗xg6?

Weiß tauscht ohne Zwang seinen guten Läufer. Stärker war 15.a5 mit dem Plan ♘c3-a4-c5 usw.

15...hxg6 16.♘f4 ♗f5 17.♘ce2 ♕d6 18.♖c3 ♗e7 19.b5

Endlich erreicht Weiß sein Ziel, doch Schwarz hat auch sein Spiel, allerdings auf der anderen Seite.

19...axb5 20.axb5

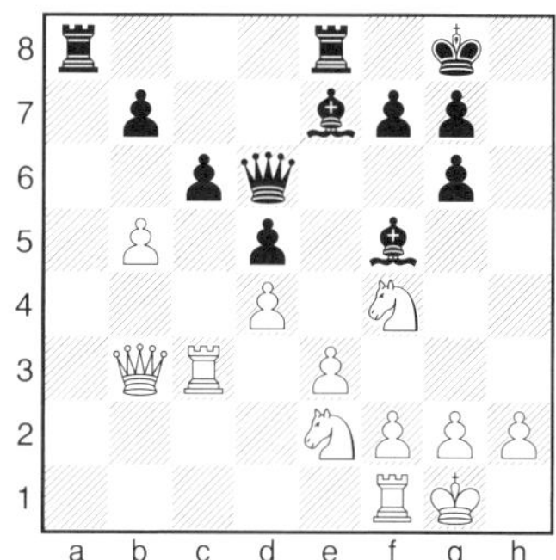

20...g5!

Das schwarze Gegenspiel am Königsflügel beginnt.

21.♘g3 ♗h7 22.♘fe2 ♖eb8! 23.♖fc1 ♖a5 24.bxc6 bxc6 25.♕d1 ♖a6 26.f3 ♕e6 27.e4 ♗b4 28.♖e3 f5! 29.♖b3 dxe4 30.fxe4 f4!

Einleitung zum direkten Königsangriff.

31.♕d3 fxg3 32.♖xb4 ♖xb4 33.♕xa6 gxh2+ 34.♔xh2 ♗xe4 35.♘g3 ♗xg2!

Nun entscheidet die Taktik!

36.♕e2

Nach 36.♔xg2 wäre 36...♖b2+ ausreichend zum Gewinn.

36...♕h3+ 37.♔g1 ♗d5 und Weiß gab auf (Timman – Byrne, Nizza 1974).

Ein anderer Verteidigungsplan besteht in der Blockade des b-Bauern und der Ausnutzung des geschwächten Feldes c4.

Beispiel 4

1.d4 ♘f6 2.c4 e6 3.♘f3 d5 4.♘c3 c6 5.cxd5 exd5 6.♕c2 ♘bd7 7.♗g5 ♗e7 8.e3 0-0 9.♗d3 ♖e8 10.0-0 ♘f8 11.♖ab1 ♘e4 12.♗xe7 ♕xe7 13.b4 a6 14.♘a4

14.a4!? wäre logischer.

14...♘d6 15.♘b6 ♖b8 16.a4 ♕d8 17.♕c5?

Die Dame geht nach a5, was falsch ist. Stärker war 17.♘xc8 ♖xc8 18.a5 usw.

17...♘e6 18.♕a5 ♘c7 19.♘xc8 ♖xc8 20.♕c5

Die Dame kehrt zurück, Weiß hat daher lediglich Tempi verloren.

20...♕e7 21.♖fc1 g6 22.♕c2 ♘e6 23.♘e5 f6 24.♘f3 ♖c7 25.♕b3

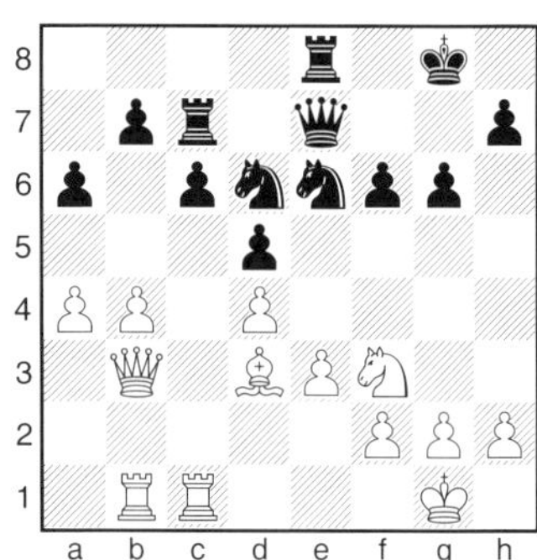

25...b5!

Damit wird das Vorziehen des b-Bauern gestoppt und der Springer landet alsbald auf c4.

26.axb5 axb5 27.♖a1 ♘c4 28.♖a2 ♖a7 29.♖ca1 ♖ea8

Die Wirkung der weißen Türme ist hiermit neutralisiert.

30.h3 ♘f8 31.♖xa7 ♖xa7 32.♖xa7 ♕xa7 33.♔h2 ♔f7 34.♗b1?

Nun wickelt Schwarz in ein gewonnenes Endspiel ab. Es sollte 34.♘e1 geschehen, um den Springer auf c2 zu überführen mit guten Verteidigungschancen.

34...♕a3! 35.♕xa3

Oder 35.♗c2 ♘e6 36.♕xa3 ♘xa3 37.♗d3 ♘c7 und nach ♘c7–a6 wird der b-Bauer kassiert.

35...♘xa3 36.♗d3 ♘e6 37.g4 ♘c7 38.e4 ♘a6 39.exd5 cxd5 40.♔g3 ♘xb4 41.♗e2 ♘bc2 42.g5 b4 43.♗d3 b3 44.h4 ♘b4 45.♗e2 b2 46.♘d2 b1♕ und Weiß gab sich geschlagen (Bykowa – Lauberte, UdSSR 1955).

Einleitung

1.d4 d5

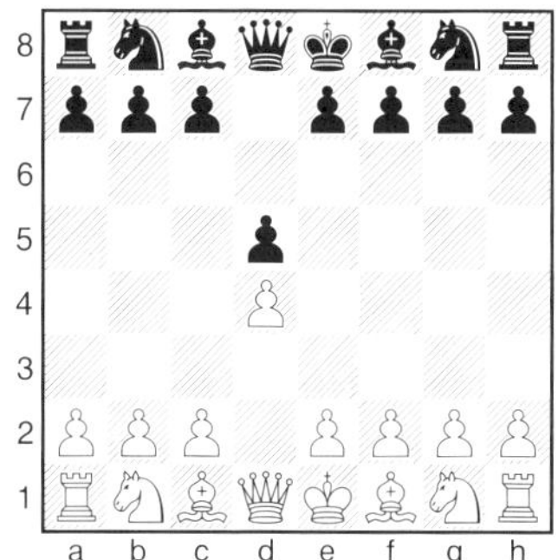

2.c4

Das ist der strategische Grundgedanke des Damengambits: Mit Bauern- und Figurendruck nach ♘b1-c3 wird die schwarze Bastion im Zentrum angegriffen. Dieser Plan ist der aktivste und führt zu den Hauptvarianten. Weniger energisch als der Textzug sind andere Fortsetzungen, die indessen auch viele Anhänger haben:

I. 2.♘f3 siehe **Kapitel 1.**

II. 2.♘c3 siehe **Kapitel 2.**

III. 2.e4 siehe **Kapitel 3.**

IV. 2.♗g5 ♘f6 (Oder 2...c6; siehe **Partie Nr. 1**: Morosewitsch - Kramnik, Astana 2001.) 3.♗xf6 (Möglich ist auch 3.♘c3, was mit Zugumstellung zu Kapitel 2 führen kann.) 3...exf6 4.e3 ♗d6 5.♗d3 0-0 6.♘d2 c6 7.♕f3 ♘d7 8.♘e2 ♖e8 9.0-0-0 ♘f8 10.g4 ♗e6 11.h4 ♕d7 12.♖dg1 und Weiß hat gute Angriffschancen am Königsflügel. Schwarz sollte Gegenspiel auf der anderen Seite bzw. im Zentrum vorbereiten; infrage kommt z.B. 12...b7-b6 nebst c6-c5 mit beiderseitigen Chancen.

V. 2.♗f4 ♘f6 (2...c6 3.♘f3 ♘f6 4.e3 ♗f5 5.c4 e6 6.♘c3 ♘bd7 7.♗d3 ♗xd3 8.♕xd3 ♗e7 9.0-0 0-0=) 3.♘f3 c5 4.e3 ♘c6 5.c3 e6 6.♘bd2 ♗d6 7.♗g3 0-0 8.♗d3 ♕e7 9.♘e5 ♘d7 10.♘xc6 bxc6 11.♕a4 e5 12.♕xc6 ♖b8 13.♕xd5 ♗b7 14.♕c4 cxd4 15.cxd4 ♖fc8 16.♕a4 ♗xg2 17.♖g1 ♗c6 18.♕d1 exd4 19.♗xd6 ♕xd6 20.♕g4 ♕f6 21.♕xd4 ♘e5 und für den geopferten Bauern hat Schwarz volle Kompensation, da der im Zentrum verbliebene weiße König in Gefahr geraten kann.

VI. 2.g3 ♘f6 (2...e6 3.♘f3 ♘f6 4.♗g2 ♗e7 5.c4 0-0 6.0-0 dxc4 ist auch möglich.) 3.♗g2 c6 4.♘f3 ♗f5 5.0-0 e6 6.c4 ♘bd7 7.♘bd2 ♗e7 8.b3 0-0 9.♗b2 h6 10.♖c1 ♖c8 mit etwa gleichen Chancen.

2...e6

Das ist die wohl populärste Fortsetzung in der modernen Turnierpraxis. Der angegriffene Zentrumsbauer wird verteidigt; Schwarz strebt nun nach schneller Entwicklung des Königsflügels und behält sich vor, später seinen c-Bauern defensiv (c7-c6) oder offensiv (c7-c5) gegen den weißen Herrschaftsanspruch in der Mitte einzusetzen. Es gibt für Schwarz allerdings andere Möglichkeiten:

I. 2...c6; siehe **Kapitel 4.**

II. 2...dxc4; siehe **Kapitel 5.**

III. 2...e5; siehe **Kapitel 6.**

IV. 2...♘c6; siehe **Kapitel 7.**

V. 2...♗f5 (Keres-Variante) 3.♕b3 (3.cxd5; siehe **Partie Nr. 2**: Legky - Brochet, St Quentin 1999.) 3...e5!? (Die Alternative 3...dxc4 4.♕xb7 ♘d7 5.♘c3 ist bequemer für Weiß.) 4.cxd5 (Nicht ohne Risiko ist der Bauernraub 4.♕xb7. Nach 4...♘d7 kann Weiß wegen seiner Unterentwicklung in Schwierigkeiten kommen. Betrachten Sie dazu bitte die **Partie Nr. 3**: Gutop - Rausis, Moskau 1992. Gespielt wird auch 4.dxe5, z.B. 4...d4 5.♘f3 ♘c6 6.a3 ♕d7 7.g3 0-0-0 8.♗g2 und das Spiel geht in eine für Weiß günstige Modifikation von Albins Gegengambit über; siehe **Kapitel 6.**) 4...exd4 5.♘f3 (5.e3 ♘d7 6.exd4 ♕e7+ 7.♘e2 ♘b6 8.♗f4 ♗xb1 9.♖xb1 ♕b4+ 10.♕xb4 ♗xb4+ 11.♘c3 ♘xd5 12.♗d2 ♘gf6=) 5...♗c5 6.♘xd4 ♗xd4 7.♕a4+ ♘c6 8.dxc6 b6 9.e3 ♗c5 10.♘c3 ♘f6 11.♗e2 0-0 12.0-0 ♕e7 und Schwarz hat hinreichende Kompensation für den geopferten Bauern, Analyse von Polugajewski.

VI. 2...c5 (Die symmetrische Verteidigung) 3.cxd5 (Nach 3.e3 e6 4.♘f3 ♘f6 5.♘c3 ♘c6 6.cxd5 ♘xd5 7.♗d3 cxd4 8.exd4 ♗e7 9.0-0 0-0 10.♖e1 entsteht eine typische Stellung mit einem isolierten Bauern im Zentrum.) 3...♘f6! (Der beste Zug. Nach 3...♕xd5 4.♘f3 cxd4 5.♘c3 ♕d8 6.♕xd4 ♕xd4 7.♘xd4 ist Weiß besser entwickelt und steht daher vorteilhafter.) 4.dxc5 ♕xd5 5.♕xd5 (Eine mögliche Alternative ist 5.♗d2!?.) 5...♘xd5 6.♗d2 e5 7.♘c3 ♘xc3 8.♗xc3 ♘c6 9.♘f3 f6 10.♖c1 ♗xc5 11.♗xe5 ♗xf2+ 12.♔xf2 fxe5 13.e4 und Weiß steht etwas besser: Es droht z.B. ♗f1-b5 bzw. ♖c1-c5 mit Eroberung des e-Bauern.

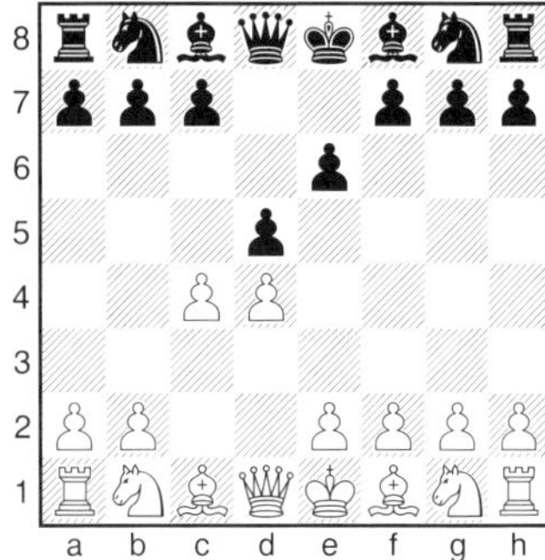

3.♘c3

Weiß möchte die Spannung im Zentrum weiter erhöhen, indem er gegen den Bauern d5 drückt und e2-e4 droht. Nach 3.♘f3 kann sich das Spiel wie folgt entwickeln:

A) 3...c5 4.cxd5 (Die Folge 4.e3 ♘f6 5.♘c3 führt zur Tarrasch-Verteidigung, siehe **Kapitel 10**.) 4...exd5 5.g3 ♘c6 6.♗g2 ♘f6 7.0-0 ♗e7 8.dxc5 ♗xc5 9.♘bd2 0-0 10.♘b3 ♗b6 11.♘bd4 ♖e8 mit etwa gleichen Chancen: Weiß kontrolliert zwar das strategisch wichtige Feld d4, doch die Stellung von Schwarz ist elastisch und seine Figuren wirken gut.

B) 3...♘f6 4.♗g5 h6 (4...♗b4+; siehe **Kapitel 8**.) 5.♗h4 (5.♗xf6; siehe **Kapitel 9**) 5...♗b4+ 6.♘c3 dxc4 7.e3 b5 8.a4 c6 9.♗e2 ♗b7 10.0-0 a6 11.♘e5

♘bd7 12.f4 ♗e7 13.♗f3 ♘d5 und in dieser dynamischen Stellung sind die Chancen für Schwarz ganz gut.

3...♘f6

Mit diesem normalen Zug entwickelt Schwarz seinen Königsflügel und bereitet die Rochade vor. Die Position des Springers auf f6 ist klar: Er kontrolliert die Felder d5 und e4 und neutralisiert damit den Einfluss des weißen Springers c3 auf das Zentrum. Der deutsche Großmeister Siegbert Tarrasch (1862-1934) bezeichnete 3...Sf6 als „orthodox", weil er diesen Plan für altmodisch hielt, und empfahl hier als beste Fortsetzung 3...c5, um sofort das weiße Zentrum anzugreifen. Diese Idee wird in **Kapitel 10** vorgestellt. Neben dem Textzug und der Tarrasch-Verteidigung ist auch 3...♗e7 öfter anzutreffen. Danach ist der Läuferausfall nach g5 nicht unmittelbar möglich, was eigenständige Bedeutung hat, falls Weiß nun in die Abtauschvariante wechselt und seinen Läufer nach f4 entwickelt. Man sehe: 4.cxd5 exd5 5.♗f4 c6

A) 6.♕c2 ♗d6 (6...g6 7.e3 ♗f5 8.♕d2 ♘f6 9.f3 c5 10.♗h6 cxd4 11.exd4 a6 12.g4 ♗e6 13.♘ge2±, Kasparow - Short, Thessaloniki 1988) 7.♗g3 (7.♗xd6 ♕xd6 8.e3 ♕g6=) 7...♘e7 8.e3 ♗f5 9.♕b3 ♘c8! 10.♘f3 (Es verbietet sich 10.♕xb7?? ♘b6 11.♗xd6 ♕xd6 und nach ♗f5-c8 wird die Dame gefangen.) 10...♕b6 11.♗e2 ♘a6 12.0-0 ♕xb3 13.axb3 ♘c7 14.b4 ♗xg3 15.hxg3 ♘d6 16.♘d2 h5 17.♘b3 a6 und Schwarz hat eine feste Stellung, Baburin - Waganian, Los Angeles 1997.

B) 6.e3 ♗f5 (6...♗d6 7.♗g3 ♘e7 8.♘ge2 ♘f5 9.♗xd6 ♘xd6 10.♘f4 ♗f5=) 7.g4 (7.♘ge2 ♘d7 8.h3 ♗g6 9.♘g3 ♘f8! 10.♗e5 ♘e6 11.♘ge2 ♗d6 12.♗xd6 ♕xd6 13.♘c1 ♘f6 14.♗d3 ♗xd3 15.♘xd3 0-0 16.0-0 ♘e4=, Sadler - Lutz, Pula 1997) 7...♗e6 (Auf 7...♗g6 8.h4 ♗xh4 würde 9.♕b3! folgen und die schwarze Lage wäre sehr kritisch.) 8.h3 (Nach 8.h4 c5!? 9.dxc5 ♗xc5 10.♘ge2 ♘c6 11.♗g2 ♘ge7 behält Schwarz gute Chancen auf gleiches Spiel.) 8...♘f6 9.♘f3 c5 (9...0-0 10.♕c2 c5 11.0-0-0 ♘c6 mit verteilten Chancen, denn beide Seiten attackieren den gegnerischen Rochadeflügel.) 10.♗d3 ♘c6 11.♔f1 0-0 12.♔g2 mit Vorbereitung einer Aktion am Königsflügel. Mit der Entwicklung ♗f4 werde ich mich noch im **Kapitel 11** beschäftigen.

Kaum bekannt in der Praxis ist eine alte Idee von Simon Alapin (1856-1923), nämlich 3...b6!?, z.B.:

A) 4.♘f3 ♗b7 (4...a6!?) 5.cxd5 exd5 6.e4 ♘f6 (6...dxe4 7.♘e5 ♗d6 8.♕g4 gibt Weiß für den Bauern gute Angriffschancen.) 7.e5 ♘fd7 (7...♘e4 8.♗b5+ c6 9.♗d3 ist günstiger für Weiß.) 8.♗d3 ♗e7 9.0-0 0-0 10.♗c2 ♖e8 nebst ♘d7-f8. Schwarz kann danach sein Spiel im Zentrum und am Damenflügel (c7-c5, a7-a6 und b6-b5) fortsetzen.

B) 4.cxd5 exd5 5.g3 ♘f6 6.♗g2 ♗b7 7.♗g5 (7.♘h3 ♗e7 8.0-0 0-0 9.♘f4 ♘a6 10.♕b3 c6 nebst ♘a6-c7. Laut Aljechin ist die weiße Stellung problematisch.) 7...♗e7 8.♕a4+ ♕d7 9.♕b3 c6 10.♘f3 0-0 11.0-0 h6 12.♗xf6 (12.♗f4 ♕e6∞) 12...♗xf6 13.e4 dxe4 14.♘xe4 ♗e7 15.♖fe1 mit dem Plan ♖a1-d1 und ♘f3-e5. Weiß steht etwas aktiver.

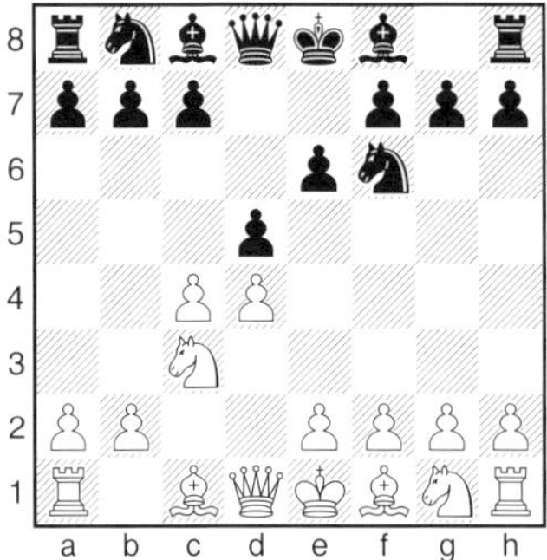

4.♗g5

Weiß fesselt den Springer und droht unmittelbar auf f6 zu schlagen, z.B. nach 5.♗g5xf6 ♕d8xf6 6.c4xd5 e6xd5 7.♘c3xd5 verliert Schwarz einen Bauern, oder bei 5...g7xf6 wird seine Bauernstellung am Königsflügel zerstört. Zur Abtauschvariante führt 4.cxd5; siehe **Kapitel 11**. Gespielt wird auch 4.♘f3 mit folgenden Varianten:

A) 4...c5 5.cxd5 (Das ruhigere 5.e3 ist auch möglich und wird in **Kapitel 10** unter die Lupe genommen.) 5...♘xd5 (Nach 5...exd5 entsteht die klassische Tarrasch-Verteidigung. Der Textzug führt zur so genannten „Verbesserten Tarrasch-Verteidigung", womit der isolierte Bauer d5 vermieden wird. Diese Variante wird in **Kapitel 12** erörtert.

B) 4...♗e7 5.♕c2 (Eine Nebenvariante, die heutzutage viele Anhänger hat. Damit verhindert Weiß viele bekannte Varianten, die nach 5.♗g5 entstehen. Ebenfalls populär ist in der gegenwärtigen Praxis 5.♗f4; siehe **Kapitel 13**.) 5...dxc4 (5...c6 6.e4!) 6.e4 ♘c6 (Interessant ist 6...a6 7.e5 ♘d5 8.♗xc4 ♘c6 9.♕e4 ♘cb4 10.0-0 b5 11.♗b3 ♗b7 12.♕g4 ♔f8 mit kompliziertem Spiel.) 7.e5 ♘b4 8.♕b1 ♘fd5 9.♗xc4 ♘xc3 (Wahrscheinlich besser ist 9...c5!?, z.B. 10.dxc5 ♕a5 11.0-0 ♕xc5 12.♘xd5 ♘xd5 13.♕e4 ♗d7 14.♗d2 ♗b5 15.b3 0-0 und Schwarz hat keine Probleme, Kramnik – Kir. Georgiew, Jerewan 1996.) 10.bxc3 ♘d5 11.♗d2 c5 12.0-0 ♕c7 13.♗d3 ♗d7 (13...h6!?) 14.♗xh7!? c4 (Nach 14...g6 15.♗xg6 fxg6 16.♕xg6+ ♔d8 17.c4 hat Weiß drei Bauern für die geopferte Figur, und der gegnerische König bleibt unrochiert, sodass der weiße Angriff sehr gefährlich sein kann.) 15.♗e4 ♗c6 16.♗xd5!? ♗xd5 17.♕b5+ ♕d7 18.a4 a6 (Der Tausch 18...♕xb5 19.axb5 wäre nur günstig für Weiß, denn der Bauer a7 muss vom Turm verteidigt werden.) 19.♕xd7+ ♔xd7 20.a5 b5 21.axb6 ♖hb8 22.♖fb1 ♔c6 23.♘g5 f6 24.exf6 gxf6 25.♘h3 a5 26.♘f4 a4 27.h4 und mit seinem starken h-Bauern erhielt Weiß bessere Perspektiven und gewann die Partie später, Akopian – Bologan, Enghien les Bains 2001.

C) 4...♗b4; siehe **Kapitel 14.**

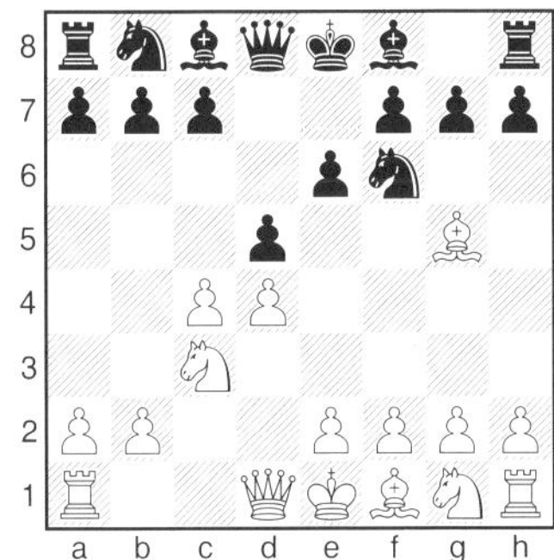

4...♗e7

So wird in der Turnierpraxis am häufigsten gespielt. Mit diesem logischen Zug setzt Schwarz seine Entwicklung fort und hebt die Fesselung auf. Andere Pläne sind:

I. 4...♘bd7

A) 5.♘f3 ♗b4; siehe **Kapitel 15.**

B) 5.cxd5 exd5 6.♘xd5? (Richtig ist 6.e3, was mit Zugumstellung zur Abtauschvariante führt; siehe **Kapitel 11**. Der Textzug ist ein bekannter Eröffnungsreinfall, wie sofort deutlich wird: 6...♘xd5! 7.♗xd8 ♗b4+ 8.♕d2 ♗xd2+ 9.♔xd2 ♔xd8 und Schwarz hat eine Figur gewonnen.

C) 5.e3 ♗b4 (5...c6; siehe **Kapitel 16**) 6.cxd5 exd5 7.♗d3 c5 8.♘ge2 c4 9.♗c2 h6 10.♗h4 0-0 11.0-0, Weiß wird nun e3–e4 durchsetzen und erhält das bessere Spiel.

II. 4...c5; siehe **Kapitel 17.**

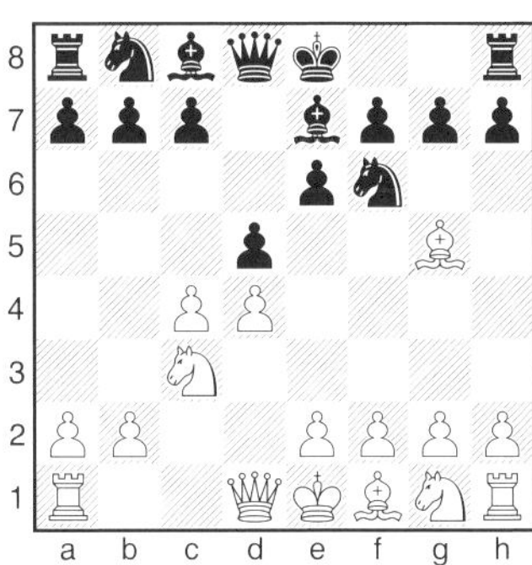

5.e3

Öffnet dem Läufer den Weg und verteidigt den Bauern c4. Weiß kann sich auch anders entwickeln: 5.♘f3 0-0 und nun:

A) 6.♖c1 h6 7.♗h4 b6 (Man trifft in der modernen Praxis auch 7...dxc4 8.e3 c5 9.♗xc4 cxd4 10.♘xd4 ♗d7 11.♗g3 ♘c6 12.♘db5 a6 13.♘d6 b5 14.♗e2 ♕b6 mit beiderseitigen Chancen.) 8.cxd5 ♘xd5 9.♘xd5 exd5 10.♗xe7 ♕xe7 11.g3 (eine Idee von W. Uhlmann) 11...♖e8 12.♕c2 ♘a6 13.a3 (13.♕c6 ♘b4! 14.♕xa8 ♘d3+ 15.♔d2 ♕b4+ 16.♖c3 ♕xb2+ 17.♖c2 ♕b4+ 18.♖c3 ♘xf2 19.♕c6 ♖e7-+) 13...c5 14.♗g2 ♗d7 15.e3 ♗b5 16.♗f1 ♗xf1 17.♔xf1 ♕f6 18.♔g2 c4 mit kompliziertem Spiel.

B) 6.♕c2 c5 (Oder 6...h6 7.♗xf6 ♗xf6 8.e4 dxe4 9.♕xe4 c5 10.0-0-0 mit Chancen auf Angriff.) 7.dxc5 ♕a5 8.cxd5 exd5 9.e3 h6 10.♗h4 ♕xc5 11.♗d3 ♘c6 12.a3 ♗e6 13.0-0 d4 14.♗xf6 ♗xf6 15.♘e4 ♕e7 mit etwa gleichen Perspektiven.

5...0-0 6.♘f3

Weiß kann seinen Springer auch auf e2 postieren, z.B. 6.♖c1 h6 7.♗h4 b6

A) 8.cxd5 ♘xd5 9.♘xd5 exd5 10.♗xe7 ♕xe7 11.♘e2 ♗b7 12.♘f4 c5 13.dxc5 ♖d8 14.♗b5 (Riskant ist 14.cxb6 wegen 14...d4 mit starkem Angriff.) 14...bxc5 (14...d4 15.0-0 dxe3 16.♕e2 exf2+ 17.♕xf2 wäre nun bequemer für Weiß.) 15.0-0 ♘a6 16.♕h5 ♕f6 17.♖fd1 ♕xb2 18.♖b1 ♕f6 (Es verliert 18...♕xa2? wegen 19.♖a1 ♕b3 20.♖db1 ♕c2 21.♗d3 mit Materialgewinn.) 19.♘xd5 ♗xd5 20.♖xd5 ♖xd5 21.♕xd5 ♖b8 22.a4 ♘c7 23.♕xc5 ♘xb5 und Schwarz konnte das Gleichgewicht noch gerade wahren, z.B. 24.axb5 ♕b6! mit etwa gleichen Chancen, Taimanow - Szabo, Moskau 1956.

B) 8.♗xf6 ♗xf6 9.cxd5 exd5 10.g3 (Oder 10.♕f3 c6 11.♗d3 ♗a6 12.♗xa6 ♘xa6 13.♘ge2 ♘c7 14.0-0 ♘e6 15.♖fd1 ♖e8 16.♕f5 ♖c8 17.♕b1 ♗e7 18.b4 b5 19.a3 ♗d6 mit gleichen Chancen, Kortschnoi - Jussupow, Tilburg 1987.) 10...♗e7 11.♗g2 c6 12.♘ge2 ♘d7 13.0-0 ♘f6 14.♘f4 ♗d6 15.♘ce2 ♗b7 16.♕a4 a5 17.♖fd1 ♖e8 18.♘d3 und Weiß steht etwas aktiver, aber die schwarze Stellung ist verteidigungsfähig, Kortschnoi - Ciric, Wijk aan Zee 1968.

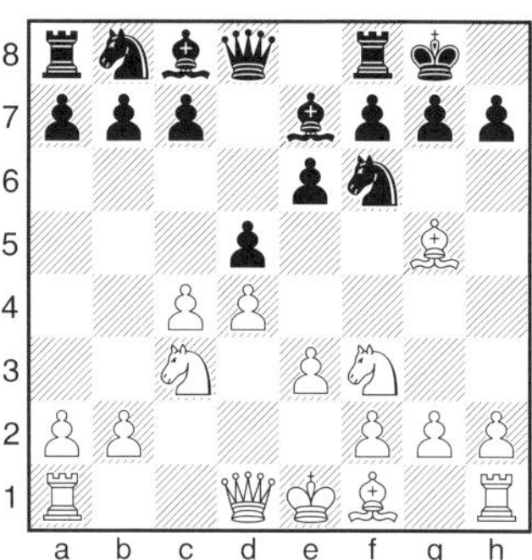

6...♘bd7

Damit ist die Grundstellung der orthodoxen Verteidigung entstanden. Schwarz steht solide, aber er muss sich nun die Frage stellen, wie er seinen Läufer c8 ins Spiel bringen kann. Zunächst jedoch noch ein Blick auf andere Züge von Schwarz in der Diagrammstellung:

I. 6...♘e4; siehe **Kapitel 18.**

II. 6...h6

A) 7.♗h4 ♘e4; siehe **Kapitel 19** und die Fianchettierung des Läufers 7...b6 wird in **Kapitel 20** besprochen.

B) 7.♗xf6; siehe **Kapitel 21.**

III. 6...b6 7.cxd5

A) 7...exd5 8.♗d3 ♗b7 (Oder 8...♗e6 9.♕c2 h6 10.♗h4 c5 11.0-0 ♘c6 mit beiderseitigen Chancen.) 9.♕c2 ♘bd7 10.h4 (10.0-0 h6 11.♗f4 a6 12.♖fd1 mit besseren Aussichten für Weiß, da der schwarze Läufer b7 passiv ist.) 10...c5 11.0-0-0 cxd4 12.♘xd4 ♖e8 13.♔b1 und nach einer alten Analyse von Aljechin hat Weiß gute Angriffsaussichten.

B) 7...♘xd5 8.♗xe7 ♕xe7 9.♘xd5 exd5 10.♗d3 ♗e6 (Nach 10...c5 11.dxc5 bxc5 12.0-0 ♗e6 13.♖c1 ♘d7 14.e4 d4 15.b3 ♗g4 16.h3 ♗xf3 17.♕xf3 ♘e5 18.♕e2 ♘xd3 19.♕xd3 ♖fe8 20.f3 ♖ac8 21.♖c4 ♕g5 22.♖fc1 erhält der Anziehende die besseren Chancen, da der Bauer c5 schwach ist.) 11.♖c1 ♖c8 12.♕c2 (12.0-0 c5 13.dxc5 bxc5 14.e4 mit geringem weißen Vorteil.) 12...h6 13.0-0 c5 14.dxc5 bxc5 15.b4 c4 16.♗h7+ ♔h8 17.♗f5 ♘c6 und Polugajewski beurteilte diese Stellung als etwa ausgeglichen.

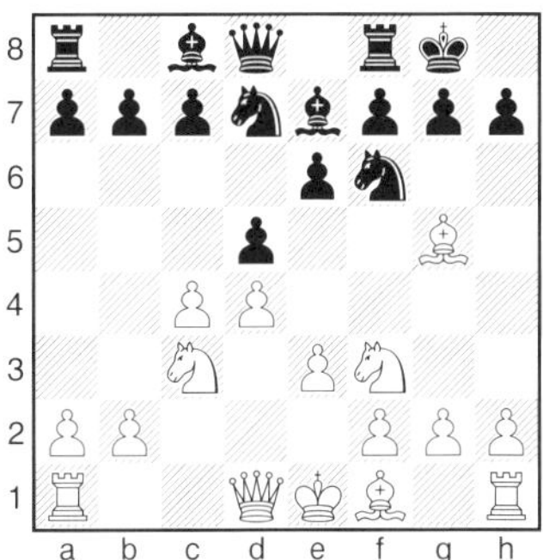

7.♖c1

Ein ideales Feld für den Turm, der hier den Sprengungszug c7-c5 erschweren soll. Der Textzug gilt zu Recht als der beste, doch es gibt auch andere Fortsetzungen:

I. 7.♕c2 (Diesen Zug favorisierte der polnische Großmeister Akiva Rubinstein.) 7...c5 (7...b6 8.cxd5 exd5 9.♗d3 ♗b7 10.h4 c5 11.0-0-0 ♖c8 12.♔b1 mit Angriffschancen oder 7...c6 8.♖d1 ♖e8 9.a3 a6 10.♗d3 dxc4 11.♗xc4 ♘d5 12.♗xe7 ♕xe7 13.♘e4±)

A) 8.cxd5 ♘xd5 (Auf 8...exd5! folgt 9.♖d1±; möglich ist auch 9.♗d3!?.) 9.♗xe7 ♕xe7 10.♘xd5 exd5 11.♗d3 g6 12.dxc5 ♘xc5 13.0-0 ♗g4 (13...♗d7 14.♖ac1 ♖ac8 15.♕d2 b6 16.♗e2 ♖fd8 17.b4 ♘e4 18.♕d4±, A. Kusmin - Ubilawa, Benasque 1997) 14.♘d4 ♖ac8 15.♖ac1 ♕g5 mit etwa gleichen Chancen. Weiß besitzt zwar das Feld d4, doch werden ihn die schwarzen Figuren am Königsflügel beschäftigen.

B) 8.0-0-0 ♕a5 (8...dxc4; siehe **Partie Nr. 4:** Browne - I. Iwanow, USA 1995) 9.♔b1 h6 10.h4 dxc4 11.♗xc4 ♘b6 12.♗xf6 gxf6 13.♗e2 cxd4 14.exd4 ♗d7 15.♖h3 mit scharfer Stellung, Kasparow - Marovic, Banja Luka 1979.

II. 7.♗d3 (Botwinnik-Variante) 7...dxc4 (Zu überlegen ist 7...h6!? 8.♗h4 c5 9.cxd5 cxd4 10.♘xd4 ♘xd5 11.♗xe7 ♘xe7 12.0-0 ♘f6 mit Chancen auf gleiches Spiel, Skembris - Portisch, Tilburg 1994.) 8.♗xc4 c5 9. 0-0

A) 9...a6 10.a4 cxd4 (Nach 10...b6 11.♕e2 ♗b7 12.♖fd1 cxd4 13.exd4 ♖e8 14.♖ac1 ♘f8 15.♘e5 entsteht eine typische Isolani-Stellung. Weiß hat zwar etwas mehr Raum, doch Schwarz kann das Feld d5 blockieren mit guten Ausgleichschancen.) 11.exd4 ♘b6 12.♗b3 ♗d7 13.♘e5

♗c6 14.♖e1 (14.♘xc6!? bxc6 15.♖e1 wäre eine interessante Alternative.) 14...♘fd5 15.♘xc6 bxc6 16.♗xe7 ♘xe7 mit etwa gleicher Stellung. Die Bauernschwächen auf c6 und d4 heben sich auf, Analyse von Polugajewski.

B) 9...cxd4 10.exd4 ♘b6 11.♗b3 ♗d7 12.♕d3 (12.♘e5!?) 12...♘fd5 13.♗e3 ♘xc3 14.bxc3 ♗a4 15.c4 und Weiß steht etwas aktiver.

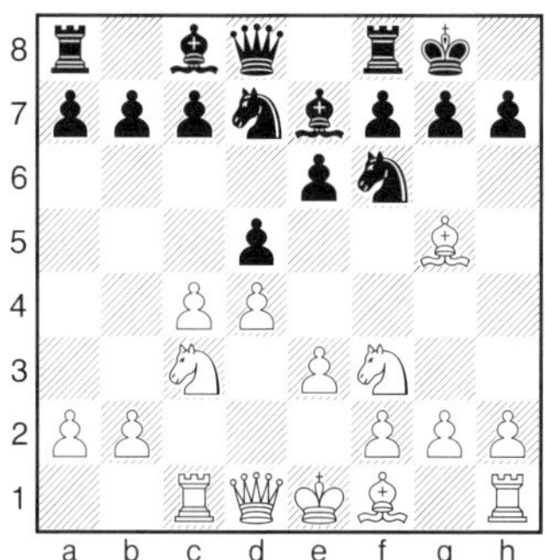

7...c6

Die solide Verteidigung des Zentrums. Schwarz bereitet das Schlagen auf c4 nebst b7–b5 vor. Mehrere andere Pläne sind möglich:

I. 7...c5 8.cxd5 (8.dxc5!?) 8...♘xd5 (8...exd5 9.dxc5 und Schwarz hat Probleme mit seinem d-Bauern.) 9.♗xe7 ♘xe7 10.♗e2 b6 11.0-0 ♗b7 12.dxc5 ♘xc5 13.b4 ♘e4 (13...♕xd1 14.♖fxd1 ♘e4 15.♘xe4 ♗xe4 16.♖d7±) 14.♘xe4 ♗xe4 15.♕a4 ♖c8 16.♖fd1 ♘d5 17.b5 mit weißem Vorteil, da der schwarze Damenflügel schwach ist, Geller – Larsen, Kopenhagen 1966.

II. 7...b6 8.cxd5 exd5 (8...♘xd5? 9.♘xd5 exd5 10.♗xe7 ♕xe7 11.♖xc7 mit Bauerngewinn) 9.♗d3 (Interessant ist der alte Plan von Pillsbury: 9.♘e5!? ♗b7 10.f4 a6 11.♗d3 c5 12.0-0 c4 13.♗f5 b5 14.♖f3 und Weiß wird am Königsflügel aktiv.) 9...♗b7 10.0-0 c5 11.♗f5 ♖e8 (11...g6 12.♗xd7 ♕xd7 13.dxc5 bxc5 14.♗xf6 ♗xf6 15.♘e4 ♗xb2 16.♘xc5 ♕e7 17.♖b1 ♕xc5 18.♖xb2 mit positionellem Vorteil, denn die schwarzen Felder, insbesondere d4, sind fest in der Hand des Anziehenden.) 12.♖e1 (12.♕e2!?) 12...♘f8 13.dxc5 bxc5 14.♘a4 und die weißen Figuren stehen deutlich aktiver. Die sog. „hängenden Bauern“, also das ungestützte Bauernduo c5 und d5, können unter Beschuss der gegnerischen Figuren geraten, und im Fall von c5–c4 wird das Feld d4 geschwächt, Petrosjan – Spasski, Moskau 1969.

III. 7...a6 (Schweizer Verteidigung. Der Hauptgedanke ist, nach 8.♗d3 dxc4 9.♗xc4 b5 10.♗d3 c5 Raum am Damenflügel zu gewinnen. Weiß muss genau spielen, wenn er Vorteil erlangen will.) 8.c5!? (Die prinzipiellste Fortsetzung. Damit lässt Weiß die typischen Pläne von Schwarz nicht zu, die mit den Zügen c7–c5 bzw. d5xc4 verbunden sind. In Karlsbad 1923 wurde zum ersten Mal die Zugfolge 8.cxd5 exd5 9.♗d3 c6 10.0-0 ♖e8 11.♕c2 ausprobiert. Diese Stellung hat große Ähnlichkeit mit Positionen der Abtauschvariante: vgl. **Kapitel 11**. Interessant ist 8.b3!?; siehe **Partie Nr. 5**: Swjaginzew – Charitonow, Russland 1995.) 8...c6 9.b4 (9.♗d3!?; siehe **Partie Nr. 6**: Jepischin – Ziatdinow, Philadelphia 1997) 9...a5 10.a3 (10.b5 e5!?) 10...axb4 11.axb4 b6 12.♗d3 bxc5 13.bxc5 e5 14.dxe5 ♘e8 15.♗xe7 ♕xe7 16.♕c2 g6 17.♘e2 ♘xe5 18.♘xe5 ♕xe5 19.♘d4 und Weiß steht aktiver.

IV. 7...dxc4 8.♗xc4 a6 9.♗d3!? (Nach 9.a4 c5 10.0-0 cxd4 11.exd4 ♘b6 12.♗b3 ♗d7 13.♘e5 ♗c6 14.♕d3 ♘fd5 15.♘xc6 bxc6 16.♗c2 g6 17.♗xe7 ♕xe7 18.a5 ♘b4 19.♕e2 ♘d7 20.♕c4 ♖fb8 21.♗e4 ♖a7 22.♖fe1 ♕d8 23.♖a1 ♘f6 24.♖ed1 ♘bd5 25.♕e2 ♖b3 hat sich Schwarz in der Partie Spangenberg – San Segundo, Buenos Aires 1995, im Endeffekt erfolgreich durchgesetzt.) 9...c5 10.♘e5 cxd4 (10...♘xe5 11.dxe5 ♘d5 12.♗xe7 ♕xe7 13.♘e4 ist bequemer für Weiß.) 11.exd4 ♘d5 12.♗xe7 ♕xe7 13.0-0 ♘xe5 14.dxe5 ♖d8 15.♕f3 ♖b8 16.♘e4 ♗d7 17.♕g3 ♗c6 18.♖fd1 h6 19.a3 ♘b6 20.♘d6 ♕g5 21.♗e4 ♕xg3 22.hxg3 ♘d5 23.♗xd5 exd5 (23...♗xd5 24.♖c7 ist gut für Weiß.) 24.♘f5 ♔f8 25.g4 ♖bc8 26.f3 mit weißem Vorteil, Swjaginzew – Charitonow, Kazan 1995.

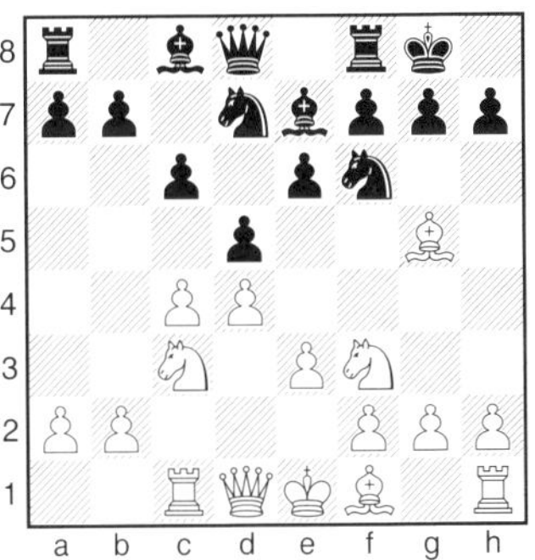

8.♗d3

Das ideale Feld für den Läufer: Weiß möchte seine Entwicklung beenden und nach ♖f1-e1 den Vorstoß e3–e4 durchsetzen. Indirekt wird auch der Bauer h7 angegriffen, was in vielen Fällen ausgenutzt werden kann. Stattdessen wird auch 8.♕c2 gespielt, dies leitet die sog. „Tempokampf-Variante" ein. Man sehe:

A) 8...dxc4 9.♗xc4 ♘d5 10.♗xe7 (10.♘e4 h6 11.♗xe7 ♕xe7 12.0-0 ♘5f6 13.♘g3 b6 14.♕e2 c5 15.♗a6 e5=) 10...♕xe7 11.0-0 (Nach 11.♘e4!? steht Weiß minimal besser. Schwarz muss vor allem das Problem seines Läufer lösen, der auf c8 noch außer Spiel ist.) 11...♘xc3 (Schlecht ist 11...b6? wegen 12.♘xd5 cxd5 13.♗d3 h6 14.♕c7! mit weißem Vorteil.) 12.♕xc3 b6 13.♖fd1 ♗b7 14.e4 ♖ac8 15.h3 ♖fd8 16.♕e3 ♘f8 17.a3 ♘g6 18.b4 mit weißem Raumvorteil.

B) 8...h6 9.♗h4 ♖e8 10.♗d3 dxc4 11.♗xc4 b5 12.♗d3 a6 13.a4 ♗b7 14.0-0 ♖c8 15.♖fd1 und der weiße Druck ist ziemlich unangenehm.

C) 8...a6 9.c5 (9.cxd5 ♘xd5 10.♗xe7 ♕xe7 11.♗e2 ♖e8 12.0-0 ♘xc3 13.♕xc3 e5=) 9...e5 10.dxe5 ♘e8 11.♗xe7 (11.h4!? verdient Beachtung.) 11...♕xe7 12.♗d3 h6 13.0-0 ♘xe5 14.♘xe5 ♕xe5 15.e4 ♘f6 16.f4 ♕d4+ 17.♔h1 dxe4 18.♘xe4 ♘xe4 19.♗xe4 ♖e8 20.♗f3 ♕f6 21.♕b3 ♖e7 22.♕b6 ♗e6 und das Spiel steht gleich, Rivas Pastor – Toth, Rom 1984.

D) 8...♘e4!? 9.♗xe7 (9.♗f4 f5 10.h3 ♘df6 11.♗d3 ♗d7 12.0-0 ♗e8 13.♘e5 ♘d7 14.f3 ♘xe5 15.♗xe5 ♘xc3 16.bxc3 ♗d6 17.♗xd6 ♕xd6 18.♕b3 ♕e7 19.♖fe1 ♔h8 20.♖f1 g5 mit Gegenspiel, Pinter - Prandstetter, Taxco Interzonal 1985.) 9...♕xe7 10.♗d3 (Oder 10.♘xe4 dxe4 11.♕xe4 ♕b4+ 12.♘d2 ♕xb2 13.♕c2 ♕xc2 14.♖xc2 e5 mit gleichem Spiel, Analyse von Polugajewski.) 10...♘xc3 11.♕xc3 dxc4 12.♗xc4 b6 13.0-0 ♗b7 14.♖fd1 c5 mit etwa gleichem Spiel.

8...dxc4

Der Tausch ist typisch und unvermeidlich, wenn Schwarz das Zentrum angreifen und schließlich seinen weißfeldrigen Läufer befreien will. Falls 8...h6, so 9.♗h4 dxc4 10.♗xc4 b5 11.♗d3 a6 12.a4 (12.0-0 c5 13.a4 ist auch möglich.) 12...bxa4 (Nach 12...b4 13.♗xf6 ♘xf6 14.♘e4 bekommt Schwarz einige Probleme mit seinem rückständigen c-Bauern.) 13.♘xa4 (13.♕xa4 c5!) 13...♕a5+ 14.♘d2 ♗b4 15.♘c3 c5 16.♘b3 ♕b6 17.0-0 cxd4 18.♘a4 ♕d8 19.♗e4 (Aufmerksamkeit verdient 19.exd4 ♗b7 20.♘ac5 usw.) 19...♖b8 20.♘xd4 ♗b7 21.♗xb7 ♖xb7 22.♘c6 mit weißem Vorteil, Lewitina - Gaprindaschwili, Lwow 1983.

9.♗xc4

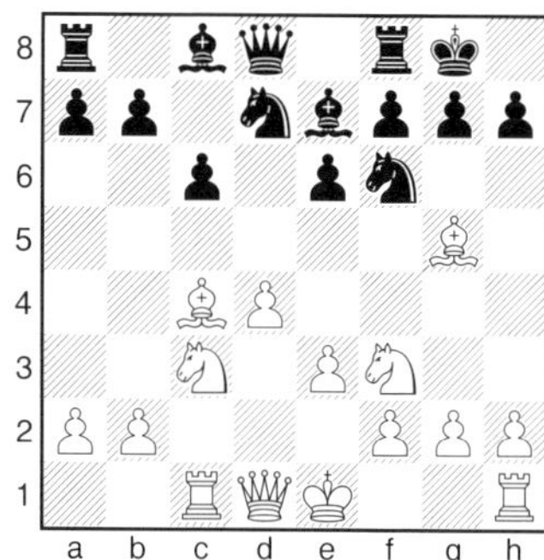

9...♘d5

Diese Idee geht auf den kubanischen Weltmeister José Raúl Capablanca (1888-1942) zurück. Schwarz strebt Vereinfachung an und plant, durch e6-e5 dem Läufer c8 mehr Luft zu verschaffen. Keine vollwertige Alternative ist 9...b5 10.♗d3 a6 (bereitet c6-c5 vor) 11.e4 (11.0-0 c5!) 11...h6 (11...c5 12.e5 ♘d5 13.♗xe7 ♕xe7 14.dxc5 ♘xc5 15.♗xh7+! ♔xh7 16.♕c2+ ♔g8 17.♘xd5 exd5 18.♕xc5 mit klarem weißen Vorteil.) 12.♗f4 ♗b7 13.e5 ♘d5 14.♘xd5 cxd5 15.0-0 Weiß hat mehr Raum und steht besser. Der Läufer b7 ist von seinen eigenen Bauern eingeschlossen.

10.♗xe7 ♕xe7

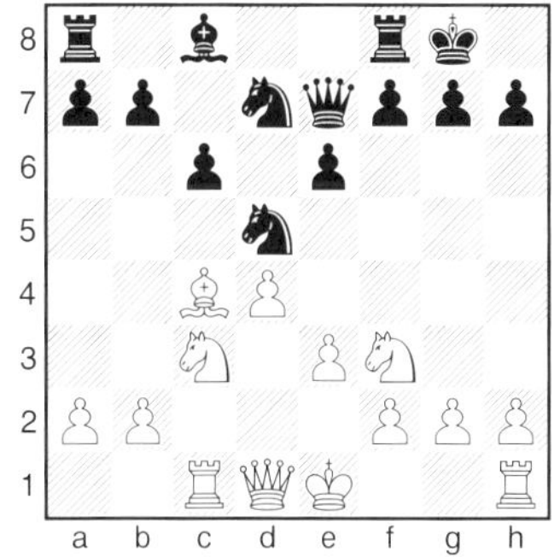

11.0-0

Der vierte Schachweltmeister Alexander Aljechin (1892-1946) schlug hier 11.♘e4 vor, obwohl Schwarz keine nennenswerten Probleme haben sollte, z.B.

A) 11...♕b4+ 12.♕d2 ♕xd2+ 13.♔xd2 kommt dem Weißen entgegen, denn Schwarz benötigt die Unterstützung der Dame, um sich mittels e6-e5 zu befreien.

B) 11...e5 12.dxe5 (12.0-0 exd4 13.♕xd4 ♘7b6 14.♗b3 ♗g4=) 12...♘xe5 13.♗xd5 cxd5 14.♕xd5 ♘xf3+ 15.gxf3 ♗e6 16.♕e5 ♕b4+ 17.♕c3 ♖ac8 18.♕xb4 ♖xc1+ 19.♔d2 ♖xh1 und Schwarz steht nicht schlechter, Analyse von Polugajewski.

C) 11...♘5f6 12.♘g3 (Eine bemerkenswerte Alternative ist 12.♘xf6+!? ♕xf6 13.♗b3 e5 14.0-0 exd4 15.♕xd4± Kortschnoi - Hübner, Biel 1986.) 12...♖d8 (Spielbar ist auch 12...e5 13.0-0 exd4 14.♘f5 ♕d8 15.♘5xd4 ♘b6 16.♗d3 ♕e7 17.♕c2 ♗g4 18.a3 ♖ad8 19.♖fe1 ♘bd7 20.♘g5 h6 21.♘h7 ♖fe8 22.h3 ♗e6 23.♘xf6+ ♕xf6 24.♗f1 ♗d5 mit Ausgleich, Topalow - Yermolinsky, Jerewan 1996.) 13.0-0 c5 14.e4 cxd4 15.e5 ♘e8 16.♖e1 ♘f8 17.♘xd4 ♘g6 18.♕d2 b6 nebst ♗c8-b7 mit gleicher Stellung, Iwantschuk - Ehlwest, Jerewan 1996.

11...♘xc3 12.♖xc3

Auf 12.bxc3 folgt 12...c5 nebst b7-b6 und ♗c8-b7 mit gutem Spiel für Schwarz.

12...e5

Dieser Befreiungszug ist das Leitmotiv der schwarzen Verteidigung.

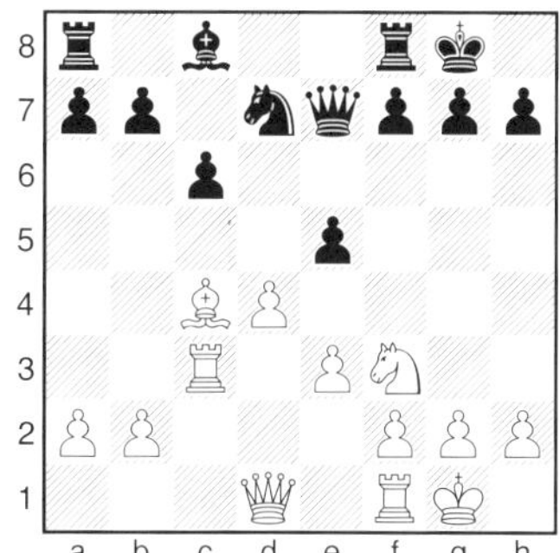

13.♕c2

Es ist Geschmackssache, welchen Plan Weiß in dieser Stellung wählt. Andere Möglichkeiten stehen ihm noch zu Gebote:

I. 13.♗b3 (Um den gegnerischen Tempogewinn durch b7-b5 bzw. ♘d7-b6 zu verhindern.)

A) 13...e4 14.♘d2 ♘f6 (14...♔h8 15.♕c2 f5 16.f3 scheint für Weiß besser zu sein.) 15.♖c5 ♘d7 16.♖f5 ♔h8 17.f3 g6 18.♖f4 exf3 19.♖4xf3 f5 20.e4 ♘f6 21.♕c2 ♗d7 22.e5 ♘h5 23.♘c4 mit der Drohung ♘c4-d6 und besseren Perspektiven für Weiß, Goldin - Masters, Tampa 2003.

B) 13...♖d8!? (Wahrscheinlich der beste Weg zum Ausgleich: Schwarz möchte erst seine Kräfte besser postieren und nicht zu schnell die Spannung aufheben.) 14.♖e1 g6 15.♕c1 e4 16.♘d2 ♘f6 17.♕b1 ♗f5 18.♘f1 ♗e6 19.♗xe6 ♕xe6 20.b4 a6 21.♖ec1 ♘d5 22.♖c5 f5 23.a4 ♖ac8 24.b5 cxb5 25.axb5 ♖xc5 26.dxc5 axb5 27.♕xb5 ♕c6 mit gleicher Stellung. Wenn Weiß auf c6 nicht schlägt, sondern z.B. nach b3 zieht, dann folgt einfach b7-b6 mit vollem Ausgleich, San Segundo Carrillo - Campora, Cala Galdana 1999.

C) 13...exd4 14.exd4 ♘f6 15.♖e1 ♕d6 16.♘e5!? (Oder 16.♖ce3 ♗g4 17.h3 ♗xf3 18.♖xf3 ♖ad8 und laut Polugajewski ist die Stellung ausgeglichen.) 16...♘d5 (Fehlerhaft wäre 16...♗f5? wegen 17.♘xf7! ♖xf7 18.♗xf7+ ♔xf7 19.♕b3+ ♔f8 20.♕xb7 ♖b8 21.♕xa7 ♖xb2 22.♖xc6! ♕xc6 23.♕a3+ mit weißem Vorteil. Auch nach 16...♗e6 17.♗xe6 fxe6 18.♕b3 ♖ab8 19.♖ce3 ♘d5 20.♖e4 besitzt Weiß wegen der Schwäche e6 bessere Perspektiven.) 17.♖g3 ♗e6 (17...f6 18.♘c4!) 18.♗c2 g6 (Nach 18...♘f6 19.a3 ♖fd8 20.♕d2 ♕f8 21.♕g5 ♔h8 22.♕h4 ♕g8 23.♖f3 ♗d5 24.♖f5 ♖d6 25.♖e3 ♖ad8 26.♖g3 h6 27.♖fg5 ♘e8 28.f4 ♕f8 29.f5 a6 30.♘g4 besitzt Weiß starke Initiative am Königsflügel, K. Müller - Lea, Fernschach 2002.) 19.h4 ♖fe8 20.h5 mit weißem Druck und guten Angriffschancen auf dem rechten Flügel.

II. 13.♕b1 (Weiß plant den Vorstoß b2-b4.)

A) 13...e4 14.♘d2 ♘f6 15.b4 ♗g4 (15...♗e6 16.♘xe4 ♘xe4 17.♕xe4 ♕xb4 18.♕c2 ♗xc4 19.♖xc4 ♕e7 20.a4 ♖ad8 21.a5 a6 22.♖b1 ♖d7 23.♖cb4±, Sjoberg - F. Andersson, Schweden 2000) 16.♖fc1 ♖ac8 17.h3 ♗e6 18.♗xe6 ♕xe6 19.♖c5 und angesichts des möglichen Minoritätsangriffs durch b4-b5 behält Weiß positionelles Übergewicht, Analyse von Polugajewski.

B) 13...exd4 14.exd4 ♘b6 (14...♘f6 15.♖e1 ♕d6 16.h3 ♗d7 17.♖ce3 ♖ae8 18.♖e5 mit Druck im Zentrum, Michaelsen - Schuh, Deutschland 1994) 15.♗b3 (15.♖e3 ♕f6 16.♗b3 ♗f5 17.♗c2 ♗xc2 18.♕xc2 ♘d5=) 15...♕f6 16.♖e1 (16.♖c5 h6!) 16...♗e6! (16...♗g4 17.♕e4!) 17.♗xe6 fxe6 18.♖ce3 ♖ae8 19.♕c2 ♘d5 20.♖e5 h6 und Weiß steht geringfügig aktiver, aber Schwarz hat ausreichende Verteidigungsmöglichkeiten, denn für den Stützpunkt e5 hat er seinerseits auf d5 einen festen Platz für den Springer.

III. 13.dxe5 (Weiß plant sein Bauernübergewicht im Zentrum auszunutzen.) 13...♘xe5 14.♘xe5 ♕xe5 15.f4

A) 15...♕f6 16.f5 b5 17.♗b3 (17.♗d3 b4 18.♖c5 ♖e8 19.♕c1 ♗b7 20.♖c4 a5 21.♖ff4 ♖ad8 22.♗f1 ♖e5 mit etwa gleichen Chancen, Stahlberg - Eliskases, Saltsjöbaden 1952) 17...b4 18.♖c5 ♗a6 19.♖f4 ♖ad8 (19...♕xb2 20.♖xb4±) 20.♕c1 ♖d6 21.♖xb4 ♖fd8 und Schwarz besitzt für den Bauern eine geringere Initiative, Bronstein – Gereben, Moskau – Budapest 1949.

B) 15...♕e4 16.♕e2 (16.♗b3 ♗f5 17.♕h5 g6 18.♕h6 ♖ad8 mit beiderseitigen Chancen) 16...♗f5 (Spielbar ist 16...♖e8!? 17.♗b3 ♗e6 18.♗c2 ♕b4 19.a3 ♕f8 mit gleichen Perspektiven, Analyse von Bogoljubow.) 17.♗d3 ♕d5 18.e4 ♕d4+ 19.♔h1 ♖fe8 20.♖c4 ♕d7 21.♕c2 ♗e6 22.♖c3 f6 23.e5 f5 mit etwa gleichem Spiel, Analyse von Polugajewski.

IV. 13.a3 (Mit der Idee b2–b4.)

A) 13...exd4 14.exd4 (14.♘xd4 ♖d8=) 14...♘b6 15.♖e1 ♕f6 (Nach 15...♕d6 16.♗a2 ♗g4 17.h3 ♗xf3 18.♕xf3 ♕xd4 19.♖e7 besitzt Weiß für den Bauern spürbaren Positionsvorteil.) 16.♗a2 ♗e6 17.♗xe6 fxe6 18.♖ce3 ♖ae8 19.♖e5 ♘d5 mit etwa gleicher Stellung (vgl. II).

B) 13...e4 14.♘d2 ♘f6 15.♗b3 (15.♕c2 ♗f5 16.♖c1 ♖ad8 17.b4 a6=) 15...♖e8 16.♕c2 ♗g4 17.♖e1 ♖ad8 18.♗a2 ♗e6 (18...♗c8 19.b4 ♘g4 20.♘f1 ♖d6 21.f3 exf3 22.gxf3 ♘h6∞, Biel – Goergens, Deutschland 2002) 19.♗xe6 ♕xe6 20.b4 a6 und Schwarz hält das Gleichgewicht aufrecht. Weiß wird versuchen, mit a2–a4 und b4–b5 den typischen Minoritätsangriff durchzuführen, Schwarz wird dagegen nach ♖d8–d5–g5 am Königsflügel kontern.

V. 13.e4 (Weiß nutzt seine Bauernmehrheit im Zentrum) 13...exd4

A) 14.♕xd4 ♘b6 (Eine mögliche Variante ist 14...b5!? 15.♗b3 c5 16.♕d5 ♖b8 17.♖d1 c4 18.♗c2 ♘f6 19.♕d4 ♗b7 20.♕xa7 ♘xe4 21.♖e3 ♕c5 22.♕xc5 ♘xc5 mit allmählichem Ausgleich.) 15.e5 (15.♗b3 ♗e6=) 15...♖d8 16.♕f4 ♘xc4 17.♖xc4 ♗e6 18.♖c3 ♖d5 19.♘g5 ♖ad8 und Schwarz hat keine Probleme, Fabiano – Dervishi, Cappelle la Grande 1999.

B) 14.♘xd4 ♘e5 15.♗b3 ♖d8 16.f4 c5 17.fxe5 ♖xd4 18.♕h5 ♗e6 19.♖h3 h6 20.♖g3 ♗xb3 21.axb3 ♖ad8 22.♕xh6 ♕xe5 und Schwarz besitzt vollwertiges Spiel, Bermudez – Murillo, Costa Rica 1994.

VI. 13.d5 (Das schnelle Vorgehen im Zentrum ist nicht gefährlich für Schwarz.)

A) 13...e4!? (Der sicherste Weg zum Ausgleich.) 14.♘d4 c5 (Nach 14...cxd5 15.♗xd5 ♘f6 16.♗b3 ♗g4 17.♕c2 ♖ac8 18.♖c1 beherrscht Weiß die c-Linie und steht daher etwas besser.) 15.♘f5 (15.♘b5 ♘f6 16.♕b3 ♕e5 17.♗e2 b6 18.♖d1 ♖d8∓, Vidmar – Feigin, Hastings 1936/37) 15...♕e5 16.♘g3 ♘f6 mit gleicher Stellung, Analyse von Euwe.

B) 13...cxd5 14.♗xd5 (14.♕xd5 e4 15.♕g5 ♕d6 16.♘d4 ♘f6 17.♖fc1⩲, Polugajewski – Neiman, Frankreich 1992) 14...♘b6 (14...♘f6 15.♕b3 ♗g4 16.♕xb7 ♕xb7 17.♗xb7 ♖ab8 18.♖c7 ♗xf3 19.gxf3 ♖fd8 20.♖fc1 mit klarem

Vorteil von Weiß, Gurin – Scharkowski, Tula 2002) 15.♕b3 ♗g4 16.♖fc1 ♖ac8 17.♖xc8 ♖xc8 18.♖xc8+ ♗xc8 19.a4 und die weißen Aussichten sind etwas vorzuziehen, Matzke – Zefferer, Waldshut 2002.

13...exd4

13...e4 führt nach 14.♘d2 zu besseren Aussichten für Weiß, z.B. 14...♘f6

A) 15.♖c1 ♗f5 16.a3 ♖ad8 17.♗a2 (17.♗b3 ♖fe8 18.♖c5 ♘d5 19.♗xd5 ♖xd5 20.♖xd5 cxd5 21.♕c5 ♕xc5 22.♖xc5 ♖d8 23.♖c7 mit vorteilhaftem Endspiel für Weiß, Bunyan – Michaud, Email 2000) 17...♘d5 18.♖c5 ♖d6 19.♗xd5 ♖xd5 20.♖xd5 cxd5 21.♕c7 ♖e8 22.♕a5 mit Bauerngewinn, Newman – Bellaire, Email 2001.

B) 15.♗b3 ♗f5 16.f3 mit bequemer Stellung für Weiß.

14.exd4

Nach 14.♘xd4 ♘f6 15.a3 c5 16.♘e2 b6 sind die Chancen gleich.

14...♘b6

Die alternative Entwicklung Sf6 gestattet Weiß den Springerausfall Sf3–g5, was nicht ungefährlich für Schwarz ist. Man sehe: 14...♘f6 15.♖e1 ♕d6 16.♘g5 ♗g4 17.♘xf7!? (Eine interessante Opferidee des holländischen Meisters Prins.) 17...♖xf7 18.♗xf7+ ♔xf7 19.♕b3+ ♔f8 20.♕xb7 ♖b8 21.♕xa7 ♗d7 (21...♖xb2 22.♖xc6 ♕xc6 23.♕a3+ ♔f7 24.♕xb2 mit reellen Gewinnchancen für Weiß) 22.b3 und Weiß behält materiellen Vorteil und gute Aussichten auf einen Sieg.

15.♖e1

Oder 15.♖e3 ♕d8 16.♗b3 ♘d5 17.♖e5 f6 18.♗xd5+ cxd5 19.♖e3 ♗g4 mit etwa gleichem Spiel. Man sehe:

A) 20.♘d2 ♕d7 (20...♖e8 21.♖xe8+ ♕xe8 22.♕b3 ♕d7=) 21.♖fe1 ♖fe8 22.♘f1 ♖xe3 23.♘xe3 ♖c8 24.♕d2 ♗e6 25.♕a5 b6 26.♕a6 ♖c7 mit Ausgleich, Florean – Patrascu, Baile Tusnad 1999.

B) 20.♕b3 ♗xf3 21.♖xf3 ♕d7 22.♖e1 ♖ae8 23.♖fe3 ♖xe3 24.♖xe3 ♖c8 25.g3 b5 26.♕d1 ♖e8 27.♖c3 a6 28.♖c5 ♕f5 29.♖c6 ♖e6 30.♖c7 ♖e8 31.♖c6 ♖e6 32.♖c7 mit Remis, Casser – Kulik, Email 2001.

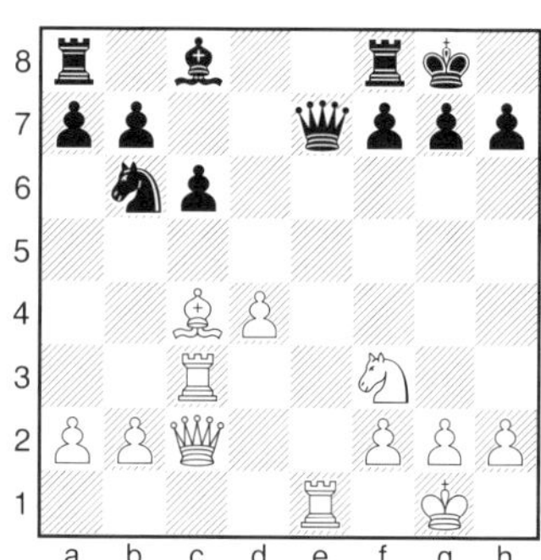

15...♕d8

Schwarz sollte das Feld g5 unter Kontrolle behalten, um den Vorstoß ♘f3–g5 zu verhindern. In diesem Sinne ist auch 15...♕f6!?, und nach 16.♗b3 gibt es zwei Möglichkeiten für Schwarz:

A) 16...♗d7 17.♖c5 ♖ae8 18.♖e3 ♖xe3 19.fxe3 ♗e6 20.♖e5 ♘d7 (20...♗d5!?) 21.♖h5 h6 22.♘g5 g6

23.♘e4 ♕e7 24.♗xe6 ♕xe6 25.♖h3 f5 26.♘c3 ♖e8 27.♕a4 a6 28.♕b4 b6 29.d5 cxd5 30.♕d4 h5 31.♕xd5 b5 32.♖g3 ♘e5 33.♕xe6+ ♖xe6 mit guten Aussichten für Schwarz (Bauernschwäche auf e3), Drewes - Joutsi, Email 2000.

B) 16...♗f5 17.♕d2 (Beachtung verdient 17.♕e2!? mit der Idee ♕e2-e7!.) 17...♖ae8 18.♖ce3 ♖xe3 19.fxe3 ♗e4 20.♕a5 ♕g6 21.♔f2 ♘c8 22.♕g5 ♕xg5 23.♘xg5 ♘d6 24.♘xe4 ♘xe4+ 25.♔e2 g6 26.♖f1 ♔g7 27.♗c2 ♖e8 mit gleichem Endspiel, Toledo - Zaremba, Email 2001.

16.♗b3

Der Rückzug 16.♗d3 sollte am besten mit 16...g6 beantwortet werden.

16...♘d5 17.♗xd5 ♕xd5 18.♖e5

Keinen Vorteil verspricht dem Weißen 18.♖c5 ♕d6 19.♕e4 h6 20.♕e7 ♕xe7 21.♖xe7 ♖d8 22.♔f1 ♔f8 23.♖ce5 ♖b8 mit der Drohung ♗c8-e6.

18...♕d6 19.♖ce3

Der Versuch, die e-Linie mit 19.♕e4 zu erobern, bringt keinen Erfolg nach 19...f6 20.♖e7 ♗d7 21.♕e2 ♖fe8 22.♖ce3 ♔f8 usw.

19...h6 20.♖e7

In der Partie Pirc - Gligoric, Jugoslawien 1951, geschah 20.♕c3 ♗e6 21.h3 ♖ad8 mit Ausgleich.

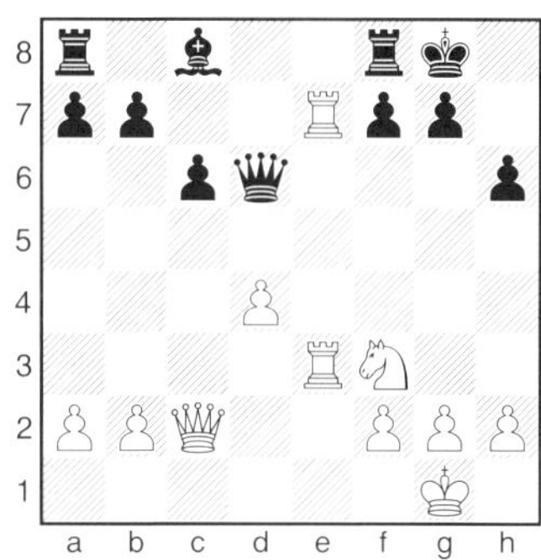

20...♖b8 gefolgt von ♗c8-e6 und gleichen Chancen.

Zusammenfassung: Bis hierher habe ich einen Überblick der Themen gegeben, mit denen ich mich in der Folge näher befassen werde. In insgesamt 21 theoretischen Kapiteln sowie einem praktischen Teil (Kapitel 22) wird eine der solidesten Eröffnungen der Gegenwart besprochen und analysiert. Ich habe versucht, die Probleme des Damengambits so objektiv wie möglich zu schildern. Nach Studium dieses Buchs sollte der Leser allgemein, aber völlig ausreichend darüber orientiert sein, welche strategischen und taktischen Nuancen im Damengambit existieren. Besonders rate ich Ihnen, alle Beispielpartien im letzten Kapitel gründlich nachzuspielen, um die praktischen Probleme in realen Spielsituationen kennen zu lernen. Die genaue Analyse typischer Stellungen vermittelt Kenntnisse und Fähigkeiten der Eröffnung und wird sicherlich eine große Hilfe für Sie sein, das erworbene Wissen in eigener Praxis zu nutzen.

Kapitel 1

Colle-System

1.d4 d5 2.♘f3

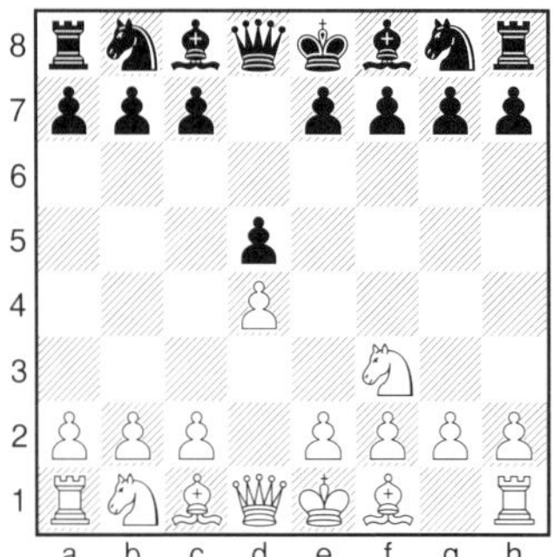

Alle Eröffnungen, bei denen Weiß zwar mit d2–d4 beginnt, aber den Zug c2–c4 erst sehr spät oder gar nicht folgen lässt, werden üblicherweise unter der Bezeichnung „Damenbauernspiele“ zusammengefasst. Es gibt natürlich einige selbstständige Systeme.

2...♘f6

Die übliche Erwiderung. Zugumstellungen mit e7–e6 oder sogar c7–c5 sind ebenfalls häufig zu sehen. Betrachten wir einige Beispiele:

I. 2...e6

A) 3.♗f4 ♗d6 4.e3 (Nach 4.♗g3 ♘f6 5.♘bd2 ♘bd7 6.e3 ♗xg3 7.hxg3 c5 8.c3 ♕c7 9.♗d3 h6 10.♖c1 e5 sind die Chancen ausgeglichen, Sharif – Apicella, Chambery 1994.) 4...♗xf4 5.exf4 ♕d6 6.♕d2 ♘f6 7.♘c3 a6 8.♗d3 b6 9.0-0 0-0 10.♖fe1 c5 11.♘e5 ♘c6 (Günstig für Weiß wäre 11...cxd4 12.♘e2 mit Eroberung des Feldes d4.) 12.♘xc6 ♕xc6 13.♕e3 ♗b7 14.♖ad1 ♖fe8 15.a3 ♘g4 16.♕h3 f5 17.♘b1 ♕d6 18.g3 ♗c6 19.c3 ♗b5 20.♕f1 ♗xd3 21.♕xd3 c4 22.♕c2 b5 23.♘d2 a5 und Schwarz bekam aktives Spiel am Damenflügel, Kovacevic – Waganian, Hastings 1982/83.

B) 3.♗g5 ♗e7 4.♗xe7 ♘xe7 5.e3 (Der Plan mit e2–e4 stellt keine Gefahr für Schwarz dar: 5.♘bd2 0-0 6.e4 dxe4 7.♘xe4 ♘bc6 8.c3 ♕d5 9.♘g3 ♖d8 nebst e6–e5 und gutem Spiel für Schwarz, Stefanova – Godena, Cannes 1996.) 5...0-0 6.c4 c5! 7.dxc5 (7.cxd5 ♘xd5 8.e4 ♘f6 9.♘c3 cxd4 10.♕xd4 ♕xd4 11.♘xd4 e5 12.♘f3 ♘c6=) 7...♕a5+ 8.♘c3 dxc4 9.♗xc4 ♕xc5 10.♕d4 ♕a5 11.♕e5 ♕xe5 12.♘xe5 ♘d7 13.♘xd7 ♗xd7 14.♔e2 ♖ac8 15.♗b3 ♖fd8 mit vollem Ausgleich, Nikolic – Piket, Sarajevo 1998.

II. 2...c5 3.dxc5

A) 3...♘c6 4.e4!? d4 (Oder 4...dxe4 5.♕xd8+ ♘xd8 6.♘e5 a6 7.♘c3 ♘f6 8.♗e3 mit etwas Vorteil für Weiß.) 5.c3 e5 6.♗b5 ♗xc5? (Ein leichtsinniger Zug. Es sollte 6...♗d7 geschehen.) 7.♘xe5 ♘ge7 8.♘xf7! ♕b6 (Es verliert 8...♔xf7 9.♕h5+ g6 10.♕xc5+.) 9.♗xc6+ bxc6 10.♘xh8 dxc3 11.0-0 (11.♕c2!?) 11...cxb2 12.♗xb2 ♕xb2 13.♕h5+ g6 14.♕xc5 ♕xa1 15.♘c3 ♕b2 16.♕c4 ♗g4 17.♘f7 ♗h5 18.g4! ♕d2 (18...♗xg4 19.♘e5 ♗h5 20.♕f7+

♔d8 21.♕f8+ ♔c7 22.♕xe7+ mit Gewinn) 19.♖d1 ♕f4 20.♘d6+ ♔d7 21.gxh5 und Weiß gewinnt, Dzagnidze – Skripchenko, Kreta 2003.

B) 3...♕a5+ 4.♘bd2 (4.♕d2 ♕xc5 5.b4 ♕b6 6.e3 e6 7.a3 ♘f6 8.♗d3 ♗e7 9.0-0 0-0 10.♗b2 ♘bd7=) 4...e6 5.e3 ♗xc5 6.a3 ♘f6 7.♗d3 (7.♗e2 0-0 8.0-0 ♕c7 9.c4 a5 10.b3 dxc4 11.♘xc4 ♖d8 12.♕c2 b6 13.♗b2 ♘bd7) 7...0-0 8.0-0 ♕c7 9.b4 ♗d6 10.c4 ♘bd7 11.♗b2 mit dem Plan ♖a1-c1, ♕d1-e2, e3–e4 und besseren Aussichten für Weiß.

3.e3

Dieser Entwicklungszug führt zum Colle-System (nach dem belgischen Meister Edgard Colle, 1897-1932). Das Hauptziel ist schnelle Entwicklung des Königsflügels gefolgt vom Vorstoß e3–e4. Der Läufer c1 spielt also nur zeitweilig eine passive Rolle. Es gibt auch andere Pläne:

I. 3.♗f4 c5 (Auch nach 3...e6 4.e3 ♗d6 5.♗xd6 ♕xd6 6.♘bd2 c5 7.c3 0-0 8.♗d3 ♘c6 9.0-0 e5 kann Schwarz auf Ausgleich hoffen.) 4.e3 ♘c6 5.c3 e6 6.♘bd2 ♗d6 7.♗g3 0-0 8.♗d3 b6 9.♘e5 ♗b7 10.f4 ♘e7 11.♕f3 ♘f5 12.♗f2 ♗e7 13.0-0 ♘d6 nebst ♘d6–e4 und gleichen Chancen.

II. 3.♗g5 ♘e4 (Nach 3...e6 4.c4 ♗e7 5.♘c3 0-0 6.e3 ♘bd7 kann das Spiel mit Zugumstellung zu den Hauptvarianten des Damengambits führen.) 4.♗f4 (4.♗h4 c5 5.e3 ♕b6 6.♕c1 ♘c6 7.c3 e6 8.♗d3 f5 9.0-0 ♗d6 nebst 0-0 ist günstig für Schwarz.) 4...c5 5.c3 ♕b6 6.♕b3 ♘c6 7.e3 c4 8.♕c2 ♗f5 und Schwarz hat gute Aussichten, z.B. 9.♘h4 ♗d7 10.♘f3 g6 11.♘bd2 ♗f5 12.♘xe4 ♗xe4 usw.

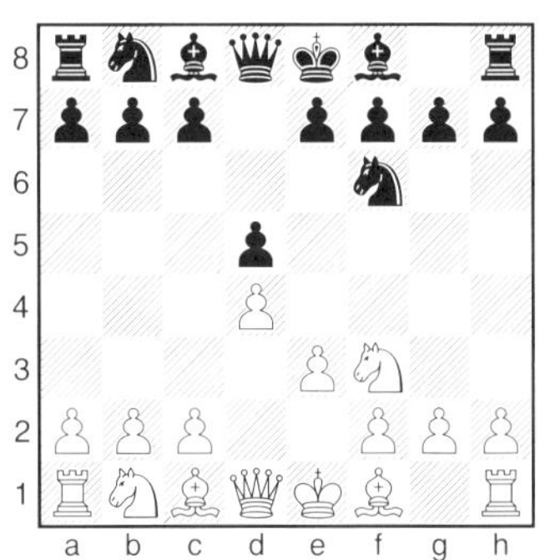

3...c5

Die energischste Reaktion gegen den relativ ruhigen Plan von Weiß. Schwarz drückt auf das Feld d4, um die Durchführung der weißen Pläne in der Mitte zu behindern. Dieser Vorstoß kann natürlich bei abweichender Zugfolge auch später realisiert werden: 3...e6 4.♗d3 (4.♘bd2; siehe **Partie Nr. 7:** Trapl – Plachetka, Tschechische Republik 2002) 4...b6 (4...c5 führt natürlich mit Zugumstellung zur Hauptvariante.)

A) 5.c4 ♗e7 (5...♗b7 6.0-0 ♗d6 7.♘c3 0-0 8.b3 ♘bd7 9.♗b2 a6 10.♖c1 ♕e7 11.cxd5 exd5 12.♕e2 ♘e4 13.g3 f5 und Schwarz hat alles im Griff.) 6.0-0 ♗b7 7.♘c3 0-0 8.b3 c5 9.♗b2 ♘bd7 10.♕e2 ♖c8 11.♖ac1 ♕c7 12.♖fd1 ♕b8 mit dem Plan ♖f8–d8, ♕b8–a8 und Druck gegen das weiße Bauernzentrum.

B) 5.0-0 ♗b7 6.♘bd2 c5 7.c3 ♘bd7 8.♘e5 (8.b3; siehe **Partie Nr. 8:** Becq

– A. Sokolov, Metz 2001) 8...♘xe5 9.dxe5 ♘d7 10.f4 ♕c7 11.♕e2 0-0-0 12.a4 ♔b8 13.a5 f6 14.axb6 axb6 15.exf6 gxf6 und die asymmetrischen Rochaden versprechen ein Spiel mit beiderseitigen Chancen.

4.c3

Der Großmeister Johannes Zukertort (1842-1888) bevorzugte das Fianchetto des schwarzfeldrigen Läufers auf der Diagonale a1-h8: 4.b3 e6 5.♗b2 ♘bd7 6.♗d3 b6 7.0-0 ♗b7 8.♘e5 a6 (8...♗e7!?) 9.♘d2 b5 (Nach 9...♘e4 erhält Weiß durch 10.♗xe4 dxe4 11.♘xd7 ♕xd7 12.♘c4 Vorteil.) 10.♘xd7 ♕xd7 11.dxc5 ♗xc5 12.♕f3 ♕e7 13.♕g3 0-0 14.a3 ♖fd8 mit gleichen Chancen.

4...e6 5.♗d3 ♘c6

Auf diesem Feld nimmt der Springer mehr Einfluss auf das Zentrum. Andere Pläne sind:

I. 5...♗e7 6.0-0 0-0 7.♕e2 ♘bd7 8.♘bd2 b6 9.e4 dxe4 10.♘xe4 ♗b7 11.♖d1 ♕c7 12.♗g5 ♖fe8 13.dxc5 ♗xe4 14.♗xe4 ♘xe4 15.♕xe4 ♘xc5 16.♕c4 ♗xg5 17.♘xg5 ♕e7 18.♘f3 e5 mit beiderseitigen Chancen.

II. 5...♘bd7 6.0-0 ♗d6 7.♘bd2 0-0 8.♖e1 ♕c7 9.e4 cxd4 10.cxd4 dxe4 11.♘xe4 ♘xe4 12.♖xe4 b6 13.♕e2 ♗b7 14.♖h4 g6 15.♗d2 ♖ac8 und Schwarz sollte seine Königsstellung verteidigen können.

6.♘bd2 ♗d6 7.0-0 0-0

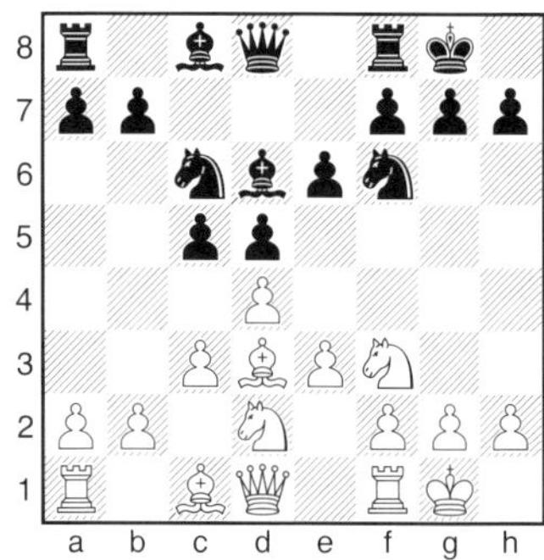

8.e4

Wenn Weiß keinen Isolani auf der d-Linie möchte, kann er zu einer alten Idee von Capablanca greifen: 8.dxc5!? ♗xc5 9.e4 ♗b6!? (Nach 9...♕c7 10.♕e2 ♗d6 11.♖e1 ♘g4 12.h3 ♘ge5 13.♘xe5 ♘xe5 14.exd5 exd5 15.♘f3 kann Schwarz einige Probleme mit seinem Isolani bekommen.) 10.♕e2 h6 11.c4 ♘g4 12.h3 ♘ge5 13.♘xe5 ♘xe5 14.exd5 ♘xd3 15.♕xd3 exd5 16.cxd5 (16.♕xd5 ♕xd5 17.cxd5 ♖d8 18.♘c4 ♖xd5 19.♘xb6 axb6 20.♗e3 ♗e6=) 16...♗e6 17.♘c4 ♕xd5 18.♕xd5 ♗xd5 19.♘xb6 axb6 20.a3 b5 21.♗d2 ♖fe8 mit gleichem Endspiel.

8...cxd4 9.cxd4 dxe4 10.♘xe4 ♗e7 11.♗e3 ♘b4 12.♘xf6+

Das führt zu Vereinfachung. Aber auch nach 12.♗b1 b6 13.♘e5 ♗b7 14.♘xf6+ ♗xf6 15.a3 ♘d5 16.♕d3 g6 17.♗h6 ♗g7 18.♗xg7 ♔xg7 blockiert Schwarz den weißen Isolani und hat alles unter Kontrolle.

12...♗xf6 13.♗e4 ♘d5 14.♕b3 b6 15.♗xd5 ♕xd5 16.♕xd5 exd5 und

Schwarz hat keine Schwierigkeiten. Die Stellung ist völlig ausgeglichen.

Zusammenfassung: Ganz allgemein kann man sagen, dass Weiß ohne den aktiven Zug c2–c4 wenig Aussicht auf Initiative erhält. Das ist der Hauptgrund, dass Damenbauernspiele nicht so populär sind wie die klassischen Systeme mit dem aktiven c2–c4. Aber Schwarz darf auf keinen Fall die Möglichkeiten des Gegners unterschätzen. Bei ungenauem Spiel von Schwarz kann der Anziehende ohne Weiteres spürbaren Vorteil erlangen. Ansonsten haben beide Seiten etwa gleiche Chancen. Ich möchte noch erwähnen, dass Damenbauernspiele auch nach 1.d4 ♘f6 entstehen können, ohne dass Schwarz d7–d5 zieht, z.B. 2.♘f3 e6 3.♗g5 führt zum Torre-Angriff. Dagegen haben wir es nach 2.♗g5 mit dem Trompowsky-Angriff zu tun. In diesem Buch wird grundsätzlich nur 1.d4 d5 analysiert und aus diesem Grund werden die erwähnten Systeme hier nicht behandelt.

Kapitel 2
Richter-Weressow-Eröffnung

1.d4 d5 2.♘c3

Diese Springerentwicklung gehört im Prinzip auch zur großen Gruppe der „Damenbauernspiele". Weiß hat nun das klare Ziel, den Vorstoß e2–e4 durchzuführen.

2...♘f6

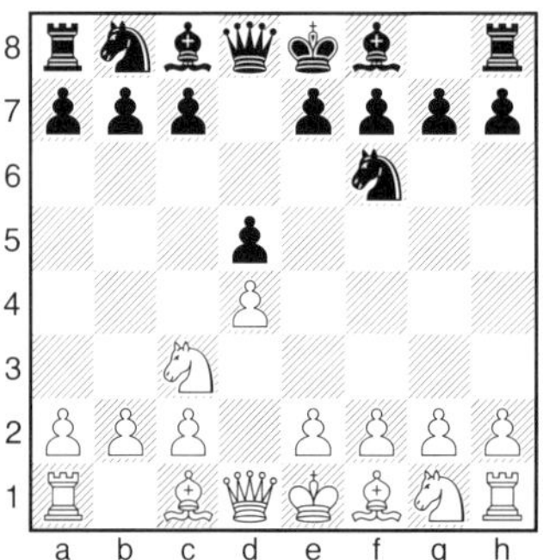

3.♗g5

Leitet die Eröffnung ein, die nach dem deutschen Schachmeister Kurt Richter (1900-1969) benannt wird und auch vom weißrussischen Meister Weressow im vergangenen Jahrhundert analysiert wurde. Deshalb ist diese Variante in Eröffnungsbüchern oft als Richter–Weressow–Eröffnung bekannt.

3...♘bd7

So pflegt sich Schwarz meistens zu verteidigen: Er vermeidet damit die Schwächung seiner Bauernstruktur durch den Abtausch auf f6. Alternativen sind:

I. 3...g6

A) 4.♗xf6 exf6 5.e4 dxe4 6.♘xe4 ♗g7 7.♘f3 (Nach 7.♗d3 0-0 8.c3 f5 9.♘g3 c5 10.dxc5 ♘d7 11.♘1e2 ♘xc5 12.♗c2 ♕h4 stand Schwarz viel aktiver, Kasparjan – Zagorianski, Moskau 1947.) 7...0-0 8.♗e2 f5 9.♘c5 b6 10.♘b3 ♗b7 11.0-0 ♘d7 12.c3 ♘f6 13.♖e1 a6 14.a4 ♖e8 15.a5 ♘d5 16.♗f1 und Weiß steht nur minimal besser, Alburt – Marjanovic, Bukarest 1978.

B) 4.♕d2!? ♗g7 5.♗h6 0-0 6.0-0-0 c6 7.f3 b5 8.h4 ♘h5! (Schwarz muss sich um seinen Königsflügel kümmern. Das sofortige Gegenspiel 8...b4 9.♘b1 ♕a5 bringt dem Weißen Angriffsmöglichkeiten auf der anderen Seite: 10.h5! ♗xh6 11.♕xh6 ♕xa2 12.e4 b3 13.c3 dxe4 14.fxe4 ♘xh5 15.♗e2 ♘f6 16.e5 ♗f5 17.exf6 ♕xb1+ 18.♔d2 ♕xb2+ 19.♔e1 ♕xc3+ 20.♔f1 und gegen das Matt gibt es keine Parade mehr.) 9.g4 ♘g3 10.♖h3 ♘xf1 11.♖xf1 f5? (Unnötige Schwächung des Königsflügels. Schwarz sollte vorsichtiger sein; infrage käme 11...f6!?, z.B. 12.♗xg7 ♔xg7 13.h5 g5 14.e3 e5 15.♘ge2 ♗e6 16.♘g3 ♘d7 mit komplizierter Stellung.) 12.♗xg7 ♔xg7 13.h5! fxg4 (Keine Verteidigung wäre 13...f4 14.hxg6! hxg6 15.e3 ♕d6 16.♘ge2+– nebst ♖f1-h1 mit starkem Angriff.) 14.♖h1 ♕d6 (14...g5 15.♕xg5+ ♔h8 16.h6 ♖f7 17.♕e5+ ♔g8 18.♖h5!+–) 15.hxg6 ♕xg6 16.♘h3! gxh3 (16...b4

17.♘a4 g3 18.♖fg1 ♔h8 19.♘g5 h6 20.♖xh6+! ♕xh6 21.♘f7++−) 17.♖fg1 mit entscheidendem weißen Angriff, Reprintsew – Kachar, Moskau 1999.

II. 3...♗f5 4.♗xf6 gxf6 (4...exf6 5.e3 c6 6.♗d3 ♗xd3 7.♕xd3 ♗b4 8.♘ge2 0-0 9.0-0 g6 10.e4±) 5.e3 e6 6.♗d3 ♗g6 (6...♗xd3!?=) 7.f4

A) 7...♗xd3 8.cxd3 c6 (Schwarz kann aktiver vorgehen, z.B. 8...c5 9.dxc5 ♗xc5 10.d4 ♗b4 11.♘f3 ♘c6 12.0-0 0-0 nebst ♔g8–g8, ♖f8–g8 und Gegenspiel auf der g-Linie.) 9.♘f3 ♘d7 10.0-0 ♗d6 11.♖b1 ♕e7 und Schwarz kann noch nach beiden Seiten rochieren. Die Stellung ist kompliziert, Marjasin – Klovans, Minsk 1976.

B) 7...♘c6 8.a3 ♕d7 9.♕f3 0-0-0 10.♘ge2 f5 11.b4 f6 12.0-0 ♗d6 mit verteilten Chancen, Schtyrenkow – Walek, Pardubice 1995.

C) 7...f5 8.♘f3 c5 (8...♗h5!?) 9.0-0 ♘c6 10.♘e5 cxd4 11.♘xc6 bxc6 12.exd4 ♕b6 13.♘e2 ♕xb2 14.c4 dxc4 15.♗xc4 ♗g7 16.♖b1 ♕a3 17.♘g3 0-0 und Weiß hat keine Kompensation für den Bauern, Buhmann – Komljenovic, St. Ingbert 1987.

III. 3...c6

A) 4.e3 ♗f5 (4...♘bd7 5.♘f3 g6 6.♗d3 ♗g7 7.♕e2 0-0 8.0-0 c5 9.♗b5 ♘e4 10.♘xe4 dxe4 11.♘d2 ♘f6 12.♗xf6 exf6 13.dxc5 f5 14.c3 ♕c7=) 5.♗d3 ♗xd3 6.♕xd3 ♘bd7 7.f4 e6 8.a3 ♗e7 9.♘f3 0-0 10.0-0 c5 und Schwarz erhält ausgezeichnetes Gegenspiel.

B) 4.♕d2 ♗f5 5.f3 ♘bd7 6.e3 h6 (Auch nach 6...♕b6 7.0-0-0 e6 8.g4 ♗g6 9.♘ge2 h6 10.♗xf6 ♘xf6 11.♘f4 ♗h7 12.h4 ♗d6 hat Schwarz gute Gegenchancen, Negre – Todorov, Cannes 1997.) 7.♗h4 e6 (7...e5! ist eine starke Alternative.) 8.♗d3 ♗xd3 9.♕xd3 ♗e7 10.e4 dxe4 11.fxe4 e5 12.♗xf6 ♘xf6 13.dxe5 ♘g4 14.e6! fxe6 15.♘h3 0-0 (15...♕xd3 16.cxd3 0-0-0 ist auch möglich, denn Weiß verbleibt mit einer Schwäche auf d3.) 16.0-0-0 ♗g5+ 17.♔b1 ♕xd3 18.♖xd3 ♘f2 19.♘xf2 ♖xf2 20.g3 ♖af8 21.a4 ♖g2 22.h4 ♗f6 23.♖f1 h5 24.♖df3 ♖d8 25.e5 ♗xe5 26.♘e4 ♖e2 27.♘c5 ♖dd2 mit klarem Vorteil für Schwarz (Besetzung der 2. Reihe), De Souza Haro – Milos, São Paulo 2001.

IV. 3...c5 4.♗xf6 gxf6

A) 5.e4 cxd4 (5...dxe4 6.dxc5 f5 7.♕xd8+ ♔xd8 8.0-0-0+ ♗d7 9.f3 exf3 10.♘xf3 e6 11.♘e5 ♔e7=) 6.♕xd4 dxe4 7.♕xd8+ ♔xd8 8.0-0-0+ ♗d7 9.♗c4 e6 10.♘xe4 f5 11.♘d6 ♗xd6 12.♖xd6 ♔e7 13.♖d2 ♗c6 14.f3 ♘d7 15.♘e2 ♘e5 16.♗b3 ♖ad8 und Schwarz gleicht das Spiel aus.

B) 5.e3 5...cxd4 6.exd4 h5 7.♗e2 h4 8.♗f3 e6 9.♘ge2 ♗h6 10.0-0 ♘c6 11.♖e1 ♗d7 12.♘c1 ♔f8 13.♘b3 ♖g8 mit beiderseitigen Chancen.

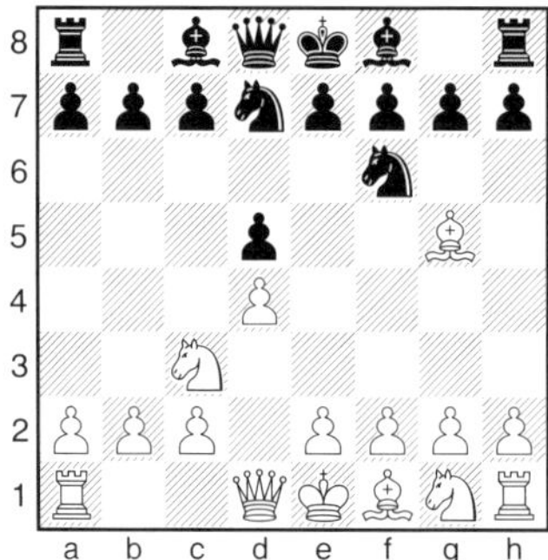

4.♘f3

Weiß setzt die Entwicklung fort. Ein Blick auf andere Züge:

I. 4.♕d2

A) 4...e6 5.e3 (Energischer ist 5.e4!? dxe4 6.f3 e3!? 7.♗xe3 ♗b4 8.a3 ♗xc3 9.bxc3 0-0 10.♗d3 c5 11.♘h3 und mit dem Läuferpaar steht Weiß etwas besser, Loboda – Suetin, UdSSR 1975.) 5...♗e7 (5...c5!?) 6.h4 (6.♘f3 c5 7.♘e5 ♘xe5 8.dxe5 ♘d7 9.♗xe7 ♕xe7 10.f4 f6 11.exf6 ♘xf6 12.0-0-0 ♗d7=, Rewitz – Hartvig, Ringsted 1995) 6...c5 7.♗e2 a6 8.g4 b5 9.♗xf6 gxf6 10.dxc5 ♘xc5 11.a3 ♗b7 12.♘f3 ♕b6 und Schwarz hat gute Aussichten; z.B. kann Weiß nicht lang rochieren, denn Schwarz erhält nach b5–b4 sofort starke Initiative am Damenflügel, Tumakow – Alawkin, Russland 1995.

B) 4...c6 5.f3 ♕a5 6.e4 dxe4 7.♘xe4 (7.fxe4 e5 8.dxe5 ♘xe5 9.0-0-0 ♗e6 10.♘f3 ♘fd7 11.a3 h6 12.♗h4 ♗c5 13.♘d4 0-0 14.♗e2 b5 15.♔b1 b4 mit schwarzem Gegenspiel, Vooremaa – Bronstein, Tallinn 1981) 7...♕xd2+ 8.♘xd2 e6 (Möglich ist auch 8...g6!? 9.♗c4 ♗g7 10.♘e2 0-0 11.0-0 c5 12.♖fe1 a6 13.a4 b6 14.♗a2 ♗b7 15.♘c4 ♘d5 16.c3 ♖ab8 mit gleichen Chancen, Treppner – Dydyschko, Deutschland 1994.) 9.♗d3 ♗e7 10.♘e2 b6 11.0-0 ♗b7 12.c3 0-0 13.♘e4 ♖fd8 14.♖ad1 ♔f8 15.♘xf6 ♘xf6 16.♘g3 c5 17.♗xf6 gxf6 18.dxc5 ♗xc5+ 19.♔h1 f5 20.♗e2 ♔e7 und Schwarz hat eine gute Stellung, De Souza Haro – Vescovi, São Paulo 2001.

C) 4...c5!? 5.dxc5 e6 6.e4 dxe4 7.0-0-0 (7.♗b5!?) 7...♗xc5 8.♗b5 0-0 9.♗xf6 ♕xf6 10.♘xe4 ♕e5! 11.♕e2 ♘f6 12.♘xc5 ♕xc5 13.♘f3 b6 14.♕e5 ♘d5? (Am einfachsten war es, die Damen zu tauschen mit gleichen Chancen. Nun erhält Weiß einen starken Königsangriff.) 15.♗d3 ♕xf2 16.♖he1 ♕c5 (16...♕xg2?? 17.♖g1 f6 18.♕h5+–) 17.♗e4! 17...♗b7 (17...f6? 18.♖xd5! exd5 19.♕xd5++–; 17...♖d8? 18.♗xd5 exd5 19.♖xd5!! ♖xd5 20.♕xd5! ♕xd5 21.♖e8#) 18.♘g5! ♔h8 (18...g6 19.♘xe6 fxe6 20.♕xe6+ ♖f7 21.♗xd5 ♗xd5 22.♖xd5+–) 19.♘xh7 ♖fb8 20.♗xd5 ♔xh7 (20...♗xd5 21.♕h5 ♔g8 22.♘g5 ♕f2 23.♖f1 ♕e3+ 24.♔b1+–) 21.♕e4+! f5 22.♕h4+ 1-0, Reprintsew – Ewelew, Moskau 1999.

II. 4.♕d3 e6 5.e4 dxe4 6.♘xe4 ♗e7 7.♘xf6+ ♗xf6 8.♗xf6 ♕xf6 9.♘f3

A) 9...0-0 10.♕e3 (10.0-0-0 e5 11.♕e3 exd4 12.♖xd4 ♘c5 13.♖f4 ♕h6=, Shirazi – Quinteros, Jakarta 1978, oder 10.♗e2 ♖e8 11.♕e4 ♕e7 12.0-0 ♘f6 13.♕h4 ♘d5 14.♕xe7 ♖xe7 15.a3 f6 16.♖fe1 b6 17.g3 c6=,

Vymazal - Petr, Tschechische Republik 2001) 10...c5 11.♗d3 cxd4 12.♕xd4 ♕xd4 13.♘xd4 ♘c5 14.♗c4 ♗d7 15.0-0-0 ♖fd8 16.♖he1 a6 17.♘b3 ♘xb3+ 18.♗xb3 ♗c6 mit gleichem Endspiel, Roesch - Orsag, Deutschland 1996.

B) 9...c5 10.0-0-0 cxd4 (Das ist der einfachste Weg zu gleichem Spiel. Nach 10...0-0 kann Schwarz einige Probleme bekommen. Die **Partie Nr. 9:** Hector - Lindberg, Malmö 2003, zeigt, welchen Schwierigkeiten Schwarz begegnet.) 11.♕xd4 ♕xd4 12.♘xd4 ♘f6 13.♗e2 ♗d7 14.♗f3 0-0-0 mit Ausgleich.

III. 4.f3 c5 (Möglich ist auch 4...c6!? 5.e4 dxe4 6.fxe4 e5 7.dxe5 ♕a5! mit Gegenspiel, z.B. 8.exf6 ♕xg5 9.fxg7 ♗xg7 10.♕d2 ♕xd2+ 11.♔xd2 ♘c5 12.♗d3 ♗e6 13.♘f3 0-0-0 und Schwarz steht ausgezeichnet, Alburt - Tal, UdSSR 1972.) 5.dxc5 (Nach 5.e4 cxd4 6.♕xd4 e5 7.♕a4 d4 8.♘d5 ♗e7 9.♘xe7 ♕xe7 10.♘e2 h6 11.♗d2 0-0 hat Schwarz keine Probleme, Bellon - Keene, Dortmund 1980.) 5...♕a5 6.♗xf6 ♘xf6 7.♕d4 e5!? (Das Bauernopfer gibt Schwarz gute Gegenchancen.) 8.♕xe5+ ♗e6

A) 9.e4 0-0-0 (9...♗xc5 10.♗b5+ ♔f8 11.0-0-0 ♗e3+ 12.♔b1 dxe4 13.fxe4 ♔g8 mit dem Plan h7-h6 und ♔g8-h7 sollte zum Ausgleich reichen.) 10.exd5 ♖xd5 11.♕f4 ♗xc5 und für den Bauern hat Schwarz gute Perspektiven.

B) 9.e3 0-0-0 (9...♗xc5 10.♗b5+ ♔f8 führt zu unklarem Spiel.) 10.♘ge2 ♗xc5 11.♘d4 ♗d6 mit aktivem Spiel für den Bauern.

4...g6

Das Fianchetto des Läufers ist in der Praxis sehr populär. Schwarz verfügt auch über andere Möglichkeiten:

I. 4...h6 5.♗h4 e6 6.e4 dxe4 (6...g5 7.♗g3 ♘xe4 8.♘xe4 dxe4 9.♘e5 ♗g7 10.h4 ♘xe5 11.♗xe5 ♗xe5 12.dxe5 ♗d7 13.♕g4 ♕e7 14.0-0-0 0-0-0=) 7.♘xe4 c5 8.♗xf6 ♘xf6 9.♘xc5 ♗xc5 10.dxc5 ♕a5+ 11.c3 ♕xc5 12.♕d4 ♕xd4 13.♘xd4 ♗d7 nebst ♔e8-e7, ♖h8-d8 mit ausgeglichenem Spiel.

II. 4...e6 5.e4 dxe4 (Es wurde auch 5...h6 6.♗h4 g5 7.♗g3 ♘xe4 8.♘xe4 dxe4 9.♘d2 f5 10.h4 g4 11.♘c4 ♗g7 12.♕d2 ♘f6 13.0-0-0 0-0 gespielt, mit beiderseitigen Chancen.) 6.♘xe4 ♗e7 7.♘xf6+ ♗xf6 8.♗xf6 ♘xf6 9.♗d3 c5 (9...0-0 10.♕e2 b6 11.0-0-0 ♗b7 12.♔b1 ♕d6 13.♖he1 c5 14.dxc5 ♕xc5 15.♘e5 ♖ad8 16.f4 ♘d5=) 10.dxc5 ♕a5+ 11.♕d2 ♕xc5 12.0-0-0 0-0 13.♖he1 ♗d7 14.♔b1 ♖fd8 mit ausreichenden Gegenressourcen.

III. 4...c6 5.e3 (5.♕d3 g6 6.e4 dxe4 7.♘xe4 ♗g7 8.0-0-0 0-0=) 5...g6 6.♗d3 ♗g7 7.0-0 0-0 8.♖e1 ♖e8 9.e4 dxe4 10.♘xe4 ♘xe4 11.♖xe4 ♘f6 12.♖e1 ♕b6 mit etwa gleichen Chancen.

5.♕d3 ♗g7 6.e4 dxe4 7.♘xe4 0-0 8.0-0-0

Die lange Rochade führt zu scharfem Spiel. Der Plan mit der kurzen Rochade verspricht dem Weißen jedoch keinen Vorteil. Man sehe: 8.♘xf6+ ♘xf6 9.♗e2 c5 10.dxc5 ♕a5+

11.c3 ♕xc5 12.0-0 ♗e6 13.♕d4 ♕a5 14.a3 h6 15.♗xf6 (15.♗f4 ♘d5 16.♗e5 f6 17.♗g3 ♗f7 nebst e7–e5 ist gut für Schwarz.) 15...♗xf6 16.♕e3 ♗g7 17.♘d4 ♗d5 mit beiderseitigen Chancen, Smyslow – Gufeld, New York 1989.

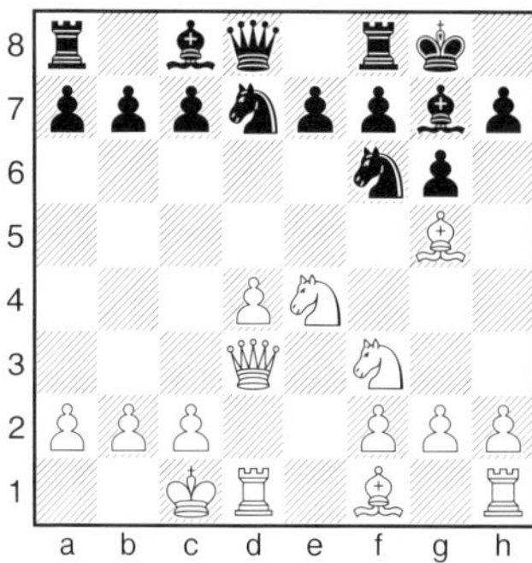

8...c5!?

Sicher die aktivste Fortsetzung. Ansonsten wurden hier noch andere Möglichkeiten probiert: 8...c6 9.♔b1 (9.♘g3 ♕a5 10.♔b1 e5 11.h4 exd4 12.♘xd4 ♘c5=) 9...♕a5 10.♗d2 ♕c7 11.♘xf6+ ♘xf6 12.♘e5 ♘g4 13.♕g3 ♘xe5 14.♗f4 ♗e6=, Kapengut – Vooremaa, Leningrad 1962, oder 8...♘xe4 9.♕xe4 ♘f6 10.♕e3 ♗e6 11.♔b1 c6 12.h3 ♕a5 13.a3 ♘d5 14.♕d2 ♕xd2 15.♖xd2 ♖fe8 16.♗d3 h6 17.♗e3 ♖ad8 mit Remis, Madl – Veröci, Balatonfüred 1987.

9.♘xf6+

Andere Versuche garantieren keinen Vorteil: 9.d5 ♘xe4 10.♕xe4 ♕b6 11.c3 ♕a5 12.♗xe7 ♖e8 13.d6 ♘b6 mit verteiltem Spiel, Hoi – Geller, Reykjavik 1990, bzw. 9.h4 ♕a5 10.♔b1 cxd4 11.♘xd4 ♘c5 12.♘xc5 ♕xc5 13.♗e2 e5 14.♘b3 ♕c7=, Heberla – Maiorow, Artek 2000.

9...♘xf6 10.dxc5 ♕a5 11.♕b5 ♕xa2 12.♗c4 ♗d7 13.♗xa2 ♗xb5 14.♖he1 e6 15.♘d4!?

Offenbar nichts verspricht 15.♗f4 ♗c6 16.♗d6 ♖fe8 17.♖d3 ♘e4 18.♖e2 b6 und Schwarz kann sich nicht beklagen, Welling – Carlier, Wijk aan Zee 1987.

15...♗d7 16.♘f5 gxf5 17.♗xf6 ♗c6

Gemäß einer Analyse von Finkel hat Schwarz nach 17...♗xf6 18.♖xd7 ♖fc8 19.♖xb7 ♖xc5 20.b4 ♖c3 ebenfalls gleiche Chancen.

18.♗xg7 ♔xg7 19.f3 ♔f6 20.♖d6 ♖g8 21.♖e2 ♖ad8 22.♖ed2 ♔e7 mit gleichem Endspiel.

Zusammenfassung: Mit dem Zug 2.♘b1-c3 schließt Weiß kategorisch die Möglichkeit c2–c4 aus, die nach 2.♘g1-f3 (siehe Kapitel 1) noch verfügbar bleibt. Der Hauptgedanke dieser Eröffnung ist, den typischen Vorstoß e2–e4 zu verwirklichen. Wie die vorgestellten Varianten beweisen, erhält Schwarz jedoch bei richtigem Spiel gute Gegenchancen.

Kapitel 3
Blackmar-Diemer-Gambit

1.d4 d5 2.e4

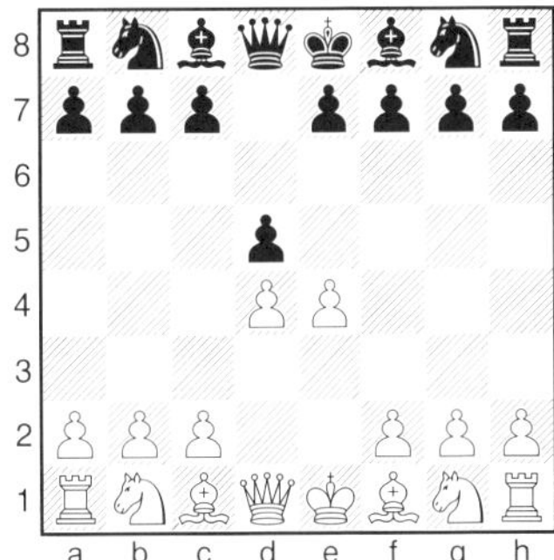

Dieses Bauernopfer wurde von dem Amerikaner Armand Blackmar (1826–1888) vorgeschlagen und durch den badischen Meister Emil Josef Diemer (1908–1990) verbessert. Gegenwärtig ist es in Turnieren höherer Klassen kaum zu sehen. Aber unter Amateuren und Fernschachspielern erfreute es sich immer einer großen Popularität. Das Bauernopfer führt zu scharfen Verwicklungen und erfordert große Aufmerksamkeit.

2...dxe4 3.♘c3

Das Beste. Blackmars Versuch 3.f3 scheitert an 3...e5!, z.B. 4.dxe5 ♕xd1+ 5.♔xd1 ♘c6 6.♗b5 ♗d7 7.♘c3 0-0-0 und Schwarz ist im Vorteil.

3...♘f6

Es gibt Alternativen:

I. 3...e5 (Lemberger Gegengambit) 4.♕h5 ♘f6 (4...♕xd4 ist unklar.) 5.♕xe5+ ♗e7 6.♗f4 ♘c6 7.♕xc7 ♕xc7 8.♗xc7 ♗b4 und Schwarz hat keine Probleme.

II. 3...f5 (Niederländische Variante) 4.♗g5 (4.♗f4!? ♘f6 5.f3 e6 6.fxe4 fxe4 7.♗c4 ♘c6 8.♘ge2 ♘a5 9.♗b3 ♘xb3 10.axb3 ♗d7 11.♘g3 ♗c6 12.0-0 ♗d6=) 4...g6 5.♗c4 ♗g7 6.d5 ♘d7 7.d6 cxd6 8.♕d5 ♘e5 9.♗b5+ ♗d7 10.♘ge2 (10.♕xb7 ♖b8 11.♗xd7+ ♘xd7 12.♕xa7 ♖xb2 ist bequemer für Schwarz.) 10...a6 11.♗xd7+ ♕xd7 12.♘d4 ♘f6 13.♕b3 ♘f7 14.h4 ♘g4 15.♘e6 ♗xc3+ 16.bxc3 d5 17.♕xd5 ♕xd5 18.♘c7+ ♔f8 19.♘xd5 ♘xg5 20.hxg5 ♖d8 mit schwarzem Vorteil, Hertneck – Hjartarson, München 1988.

III. 3...♗f5 4.g4 (4.f3 e5!?) 4...♗g6 5.♗g2 h5 (5...e5!?) 6.♘xe4 hxg4 7.♕xg4 e6 (7...♕xd4?? 8.♘f6+ ♕xf6 9.♕c8#) 8.♘f3 c6 9.♗g5 ♗e7 10.♗xe7 ♘xe7 (10...♕xe7 11.0-0-0 ♗xe4 12.♕xe4 ♘f6 13.♕e2 ♘bd7 mit gleicher Stellung) 11.♘c3 (11.♘e5 ♗xe4 12.♕xe4 ♘d7=) 11...♘d7 12.0-0-0 ♘f6 13.♕f4 ♘ed5 14.♕d2 ♕c7 mit klarem Plus für Schwarz wegen der besseren Figuren- und Bauernstellung, Analyse von Morlo.

4.f3

Diese Idee wurde Diemer zugeschrieben. Doch einige Quellen informieren, dass dieser Zug bereits 1899 durch Ryder in Leipzig angewandt wurde. Der polnische Meister Ignacy

Popiel (1863-1941) führte 4.♗g5 in die Praxis ein (Blackmar-Popiel-Gambit). Diese Idee stellt jedoch für Schwarz keine Gefahr dar. Man sehe: 4...♗f5 (4...♘bd7 5.f3 exf3 6.♘xf3 g6 7.♕d2 ♗g7 8.0-0-0 0-0=) 5.f3 ♘bd7 6.♕e2 exf3 7.♕xf3 (7.♘xf3 c6 8.0-0-0 ♕a5∓) 7...e6 (7...♗xc2!? ist zu prüfen.) 8.♕xb7 ♖b8 9.♕xa7 ♖xb2 mit besseren Chancen für Schwarz.

4...exf3

Die einfachste Methode, das Gambit zu widerlegen. Der belgische Großmeister O´Kelly (1911-1980) schlug hier 4...c6 vor (O´Kelly-Verteidigung), was in vielen Varianten zum Hauptspiel führen kann. Mit 4...♗f5 kann Schwarz die Spannung in der Mitte aufrechterhalten, z.B. 5.fxe4 ♘xe4 6.♕f3 ♘d6 (6...♘xc3!?) 7.♗f4 e6 8.0-0-0 c6 9.g4 ♗g6 10.♕e3 ♗e7 11.♘f3 ♘d7 12.d5!? cxd5 13.♘xd5 exd5 14.♗xd6 ♗e4 (14...♖c8!?) 15.♗xe7 ♕xe7 16.♗b5 ♖c8 17.c3 a6 18.♗xd7+ ♕xd7 19.♘g5 ♕e7 20.♘xe4 dxe4 21.♖he1 0-0 22.♕xe4 ♕h4 und die Stellung ist ausgeglichen, Analyse von Leisebein.

5.♘xf3

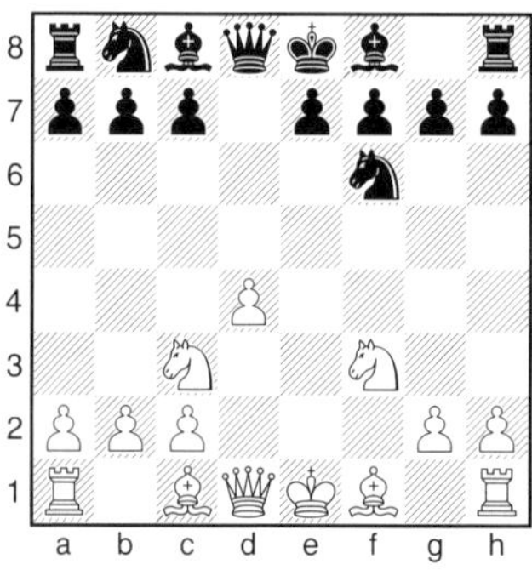

5...c6

Die Gunderam-Verteidigung ist eine solide Methode und gilt als beste Spielweise gegen das BDG. Wie gefährlich das Gambit sein kann, zeigt dieses Beispiel: 5...g6 6.♗c4 ♗g7 7.♗g5 (7.♘e5 0-0 8.♗g5 ♘bd7 9.0-0 c6 10.♔h1 ♘b6 11.♗b3 a5∓) 7...0-0 8.♕d2 a6 (8...c5!?) 9.a4 ♗f5 10.0-0 ♘c6 11.♖ad1 ♘e4 12.♘xe4 ♗xe4 13.♗h6 ♗d5 14.♗xg7 ♔xg7 15.♗e2 ♕d6 16.c4 ♗xf3 17.♖xf3 ♖ad8 18.d5 ♕c5+ 19.♔h1 ♕b4? (19...f6! 20.♖h3 h5 war die beste Verteidigung.) 20.♕e3 ♘a5 21.♖h3 ♖h8 22.♖f1 ♕xb2?? (22...f6 war notwendig.) 23.♕xe7 ♖hf8 24.♕h4 ♖h8 (Oder 24...h5 25.♗xh5! ♖h8 26.♖xf7+ ♔xf7 27.♗xg6+ ♔xg6 28.♕g4+ ♔f7 29.♖f3+ mit Gewinn.) 25.♖xf7+! ♔xf7 26.♖f3+ und Schwarz gab auf, Diemer – Vetter, Rastatt 1953. Die Möglichkeit 5...♗g4 wird in der **Partie Nr. 10**: Lane – P. Kennedy, Exeter 1995, vorgestellt.

6.♗c4

Nach 6.♘e5 kann Schwarz einfach in Vorteil kommen: 6...♗e6 7.♗e2 ♘bd7 8.♘d3 ♗c4 9.♘f4 (9.b3 ♗xd3 10.♗xd3 e5∓) 9...♗xe2 10.♕xe2 e6∓.

6...♗f5 7.♘e5 e6 8.0-0

Die Verschärfung des Spiels nach 8.g4 bringt nicht viel wegen 8...♘fd7!, und nach dem weiteren 9.gxf5 ♕h4+ 10.♔f1 ♘xe5 11.♗e2 (11.dxe5 ♕xc4+ ist natürlich vorteilhaft für Schwarz.) 11...♕h3+ 12.♔g1 (12.♔e1 ♗e7 13.dxe5 ♕g2 14.♖f1 ♗h4+ 15.♔d2 ♘a6-+) 12...exf5 hat Schwarz bessere Chancen.

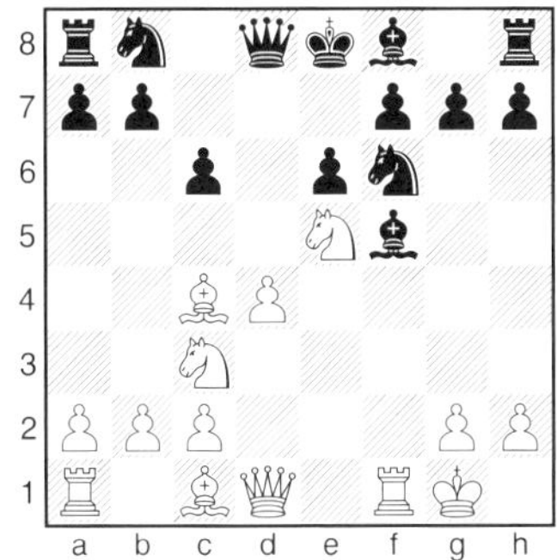

8...♗g6!

Die beste Verteidigung. Das Schlagen 8...♗xc2 führt zu einem gefährlichen Abenteuer: 9.♘xf7!? ♔xf7

A) 10.♕xc2! ♕xd4+ 11.♗e3 ♕xe3+ (11...♕xc4 12.♖f4 ♕a6 13.♖a4 mit Damenfang) 12.♔h1 ♗d6 13.♖ae1 ♕h6 14.♗xe6+ ♔f8 15.g4 ♘a6 (15...♕xh2+ 16.♕xh2 ♗xh2 17.♔xh2 h6 18.♗c8 a5 19.♘e4 ♖a7 20.♘d6 ♔g8 21.♖e7+−) 16.g5 ♕xg5 17.♘e4 ♕g6 18.♗f5 ♕f7 19.♘xd6 ♕d5+ 20.♘e4 ♖e8 21.♖d1 ♕e5 22.♕b3 mit weißem Vorteil, Analyse von Bücker.

B) 10.♗xe6+? ♔xe6 11.♕xc2 (Nach 11.d5+ cxd5 12.♕xc2 scheint 12...♔f7! genug, um das weiße Spiel zu widerlegen, Analyse von Bücker.) 11...♔d7 12.♗g5 ♔c8 13.d5 ♗d6! und laut Peter Zimmer hat Weiß für die geopferte Figur nicht genug Ersatz.

9.♗g5

Nach 9.g4 ist 9...♗d6! bzw. 9...♘bd7 stark. In einer Fernpartie Wolff - Käser 1987 geschah 9.♘xg6 hxg6 10.♗g5 ♘bd7 11.♕d3 ♗d6 12.g3 ♕a5 13.h4 0-0 14.♘e2 ♕b6 15.♔g2 c5 16.♗xf6 ♘xf6 mit Vorteil für Schwarz.

9...♗e7 10.h4 ♘bd7 11.♕e2 ♘xe5 12.dxe5 ♘d5 13.♗xe7 ♕xe7 14.h5 ♘xc3 15.bxc3 ♗f5 und Weiß hat keinen Ersatz für seinen Minusbauern, Analyse von Gunderam.

Zusammenfassung: Das BDG bietet ebensolche Chancen wie andere Gambitspiele. Seine Korrektheit ist zwar fraglich, aber sein praktischer Wert ist ganz passabel. Es ist klar, dass Schwarz bei beschränkter Bedenkzeit die richtigen Züge erst finden muss. Die Hausaufgaben muss man also unbedingt gemacht haben! Achtung: Auch Anhänger der Skandinavischen Verteidigung müssen das Blackmar-Diemer-Gambit kennen. Nach den Zügen 1.e4 d5 2.d4!? kann jeder „Skandinavisch-Fan" einbrechen, wenn er mit der Theorie des Gambits nicht vertraut ist.

Kapitel 4
Slawische Verteidigung

1.d4 d5 2.c4 c6

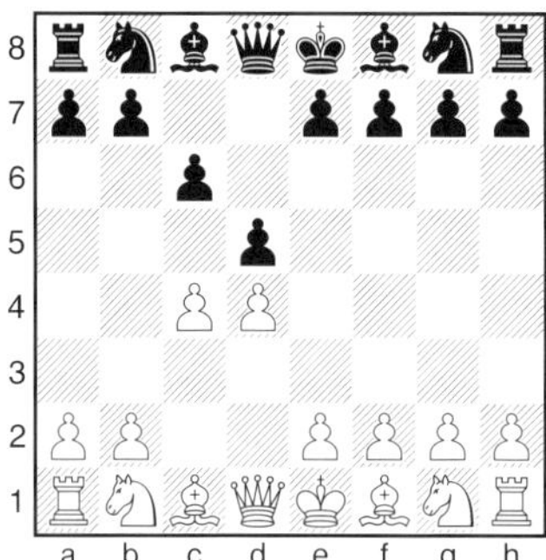

Die Slawische Verteidigung nimmt unter den Systemen des Damengambits einen wichtigen Platz ein. Das ist verständlich, denn „Slawisch“ erfreut sich mit seinen vielen tiefgründigen strategischen und taktischen Ideen hoher Popularität bei Spielern aller Klassen. Mit seinem letzten Zug stützt Schwarz den Bauern d5 so, dass er den weißen „Gambitbauern“ auf c4 gelegentlich nicht nur schlagen, sondern auch mit b7-b5 behaupten kann. Zugleich bleibt die Diagonale c8-h3 für die Entwicklung des weißfeldrigen Läufers offen.

3.♘f3

Sehr oft geht das Spiel nach der Entwicklung des anderen Springers in die Hauptvariante über. Es können sich auch selbstständige Varianten ergeben:

I. 3.♘c3 (Weiß plant den Vorstoß e2-e4.)

A) 3...e6 und nun kann Weiß das Slawische Gambit wählen: 4.e4!? (4.e3; siehe **Partie Nr. 11**: Dautow – Krasenkow, Essen 2002) 4...dxe4 5.♘xe4 ♗b4+ 6.♘c3 (Schärfer ist 6.♗d2; siehe **Abspiel 1**.) 6...c5 7.a3 ♗a5 8.♘f3 ♘f6 (Zum Ausgleich reicht 8...cxd4!? 9.♕xd4 ♕xd4 10.♘xd4 ♗xc3+ 11.bxc3 a6 12.♗f4 f6 13.♗d6 e5 14.♘f3 ♗d7 15.♖b1 ♗c6 16.♗e2 ♘d7 usw.) 9.♗e2 ♘e4 10.♗d2 ♘xd2 11.♕xd2 cxd4 12.♘xd4 e5 13.♘b3 ♕xd2+ 14.♔xd2 ♗d8 15.♗f3 (15.♘d5!?) 15...♘d7 16.♔c2 0-0 17.♖hd1 ♘f6 18.♘b5 ♗f5+ 19.♔c3 ♘e4+ 20.♗xe4 ♗xe4 21.f3 ♗c6 mit etwa gleichen Chancen, Konikowski – P. Meyer, Dortmund 1995.

B) 3...dxc4 4.e4 b5 (4...e5 5.♘f3 exd4 6.♕xd4 ♕xd4 7.♘xd4 b5 8.a4 b4 9.♘d1 ♘f6 10.f3 ♗a6 11.♗f4 ♗c5 12.♘f5 0-0 13.♖c1 c3 14.bxc3 g6 15.♘g3 ♘fd7 16.cxb4 ♗xb4+ 17.♗d2 c5 18.♘b2 ♗xf1 19.♘xf1 f5 20.exf5 ♖xf5 21.♘g3 ♖d5 22.♗xb4 cxb4 23.♖c8+ ♔g7 24.♔e2 ♘b6 25.♖c7+ ♖d7 26.♖hc1 a5 mit verteilten Chancen. Weiß steht aktiv, aber der schwarze Freibauer b4 reicht zum Gegenspiel aus, Kasparow – Hübner, Belfort World Cup 1988.) 5.a4 b4 6.♘a2 (6.♘ce2!?) 6...♘f6 7.e5 ♘d5 8.♗xc4 e6 (8...♗f5!? ist ein Vorschlag von Sadler.) 9.♘f3 ♗e7 10.0-0 ♗b7 11.♗d2 a5 12.♘c1 ♘d7 13.♖e1 (13.♘b3!? scheint besser zu sein.) 13...c5 14.♘b3 ♘5b6 15.♗b5 0-0 mit Ausgleich, P. Cramling – Nogueiras, Ponferrada 1997.

C) 3...♘f6 4.e3 (4.cxd5 führt zur Abtauschvariante: **Abspiel 2.**) 4...a6 (Natürlich geht auch 4...e6 usw.) 5.♕c2 b5 6.b3 ♗g4 7.♘ge2 ♘bd7 8.♘f4 e5 9.dxe5 ♘xe5 10.h3 ♗e6 11.♗e2 ♗d6 12.0-0 ♘g6 13.♖d1 0-0 und laut Morosewitsch ist die Stellung etwa ausgeglichen.

D) 3...e5!? (Winawer-Gambit: Schwarz versucht schnell im Zentrum aktiv zu werden.) 4.dxe5 (Nach 4.cxd5 cxd5 5.♘f3 e4 6.♘e5 f6 7.♕a4+ ♘d7 8.♘g4 ♔f7 hat Schwarz ordentliches Spiel, z.B. 9.♘e3 ♘b6 10.♕b3 ♗e6 11.f3 f5 12.fxe4 fxe4 13.g3 ♘f6= S. Carlsson – Engqvist, Schweden 1988.) 4...d4 5.♘e4 ♕a5+ 6.♗d2 (Oder 6.♘d2 ♘d7 7.♘gf3 ♘xe5 8.♘xd4 ♘xc4 9.e3 ♘xd2 10.♗xd2 ♗b4 11.a3 ♗xd2+ 12.♕xd2 ♕xd2+ 13.♔xd2 ♘f6 und Schwarz sollte gleiches Spiel erhalten.) 6...♕xe5 7.♘g3 ♘f6 8.♘f3 ♕d6 9.♕c2 ♗e7 10.0-0-0 0-0 11.e3 dxe3 12.fxe3 (Bei 12.♗c3!? ♕f4 13.fxe3 ♕xe3+ 14.♔b1 erhält Weiß für den Bauern Entwicklungsvorsprung.) 12...♕c7 13.♗c3 c5 (13...♘a6!? 14.a3 ♗e6 15.♘f5 ♖fe8 16.♘xe7+ ♕xe7=) 14.♘f5 ♘c6 15.a3 ♗xf5 16.♕xf5 g6 17.♕f4 ♕xf4 18.exf4 ♘e4 19.♖d7 ♗d6 20.g3 ♖ad8 21.♖xd8 ♖xd8 22.♗g2 ♘xc3 23.bxc3 ♘a5 24.♘d2 ♖e8 und Schwarz kann mit seiner Stellung zufrieden sein, Krasenkow – Morosewitsch, Pamplona 1998/99.

II. 3.cxd5 wird im **Abspiel 2** untersucht.

III. 3.e3 ♗f5

A) 4.cxd5 cxd5 5.♕b3 (Nach 5.♘c3 e6 6.♘f3 ♘c6 sollte Schwarz keine Schwierigkeiten haben.) 5...♗c8 (Beachtung verdient 5...♕c7!?, siehe Punkt „B".) 6.♘c3 e6 7.♗d2 ♘c6 8.♘f3 ♘ge7 9.♗d3 g6 10.0-0 ♗g7 11.♕a3 ♗d7 (11...0-0 12.b4 a6 13.b5±) 12.b4 a6 13.♘a4 b5 14.♘c5 a5 15.♘xd7 axb4 16.♕b3 ♕xd7 17.♗xb5 und Weiß hat klaren Vorteil, Analyse von Nogueiras.

B) 4.♕b3 ♕c7 5.cxd5 cxd5 6.♗b5+ ♘d7 7.♘c3 e6 8.♗d2 ♘e7 9.♖c1 ♘c6 10.♘a4 ♖c8 11.♘e2 ♗e7 12.0-0 0-0 und Schwarz hat ein vollwertiges Spiel, Nogueiras – I. Sokolov, Jerewan 1996.

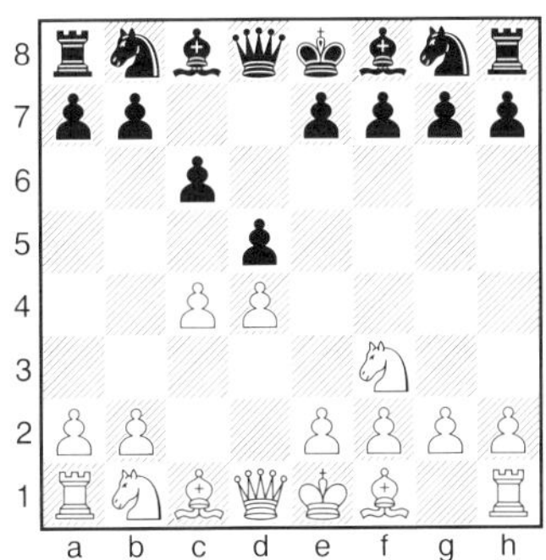

3...e6

Einige Theoretiker bezeichnen den Aufbau, in dem Schwarz die Züge c7-c6 und e7-e6 miteinander verbindet, als Halbslawische Verteidigung. Die Gegner dieser Bezeichnung halten diese Unterteilung aus strategischen und auch aus historischen Erwägungen für unbegründet. Der Autor dieses Buches ist gleichfalls dieser Meinung! Sehr oft wird erst der Königsspringer gezogen, was mit Zugumstellung zur Hauptvariante führen kann. Selbstständige Bedeutung haben diese Varianten:

I. 3...♘f6 4.♘c3 (Nach 4.e3 ♗f5 5.♘c3 empfehle ich Ihnen zwei interessante Beispiele: 5...e6; siehe **Partie Nr. 12:** Dautow – M. Grabarczyk, Ohrid 2001 und 5...a6; siehe **Partie Nr. 13:** Kramnik – Morosewitsch, Dortmund 2001. Eine spielbare Möglichkeit für Weiß ist 4.♕c2; siehe **Partie Nr. 14:** Mamedjarow – Anand, Chanty-Mansijsk 2014.) 4...dxc4 (In der Schlechter-Variante nach 4...g6 5.e3 ♗g7 6.♗d3 0-0 7.0-0 ♗f5 8.♗xf5 gxf5 9.b3 ♘e4 10.♗b2 e6 11.♘e2 ♘d7 12.♖c1 behauptet Weiß einen ganz geringen Eröffnungsvorteil. Man trifft auch sehr häufig 4...a6, z.B. 5.a4 e6 6.♗g5 [Eine interessante Idee ist 6.♗f4!?; siehe **Partie Nr. 15:** Caruana – Tomaschewski, Chanty-Mansijsk 2015. Es wird auch 6.g3 gespielt, z.B. 6...dxc4 7.♗g2 c5 8.dxc5 ♕xd1+ 9.♘xd1 ♗d7 10.♘e5 ♘c6 11.♘xc4 ♗xc5 12.♗e3 ♗xe3 13.♘dxe3 ♔e7 14.f4 ♖ab8 15.♔f2 ♘b4 mit zweischneidigem Spiel.] 6...♘bd7 7.a5 dxc4 8.e3 b5 [Die Erwiderung 8...h6 wird in der **Partie Nr. 16**: Dautow – Morosewitsch, Bled 2000, analysiert.] 9.axb6 ♕xb6 10.♖a2 [10.♕c2 ♖b8⇄] 10...♕b3 [10...♗b4 11.♗xc4 ♘e4 12.♕c2 ♘xg5 13.♘xg5 c5∞] 11.♗xf6 gxf6 12.♘d2 ♕xd1+ 13.♔xd1 ♗b4 14.g3 c5 15.♗g2 ♖b8 16.♘xc4 cxd4 17.exd4 ♘b6 18.♘a5 ♗xa5 19.♖xa5 ♔e7 20.♔c2 ♖d8 mit Ausgleich, Ikonnikow – Boguslawski, Deutschland 2005.) und nun:

A) 5.e4 (Das Tolusch-Geller-Gambit gibt dem Weißen einige Angriffschancen, obwohl Schwarz bei genauem Spiel eine vollwertige Stellung erreichen kann.) 5...b5 6.e5 ♘d5 7.a4 e6 8.axb5 (Interessant ist 8.g3!? ♗b7 9.♗g2 a6 10.0-0 ♗e7 11.♘e4 mit aktivem Spiel für den geopferten Bauern. Laut Sadler ist 8.♘g5 ♗e7 9.h4 h6 10.♘ge4 ♗a6 gut für Schwarz.) 8...♘xc3 9.bxc3 cxb5 10.♘g5 ♗b7 11.♕h5 g6 (11...♕d7!?) 12.♕g4 ♗e7 13.♗e2 ♗d5 (Oder 13...♘d7 mit scharfem Spiel.) 14.♗f3 h5 15.♕g3 ♘c6 16.0-0 b4 mit schwarzem Gegenspiel.

B) 5.a4; siehe **Abspiel 3.**

C) 5.♘e5 ♘bd7 6.♘xc4 b5 7.♘e3 (7.♘d2 e5!) 7...♗b7 8.g3 c5 9.d5 (9.♗g2 ♗xg2 10.♘xg2 b4 11.♘a4 e6 ist gut für Schwarz.) 9...a6 10.♗g2 g6 11.0-0 ♗g7 12.♕c2 (12.a4 b4 nebst a6-a5) 12...0-0 13.♖d1 ♖c8 und Schwarz kann mit seiner Stellung zufrieden sein.

D) 5.e3 (Aljechin-Variante) 5...b5 (5...♗e6!?) 6.a4 b4 7.♘b1 (7.♘a2 e6 8.♗xc4 ♗b7 9.0-0 ♗e7 10.♕e2 0-0=) 7...♗a6 8.♗e2 (Oder 8.♕c2 e6 9.♗xc4 ♗xc4 10.♕xc4 ♕d5 11.♘bd2 ♘bd7 12.♕e2 ♘e4 13.♘xe4 ♕xe4 14.0-0 ♗e7 15.♗d2 0-0 mit der Idee c6-c5 und gleichen Chancen.) 8...c5 9.♘bd2 c3 10.bxc3 bxc3 11.♘b1 (11.♘c4!?) 11...♕a5 12.0-0 e6 13.♗a3 ♗e7 14.♘e5 ♗xe2 15.♕xe2 cxd4

16.exd4 ♗xa3 17.♖xa3 0-0 18.♕f3 ♘bd7 mit beiderseitigen Chancen.

II. 3...♗f5 4.cxd5 (Es wird auch 4.♘c3 gespielt; siehe Punkt „I". Nach 4.e3 ♘f6 5.♗d3 ♗xd3 6.♕xd3 e6 7.0-0 ♘bd7 8.♘c3 ♗b4 9.♗d2 a5 bekommt Schwarz ein vollwertiges Spiel.) 4...cxd5 (4...♗xb1 5.♖xb1 ♕xd5 6.a3 ♘f6 7.e3 ♘bd7 8.♕c2 e6 9.♗d3 ♕h5 10.b4 a6 11.e4±, Kriwoschei – Z. Basagic, Bled 1999) 5.♕b3 ♕c7 6.♘c3 e6 7.♗f4! ♕b6 8.♘b5 mit weißem Vorteil.

III. 3...dxc4 4.e3 b5 (4...♗e6 5.a4 ♘f6 6.♘c3 mit dem Ziel e3-e4 und aktivem Spiel für den Bauern.) 5.a4 e6 6.axb5 cxb5 7.b3 ♗b4+ 8.♗d2 ♗xd2+ 9.♘bxd2 a5 10.bxc4 b4 11.♘e5 ♘f6 12.♕a4+ ♘fd7 (12...♗d7 13.♘xd7 ♘bxd7 14.♗e2 0-0 15.0-0 ♕c7 16.♗f3 ♖a7 17.c5±, Hebert – Brodsky, Cappelle la Grande 1996) 13.c5 0-0 14.♘dc4 ♘xe5 15.♘xe5 ♗b7 16.c6 ♗a6 17.♗xa6 ♖xa6 18.0-0 f6 19.♘d3 ♖xc6 20.♘c5 mit kleinem Vorteil von Weiß, Adams – Rausis, Jerewan 1996.

4.♘c3

Nach 4.e3 kann Schwarz mit 4...f5!? reagieren. Diese Verbindung der Ideen der Slawischen Verteidigung und des Holländischen Stonewalls findet in der letzten Zeit viele Anhänger, weil sie zu scharfem und interessantem Spiel führt. Im Falle des schwachen Vorgehens von Weiß gibt dieser Entwicklungsplan dem Schwarzen viele gute Chancen auf Erfolg. Man sehe: 5.♗d3 ♘f6 6.0-0 ♗d6 7.b3 ♕e7 8.♗b2 0-0 9.♕c1

A) 9...♘e4 (Wenn es möglich ist, besetzt der schwarze Springer sofort das wichtige Feld im Zentrum.) 10.♗a3 ♘d7 11.♗xd6 ♕xd6 12.♘c3 (12.♕a3 c5 13.♘bd2 b6 14.cxd5 exd5 15.♖fd1 ♗b7 16.♖ac1 ♘xd2 17.♖xd2 f4 18.dxc5 ♘xc5 19.b4 ♘xd3 20.♖xd3 fxe3 21.fxe3 ♖ae8 mit Gegenspiel, Koneru – Nepomnjaschtschi, Wijk aan Zee 2008) 12...b6 13.♕b2 ♗b7 14.♘e2 c5 15.♖fd1 ♕e7 16.♖ac1 ♖fd8 17.cxd5 exd5 18.♘g3 g6 19.♗b5 ♘df6 20.♘xe4 ♘xe4 21.♖c2 ♖f8 22.dxc5 bxc5 mit zweischneidigem Spiel, Moissejenko – Galkin, Kallithea 2008.

B) 9...b6 (Mit diesem Zug plant Schwarz die schnelle Entwicklung des Damenflügels.) 10.♗a3 (Konsequent will Weiß seinen schwachen Läufer loswerden.) 10...♗b7 11.♗xd6 (11.cxd5 cxd5 12.♗xd6 ♕xd6 13.♘c3 ♖c8 14.♕b2 ♘bd7 15.♖fc1 a6 16.b4 ♘e4 17.b5 a5∞) 11...♕xd6 12.♘c3 ♘bd7 13.cxd5 ♘xd5 14.♖d1 ♖ac8 15.♕b2 ♘xc3 16.♕xc3 c5 17.♗e2 ♕e7 18.dxc5 ½-½, Ravi – Rahman, Mumbai 2015.

4...♘f6

Das Noteboom-System ist in den Turniersälen nur noch selten anzutreffen: 4...dxc4 5.a4 ♗b4 6.e3 (Scharf ist 6.e4!? b5 7.♗e2 ♗b7 8.0-0 a6 9.♕c2 ♘f6 10.♗g5 ♕b6 11.♗xf6 gxf6 12.♖fd1 mit zweischneidigem Kampf, in dem Weiß für den Bauern Kompensation besitzt.) 6...b5 7.♗d2 a5 8.axb5 ♗xc3 9.♗xc3 cxb5 10.b3 ♗b7 11.d5 (Auch möglich ist 11.bxc4 b4 12.♗b2 ♘f6 13.♗d3 usw.) 11...♘f6 12.bxc4 b4 13.♗xf6 ♕xf6 14.♕a4+

♘d7 15.♘d4 e5 (15...exd5 16.c5!) 16.♘b3 ♔e7 17.♕b5 ♗a6 18.♕xa5 ♖hb8 19.d6+! ♕xd6 20.c5 ♕e6 21.♗xa6 ♕xb3 22.0-0 ♕e6 23.♕c7 mit weißem Vorteil, Kaunas – Mikenas, Plunge 1982.

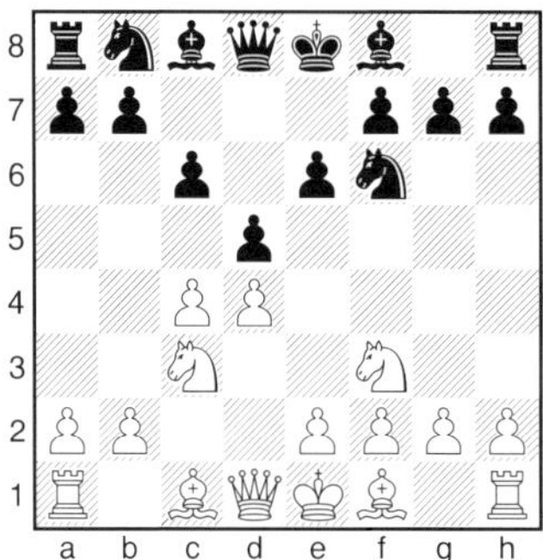

5.e3

Der Textzug strebt eine rasche Entwicklung an. Nach der Rochade plant Weiß, mit e3–e4 ein Übergewicht im Zentrum zu erreichen. Schwarz wird dagegen versuchen, nach d5xc4 mittels a7–a6, b7–b5 und c6–c5 im Zentrum und am Damenflügel aktiv zu werden. Interessante Verwicklungen ergeben sich nach 5.♗g5; siehe **Abspiel 4**.

5...♘bd7

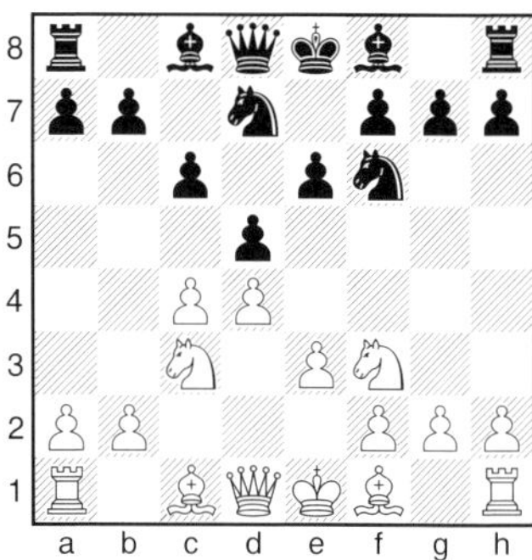

6.♗d3

Gegenwärtig populär ist 6.♕c2, um die komplizierten Varianten nach dem Textzug zu vermeiden. Weiter kann folgen: 6...♗d6 (Schwarz bereitet den Vorstoß e6–e5 vor.)

A) 7.g4!? (Sakajew-Gambit) 7...♘xg4 (Oder 7...0-0 8.g5 ♘e4 9.♘xe4 dxe4 10.♕xe4 e5 11.♗d2 f5 12.♕h4 e4 13.g6 ♕xh4 14.♘xh4 f4 und nun sollte Weiß in der Partie Kempinski – Bielawski, Polanica Zdroj 1996, wie folgt fortsetzen: 15.exf4! ♗xf4 16.♗xf4 ♖xf4 17.♘g2 ♖f6 18.gxh7+ ♔xh7 19.♘e3 mit weißem Vorteil. Eine Alternative ist 7...h6; siehe **Partie Nr. 17:** Kasimdshanow – Barejew, Wijk aan Zee 2002.) 8.♖g1 f5 (Oder 8...♕f6; siehe **Partie Nr. 18:** Carlsen – Gretarsson, Kreta 2003.) 9.h3 ♘gf6 10.♖xg7 ♘e4 11.♗d2 ♕f6 12.♖g2 b6 13.♕a4 ♗b7 14.cxd5 b5 15.♘xb5! cxb5 16.♗xb5 ♖d8 17.♗c6 mit besseren Aussichten für Weiß, Krasenkow – Filipenko, Moskau 1992.

B) 7.♗d3 0-0 8.0-0 h6 (8...dxc4; siehe **Partie Nr. 19:** Obodschuk – Lautier, Poikowski 2003) 9.b3 b6 10.♗b2 ♗b7 11.♖ad1 ♕c7 12.e4 dxe4 13.♘xe4 ♘xe4 14.♗xe4 ♗e7 15.♖fe1 ♖fe8 16.♕c3 ♖ad8 17.♗b1 ♗f6 18.♘e5 c5 19.♕c2 mit weißer Initiative, Gelfand – Lautier, Las Vegas 1999.

C) 7.b3 0-0 8.♗b2 b6 (Nach 8...♕e7 9.♗d3 e5 10.cxd5 cxd5 11.dxe5 ♘xe5 12.♘xe5 ♗xe5 13.♘e2 erobert Weiß das Feld d4.) 9.♗d3 ♗b7 10.0-0 ♕e7 (10...c5 11.cxd5 exd5 12.♖fd1 ♕e7 13.♖ac1±) 11.♖fe1 ♖ac8 12.e4 dxc4 13.♗xc4 (13.bxc4 e5!) 13...e5 14.♘e2 b5 15.♗d3 c5 16.dxe5 ♘xe5 17.♘xe5 ♗xe5 18.♗xe5 ♕xe5 19.♗xb5 ♗xe4 20.♕c3 ♕b8 21.♗c4 ♖fd8 22.♘g3 ♗g6 23.♖ad1 und Weiß besaß einen kleinen Vorteil: Der Bauer c5 ist schwach und der Läufer c4 steht aktiv, Dautow – Johannessen, Bundesliga 2003.

D) 7.♗d2 0-0 8.0-0-0 ♘g4 9.♗e1 f5 10.h3 ♘h6 11.♗e2 a6 12.g4 b5 und das Spiel steht ungefähr gleich.

6...dxc4 7.♗xc4 b5

Dieser Plan hatte Premiere in der Partie Grünfeld – Rubinstein, Meran 1924. Deshalb wird die Spielweise allgemein als Meraner System bezeichnet.

8.♗d3

Selten zieht der Läufer nach e2 zurück. Man sehe: 8.♗e2 ♗b7 9.a3 a6 10.b4 a5 11.♖b1 axb4 12.axb4 ♘d5 13.♘xd5 exd5 14.♘e5 ♗d6 15.f4 f6 16.♗d3 g6! (Nach 16...fxe5 17.♕h5+ ♔e7 18.fxe5 erhält Weiß starken Angriff.) 17.♕g4 ♘f8 und Schwarz steht befriedigend, Szabo – Bronstein, Moskau 1949.

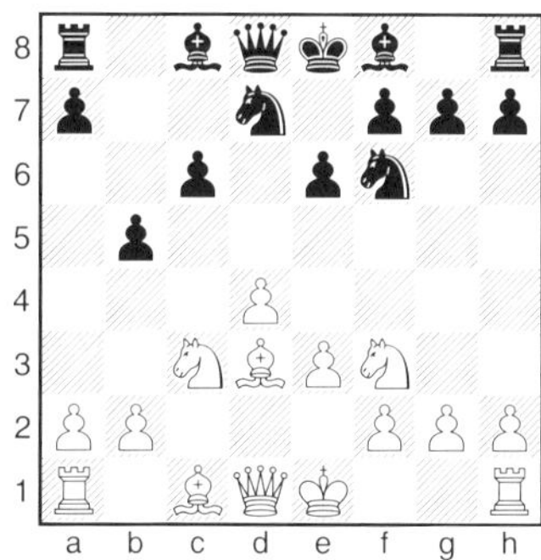

8...a6

Mit dem klaren Ziel, die Standardattacke c6–c5 vorzubereiten. Andere Erwiderungen sind:

I. 8...b4 (Lundin-Gegenangriff. Die Idee dieses Zuges ist, durch die Vertreibung des Springers c3 dem Weißen den Vorstoß e3–e4 zu erschweren. Andererseits wird jedoch die Bauernstruktur am Damenflügel geschwächt.)

A) 9.♘a4 c5 10.♘xc5 ♘xc5 (Infrage kommt 10...♗xc5!? 11.dxc5 ♘xc5 12.♗b5+ ♗d7 13.♕e2 0-0 14.♗c4 ♗c6 und Schwarz steht gut.) 11.dxc5 ♗xc5 12.0-0 0-0 13.e4 ♗b7 14.♕e2 h6 15.♗f4 ♕e7 16.e5 ♘d7 mit verteilten Chancen, Reshevsky – Mecking, Buenos Aires 1970.

B) 9.♘e4! (Die beste Fortsetzung für Weiß.) 9...♘xe4 (Nach 9...♗e7 10.♘xf6+ ♘xf6 11.e4 erreicht Weiß sein strategisches Ziel.) 10.♗xe4 ♗b7

11.0-0 (Oder 11.♕a4 ♕b6 12.♘d2 ♖c8 13.♘c4 ♕a6 mit guter Stellung für Schwarz.) 11...♗e7 12.♘d2 ♕c7 13.b3 0-0 14.♗b2 f5 15.♗f3 e5 16.♘c4 e4 17.♗e2 c5 18.♖c1 ♖ad8 19.♕c2 mit kleinem Positionsvorteil, Tukmakow – Michaltschischin, UdSSR 1979.

II. 8...♗b7 (Wade–Larsen–Variante. Schwarz macht erst einen normalen Entwicklungszug, um später das Manöver c6–c5 auszuführen.)

A) 9.0-0 a6 10.e4 c5 11.d5 ♕c7 (11...c4 12.♗c2 ♕c7 13.dxe6 fxe6 14.♘d4 ♘c5 15.♗e3 0-0-0 16.♕e2 e5 17.♘f3 ♘e6 18.♖ad1 ♗c5 19.♘d5! führt zu angenehmen Komplikationen für Weiß.) 12.dxe6!? (Nichts bringt 12.♕e2 c4 13.♗c2 ♗d6 14.dxe6 fxe6 15.♘g5 ♘c5 16.f4 h6 17.♘f3 ♘d3! 18.e5 ♗c5+ 19.♔h1 ♘g4 20.♘d1 0-0-0 mit gutem Spiel für Schwarz, Kachar – Jagupow, St. Petersburg 2002.) 12...fxe6 13.♗c2 ♗d6 (13...c4!? kommt infrage.) 14.♘g5 ♘f8 15.f4 e5 (Nach 15...0-0-0 16.♕e1 e5 17.♘d5 ♗xd5 18.exd5 exf4 19.a4! erhielt Weiß in der Partie Schirow – Drejew, Sarajewo 2002, ein aktives Spiel auf den weißen Feldern.) 16.♘d5 ♗xd5 17.exd5 h6 18.fxe5 ♗xe5 19.♘f3 und die Praxis zeigte, dass Weiß bessere Perspektiven besitzt.

B) 9.a3!? (Um b5–b4 zu verhindern.) 9...♗d6 10.0-0 0-0 11.♕c2 ♕e7 12.e4 e5 13.♘e2 c5 14.♘g3 g6 (14...cxd4 15.♘f5 ♕e6 16.♘g5+–) 15.dxe5 ♘xe5 16.♗xb5 ♘xf3+ 17.gxf3 ♖ab8 18.♗c4 und Weiß steht besser, Awruch – Schinkewitsch, Moskau 2002.

C) 9.e4 b4 10.♘a4 c5 11.e5 ♘d5 12.♘xc5 (Oder 12.dxc5 ♕a5! bzw. 12.0-0 cxd4 13.♖e1 mit komplizierter Stellung.) 12...♘xc5 13.dxc5 ♗xc5 14.0-0 (Auf 14.♗b5+ folgt 14...♔e7! 15.0-0 ♕b6 16.♗d3 h6 nebst ♖h8–d8 und ausgezeichnetem Spiel für Schwarz.) 14...h6 15.♘d2 ♘c3 16.♕c2 ♕d5 17.♘f3 ♖d8 18.♘e1 ♗d4 19.♗d2 (19.bxc3? ♗xc3 20.♖b1 ♗xe1-+) 19...♘b5 20.♗xb4 ♗xe5 21.♗c4 ♕c6 22.♕e2 ♘d4 23.♕xe5 ♕xc4 24.♕xg7 ♘e2+ 25.♔h1 ♕d4 26.♕xd4 ♘xd4 und Schwarz hat keinen Gegenwert für den Bauern.

III. 8...♗d6 (Eine interessante aber noch wenig erforschte Fortsetzung.)

A) 9.a4 b4 10.♘e4 ♘xe4 11.♗xe4 ♗b7 12.♕c2 ♖c8 13.0-0 f5 14.♗d3 c5 15.♕e2 0-0 16.♗c4 ♕e7 mit der Idee ♘g8-h8 und e6-e5.

B) 9.♘d2 ♗b7 10.♘ce4 ♗e7 11.♘xf6+ ♘xf6 12.0-0 0-0 13.♘b3 c5 14.dxc5 (14.♗xb5 ♕d5 15.♕f3 ♕xf3 16.gxf3 ♗xf3 17.dxc5 ♖ab8 18.♘d4 ♗xc5 19.♘xf3 ♖xb5=) 14...♕d5 15.f3 ♖fd8 mit gleichem Spiel, Carlsen – Aronian, Moskau 2009.

C) 9.0-0 0-0 10.♕c2 ♗b7 11.a3 ♖c8 12.♖d1 (12.♘g5 ♗xh2+ 13.♔xh2 ♘g4+ 14.♔g1 ♕xg5∞) 12...c5 13.♗xb5 ♗xf3 14.gxf3 cxd4 15.♖xd4 ♘d5 16.♗xd7 ♕xd7 17.♕d3 ♖fd8 18.♘xd5 exd5 19.♖h4 g6 20.♗d2 ♖c4 21.♖xc4 dxc4 22.♕xc4 ♗xh2+ 23.♔xh2 ♕xd2 24.♔g2 ♕xb2 mit gleichem Endspiel, Iturrizaga – Schirow, Caracas 2014.

9.e4 c5

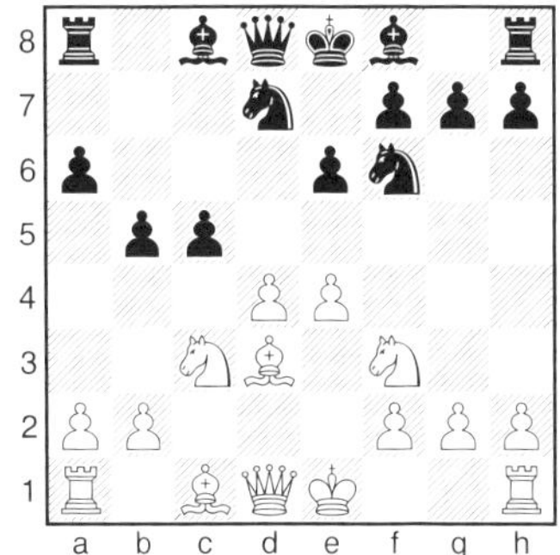

10.e5

Damit ergibt sich der Blumenfeld-Angriff, der dem Weißen beste Angriffsmöglichkeiten bietet. Die Fortsetzung 10.d5!? führt zum Reynolds-Angriff. Hier einige Varianten: 10...c4 (10...e5 11.b3! bzw. 10...exd5 11.e5 ♘g4 12.♗g5 mit starker weißer Initiative) 11.dxe6 fxe6 (11...cxd3 12.exd7+ ♕xd7 13.0-0 ♗b7 14.♖e1 ♗e7 15.e5 ♘d5 16.♘e4±) 12.♗c2 ♕c7 (12...♗b7!?)

A) 13.0-0 ♗c5 14.e5!? (Nach 14.♕e2 ♘e5 15.♘xe5 ♕xe5 16.♗e3 ♗xe3 17.♕xe3 0-0 18.♖ad1 ♘g4 19.♕g3 ♕xg3 20.hxg3 ♖a7 hat Schwarz gute Perspektiven.) 14...♘xe5 15.♗f4 ♗d6

A1) 16.♘g5 ♘d3 (16...0-0!?) 17.♗xd6 ♕xd6 18.♗xd3 ♕xd3 19.♕xd3 cxd3 mit Ausgleich.

A2) 16.♗xe5 .♗xe5 17.♘xe5 ♕xe5 18.♖e1 ♕c5 19.♘e4 ♘xe4 20.♗xe4 ♖a7 21.b4 ♕g5 22.♗c6+ ♔f7 23.a4 ♖d8 24.♕f3+ ♔g8 25.axb5 ♖f7 mit etwa gleichen Aussichten, Kortschnoi - Torre, Brüssel 1987.

B) 13.♘g5 ♘c5 14.f4 ♗b7 (14...h6!?) 15.e5 ♖d8 16.♗d2 ♘d5 17.♕h5+ g6 18.♗xg6+ hxg6 19.♕xh8 ♘xf4 20.0-0-0 ♕g7 21.♕xg7 ♘fd3+ 22.♔b1 ♗xg7 und Schwarz hat ausreichende Kompensation für die Qualität.

10...cxd4 11.♘xb5! ♘xe5

Unklar ist 11...axb5 12.exf6 gxf6 (12...♕b6 13.fxg7 ♗xg7 14.♕e2 b4 15.0-0 ♗b7 16.♗f4 0-0 ist auch möglich für Schwarz.) 13.♘xd4 ♕b6 mit kompliziertem Spiel.

12.♘xe5 axb5 13.0-0

Nach 13.♗xb5+ ♗d7 14.♘xd7 ♕a5+ 15.♗d2 ♕xb5 16.♘xf8 ♔xf8 17.a4 ♕xb2 18.0-0 entsteht eine recht komplizierte Stellung: Schwarz hat zwar einen Mehrbauern, aber einen unrochierten König.

13...♕d5 14.♕e2 ♗a6 15.♗g5 ♗e7 16.f4 0-0 17.♖f3 ♗b7 18.♖g3

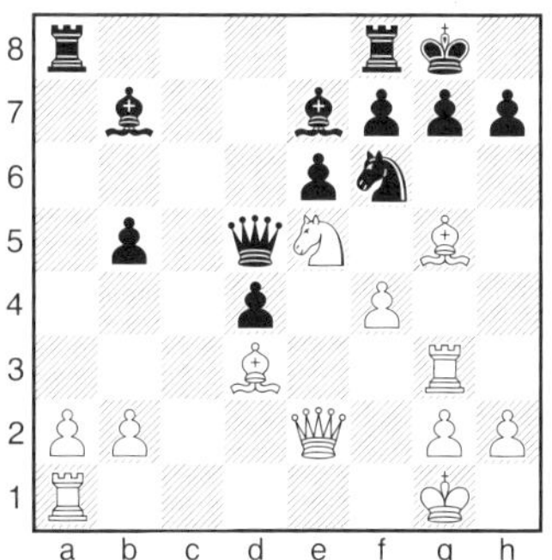

18...♖xa2!?

Das gilt als die beste Verteidigung. Die schwarze Stellung ist am Königsflügel genügend gesichert und Schwarz sucht Gegenspiel auf der anderen Seite. Aufschlussreich ist ein kurzer Blick auf eine scharfe Nebenvariante: 18...♖fc8

A) 19.♗xf6 ♗xf6 20.♗xh7+ ♔f8! (20...♔xh7?? 21.♕h5+ ♔g8 22.♕xf7+ ♔h8 23.♖h3+ ♗h4 24.♖xh4#) 21.a3 b4 22.♗d3 bxa3 23.bxa3 ♖a5 24.♖e1 ♖ac5 und die schwarze Position ist recht stabil.

B) 19.♗xh7+ ♔f8 (19...♔xh7? 20.♗xf6 ♗xf6 21.♕h5+ ♔g8 22.♕xf7+ ♔h8 23.♖h3+ ♗h4 24.♖xh4#) 20.♗h6 gxh6 21.♕h5 ♔e8 22.♕xf7+ ♔d8 23.♖g7 ♕c5 24.h3 ♖xa2 25.♖d1 ♖c7! (Aber nicht 25...♕d6? 26.♘g6 ♖xb2 27.♘xe7+-, Tkatschiew – Bacrot, Frankreich 2001.) 26.♗g6 d3+ 27.♔h2 (27.♔h1 ♗xg2+!) 27...♔c8 28.♕xe6+ ♔b8 29.♘xd3 (29.♕xa2 ♕f2 30.♗xd3 ♕xf4+ 31.♔h1 ♕xe5-+) 29...♕c2 und in dieser scharfen Stellung verfügt Schwarz über gute Aussichten.

19.♖xa2 ♕xa2 20.♗xf6

Die stärkste Fortsetzung. Kaum besser ist 20.♗h6 ♕a1+ (Zu beachten ist 20...g6!? 21.♗xf8 ♗xf8 22.♗xb5 ♕b1+ 23.♕f1 ♕xb2 mit genügend Kompensation für die Qualität.) 21.♕f1 (21.♔f2 ♘e8 22.♘d7 ♗h4 mit klarem Vorteil für Schwarz) 21...♕xf1+ 22.♔xf1 ♘h5 23.♖h3 f6 24.♘d7 ♖d8 25.♗xb5 d3 26.♖xh5 ♗xg2+ 27.♔xg2 d2 28.♗a4 ♖xd7! und Schwarz gewinnt. Oder 20.♘d7 ♘xd7 21.♗xe7 ♖e8 22.♗a3 ♕a1+ 23.♕f1 (23.♔f2 g6 24.♗xb5 ♘f6 25.♗d3 ♕c1 26.♗d6 ♖a8 mit der Drohung ♖a8–a1) 23...♕xf1+ 24.♔xf1 ♗c6 und Schwarz verbleibt mit zwei Mehrbauern.

20...♗xf6 21.♘d7 ♗e7

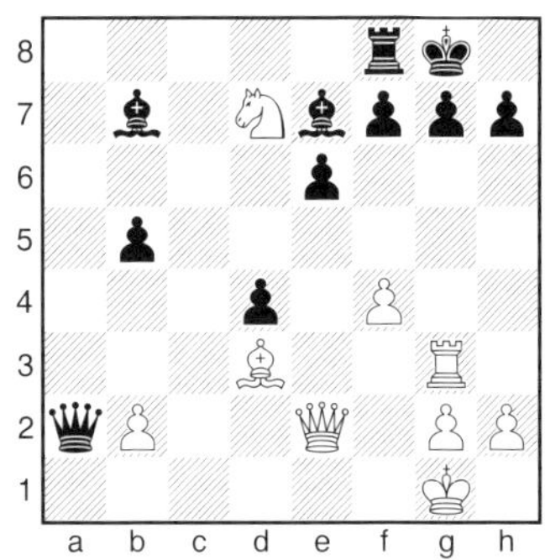

22.♗xh7+!

Die Textvariante führt nur zum Ausgleich, aber Weiß hat nichts Besseres. Nach 22.♘xf8? ♗xf8 23.♗xb5 ♕b1+ 24.♔f2 ♕c1 wäre die schwarze Initiative allzu bedrohlich, z.B. 25.♖g4 h5 26.♖h4 g6 27.f5 ♕g5 28.g3 ♕xf5+ 29.♖f4 ♕c5 und Schwarz steht auf Gewinn, Cichocki – Bany, Katowice 1987.

22...♔xh7 23.♖xg7+ ♔xg7 24.♕g4+ und Weiß rettete sich ins ewige Schach, Staniszewski – Kuczynski, Polen 1987.

Zusammenfassung: In dieser scharfen Variante hat Schwarz gute Chancen auf ein ausgeglichenes Spiel, natürlich unter der Voraussetzung, dass er die Verteidigung richtig führt. Es lohnt sich also, die analysierten Varianten nachzuspielen und selbst zu prüfen, um sich mit den allgemeinen Plänen in der Slawischen Verteidigung vertraut zu machen. In den folgenden Abspielen haben Sie Gelegenheit, noch andere Ideen kennen zu lernen.

Abspiel 1

Slawisches Gambit

1.d4 d5 2.c4 e6 3.♘c3 c6

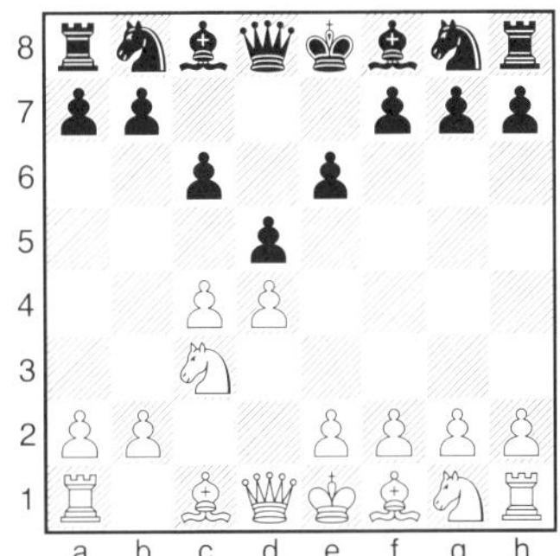

4.e4!?

Mit diesem Zug ist Weiß bereit, zwecks schneller Entwicklung seiner Kräfte Opfer zu bringen. Das Slawische Gambit ist immer noch eine sehr gefährliche Waffe gegen die Slawische Verteidigung.

4...dxe4 5.♘xe4 ♗b4+

Der beste Zug. Nach 5...♘f6 kann Schwarz kaum auf Gegenspiel rechnen: 6.♘xf6+ ♕xf6 7.♘f3 ♗b4+ 8.♗d2 ♗xd2+ 9.♕xd2 0-0 10.♗d3

A) 10...c5 11.dxc5 ♖d8? (11...♘a6!? ist stärker.) 12.0-0 ♘c6 13.♖ad1 ♗d7 14.b4 ♘e5 15.♘xe5 ♕xe5 16.♗c2 ♕f6 17.♕e3 a5 18.b5 ♕e7 19.♕e4 g6 20.♕xb7 mit Gewinn für Weiß, Kessler - Kelso, Email 1998.

B) 10...♘d7 11.0-0 e5 12.dxe5 ♘xe5 13.♘xe5 ♕xe5 14.♖fe1 ♕h5? (14...♕f6!? ist stärker, um den Turm nicht auf die 7. Reihe zu lassen.) 15.♖e7 ♖b8 16.♖ae1 ♕c5 17.♖1e5 ♕b6 18.♖h5 f5 (18...h6 19.♖xh6! gxh6 20.♕xh6+-) 19.♕c3 ♖f6 20.c5 (20.♖g5!?) 20...♕d8 21.♗c4+ ♔h8 22.♖xh7+ (22.♕e5!?) 22...♔xh7 23.♕xf6 und Weiß gewinnt, Gunkel - Leder, Dortmund 1987.

6.♗d2

Weiß opfert konsequent einen Bauern, was im Geiste des Gambits ist.

6...♕xd4 7.♗xb4 ♕xe4+

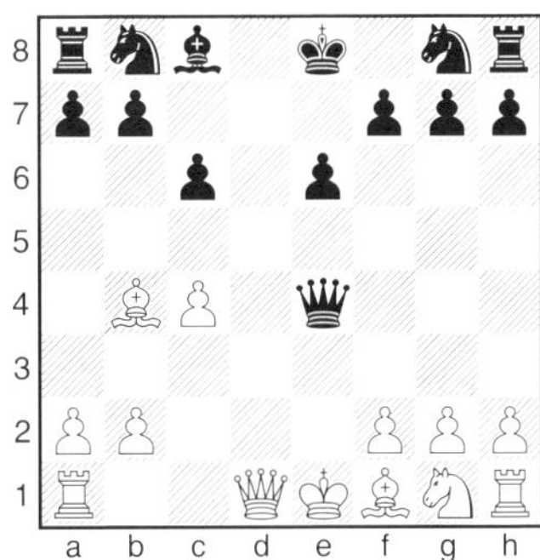

8.♗e2

Weiß strebt nach Initiative, ohne vor Opfern zurückzuschrecken. Weniger populär ist 8.♘e2, obwohl es dem Schwarzen ebenso einige Schwierigkeiten bringen kann:

A) 8...♘d7 9.♕d6 a5 10.♗a3 ♕e5 11.♕d2 c5 12.f4 ♕e4 13.0-0-0 ♘gf6 14.♘c3 ♕c6 15.♗e2 0-0 (Oder 15...♕xg2 16.♖hg1 ♕xh2 17.♖xg7 mit gefährlicher Initiative.) 16.♗f3 ♕b6 17.g4 ♘b8 18.♘a4 ♕c7 19.♕d6 (19.♗xc5!? ♗d7 20.♗d6 ♕xc4+ 21.♘c3±) 19...♕xd6 20.♖xd6 ♘fd7

21.♖hd1 mit klarem Vorteil für Weiß, Wells – Kornejew, Ubeda 1996.

B) 8...♘a6 9.♗f8

B1) 9...♘e7!? (Die beste Reaktion: Schwarz gibt den Bauern zurück, um die Entwicklung voranzutreiben.) 10.♗xg7 ♖g8 11.♕d4 (11.♗c3!?) 11...♕xd4 12.♗xd4 c5 13.♗c3 ♘b4 (13...♘c6!?) 14.♗xb4 cxb4 15.♘d4 ♘c6 16.♘xc6 bxc6 17.g3 ♗b7 18.♗g2 0-0-0 19.♖d1 (19.♔e2!?) 19...♖xd1+ 20.♔xd1 c5 21.♗xb7+ ♔xb7 mit Remis, G. Georgadze – Sweschnikow, Podolsk 1992.

B2) 9...♕e5 10.♕d2 ♕f6 11.♗d6 ♘e7 12.0-0-0!? (12.♘g3; siehe **Partie Nr. 20:** Bunzmann – Karakehajow, Athen 2001.) 12...♘f5 13.♗e5 ♕e7 14.♘g3 f6 15.♘xf5 exf5 16.♗d6 ♕f7 17.♗d3 ♗e6 18.♖he1 0-0-0 19.c5 ♖he8 20.♕a5 mit weißem Vorteil, Balanel – Gavrilla, Bukarest 1951.

8...♘a6

Die häufigste Fortsetzung. Schwarz greift den Läufer an, um Zeit für die Verteidigung zu gewinnen. Alternativen sind:

I. 8...c5 9.♗xc5 ♕xg2 10.♗f3 ♕g5 11.♗d6 ♘e7 12.♘e2 und nun:

A) 12...♘bc6 13.♖g1 ♕a5+ (13...♕f6!? 14.♘c3 ♘d4 15.♗h1 ♘df5=) 14.♘c3 ♘f5 15.♗xc6+ bxc6 16.c5 ♕b4 17.♕f3 ♘d4 (Beachtung verdient 17...♗d7!? mit der Idee 0-0-0.) 18.♕d3 ♗a6 19.♕xa6 ♕xb2 20.♖d1 ♕xc3+ 21.♔f1 ♖d8 22.♖g3 ♕b4 23.♗e5 ♕b5+ 24.♕xb5 ♘xb5 25.♖xd8+ ♔xd8 26.♖xg7 ♔e8 27.a4 ♘a3 28.♔e2 ♘c4 29.♗c3 ♘a3 30.♔d3 a6 31.♗b2 mit Springergewinn, Strangmüller – Giurghiu, Email 1999.

B) 12...♕f6 13.♘c3 ♘f5 14.♘b5 ♘a6 15.♕b3 ♘xd6 16.♘xd6+ ♔f8 17.♕a3 (17.♘xb7 ♖b8 18.♕a3+ ♕e7 19.♕xa6 ♗xb7 20.♗xb7 ♕xb7 21.♕xb7 ♖xb7 22.0-0-0 ♔e7=) 17...♕e5+ 18.♘e4+ ♔g8 19.0-0-0 h6 20.♖d8+ ♔h7 21.♖xh8+ ♔xh8 22.♕f8+ ♔h7 23.♕xf7 und Weiß steht auf Gewinn, San Segundo – Kornejew, Linares 1995.

II. 8...♘d7 9.♘f3 c5 (9...b6 10.0-0 c5 11.♘g5!? ♕e5 12.♗d2 ♘gf6 13.♗f3 ♖b8 14.♖e1 ♕d6 15.♕c2 ♗b7 16.♖ad1 mit Kompensation für den Bauern, Chernyschow – Jakob, Harkany 2002.) 10.♗c3 ♘gf6 11.♕d6

A) 11...♕c6 12.♕xc6 bxc6 13.♘d2 ♗b7 14.0-0-0 (14.♗f3!? 0-0 15.♘b3 e5 16.0-0-0 ist auch gut für Weiß.) 14...0-0-0 (14...h5!? Donev) 15.♗f3 e5 16.g4! h6 17.h4 h5 18.gxh5 ♔b8 (18...♘xh5 19.♘e4!) 19.♖hg1 ♘xh5 (19...♖h7 20.♘e4 ♘xe4 21.♗xe4 ♖xh5 22.♖xg7 ♖xh4 23.♗f5 ♗c8 24.♖xf7 und die schwarze Stellung ist hoffnungslos.) 20.♘e4 ♗c8 21.♘d6 f6 22.♘f7 und Weiß gewinnt, Zsu. Polgar – Kir. Georgiev, Pardubice 1994.

B) 11...♕g6 12.♘d2 a5 (12...♕xg2 13.♗f3 ♕g5 14.0-0-0 ♕h6 15.♖hg1 mit weißer Initiative für das geopferte Material.) 13.0-0 ♖a6 14.♕c7 0-0 15.♗f3 a4 16.♖ad1 a3 17.b4 ♕c2 18.♖c1 ♕d3 (18...♕xa2 19.b5 ♖a8 20.♗d1+−) 19.bxc5 mit weißem Vorteil, Analyse von Stohl.

III. 8...♕xg2

A) 9.♕d6 c5 (9...♘d7 10.0-0-0 ♕g5+ 11.f4 ♕e7 12.♕d2 c5 13.♗c3 ♘gf6 14.♗f3 0-0 15.♕g2 mit Angriffsmöglichkeiten.) 10.♗c3 ♘e7 (10...♕xh1 11.0-0-0 ♘c6 12.♗f3 ♕xf3 13.♘xf3±) 11.♗f3 ♕g5 12.♘e2 ♘f5 13.♕c7 ♕d8 14.♕xc5 ♘a6 15.♕b5+ ♕d7 16.♕xd7+ ♔xd7 17.♖g1 mit ausreichendem Ersatz für den Bauern.

B) 9.♗f3 ♕g5 10.♘e2 (Nicht überzeugend ist 10.♗d6 ♘e7 11.♗e4 e5 12.♘f3 ♕f4 13.♕e2 ♗g4 14.♗xe5 ♕xe5 15.♘xe5 ♗xe2 16.♔xe2 f6∓.) 10...♘a6 11.♖g1 ♕f6 12.♗c3 e5 13.♘g3 g6 14.♕e2 ♕e7 15.♕xe5 ♕xe5+ 16.♗xe5 f6 17.♗c3 ♗e6 18.♘e4 0-0-0 19.♖d1 ♖xd1+ 20.♔xd1 mit Initiative für den Bauern.

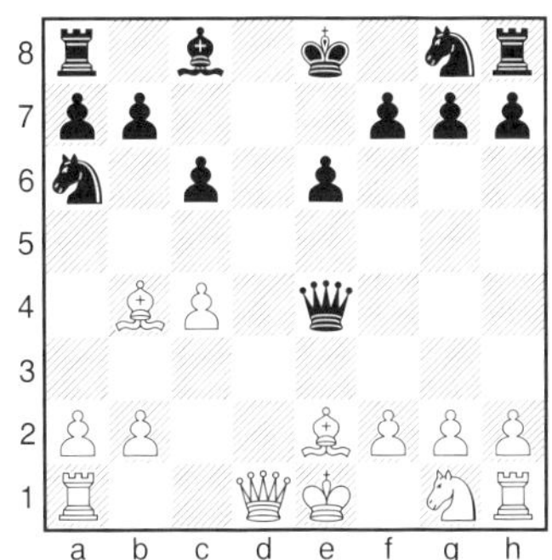

9.♗a5!?

Ein schlauer Zug, mit dem Weiß die Schwächung des Damenflügels provozieren will. Ein kurzer Blick auf andere Möglichkeiten von Weiß:

I. 9.♗d6 (Weiß bleibt mit dem Läufer auf der wichtigen Diagonale, um die weitere Entwicklung der gegnerischen Kräfte zu erschweren.) 9...b6 (9...♕xg2 10.♕d2 ♕xh1 11.0-0-0 ♕e4 12.♗e7 f5 13.♕d8+ ♔f7 14.♗h5+ g6 15.♕f8#) 10.♘f3 ♗b7 11.♘e5 f6 12.0-0!? fxe5 13.♗h5+ g6 14.♖e1 ♕xc4 (Nach 14...♕h4 15.♗g4 ♖d8 16.♖xe5 ♘c5 17.b4 ♘h6 18.bxc5 ♕xg4 19.f3 ♕xc4 20.♖c1 ♕xa2 21.♖e2 ♕d5 22.♕xd5 cxd5 23.♖xe6+ ♔f7 24.♖e7+ ♔f6 25.♖xb7 ♘f5 26.♗c7 ♖c8 27.cxb6 axb6 28.♖xb6+ ♔f7 29.♖b7 hat Weiß trotz des reduzierten Materials bessere Chancen.) 15.♗e2 ♕d5 16.♕xd5 cxd5 17.♗xe5 ♘f6 18.♗xa6 ♗xa6 19.♗xf6 0-0 20.♖xe6 ♖ac8 21.♗c3 ♖fe8 und Schwarz gleicht das Spiel aus.

II. 9.♗c3 (Dieser natürliche Zug wird in der Turnierpraxis am meisten gespielt.) 9...♘e7 (Das gilt als die beste Antwort: Schwarz ist bereit, den Bauern zurückzugeben, um auf der g-Linie ein Gegenspiel zu organisieren.) 10.♗xg7 ♖g8 (10...♕xg2?? 11.♗f6! ♕xh1 12.♕d6 mit sehr starkem Angriff.) 11.♗f6 ♕f4!? (Eine Empfehlung von Larsen.) 12.♗xe7 ♔xe7 13.g3 ♕e4 14.♘f3 b6 15.♕d4 ♕xd4 16.♘xd4 ♗d7 17.♗f3 ♖ac8 18.0-0-0 e5 19.♖he1 f6 20.♗g2 ♔f8 mit etwa gleichen Chancen, Danielian - Borowikow, Vejen 1993.

9...b6

Seit einiger Zeit wird auch 9...f6 gespielt, um einen Fluchtweg für den König freizumachen. Einige Varianten: 10.♕d8+ ♔f7

A) 11.♘f3 b6 12.♗c3 ♘c5 (12...♗b7 13.♕d7+ ♘e7 14.♕xb7 ♘c5 15.♕c7

♖hc8 16.♕g3 ♘f5 17.♘g5+ fxg5 18.♕xg5 ♘d3+ 19.♔f1 ♔g8 20.♗xd3 ♕xd3+ 21.♔g1 ♘d4 22.♖e1 e5 23.h3 ♖e8 24.♔h2 ♕xc4 25.♖xe5 ♖xe5 26.♕xe5 ♖d8 27.♖d1 c5 28.♕c7 ♕d5 29.♕xa7 ♕e5+ 30.♔h1 ♕f5 31.♕c7 ♖e8 32.♗xd4 cxd4 33.♕c4+ ♕e6 34.♖xd4 mit gewonnenem Endspiel, Hodgson – Haslinger, Scarborough 1999) 13.♖d1 ♗b7 14.♖d7+ ♔g6 15.♕c7 ♘xd7 16.♕xd7 c5 17.♘g5 ♕xg2 18.♘xe6 ♕xh1+ 19.♔d2 ♘e7 20.♕xe7 ♖hg8 21.♗d3+ ♔h5 (21...♗e4 22.♘xg7!+–) 22.♕f7+ (22.♘f4+! ♔g5 23.♗xf6+ ♔xf4 24.♕e5+ ♔g4 25.♕f5#) 22...♔g4 23.♘xg7 ♔h3 und nun konnte Weiß die Partie Miton – Markowski, Cappelle la Grande 1999, sofort mit 24.♕h5+ ♔g2 25.♕g4+ ♔xh2 26.♕g3# entscheiden.

B) 11.0-0-0!? (Eine interessante Idee: Weiß sichert erst seinen König, um danach seine Karten offenzulegen.)

B1) 11...♕xg2? 12.♘f3 ♕g6 13.♖hg1 ♕f5 14.♖g5! ♕e4 15.♖dg1 g6 16.♖e5! ♕f4+ 17.♗d2 und die Dame wird gefasst.

B2) 11...b6 12.♗c3 e5 (12...♕f4+ 13.♖d2 ♕c7 14.♗h5+ g6 15.♗f3 ♕xd8 16.♖xd8 ♔e7 17.♗xc6 ♔xd8 18.♗xa8 mit besserem Endspiel für Weiß.) 13.♗h5+ g6 14.♗f3 ♕f4+ (Zu prüfen ist 14...♕xc4!? 15.♘e2 ♖b8! mit dem Plan ♗c8–e6 usw.) 15.♖d2 ♕xc4 16.♘e2 ♕xa2 17.♖d6 ♖b8 (17...♕a1+ 18.♔d2 ♕xh1 19.♗xc6 ♗e6 20.♕xa8 ♘c5 21.♕e8+ ♔g7 22.♖d8 h5 23.b4 kostet Schwarz Material.) 18.♖hd1 ♗e6? (Der Verlustzug. Notwendig war 18...♔g7!?, wonach nicht klar ist, wie Weiß seinen Angriff weiterführen kann. Diese Fortsetzung muss weiter erforscht werden, um festzustellen, ob die Idee mit 11.0-0-0!? überhaupt spielbar ist für Weiß.) 19.♖d7+! ♗xd7 20.♖xd7+ ♔e6 21.♖d6+ (21.♗g4+!? f5 22.♘f4+! exf4 23.♖d6+ ♔f7 24.♕d7+ ♘e7 25.♖f6+ ♔g8 26.♕xe7+–) 21...♔f7 22.♖d7+ ♔e6 23.♗g4+ f5 24.♖d6+ (24.♘f4+!+–) 24...♔f7 25.♖d7+ ♔e6 26.♘f4+! exf4 27.♖d6+ ♔f7 28.♖d7+ (28.♕d7+!? ♘e7 29.♖f6+ ♔g8 30.♕xe7+–) 28...♔e6 29.♖d6+ ♔f7 30.♕d7+ mit schnellem Gewinn, Van Wely – Krasenkow, Istanbul 2000.

B3) 11...e5 12.♗d3!? (Eine neue Idee. Nach 12.f3 ♕e3+ 13.♗d2 ♕d4 14.♕xd4 exd4 15.c5 ♘xc5 16.♗b4 ♘e6 17.♗c4 ♘e7 18.♘e2 ♖d8 19.♘xd4 ♘d5 20.♗xd5 ♖xd5 21.♘xe6 ♗xe6 22.♖xd5 ♗xd5 behielt Weiß einen Bauern weniger, wenn es ihm auch gelang, das Endspiel zu retten, A. Fernandes – Kornejew, Santo Antonio 2002. Nichts bringt auch 12.♗h5+ g6 13.♗f3 ♕xc4+ 14.♗c3 ♘b4 15.♘e2 ♘xa2+ 16.♔d2 ♘xc3 17.♘xc3 ♔g7 18.♘e4 ♕d5+ 19.♔c1 ♕xd8 20.♖xd8 f5 21.♘d6 ♘f6 22.♖xh8 ♔xh8 23.♘f7+ ♔g7 24.♘xe5 ♗e6 und Weiß steht auf Verlust, Kotanjan – Jewsejew, St. Petersburg 2002.) 12...♕f4+ 13.♔b1 ♘c5 14.♘e2 ♕xf2 15.♖hf1 ♕xg2 16.♕c7+ ♘e7 17.♖g1 ♕xg1 (17...♕xh2 18.♖xg7+! ♔xg7 19.♕xe7+ ♔g8 20.♗g6!+–) 18.♖xg1 ♘e6? (Richtig war 18...♘xd3! 19.♖xg7+ ♔xg7 20.♕xe7+ ♔g6 21.♗d8 ♖xd8 22.♕xd8 ♘f4 23.♘xf4+ exf4 mit Verteidigungschancen für

Schwarz. Nach dem Textzug gewinnt Weiß rasch.) 19.♕d6 b6 20.♗b4 c5 21.♗e4 ♗b7 (21...♖d8 22.♖xg7+! mit weißem Vorteil) 22.♗d5 ♗xd5 23.cxd5 ♘g5 24.♖xg5! fxg5 25.♕e6+ ♔f8 26.d6 ♘g6 27.♗d2 ♖e8 28.♕f5+ und Schwarz gab sich geschlagen wegen 28...♔g8 29.d7 ♖d8 30.♗xg5 mit Gewinn, Mamedjarow – D. Schneider, Aserbaidschan 2003.

Eine andere Idee ist 9...♗d7!?, z.B. 10.♘f3 ♘f6 11.♕d6 ♕f5 12.♘e5

A) 12...♕xf2+ 13.♔xf2 ♘e4+ 14.♔f3 ♘xd6 15.♖ad1

A1) 15...f6 16.♖xd6 fxe5 17.♖hd1 0-0+ (17...♖f8+ 18.♔e3 ♖f7 19.♗c3± oder ♗g4 mit weißem Vorteil.) 18.♔g3 ♗e8 19.♖xe6 ♗g6 20.♖xe5 ♖ae8 21.♖xe8 ♖xe8 22.♗f3 ♘c5 23.♗c3 und mit dem Läuferpaar steht Weiß in diesem Endspiel etwas besser.

A2) 15...♔e7!? (Wahrscheinlich der sicherste Weg zum Ausgleich.) 16.♖xd6 (16.♖d2 ♗e8 17.♖hd1 ♘f5 18.♗d8+ ♖xd8 19.♖xd8 f6 20.♘g4 c5∓, Schamkowitsch) 16...♔xd6 17.♘xf7+ ♔e7 18.♘xh8 ♖xh8 19.♗c3 c5 20.♗xg7 ♖g8 21.♗e5 ♗c6+ 22.♔e3 ♖xg2 und nun ist die Frage, ob das Läuferpaar von Weiß den materiellen Nachteil kompensiert.

B) 12...b6

B1) 13.♖d1 ♘b8 14.♗b4 (14.♗f3 ♘e4 15.♕d4 ♘c5 16.♘xd7 ♘cxd7 17.♗c3 e5 18.♕d6=) 14...c5 15.♗f3 ♘e4 16.♗xe4 ♕xe4+ 17.♔f1 cxb4 18.♘xd7 ♕xc4+ 19.♔g1 ♘xd7 20.♕xd7+ ♔f8 21.♕d6+ ♔e8 22.♕d7 ♔f8 23.♕d6+ ♔e8 24.♕d7+ und Weiß rettet sich durch Dauerschach.

B2) 13.♗c3 ♕xf2+ 14.♔xf2 ♘e4+ 15.♔f3 ♘xd6 16.♖ad1 f6 (16...♔e7? 17.♖xd6 ♔xd6 18.♖d1+ ♔e7 19.♖xd7+ ♔e8 20.♖xf7 ♖f8 21.♖xf8+ ♔xf8 22.♘xc6+–) 17.♖xd6 fxe5 18.♖hd1 ♖f8+ 19.♔e3 ♖f7 20.♗xe5 (20.♗f3!?) 20...♘c5 21.♖6d4 (21.♗f3!?) 21...0-0-0 22.♖f1 (Nach 22.♗f3!? ♖e8 23.b4 ♘a6 24.a3 hätte Weiß einen kleinen positionellen Vorteil.) 22...♖f5 23.♗xg7 ♖g8 24.♗f6 ♖xg2 25.♖h4 ♖g6 26.♗c3 h6 27.b4 ♘b7 28.♗d3 ♘d6! 29.♖f3 c5 30.b5 ♖xf3+ 31.♔xf3 ♘f5 32.♖g4 ♗e8 33.h3 ♔d7 34.♔f4 ♖xg4+ 35.hxg4 ♘d6 36.♗f6 (36.♗g7!?; Ftacnik) 36...♘f7 37.♗g7 ♔e7 und Schwarz hat einen Mehrbauern, aber Weiß konnte mit seinem Läuferpaar den Ausgleich festhalten. Die Partie endete remis, Serper – Adianto, Jakarta 1994.

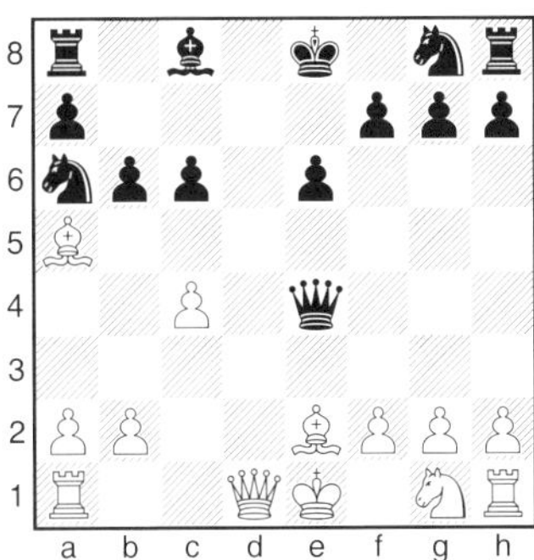

10.♕d6!

Das Ziel von Weiß besteht darin, den unrochierten schwarzen König anzugreifen. Der Damenzug ist die Konsequenz dieses Planes. Es droht 11.f3! Zu wenig energisch ist 10.♗c3 und nun:

A) 10...♘f6 11.♕d6 e5?? (Die einzige Verteidigung war 11...♗d7!.) 12.f3 ♕g6 13.♕xc6+ ♘d7 14.♕xa8+–, Wolkow – Eletsky, Panormo 2002.

B) 10...♗b7! 11.♕d2 (11.♗xg7 ♕xg2 12.♕d4 c5∓) 11...♖d8 12.♕g5 ♘e7 13.♘f3 c5 (13...♘g6!?) 14.♕xg7 ♖g8 15.♕f6 ♖xg2 16.♘e5 ♕f5 17.♕xf5 ♘xf5 und Schwarz ist in Vorteil, Turow – Potkin, Moskau 2002.

10...♗d7

Die beste Verteidigung: Schwarz will so schnell wie möglich seinen König in Sicherheit bringen. Schlecht ist 10...♗b7? wegen 11.0-0-0 ♘f6 12.♗c3 und Schwarz steckt schon in Schwierigkeiten. Zum Verlust führt 10...bxa5?? 11.♖d1 f6 12.f3 ♕e5 (12...♕g6 13.♕xc6+ ♔f7 14.♕xa8 ♕xg2 15.♕xc8 ♕xh1 16.♔f1+–) 13.♕xc6+ ♔f7 14.♕xa8 mit entscheidendem Vorteil, Wolkow – J. Geller, Moskau 2002. Natürlich geht nicht 10...♕xg2?? wegen 11.♗f3 und Weiß gewinnt.

11.♗c3

In der Turnierpraxis trifft man auch 11.0-0-0 0-0-0 12.♗c3

A) 12...f6

A1) 13.♗f3? ♕xc4 14.♗e2 (Oder 14.♕a3 ♘c7 15.♕xa7 ♕a6 und Schwarz hat einen Mehrbauern im Endspiel.) 14...♕xa2 15.♘f3 ♘c5 16.♘e5 ♘e4 17.♗c4 ♕a1+ 18.♔c2 ♕a4+ 0-1, Van Wely – Gustafsson, Dortmund 2008.

A2) 13.♕a3 ♔b7 14.♗f3 ♕f4+ 15.♖d2 ♕c7! (So ist es richtig. Ein Fehler ist 15...e5? 16.♘e2 ♕xc4 17.♖hd1 ♘b8 18.♘g3 ♘h6 19.♘e4 ♘f7 20.♕e7 ♔c7 21.b3 ♕e6 22.♖xd7+! ♕xd7 23.♖xd7+ ♖xd7 24.♕a3+- Al Sayed – J. Schmidt, Dubai 2011.) 16.♘e2 e5 mit Ausgleich.

B) 12...♘f6 13.♕a3 13.♕a3 ♔b7 14.♕e7 ♔c8 15.♕xf7? (15.♕a3! ergibt Zugwiederholung.) 15...e5 16.♗f3 ♕f4+ 17.♗d2 ♕f5 18.♘e2 ♘c5 19.♘g3 ♘d3+ 20.♔b1 ♘xf2+ 21.♘xf5 ♗xf5+ 22.♔c1 ♖d7 mit schwarzem Vorteil, S. Iwanow – Vul, Cappelle la Grande 1996.

11...f6

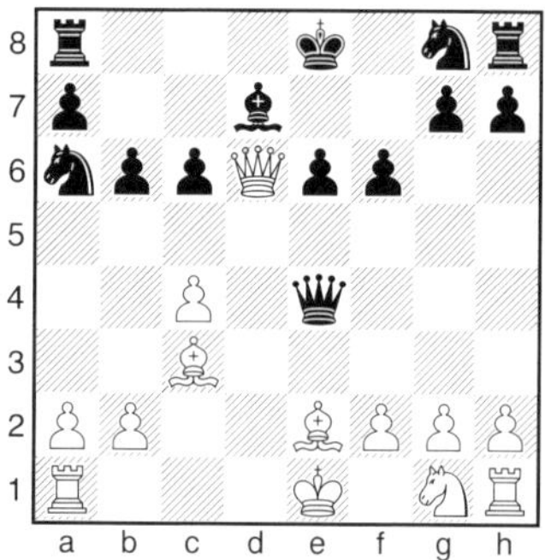

12.♘f3

Es ist wichtig, dass Weiß schnell seine Kräfte zum Kampf mobilisiert. Wahrscheinlich spielbar ist 12.0-0-0!?, z.B. 12...0-0-0 13.♕a3 (Infrage kommt 13.♕g3!?, aber schwach ist 13.b3? ♕xg2 14.♗f3 ♕g5+ 15.♔b2 ♕c5 16.♕g3 ♘e7 17.♕xg7 ♘f5 18.♕xf6 ♖hf8 19.♕g5 ♕xf2+ 20.♖d2 ♕e3 und die weiße Initiative wurde reduziert; Schwarz steht bereits besser, Van Wely – Schirow, Monaco 2002.) 13...♔b7 14.♗f3 ♕f4+ 15.♖d2 ♘b8 (15...e5!?) 16.♘e2 ♕xc4 17.♖hd1 (Nach 17.♘d4!? e5 18.♘f5 ♕a6 19.♕b3 ♘h6 20.♘xh6 gxh6 21.♖hd1 hätte Weiß für das Material eine spürbare Initiative.) 17...♕c5? (17...e5!? war stärker, um das Feld d4 unter Kontrolle zu halten.) 18.♕xc5 bxc5 19.♘f4 ♘e7 20.♘xe6 ♗xe6 21.♖xd8 ♖xd8 22.♖xd8 ♗xa2 23.♖e8 ♘d5 24.♖g8 g6 25.♖g7+ ♔c8 26.♖xa7 und Weiß steht auf Gewinn, Najer – Malachow, Moskau 2002.

12...0-0-0

Infrage kommt 12...♘e7!? 13.0-0-0 ♕xe2 (13...♖d8 14.♖he1 ♕g6∞) 14.♕xd7+ ♔f7 15.♖he1 ♕xc4 16.♖e3 ♖he8 17.b3 ♕g4 18.h3 ♕f4 19.♖d4 ♕h6 20.♕xe6+ ♔f8 21.♖h4 ♘c5 22.♕c4 ♕g6 mit Gegenspiel, Witiugow – Romanow, Moskau 2009.

13.♘d2! ♕xg2 14.♗f3 ♕h3 15.♖g1 ♘c7

Schwarz versucht mit Recht, die Verteidigung seines Königs zu verstärken. Nach 15...♕h6 16.♕a3 ♔b7 17.♘e4 ♕xh2 18.♖g3 (18.♖xg7!?) 18...♗c8 (18...♗e8 19.♕f8+–) 19.♘d6+ ♖xd6 20.♕xd6 wäre seine Stellung aufgabereif.

16.♕a3!

Weiß muss seine Aktion gegen den schwarzen König genau führen. Ein Schuss ins Leere wäre 16.♗xc6? wegen 16...♗xc6 17.♕xc6 ♘e7 und Schwarz verteidigt sich erfolgreich.

16...♔b8 17.♖xg7

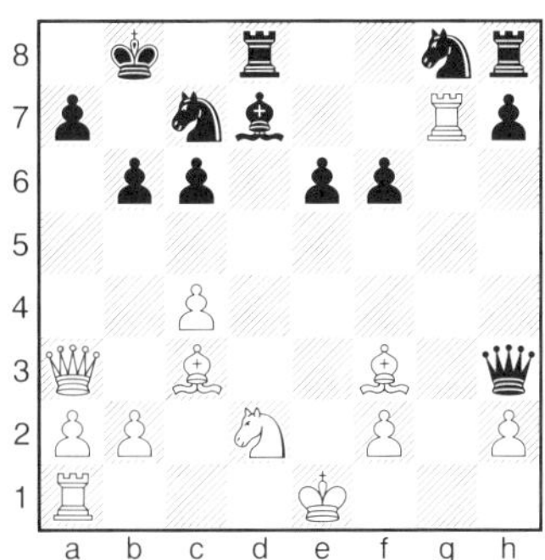

17...♕h6!?

Die beste Verteidigung. Schwach ist 17...e5? (Es ist nicht einfach, eine Stellung zu verteidigen, wenn der Gegner aktiver steht und man die ganze Zeit die besten Züge machen muss. Dieser Zug lässt den Turm in seiner aktiven Position auf g7.) 18.0-0-0 c5 (Auf 18...♕h6 folgt nun 19.♖dg1 und für Schwarz ist es schwer, die Entwicklung des Königsflügels zu beenden.) 19.b4 ♘h6 (19...cxb4 20.♗xb4 ♕h6 21.♖f7 mit der Drohung ♗b4–d6 rettet die Partie auch nicht.) 20.bxc5 ♕e6 (Die schwarze Stellung ist verloren. Eine Nebenvariante lautet 20...♖hg8 21.cxb6 axb6 22.♖xh7 ♖h8 23.♕b4 b5 24.♕c5 ♕e6 25.♖e7 ♕a6 26.♘b1 mit Gewinn.) 21.c6 (21.cxb6!?) 21...♗xc6 22.♖e7 ♗xf3 23.♖xe6 ♗xd1 (Oder 23...♘xe6 24.♘xf3 ♖xd1+ 25.♔xd1 ♖d8+ 26.♘d2 ♘c5 27.♗b4 ♖d3 28.♕b2 ♘e6 29.c5 mit gewonnener Stellung für Weiß.) 24.♖xf6 ♘g4 25.♖f7 ♗e2 26.h3 ♘h6 27.♖xc7 ♔xc7 28.♗xe5+ 1-0, Wolkow – Goloschtschapow, Dubai 2003.

18.♖g2 ♕f4 19.0-0-0 ♘h6 mit verteilten Chancen. Weiß behält trotz eines

Minusbauern mit seinem Läuferpaar gute Aussichten.

Zusammenfassung: In der heutigen Turnierpraxis begegnet man dem Slawischen Gambit sehr häufig, denn es verspricht Weiß gute Chancen auf Initiative. Ohne Zweifel ist das Gambit eine starke Alternative gegen den soliden schwarzen Aufbau und in Händen von Taktikern eine sehr gefährliche Waffe.

Abspiel 2

Abtauschvariante

1.d4 d5 2.c4 c6 3.cxd5

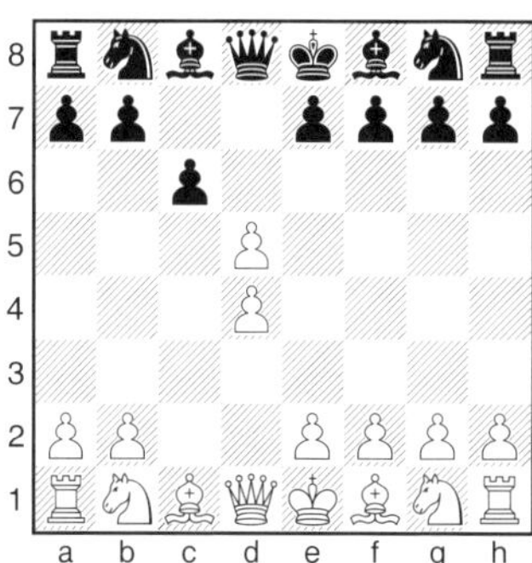

Mit dem Bauerntausch im Zentrum hebt Weiß die Spannung auf und vermeidet damit sämtliche Varianten, die mit dem Schlagen auf c4 verbunden sind. Andererseits fällt es dem Anziehenden nun nicht leicht, einen Eröffnungsvorteil nachzuweisen. Wegen des weißen Anzugstempos muss Schwarz jedoch nach wie vor genau spielen.

3...cxd5 4.♘c3 ♘f6 5.♘f3

Nach 5.♗f4 ♘c6 6.e3 a6 7.♗d3 kann nun folgen:

A) 7...g6; siehe **Partie Nr. 21:** Kramnik – Aronian, Istanbul 2012.

B) 7...e6 8.♖c1 ♗e7 (8...♗d6 9.♗xd6 ♕xd6 10.f4 0-0 11.♘f3 b5 12.0-0 ♗b7 13.♘e5 ♖ac8 14.♕f3 ♘a5 15.g4 ♘c4 16.g5 ♘e4 17.♘xc4 bxc4 18.♘xe4 dxe4 19.♗xe4 ♗d5 20.f5 ♗xe4 21.♕xe4 ♖fe8 22.f6 mit weißem positionellen wie materiellen Übergewicht, Stefanowa – Gvetaladze, Batumi 2012) 9.h3 0-0 10.♘f3 ♗d7 11.0-0 ♖c8 12.♕e2 h6 13.a3 b5 14.♘e5±, Le Quang – Kuzubow, Moskau 2008.

C) 7...♗g4

C1) 8.♘ge2 e6 (8...♗xe2 9.♕xe2 e6 10.0-0 ♗d6 11.♗g5 ♗e7 12.♖ac1 0-0 13.♘a4 ♘d7 14.♗f4 ♕a5 15.♘c3 ♖fc8 16.a3±) 9.♕b3 ♘b4 10.♗b1 ♗xe2 11.♔xe2 ♗d6 12.♗xd6 ♕xd6= Asmaiparaschwili – Barejew, Montecatini Terme 2000.

C2) 8.f3 ♗h5 9.♘ge2 e6 10.0-0 (10.♖c1 ♗g6=) 10...♗e7 11.♖c1 ♗g6 12.a3 (12.♗g3 ♗xd3 13.♕xd3 0-0=) 12...0-0 13.♘a4 ♘d7 14.♗g3 ♖c8 15.b4 b5 16.♘c5 ♘xc5 17.dxc5 ♗f6 und Schwarz sollte leicht ausgleichen, Analyse von Bacrot.

5...♘c6 6.♗f4

Der Läufer steht auf der offenen Diagonale ideal und deswegen ist es ratsam, ihn zu entwickeln, bevor man e2–e3 spielt.

6...♗f5

Es erscheint genauso logisch, den Läufer zu entwickeln, bevor Schwarz zu e7–e6 greift. Es gibt natürlich auch andere Pläne für Schwarz:

I. 6...a6 7.Tc1 (Oder 7.e3 Lg4 8.Le2 Lxf3 9.Lxf3 e6 10.0-0 Ld6 mit etwa gleichem Spiel.) 7...Lf5 8.e3 Tc8

A) 9.Ld3 Lxd3 10.Dxd3 e6 11.0-0 Le7 12.h3 (12.Se5 0-0=) 12...0-0 13.Se5 Sxe5 14.Lxe5 Sd7 mit gleichem Spiel.

B) 9.Se5; siehe **Partie Nr. 22**: V. Georgiev - Dautow, Plowdiw 2003.

C) 9.Le2 e6 10.0-0 Ld6 11.Lxd6 Dxd6 12.Sa4 (Nach 12.Db3 Tc7 13.Sa4 Sd7 14.Sc5 Sxc5 15.Txc5 Lg4 16.Tfc1 garantiert der Druck in der c-Linie Weiß einen kleinen Vorteil.) 12...0-0 13.Sc5 Tc7 14.Db3 De7 15.Tc3 Lg4 16.h3 Lxf3 17.Lxf3 e5 mit Ausgleich, Milov - M. Gurevich, Polanica Zdroj 1999.

II. 6...e6 7.e3 Le7 8.Ld3 0-0

A) 9.Se5 Db6 10.a3 Sxe5 (10...Dxb2?? 11.Sa4+-) 11.Lxe5 Ld7 12.Dc2 h6 13.0-0 Tfc8 14.De2 Le8 15.Tfd1 Dd8 16.h3 Sd7 17.Lg3 Sb6 18.e4 Sa4 mit Gegenspiel, A. Saitzew - Polugajewski, UdSSR 1969.

B) 9.h3 Ld7 10.0-0 Db6 11.a3 Sa5 (11...Tfc8 12.Sa4 Dd8 13.b4±. Natürlich geht nicht 11...Dxb2?? wegen 12.Sa4 mit Damenfang.) 12.b4 Sc4 13.Se5 Tac8 14.Lxc4 dxc4 15.Lg5 Dd8 16.Df3 Lc6 17.Sxc6 Txc6 mit kompliziertem Spiel. Der Freibauer c4 gibt dem Schwarzen gute Gegenchancen, Portisch - Petrosjan, Palma de Mallorca 1974.

III. 6...Se4!? 7.e3 Sxc3 8.bxc3 g6 9.Lb5 (Laut Kramnik ist das Spiel nach 9.Ld3 Lg7 10.0-0 0-0 11.e4 Lg4 12.h3 Lxf3 13.Dxf3 e5 ausgeglichen.) 9...Lg7 10.Se5 Lxe5 11.Lxe5 0-0 12.Lxc6 (Nach 12.Lg3 Sa5 13.Ld3 b6 14.0-0 Lb7 15.De2 Tc8 hat Schwarz keine Probleme, Mittelman - Tyomkin, Beersheba 2000.) 12...bxc6 13.Da4 Db6 14.0-0 Lf5 15.Tfd1 c5 16.c4 dxc4 17.Dxc4 cxd4 18.Dxd4 mit Remis, Barkhagen - P. Cramling, Örebro 2000.

7.e3 e6

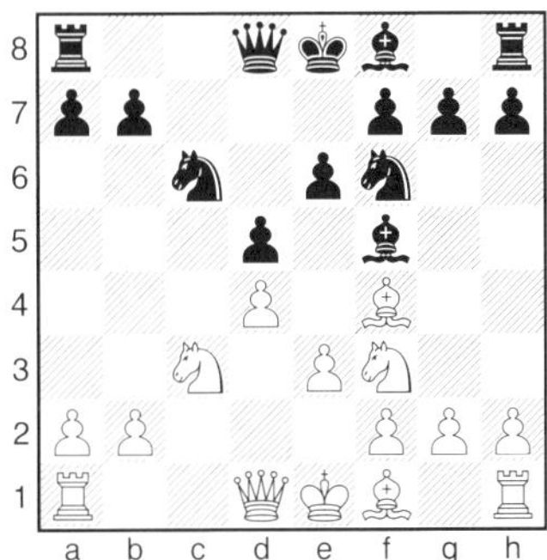

8.Lb5

Das gilt als beste Fortsetzung. Weiß fesselt den Springer und droht den Druck gegen Sc6 entweder mit Dd1-a4 oder mit Sf3–e5 zu verstärken.

Andere Möglichkeiten sind:

I. 8.Db3 Lb4 (8...Db6 9.Lb5 Sh5 10.Lg5 h6 11.Lh4 g5 12.Lg3 Sxg3 13.hxg3 Lg7=) 9.Lb5 0-0 10.0-0 (10.Lxc6 Lxc3+ 11.Dxc3 Tc8 ist gut für Schwarz.) 10...Lxc3 11.Dxc3 Tc8 12.Tac1 Se5!? (12...Db6 wird auch gespielt.) 13.Da3 Sxf3+ 14.gxf3 Db6

15.♗e2 a6 und Schwarz erhält Ausgleich.

II. 8.♘e5 ♘xe5 9.♗xe5 ♘d7 10.♕b3 ♘xe5 11.dxe5 ♗e7 12.♗b5+ (Auf 12.♕xb7 folgt 12...0-0 mit der Drohung ♖a8-b8 usw.) 12...♔f8 und das Läuferpaar kompensiert den Rochadeverlust.

III. 8.♗d3 ♗xd3 9.♕xd3 ♗e7 (9...♗d6!?) 10.0-0 0-0 11.♖fc1 (11.♗g5 ♘d7 12.♗xe7 ♕xe7 13.♖ac1 ♘b6=) 11...a6 12.♗g5 ♘d7 13.♗xe7 ♕xe7 mit etwa gleichen Chancen.

IV. 8.♗e2 a6 (8...♗e7 9.0-0 a6 10.♘e5 ♘xe5 11.♗xe5 0-0 12.♖c1 ♖c8= bzw. 8...♗d6 9.♘e5 ♗xe5 10.♗xe5 ♘xe5 11.dxe5 ♘d7 12.♕d4 a6 13.0-0 ♕b6 14.♕xb6 ♘xb6=) 9.0-0 ♗e7 10.♘e5 ♘xe5 11.♗xe5 0-0 12.♕b3 ♘d7 und schwach ist nun 13.♕xb7 ♘xe5 14.dxe5 ♖b8 15.♕xa6 ♖xb2 16.♖fc1 ♕b8 mit schwarzer Initiative.

8...♘d7

Die stärkste Erwiderung. Der Rückzug des Springers richtet sich gegen die Drohung ♘f3-e5. Nach 8...♗b4 9.♘e5 ♕a5 10.♗xc6+ bxc6 11.0-0 ♗xc3 (11...♖c8!?) 12.bxc3 ♕xc3 13.♕c1 ♕xc1 14.♖fxc1 0-0 15.f3 h6 16.♘xc6 ♖fe8 17.a4 ♘d7 18.♗d6 besitzt Weiß trotz der Vereinfachung die besseren Chancen, denn seine Figuren sind spürbar aktiver postiert, Botwinnik - Tal, Moskau 1961.

9.♕a4 ♖c8

In dem Abspiel 9...♕b6 10.♘h4 ♗e4 11.0-0-0 ♖c8 12.f3 ♗g6 13.♘xg6 hxg6 14.♔b1 a6 15.♗d3 (Nach 15.♗e2 folgt ebenfalls 15...♗b4 16.♖c1 0-0=.) 15...♗b4 16.♖c1 0-0 sind die Chancen auch ausgeglichen.

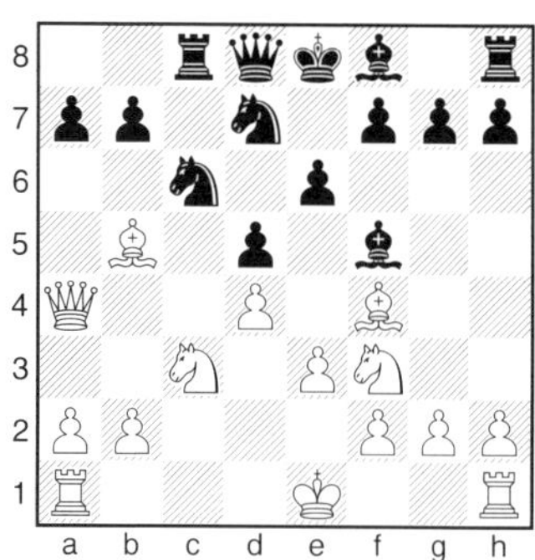

10.0-0

Der Bauerngewinn 10.♗xc6 ♖xc6 11.♕xa7 wäre riskant wegen 11...♕c8 12.♕a5 ♖a6 13.♕c7 (Oder 13.♕b5 ♖b6 14.♕e2 ♗a3! 15.♘b5 ♗b4+ und Schwarz bestimmt das Geschehen.) 13...♕a8 mit schwarzer Initiative, Tomaszewski - Borkowski, Polen 1979. Eine gute Alternative ist 13...♕xc7 14.♗xc7 ♖c6 15.♗f4 ♗a3 mit gleichen Chancen.

10...a6 11.♗xc6 ♖xc6 12.♖fc1 ♗e7 13.♘d1

Keine Probleme hat Schwarz auch nach 13.♘e2 ♕b6 14.♖xc6 bxc6 15.♖c1 ♗d3 16.♕d1 (Oder 16.♖xc6 ♕xb2 mit gleichem Spiel.) 16...♗xe2 17.♕xe2 0-0 18.h3 ♖c8 und Schwarz hat die Eröffnungsphase erfolgreich abgeschlossen: Es droht c6-c5 mit klarem Ausgleich, Agsamow - Dolmatow, Taschkent 1980.

13...b5 14.♕b3 ♖c4 15.♘d2

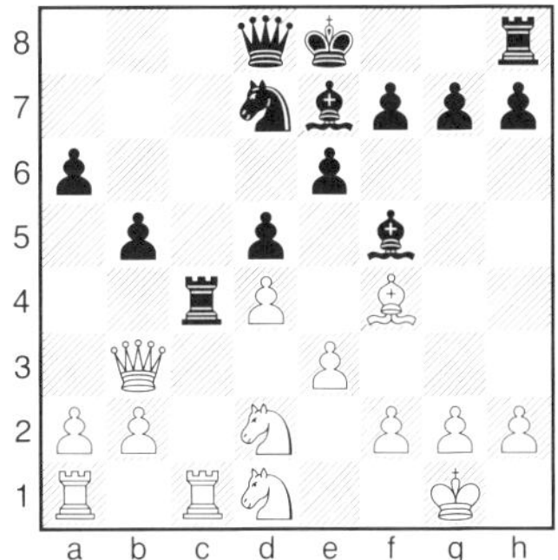

15...♖xc1

Eine interessante Alternative ist 15...♕a5!?, z.B. 16.♘c3 ♖b4 17.♕d1 (Nach 17.♕a3 ♖a4 18.♕b3 ♖b4 kann Schwarz durch Zugwiederholung remisieren.) 17...♖xb2 18.e4 dxe4 19.a4 ♕d8 20.axb5 axb5 21.♘cxe4 ♘f6 und die schwarze Stellung ist in Ordnung.

16.♖xc1 0-0 17.♕c3 b4 18.♕c6 ♗d3 19.♕b7 ♗b5 20.♖c7 ♕e8 21.e4 ♗d8 22.♖c8 ♕e7 23.♗c7 ♗xc7 24.♖xc7 dxe4 25.♘xe4 ♕d8 und die Stellung ist etwa gleich, Analyse von Kramnik.

Zusammenfassung: Nach dem Abtausch in der Mitte entsteht eine symmetrische Stellung, in der Weiß nur den Vorteil hat, dass er am Zug ist. Allgemein kann sich Schwarz bei präzisem Spiel dagegen problemlos verteidigen. Aus diesem Grund wird die Abtauschvariante gegenwärtig nicht so oft gespielt.

Abspiel 3

Variante 5.a4

1.d4 d5 2.c4 c6 3.♘f3 ♘f6 4.♘c3 dxc4

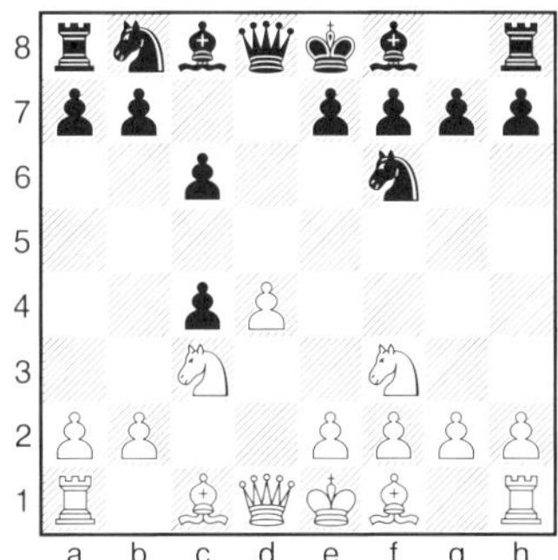

5.a4

In der modernen Turnierpraxis wird dieser Zug am meisten gespielt: Damit möchte sich Weiß den Rückgewinn des Bauern c4 sichern.

5...♗f5

Der Läufer nimmt hier eine aktive Stellung ein, vor allem kontrolliert er den Punkt e4. Weiß versucht in vielen Varianten, den Läufer durch ♘f3-h4 zu beseitigen oder nach ♘f3-e5 den Vorstoß e4 durchzusetzen, um die Aktivität des Läufers auf der Schräge b1-h7 zu beschränken. Damit entsteht ein scharfes Spiel mit beiderseitigen Chancen. An dieser Stelle werden auch andere Züge gespielt. Man sehe:

I. 5...♗g4 6.♘e5 (6.e3 e5!) 6...♗h5

A) 7.♘xc4 e6 8.♕b3 ♘a6 9.e4 (Nach 9.♕xb7 ♘b4 erhält Schwarz aktives

Gegenspiel.) 9...♗b4 10.f3 ♘xe4 (10...♕xd4 11.♗f4 mit Kompensation für den Bauern) 11.fxe4 ♕h4+ 12.g3 ♕xe4+ 13.♔f2 ♕xh1 (13...♕xd4+ 14.♗e3 ♕f6+ 15.♔g1 ♗f3 16.♗g2±) 14.♗g2 ♕xh2 15.♗e3 ♗f3 16.♔xf3 ♕h5+ 17.g4 ♕h4 18.g5 ♕h5+ 19.♔f2 ♕h4+ 20.♔g1 0-0-0 21.♘e5 und Weiß behält die besseren Perspektiven.

B) 7.f3 ♘fd7 (7...e6!? ist eine bemerkenswerte Alternative.) 8.♘xc4 e5 9.♘e4 ♗b4+ 10.♗d2 ♕e7 11.♘xe5 ♘xe5 12.dxe5 ♘d7 13.♗xb4 ♕xb4+ 14.♕d2 ♕xd2+ 15.♔xd2 ♘xe5 16.♘g3 ♗g6 17.e4 0-0-0+ 18.♔c3 f6 19.♗e2 und Weiß steht minimal besser.

II. 5...♘a6

A) 6.♘e5 ♘g4! 7.♘xc4 e5 8.♘xe5 ♘xe5 9.dxe5 ♕xd1+ 10.♘xd1 ♘b4 11.♘e3 ♗e6 12.♗d2 a5 13.♖c1 ♗b3 14.f4 ♗xa4 mit gutem Spiel für Schwarz, Geller – Kirillow, Leningrad 1963.

B) 6.e3 ♗g4 7.♗xc4 e6 8.h3 ♗h5 9.0-0 ♘b4 10.♕e2 (10.a5 ♗e7 11.♗e2 0-0 12.♘e5 ♗xe2 13.♕xe2 c5=) 10...♗e7 11.♖d1 0-0 12.g4 ♗g6 13.e4 ♘d7 14.♘e5 (14.♗f4!? ist ein Vorschlag von Sadler.) 14...♘xe5 15.dxe5 ♕a5 16.f4 ♖ad8 17.♗e3 h6 mit zweischneidigem Spiel, Kramnik – Iwantschuk, Monte Carlo 1996.

C) 6.e4 ♗g4 7.♗xc4 e6 8.♗e3 ♘b4 9.a5 ♗e7 10.0-0 0-0 11.♗e2 b5!? (11...c5 12.dxc5 ♕xd1 13.♖axd1 ist bequemer für Weiß.) 12.♕b3 ♕c7 13.♖fc1 ♕b7 14.♗g5 ♖fd8 15.♗xf6 ♗xf6 16.♘e1 ♗xe2 17.♘xe2 ♖ac8 18.♖c3 c5 19.dxc5 ♘a6 und Schwarz steht völlig befriedigend, Nowikow – Gretarsson, Berlin 1995.

III. 5...e6

A) 6.e4 ♗b4 7.e5 ♘d5 8.♗d2 b5 9.axb5 ♗xc3 10.bxc3 cxb5 11.♘g5 ♘c6 (Zu beachten ist 11...♗b7!?.) 12.♕h5 ♕e7 13.♗e2 (13.♘xh7? ♕f8!-+) 13...b4 14.0-0 (14.♗xc4 bxc3 15.♗c1 ♘xd4 16.0-0 h6 17.♘e4 0-0 18.♗a3 ♕c7 19.♗xf8 ♘f4 20.♕g4 ♔xf8 21.♘d6 g5 22.g3 ♗b7 23.♘xb7 h5 24.♕d1 ♕xb7 25.gxf4 ♘f3+=, Witugow – Jakowenko, Moskau 2012) 14...bxc3 15.♗c1 ♘cb4 16.♗xc4 ♗b7 17.♖a5 ♖c8 18.♗b3 h6 19.♘e4 ♘f4 20.♕f3 ♗xe4 21.♕xe4 ♘fd3 22.♗a4+ ♔f8 23.♗a3 c2 mit zweischneidigem Spiel, Vallejo Pons – Schwetuschkin, Jerusalem 2015.

B) 6.♗g5 ♗b4 7.e4 (7.g3 h6 8.♗xf6 ♕xf6 9.♗g2 ♘d7 10.a5 0-0 11.♕a4 ♕e7∞, Garejew – Erenburg, Saint Louis 2014) 7...♗xc3+ 8.bxc3 ♕a5 9.e5 ♘e4 10.♗d2 c5 11.♗xc4 cxd4 12.cxd4 ♘xd2 13.♘xd2 ♘c6 14.0-0 und nun sollte Schwarz in der Partie Fedosejew – Motylew, St. Petersburg 2015, 14...0-0 spielen, mit kompliziertem Spiel.

C) A. 6.e3 c5 7.♗xc4 cxd4 8.exd4 ♗e7 9.0-0 ♘c6 10.♖e1 (Auf 10.♕e2 kann auch 10...0-0 folgen.) 10...0-0 11.♗g5 (11.h4 ♗d7 12.h5 h6 13.♘e5 ♗e8 14.♗e3 ♕a5 15.♕f3 ♖d8 16.♕g3 ♘xd4 17.♗d3 ♘c6 18.♗xh6 ♘xh5 19.♕h2 ♖xd3 20.♕xh5 ♗f6 21.f4 ♘xe5 22.fxe5 gxh6 0-1, Jobava – Jakowenko, Tbilissi 2015) 11...♗d7 12.♕d2 ♘b4 13.♗xf6 ♗xf6 14.♘e4 a5 15.♘e5 ♗c6 16.♘xc6 bxc6

17.♖ad1 g6 18.g3 ♗g7 19.♘c5 ♖e8 20.h4 ♕f6 21.♖e4 ♘d5 22.♔g2 ♖ed8 mit Ausgleich, Mikaelyan – Kuzubow, Jerusalem 2015.

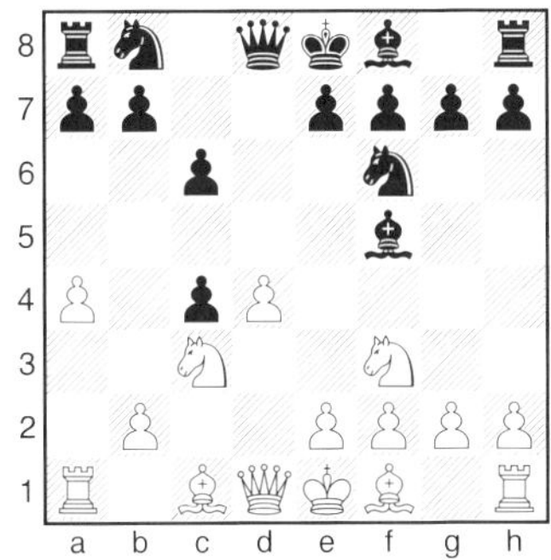

6.♘e5

Dieser Springerzug hat zwei Ziele:

1. Unter Tempogewinn mit f2–f3 und e2–e4 im Zentrum Raum zu erobern.

2. Den Bauern c4 zurückzugewinnen, ohne mit e2–e3 den schwarzfeldrigen Läufer einsperren zu müssen.

Weiß hat auch andere Pläne zur Verfügung:

I. 6.e3 (Holländische Variante) 6...e6

A) 7.a5 (Um den Gegner am Damenflügel einzuengen.) 7...♗b4 (7...♘bd7 8.♗xc4 b5 9.axb6 axb6 10.♖xa8 ♕xa8 11.♘h4 ♗g4 12.f3 ♗h5 13.g4 ♗g6 14.e4 b5 15.♗b3 ♘b6 mit unklarem Spiel, Sosonko – Bacrot, Cannes 1996) 8.♕a4 ♕e7 9.♗xc4 0-0 10.0-0 ♘bd7 11.♘h4 ♗g4 12.f3 ♗h5 13.g4 ♗g6 14.e4 e5 mit gleichem Spiel, Matwejewa – Schwartzman, Groningen 1993.

B) 7.♗xc4 ♗b4 (Es geht um die Kontrolle des Punktes e4.) 8.0-0

B1) 8...0-0 9.♘h4 ♘bd7 10.♘xf5 exf5 11.♕c2 g6 12.f3 ♖c8 13.♔h1 (13.♕f2 c5 14.♗a2 a6 15.♔h1 ♕b6 16.♕h4 ♖fe8 17.dxc5 ♘xc5 18.e4 fxe4 19.♘xe4 ♘cxe4 20.fxe4 ♖xe4 21.♗xf7+ mit besseren Chancen für Weiß, I. Sokolov – de Vreugt, Amsterdam 2001) 13...c5 14.♘a2 ♗a5 15.dxc5 ♕e7 (15...♖xc5 16.b4 ♗xb4 17.♘xb4 ♕c7 18.♗xf7+ ♖xf7 19.♕a2 ♘e5 20.♗b2 a5 21.f4 axb4 22.fxe5 ♘g4 23.♖fc1 und der Läufer ist auf der langen Diagonale sehr stark, I. Sokolov – Sakajew, Neum ECC 2000.) 16.b4 ♗xb4 17.♘xb4 ♕xc5 18.♗b3 ♕xb4 19.♗a3 ♕h4 20.♕a2 ♘c5 21.♗c4 ♘fd7 22.a5 b6 23.♖ac1 ♘e5 24.axb6 axb6 25.♗d5 ♖c7 26.♕b1 ♖d7 27.♗xc5 mit Remis, I. Sokolov – Schirow, Sarajewo 2000.

B2) 8...♘bd7 9.♕e2 (Mit diesem logischen Zug bereitet Weiß e3–e4 vor. Zugleich wird das Feld d1 für den Turm freigemacht. Es wird auch 9.♘h4 gespielt; siehe **Partie Nr. 23:** Sakajew – Kasparow. Ihre Anhänger hat auch die Fortsetzung 9.♕b3!?.) 9...♗g6 (Nach 9...♘e4 empfiehlt die Theorie 10.♗d3!?.) 10.e4!? (Ein neuer Trend: Weiß opfert einen Bauern für die Initiative.) 10...♗xc3 11.bxc3 ♘xe4 12.♗a3 ♕c7 (Nicht 12...♘xc3? wegen 13.♕b2 ♘xa4 14.♕b3! ♗f5 15.♖fe1 ♕f6 16.♕xa4 b5 17.♗xb5 cxb5 18.♕xb5 und Schwarz steht kritisch.) 13.♖fc1 0-0-0 14.a5 ♖he8 15.a6 b6 16.♘h4 ♘d6 17.♗b3 e5 18.♘xg6 hxg6 19.♕g4 und die weißen Figuren sind aktiver postiert. Weiß hat volle Kompensation für den

Bauern, Rasuwajew – Schwartzman, Dortmund 1993.

II. 6.♘h4 (Um den Läufer zurückzudrängen bzw. zu beseitigen.) 6...♗c8 (Oder 6...e6 7.♘xf5 exf5 8.e3 ♗d6 9.♗xc4 0-0 10.h3 ♘bd7 11.g4 ♘e4 12.gxf5 ♕a5 13.♕c2 ♘df6 14.♗d3 ♖fe8 und Schwarz hat vollwertiges Gegenspiel, Filippov – Ibragimov, New York 1998.)

A) 7.e3 e5 8.♗xc4 exd4 9.exd4 ♗e7 (9...♗d6 10.0-0 0-0 11.♘f3 ♗g4 12.h3 ♗h5 13.♗g5 ♘bd7 14.♘e4 ♗e7 15.♘g3 ♗g6 16.♖e1±, Sokolin – Petelin, St.Petersburg 1992) 10.0-0 0-0 11.♖e1 ♘a6 12.♕b3 ♘c7 13.♗g5 ♘fd5 14.♗xe7 ♘xe7 und Schwarz hat genügend Ressourcen, um sich zu verteidigen, Kasparow – Hübner, Barcelona 1989.

B) 7.e4 e5 8.♗xc4 exd4 (8...♕xd4 9.♕b3!) 9.♘f3!? (Das Figurenopfer gibt dem Weißen gute Angriffsaussichten. Nach 9.e5 dxc3! 10.♗xf7+ ♔xf7 11.♕xd8 cxb2 12.♕c7+ ♔e6! 13.♕xc8+ ♘bd7 14.♕xd7+ ♘xd7 15.♗xb2 ♗b4+ 16.♔e2 ♘xe5 17.f4 ♘c4 18.♗xg7 ♖hg8 kann Schwarz mit dem Erreichten wohl zufrieden sein.) 9...dxc3 10.♗xf7+ ♔e7 11.♕b3 ♕b6 12.♕a2 ♔d8 13.0-0 ♘xe4 14.a5 ♕c5 (Nach 14...♕b4 15.♖d1+ ♗d7 16.♖d4 ♕e7 17.♗e6 ♘f6 18.♗f4 c5 19.♖xd7+ ♘bxd7 20.bxc3 erhält Weiß laut Burgess eine starke Initiative für den Turm.) 15.♗e3 ♕f5 16.♖ad1+ ♗d6 17.♘d4 ♕f6 18.f3 ♕h4 (18...♘d2 19.♖fe1 ♕h4 20.g3 ♗xg3 21.♖e2 ♗f4 22.♗xf4 ♕xf4 23.bxc3 ♘xf3+ 24.♔h1 ist günstig für Weiß.) 19.g3 ♘xg3 20.♖f2 ♘e4 21.♘e6+ ♔e7 (Nichts bringt 21...♗xe6 22.♕xe6 ♔c7 23.fxe4 ♖d8 24.e5 ♗b4 25.♖xd8 ♕xd8 26.bxc3! und Schwarz steht kritisch, Analyse von Burgess.) 22.♖xd6 ♘xf2 23.♗g5+ ♕xg5+ 24.♘xg5 ♘h3+ (24...♔xd6 25.♔xf2 c2 26.♕c4 ♗f5 27.♕f4+ ♔e7 28.♕xf5 c1♕ 29.♕e6+ ♔d8 30.♕d6+ ♔c8 31.♗e6+ nebst Matt) 25.♘xh3 ♗xh3 26.♖d1 ♘d7 27.♖e1+ ♔f6 28.bxc3 und die weiße Stellung sieht besser aus. Die Variante 7.e4 birgt noch einige Unklarheiten und muss deswegen in der Praxis weiterhin genau geprüft werden.

6...e6

Mit 6...♘bd7!? möchte Schwarz sofort die Lage des Zentralspringers auf e5 klären, z.B. 7.♘xc4

A) 7...♕c7 8.g3 e5 9.dxe5 ♘xe5 10.♗f4 ♘fd7 11.♗g2 g5 (Oder 11...f6 12.0-0 ♘c5 13.♘e3 ♗e6 14.b4 ♖d8 15.♕b1 ♘b3 16.♘ed5 cxd5 17.♕xb3 ♕c4 18.♕xc4 ♘xc4 19.♖fd1 ♗xb4 20.♘xd5 und Weiß steht minimal besser, Hillarp Persson – Hector, York 1999.) 12.♘xe5 gxf4 13.♘xd7 ♗xd7 14.♕d4 ♖g8 15.♕e4+ ♗e7 16.♗h3 0-0-0 (Nach 16...♗xh3 17.♕xh7 0-0-0 18.♕xh3+ verbleibt Weiß mit einem Mehrbauern.) 17.♗xd7+ (17.♕xe7 ♗xh3 18.♕xc7+ ♔xc7 19.gxf4 ♖d4 20.e3 ♖e8 21.♖g1 ♖xf4=) 17...♕xd7 18.♕xf4 ♗g5 19.♕f3 ♗d2+ 20.♔f1 ♕h3+ 21.♕g2 ♕e6 22.♕e4 ♕h3+ mit Remis, Gelfand – Barejew, Wijk aan Zee 2002.

B) 7...♘b6 8.♘e3 (Andere Möglichkeiten sind: 8.e3 e6 9.a5 ♘xc4 10.♗xc4 ♗d6 11.f3 e5 12.dxe5 ♗xe5

13.e4 ♕e7 14.♕b3 0-0 15.0-0∞, Beljawski – Sawtschenko, Ohrid 2001, oder 8.♘e5 e6 9.f3 ♘fd7 10.a5 ♘xe5 11.axb6 ♘d7 12.e4 ♗g6 13.bxa7 ♕b6 14.♗e2 ♖xa7 15.♖xa7 ♕xa7 16.♗e3 e5 17.0-0 exd4 18.♗xd4 ♕xd4+ 19.♕xd4 ♗c5 20.♕xc5 ♘xc5 21.b4 ♘d7 22.f4±, Piket – Kobaliya, Elista 1998.) 8...♗g6 9.a5 ♘bd7 10.g3 e6 11.♗g2 ♘d5 12.0-0 ♗e7 13.♕b3 b6 14.f4 ♘xe3 15.♗xe3 und Weiß hat mehr Raum, Kempinski – Babula, Deutschland 2001.

7.f3

Weiß strebt e2–e4 an, womit er Raumvorteil im Zentrum erreicht.

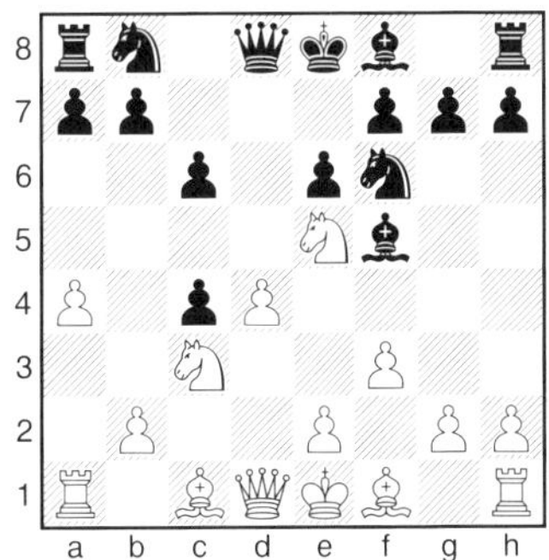

7...♗b4

Die aktivste Erwiderung: Schwarz hat schon das Opfer auf e4 im Auge. Aber wahrscheinlich ist auch 7...c5!? spielbar. Man sehe: 8.e4 cxd4 9.exf5 ♗b4 10.♗xc4 dxc3 11.♕xd8+ ♔xd8 12.♔e2 cxb2 13.♗xb2 ♔e7 14.♖hb1 ♖c8 15.♗a3 ♗xa3 16.♖xb7+ ♔d6 17.f4 ♘c6 18.♖d1+ ♘d5 19.♗xd5 exd5 20.♘c4+ ♔c5 21.♘xa3 a6 22.♖xf7 ♖e8+ 23.♔d2 (23.♔f2 ♖e4 24.♖xg7 ♖xf4+ 25.♔g3 ♖xa4 26.♘c2 ♖b8 mit Gegenspiel) 23...♖e4 24.♖c1+ ♔d6 25.♖xg7 ♖d4+ 26.♔c3 ♖xf4 27.♖xh7 ♖xa4 28.♖h6+ ♔e5 29.♖xc6 ♖xa3+ 30.♔b2 ♖a4 31.f6 ♖b8+ 32.♔c3 ♖a3+ 33.♔d2 ♖b2+ 34.♖1c2 ♖xc2+ 35.♔xc2 ♖a2+ 36.♔d3 ♖xg2 mit gleichem Turmendspiel.

8.e4

Dieser Zug führt zu großen Verwicklungen. Aber Weiß hat praktisch keine Wahl, wenn er um Vorteil kämpfen will. Andere Fortsetzungen sind harmlos für Schwarz. Man sehe:

I. 8.♘xc4 (Weiß klärt erst die Lage im Zentrum und plant danach e2–e4. Schwarz hat jedoch genügend Gegenspiel.) 8...0-0 9.♗g5 (9.e4? ♘xe4! 10.fxe4 ♕h4+ 11.♔d2 ♕xe4 ist unangenehm für Weiß.) 9...h6 10.♗h4 c5 11.dxc5 ♕xd1+ 12.♖xd1 ♗c2 13.♖c1 ♗xa4 14.♗xf6 gxf6 15.♖a1 ♗b3 16.♘b6 ♘c6 17.♘xa8 ♖xa8 18.e3 ♗xc5 und Schwarz hat ausreichend Äquivalent für die geopferte Qualität.

II. 8.♗g5 (Der Läufer fesselt den Springer und Weiß droht e2–e4, aber auch hier hat Schwarz keine Probleme.) 8...h6 9.♗h4 c5 10.dxc5 ♕a5 (10...♕xd1+ 11.♔xd1 ♘bd7 12.♘xd7 0-0-0 13.e4 ♖xd7+ 14.♔c2 ♗h7 15.♗xc4 ♗xc5 16.a5 g5 17.♗g3 ♖hd8 18.♔b3±, Jussupow – Barejew, Paris 1992) 11.♕d4 ♘c6 12.♘xc6 bxc6 13.e4 ♗xc5 (13...♗g6 14.♗f2±) 14.♕xc4 ♗g6 15.♖b1 ♘d5 16.♕a6 ♕xa6 17.♗xa6 ♖b8 und Schwarz steht völlig befriedigend.

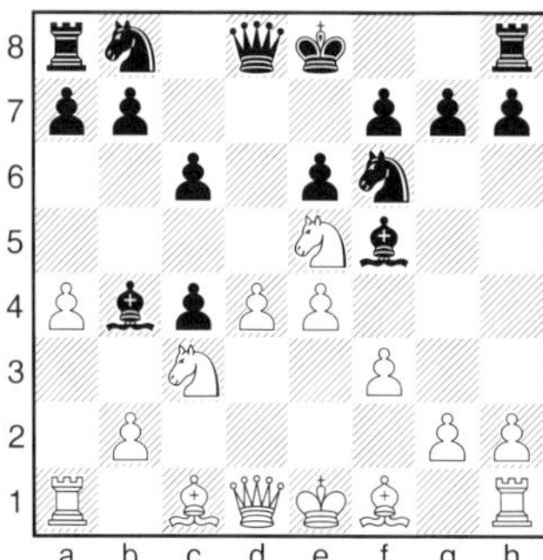

8...♗xe4!

Es gibt keinen Ausweg: Der Läufer muss geopfert werden. Dafür bekommt Schwarz drei Bauern und gute Angriffsmöglichkeiten gegen den im Zentrum gebliebenen weißen König. Schwach ist dagegen 8...♘xe4? 9.fxe4 ♕h4+ 10.♔e2 ♗xe4 11.g3 ♗d3+ 12.♔e3 ♕g5+ 13.♔f2 mit weißem Vorteil, Analyse von Greenfeld.

9.fxe4 ♘xe4 10.♗d2 ♕xd4 11.♘xe4 ♕xe4+

Das ist stärker als 11...♗xd2+ 12.♘xd2 ♕xe5+ 13.♗e2 b5 14.0-0 0-0 15.♗f3 (15.axb5 cxb5 16.♗f3 ♘c6 17.♕e1±, Joseliani – Zsu. Polgar, Monte Carlo 1993) 15...♕xb2 16.axb5 ♕xb5 und nun sollte Weiß in dem Duell Gelfand – Hertneck, München 1991, so fortsetzen: 17.♕e2 ♘d7 18.♘xc4 mit kleinem Vorteil für Weiß.

12.♕e2 ♗xd2+ 13.♔xd2 ♕d5+ 14.♔c2

Nach 14.♔c3 0-0 15.♕e3 b5 16.♗e2 ♘d7 17.♘xd7 ♕xd7 18.♕c5 ♕d8 19.♔c2 ♖b8 20.♖ad1 ♕a5 21.♗xc4 ♕xa4+ 22.♗b3 ♕e4+ 23.♔c1 ♖bd8 hat Schwarz ausreichendes Gegenspiel für die Figur, Scherbakow – Barejew, St. Petersburg 1998.

14...♘a6 15.♘xc4

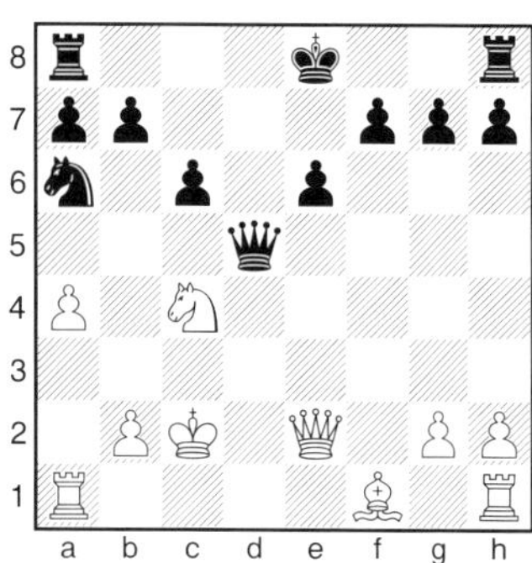

15...0-0

Zum Ausgleich genügt nicht 15...b5 16.axb5 ♘b4+ 17.♔c3 cxb5 18.♖d1 ♕c5 (Auch 18...♘a2+ 19.♔b3 bxc4+ 20.♔xa2 ♕a5+ 21.♔b1 ist vorteilhaft für Weiß, Analyse von Kramnik.) 19.♕e5 ♘d5+ 20.♖xd5 ♕xd5 21.♘d6+ ♔f8 22.♕xd5 exd5 23.♗xb5 und Weiß hat bessere Perspektiven. Nach 15...0-0-0 ist 16.♕e3!? stark, z.B. 16...♘c5 (16...♘b4+ 17.♔b3!) 17.♗e2 ♕xg2 18.♖hg1 ♕xh2 19.♖xg7 und nun zwei Abzweigungen:

A) 19...f5 (Kramniks Vorschlag) 20.♖ag1! (Es droht ♖g1-g2 mit Schlagen auf c5.) 20...♖d5 21.b4 ♖d3 22.♘d6+ ♔b8 (22...♖xd6 23.bxc5+-; 22...♕xd6 23.♗xd3+-) 23.♖g8+ ♖xg8 24.♖xg8+ ♔c7 25.♘b5+ ♔d7 26.♖g7+ ♔c8 (26...♔e8 27.♘c7+ ♔f8 28.♕xc5+ und Weiß gewinnt.) 27.♘xa7+ ♔b8 28.♖g8+ ♔c7 (28...♔xa7 29.♕xc5+ b6 30.♕e7+ ♔a6 31.♖a8#) 29.♘b5+ ♔d7 30.♖g7+ ♔c8 31.♘d6+ ♔b8 32.♖xh7 ♖xe3

33.♖xh2 ♘xa4 34.♗d3 mit realen Gewinnchancen.

B) 19...♖d3 20.♖h1 ♕xh1 21.♗xd3 ♕d5 22.♖xf7 ♖d8 (Nach 22...♘xd3 23.♕xd3 ♖d8 24.♕xd5 exd5 25.♘e5 ♖e8 26.♘d3 sind die Chancen von Weiß vorzuziehen.) 23.♗e2 ♕g2 24.♘e5 und Weiß hat gute Gewinnaussichten. Beide Varianten müssen natürlich in der Praxis geprüft werden.

16.♕e5 ♖ab8

Schwarz bereitet ♘a6-b4+ und b7-b5 vor.

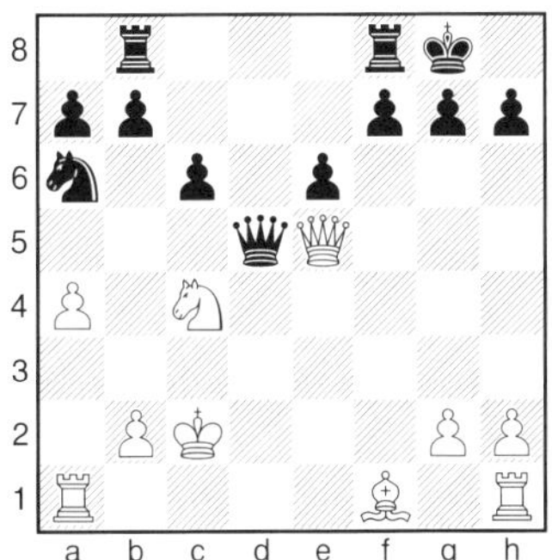

17.a5!?

Nach der modernen Theorie ist dies der beste Zug. Es geht darum, dass Weiß den Vorstoß b7-b5 pariert. 17.♖d1 erlaubt ein Remis durch Zugwiederholung 17...♘b4+ 18.♔c1 ♘a2+ 19.♔c2 ♘b4+. Einige Theoriewerke empfehlen hier 17.♗e2 ♘b4+ 18.♔b3 b5 19.♕xd5 cxd5 20.♘d6 ♘c6 21.♔c3 (Interessant ist 21.axb5!? ♘d4+ 22.♔b4 ♘xe2 23.♖xa7 und der starke Freibauer kann dem Schwarzen einige Schwierigkeiten bereiten.) 21...bxa4 22.♖xa4 ♖fd8 23.♘b5 d4+ 24.♘xd4 ♘xd4 25.♖xd4 ♖xd4 26.♔xd4 ♖xb2 27.♗f3 ♖a2 und laut Haba ist das Endspiel ausgeglichen, denn die schwarzen Bauern kompensieren das Figurendefizit.

17...♖fd8

Die Alternative 17...f6 wird in der **Partie Nr. 24:** Anand – Khalifman, New Delhi 2000, vorgestellt.

18.♗e2 f6

Nach 18...♘b4+ 19.♔b3 b5 (19...c5!?) 20.axb6 ♕xe5 21.♘xe5 ♖xb6 22.♘c4 ♖b7 23.♖hd1 ♘d5+ 24.♔c2 steht Weiß etwas besser, doch die Stellung ist wohl nicht einfach zu gewinnen.

19.♕xd5 cxd5 20.♘d2

Die schwarze Stellung nach 20.♘a3 ♖bc8+! (20...♘b4+ 21.♔d2 ♘c6 22.♘c2 ♖d6 23.♖a4 g6 24.♘d4 ♘xd4 25.♖xd4 ♖c8 26.♖b4 ♖d7 27.♖e1±, Barkhagen – Ziegler, Schweden 2000) 21.♔d2 ♘c5 22.♗d1 ♘e4+ 23.♔e2 e5 24.♗c2 ♘c5 25.♖ac1 (25.♗f5 ♖c6!) 25...g6 ist wohl verteidigungsfähig.

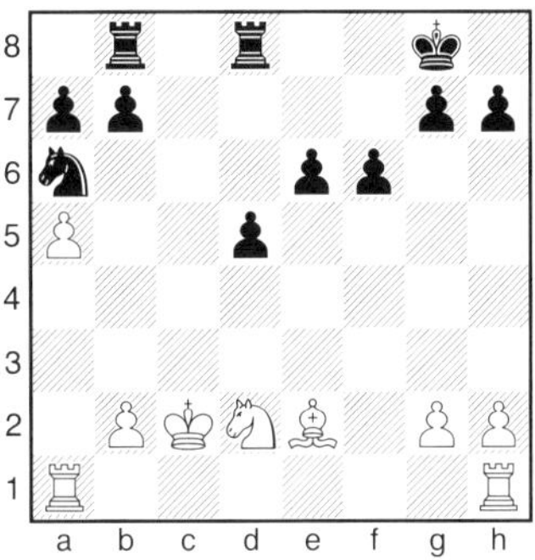

20...♔f7

Die Aktivierung des Königs scheint logisch zu sein. Schwarz muss schnell seine Kräfte mobilisieren und versuchen, seine mächtigen Freibauern in Bewegung zu setzen. Nach 20...♖dc8+ 21.♔b3! (21.♔b1 ♔f7 22.♖a3 ♘b4∞, Barejew – Ribli, Neum 2000) 21...♔f7 22.♖hc1 ♔e7 23.♔a3 ♘c5 24.b4 ♘d7 25.♘b3 g6 26.a6 erhielt Weiß in der Partie Topalow – Khalifman, Istanbul 2000, Vorteil und führte die Partie zum Sieg.

21.♖hc1 ♖dc8+ 22.♔d1 ♔e7 23.♖xc8

In der Praxis geschah auch 23.♘b3 e5 24.♖c3 ♖xc3 25.bxc3 ♘c7 26.c4 dxc4 (Laut Barejew war 26...d4!? besser.) 27.♗xc4±, Iwantschuk – Barejew, Montecatini Terme 2000.

23...♖xc8 24.♗xa6 bxa6 25.♖c1 ♖xc1+ 26.♔xc1 ♔d6 27.b4 e5 28.♔c2 h5 und in diesem komplizierten Endspiel sind die Chancen verteilt. Ich meine, dass Schwarz gute Gegenchancen besitzt, denn seine Freibauern im Zentrum stellen eine große Gefahr dar. Aber nur die Praxis kann beantworten, ob die Variante für Schwarz spielbar ist.

Zusammenfassung: In dieser Variante hat Schwarz ohne Zweifel kein leichtes Leben, das Gleichgewicht zu halten. Aber bei genauem Spiel gibt es wohl in der Hauptvariante, genauer gesagt im entstehenden Endspiel, gute Gegenchancen, denn die Zentralbauern können die weißen Kräfte binden. Zu beachten sind die Alternativen 6...♘bd7!? (statt 6...e6) und 7...c5!? (statt 7...♗b4). Möglicherweise werden auch in dieser Richtung die Forschungen vorangehen.

Abspiel 4

Botwinnik-System

1.d4 d5 2.c4 c6 3.♘f3 e6 4.♘c3 ♘f6 5.♗g5

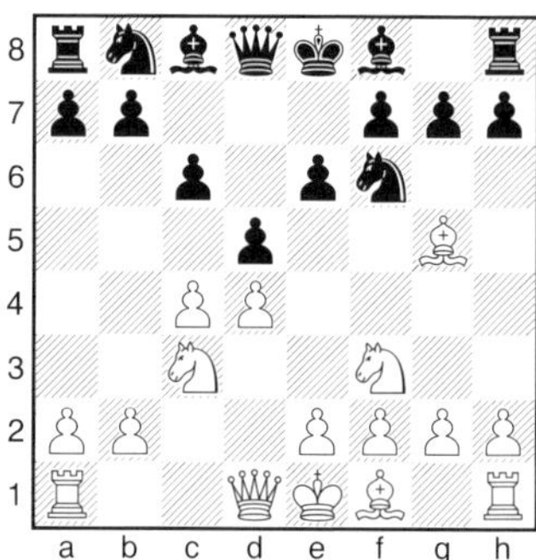

Das Botwinnik-System gehört zu den kompliziertesten Eröffnungssystemen in der modernen Schachpraxis, und beinahe jede gespielte Partie bringt eine neue Idee hervor. Um den Bauern c4 zu halten, ist Schwarz mit der Demolierung seines Königsflügels einverstanden. Dafür verpflichtet er den Gegner zu besonders einfallsreichem und energischem Spiel, denn Schwarz wird zur langen Rochade schreiten und behauptet an diesem Flügel eine mächtige Bauernmehrheit. Der Spielplan von Weiß beinhaltet die Zerrüttung dieser gegnerischen Bauernphalanx, die Öffnung von Linien für den Königsangriff und die Verwertung der Bauernmehrheit am Königsflügel.

5...dxc4

Den besonders scharfen Abspielen kann Schwarz hier noch mittels 5...h6 aus dem Wege gehen, z.B.

A) 6.♗h4 dxc4 7.e4 (Nach 7.a4!? ♗b4 8.♗xf6 ♕xf6 9.e3 b5 10.♗e2 0-0 11.0-0 ♗xc3 12.bxc3 a6 13.♘e5 ♗b7 14.♗f3 hat Weiß für den Bauern genügend Ersatz, denn Schwarz hat Probleme mit der Entwicklung seines Damenflügels.) 7...g5 (Zur Hauptvariante führt 7...b5 8.e5 g5 9.♘xg5 usw.) 8.♗g3 b5 9.♗e2 ♘bd7 (9...♗b7; siehe **Partie 22:** Khalifman - Acs, Hoogeveen 2002) 10.d5 cxd5 11.exd5 ♘b6 12.dxe6 ♗xe6 (12...♕xd1+ 13.♖xd1 ♗xe6 14.♗e5 ♗g7 15.♘xb5 0-0 16.0-0 ♘fd5 17.♗xg7 ♔xg7 18.♘fd4 a6 19.♘xe6+ fxe6 20.♘d4±, Barejew - Akopian, Las Vegas 1999) 13.♘d4 ♗b4 14.0-0 und Weiß steht wegen der schwarzen Bauernschwächen besser, Beljawski - Bacrot, Bugojno 1999.

B) 6.♗xf6 ♕xf6 7.e3 (Spielbar sind auch 7.♕b3!? oder 7.a3!? mit der Idee e2-e4.) 7...♘d7 8.♗d3 dxc4 (Beachtung verdient 8...♗d6!?.) 9.♗xc4 ♗d6 (Eine andere Idee ist 9...g6; siehe **Partie Nr. 26**: Carlsen - Topalow, Sofia 2009.) 10.0-0 ♕e7 11.♘e4 ♗c7 12.♖c1 0-0 13.♕c2 ♖d8 14.♖fd1 a5 15.♗b3 ♘f8 16.a3 ♗d7 17.♘c5 ♖a7 18.e4 und Weiß steht aktiver, Jussupow - Drejew, Tilburg 1992.

6.e4

Es wird auch 6.a4 gespielt, um den Zug b7-b5 zu erschweren, z.B. 6...♗b4 7.e4 c5 8.♗xc4 cxd4 9.♗b5+ ♘c6 10.♘xd4 ♗d7 11.0-0 h6 12.♗e3 0-0 (Die Eroberung des Bauern durch 12...♗xc3 13.bxc3 ♘xe4 ist gefährlich nach 14.♕g4! ♘g5 15.♖ad1 mit weißem Vorteil.) 13.f3 ♘e5 14.♘c2 ♗xc3 15.bxc3 ♕c7 16.♗d4 mit kleinem Vorteil für Weiß, Cu. Hansen - Tisdall, Reykjavik 1995.

6...b5

Der c-Bauer muss konsequent verteidigt werden, andernfalls hätte Weiß seinen Raumvorteil im Zentrum ganz umsonst bekommen.

7.e5 h6 8.♗h4 g5 9.♘xg5

Nur der Textzug ist richtig. Nach 9.♗g3 ♘d5 10.h4 g4 11.♘d2 h5 hätte Weiß gar nichts für den geopferten Bauern.

9...hxg5

Nicht zu empfehlen ist 9...♘d5?! wegen 10.♘xf7 (Spielbar ist auch 10.♘f3!? ♕a5 11.♖c1 und nun wäre 11...♘xc3 12.bxc3 ♕xa2 13.♗e2 nicht gut, denn Weiß erhält nach der Rochade eine gefährliche Initiative.) 10...♕xh4 11.♘xh8 ♗b4 12.♕d2 c5 13.dxc5 ♘d7 14.0-0-0 ♘xe5 15.♕e1 ♕g5+ 16.♔b1 ♕g7 17.f4 ♗xc3 18.bxc3 ♘xf4 19.♕g3 ♕xg3 20.hxg3 ♘d5 21.♔b2 ♘g4 22.♖e1 mit weißem Materialvorteil, Analyse von Minew.

10.♗xg5

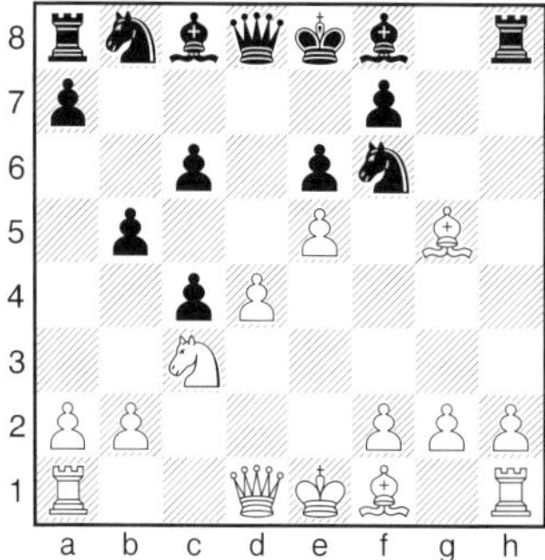

10...♘bd7

Schwächer ist 10...♗e7 11.exf6 ♗xf6

A) 12.♗e3 ♗b7 13.♕f3 ♗e7 14.g3 (14.♘xb5 ♕b6∞) 14...♘a6 15.♗g2 ♖b8 16.0-0 c5 17.♕g4 ♗xg2 18.♔xg2 b4 19.♘e2 ♕d5+ 20.♔g1 ♗f6 21.♖fd1 ♕h5 22.♕xh5 ♖xh5 23.♖ac1 mit kleinem Vorteil für Weiß, W. Schmidt – Hracek, Poznan 1987.

B) 12.♗xf6 ♕xf6 13.g3 ♗b7 14.♗g2 ♘a6 15.♘e4 ♕e7 16.0-0 0-0-0 17.a4 ♔b8 18.♕d2 b4 19.♖ac1 f5 20.♘g5 e5 21.♖xc4 c5 22.♗xb7 ♕xb7 23.♕e3 exd4 24.♕e5+ ♔a8 und nun sollte Weiß in der Partie Kasparow – Smyslow, Vilnius 1984, einfach 25.♕xf5 spielen mit Vorteil.

11.exf6

Das sofortige Schlagen auf f6 ist laut Theorie die genaueste Zugfolge. Dennoch führt 11.g3 normalerweise mit Zugumstellung zur Hauptvariante.

11...♗b7

Schwarz muss die Mobilisierung seiner Kräfte schnell beenden und seinen König in Sicherheit bringen. Schwach ist 11...♘xf6 wegen 12.♕f3 und der Nachziehende wäre in Schwierigkeiten.

12.g3

Ein logischer Zug: Der Läufer f1 hat nur auf der großen Diagonale eine Perspektive, und zugleich festigt Weiß seinen Königsflügel.

12...♕b6

Chancenreich ist 12...c5!?. Man sehe:

I. 13.d5

A) 13...♘e5 14.♗g2 ♘d3+ (14...♗h6 15.♕h5! b4 16.0-0 bxc3 17.♖ae1 ♕d6 18.♗xh6 cxb2 19.dxe6 ♗xg2 20.♖xe5+−) 15.♔f1 ♕d7 16.dxe6 fxe6 17.b3 0-0-0 18.bxc4 ♗h6 19.♗h4 b4 20.♘d5 exd5 21.♕xd3 dxc4 22.♗xb7+ ♕xb7 23.♕f5+ ♔b8 24.♖g1 ♖d5 25.♕e6 c3 mit schwarzem Gegenspiel.

B) 13...♗h6 14.♗xh6 (Oder 14.♘xb5 ♗xg5 15.♘d6+ ♔f8 16.♘xb7 ♕b6 17.dxe6 ♕b4+ 18.♔e2 ♕xb2+ 19.♔e1 ♗xf6 20.♗e2 ♕xb7 21.♗f3 ♕b4+ 22.♔f1 ♖d8 23.exd7 ♗xa1 24.♕xa1 c3 mit schwarzem Vorteil.) 14...♖xh6 15.♕d2 ♕xf6 16.0-0-0 ♔f8!? 17.f4 ♘b6 18.♗g2 exd5 19.♕f2 ♖c8 20.♘xb5 ♘a4 21.♕c2 ♕a6 22.♘a3 c3! mit schwarzer Initiative, Kamsky – Schirow, Luzern 1993.

13.♗g2 c5

Sehr oft wird erst 13...0-0-0 gezogen, um den König aus der gefährlichen

Zone zu entfernen, z.B. 14.0-0 ♗h6 15.♘e4 c5 16.♗xh6 ♖xh6 17.♕d2

A) 17...♖h5 18.♕f4 ♗xe4 19.dxc5 ♘xc5 20.♗xe4 ♖d4 21.♕f3 ♖e5 22.♗c2 ♘d3 23.♗xd3 cxd3 (23...♖xd3 24.♕g4 ♔b7 25.a4±) 24.♕a8+ ♕b8 25.♖ac1+ ♖c4 26.♕f3 ♖d5 27.b3 ♖c2 28.♖xc2+ dxc2 29.♖c1 ♕c7 30.♕e2 ♖c5 31.h4 – der schwarze Freibauer wurde erfolgreich blockiert und der weiße auf der h-Linie kann systematisch vorrücken. Weiß steht besser.

B) 17...♖g6 18.a4 cxd4 19.axb5 ♘xf6 20.♘xf6 ♗xg2 (20...♖xf6 21.♗xb7+ ♔xb7 22.♕g5 ♖f5 23.♕e7+ ♔b8 24.♖xa7!+-) 21.♔xg2 ♖xf6 22.♖a6 ♕xb5 23.♖xa7 ♕c6+ 24.♔g1 ♖f5 25.♖fa1 ♖b5 26.♕f4 und Weiß dominiert, Analyse von G. Popow.

14.d5 0-0-0 15.0-0 b4

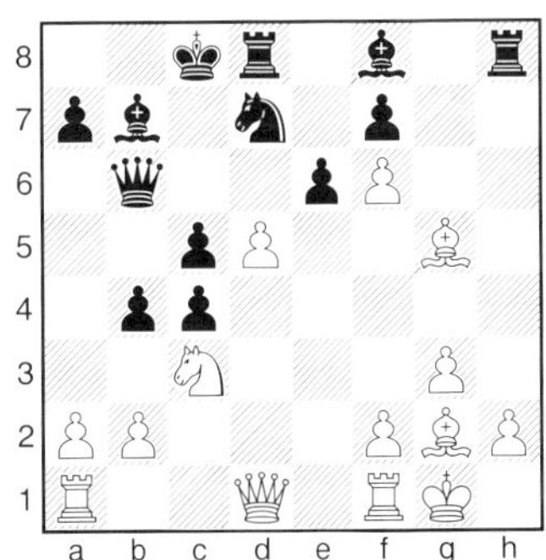

Die kritische, sehr schwer einzuschätzende Stellung dieses Systems. Die Situation ist hochkompliziert, und über Erfolg oder Misserfolg entscheidet zumeist, welche Seite besser mit allen Nuancen vertraut ist. Betrachten wir darum einige Varianten:

16.♖b1!?

Ein Vorschlag des deutschen Großmeisters Wolfgang Uhlmann. Eine starke Alternative ist 16.♘a4, z.B. 16...♕b5 (16...♕d6 17.dxe6 fxe6 18.♗xb7+ ♔xb7 19.f7 ♖c8 20.♕xd6 ♗xd6 21.♖ad1 ♔c6 22.♖fe1 ♘f8 23.♖e4 ist vorteilhaft für Weiß, Analyse von Pedersen.) 17.a3 exd5 18.axb4

A) 18...d4 19.♗xb7+ ♔xb7 20.♘c3!? (Sehr scharf; positionell ist 20.♗f4!? ♕c6 21.♖e1 usw.) 20...dxc3 21.♕d5+ ♔b6 (21...♔c8 22.♖xa7 mit Angriff) 22.♗f4 ♖h5! (22...a6 23.♖a5 ♕xb4 24.♖xa6+! ♔xa6 25.♖a1+ ♔b5 26.♗c7 ♘b6 27.♕xd8 ♕xb2 28.♕e8+ ♔b4 29.♖a6 ♘d7 30.♕e4! ♔b3 31.♗f4 ♗h6 32.♗xh6 ♖xh6 33.♕b7+ ♔c2 34.♕xd7 ♔c1 35.♕e7 ♕b1 36.♔g2+-) 23.♕xh5 cxb2 24.♖ad1 cxb4 25.♗e3+!? (25.♗c7+ ♔c6! ist unklar.) 25...♔c6! (25...♗c5? 26.♖d6+ ♔c7 27.♗xc5 ♘xc5 28.♖xd8 ♔xd8 29.♕xf7 ♘d7 30.♕e7+ ♔c7 31.f7 ♕f5 32.♕xb4 ♕xf7 33.♕xb2 und Weiß gewinnt.) 26.♕f3+ ♔c7 27.♕e2 ♘e5 mit sehr scharfer Stellung.

B) 18...cxb4 19.♗e3 (19.♕d4 ♘c5∞) 19...♘c5 20.♕g4+ ♖d7 21.♕g7! (Darauf folgt kein „Paukenschlag", das Damenopfer ist positioneller Natur...) 21...♗xg7 22.fxg7 ♖g8 23.♘xc5 d4 (Oder 23...♖xg7∞, Lalic – Wilson, London 1996.) 24.♗xb7+ ♖xb7 25.♘xb7 ♕b6 (25...♔xb7 26.♗xd4 a5 27.♖fe1 ♕f5 28.♖e7+ ♔c6 29.♖a7±) 26.♗xd4 ♕xd4 27.♖fd1 ♕xb2 28.♘d6+ ♔b8 29.♖db1 ♕xg7 (29...♕d2 30.♘xc4 ♕c3 31.♖a4 b3 32.♘a5±) 30.♖xb4+ ♔c7 31.♖a6! und

Weiß führte die Partie zum Sieg, Iwantschuk - Schirow, Wijk aan Zee 1996.

Keinen Vorteil verspricht dem Weißen dagegen 16.dxe6 ♗xg2 17.e7 ♗xf1 (17...♗xe7 18.fxe7 ♖dg8 19.♔xg2 bxc3 20.♕d5 cxb2 21.♖ad1 ♕e6 22.♕a8+ ♘b8 23.♗f4! ♕h3+ 24.♔f3 ♕g4+ 25.♔e3 ♕e6+ 26.♔d2 ♕b6 27.♔c2 mit weißem Vorteil) 18.♘d5 ♕e6! (18...♕b7 19.exd8♕+ ♔xd8 20.♔xf1 ♖xh2 21.♔g1±) 19.exd8♕+ ♔xd8 20.♔xf1 ♕h3+ 21.♔e1 ♕xh2 mit ausreichendem Gegenspiel von Schwarz.

16...♕a6

16...bxc3? 17.bxc3 ♕a6 führt nun nach 18.♖xb7! ♕xb7 19.dxe6 zum weißen Gewinn.

17.dxe6 ♗xg2 18.e7 ♗xf1 19.♔xf1!

Der Läufer muss geschlagen werden, wenn Weiß auf Vorteil hoffen will. Nach 19.♕d5 ♗xe7 (19...♗h6 20.♗xh6 ♗d3 21.♕a8+ ♘b8 22.exd8♕+ ♖xd8 23.♖e1 bxc3 24.♗f4 ♕b6 25.♗xb8 ♕xb8 26.♕c6+ ♕c7 27.♕a8+ ♔d7 28.♕d5+ mit Dauerschach) 20.fxe7 ♗d3 21.♘e4 ♗xb1 22.♘d6+ ♔c7 23.♗f4 ♔b6 24.♘xc4+ ♔b5 25.♘d6+ endete die Partie bald remis, Topalow - Kramnik, Dortmund 1996.

19...♗h6 20.exd8♕+ ♔xd8 21.♗xh6 ♖xh6

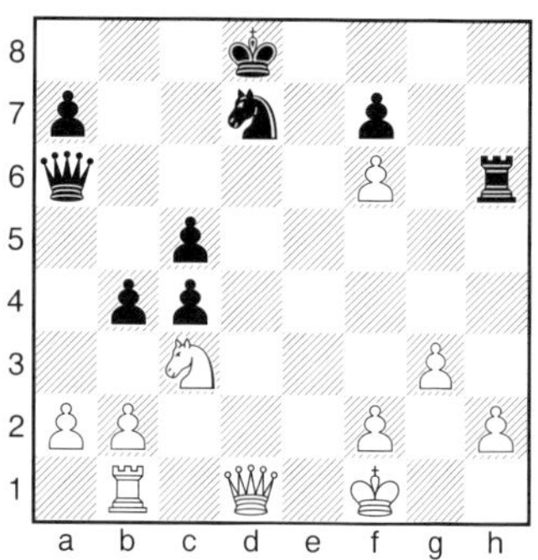

22.♘e4!?

Nicht ganz klar ist 22.♘d5 c3+ 23.♔g1 ♕e6 24.♘f4 ♕xa2 25.bxc3 ♖xf6 26.cxb4 ♖d6 27.♕c1 c4 mit Gegenchancen, Analyse von Pedersen.

22...♕c6 23.♕g4 ♘xf6 24.♕g5 ♖g6

Es verliert 24...♕xe4 25.♖d1+ ♔c7 26.♕xh6 ♕h1+ 27.♔e2 ♕e4+ 28.♕e3+-.

25.♖d1+ ♔e7 26.♕h4 und Weiß steht offensichtlich besser.

Zusammenfassung: Ohne Zweifel hat das Botwinnik-System einen wichtigen Beitrag zur Entwicklung des modernen Schachs geleistet. Das entstehende dynamische Spiel führt zu großen Komplikationen mit nicht leicht vorhersehbaren Folgen. Sehr stark erscheint der Zug 16.♖b1!?, der dem Weißen gute Chancen auf einen Vorteil verspricht. Für Schwarz kommt ernsthaft die Idee 12...c5!? (statt 12...♕b6) infrage. Allgemein kann man sagen, dass die Chancen beider Parteien in diesem System etwa gleich sind.

Kapitel 5
Angenommenes Damengambit

1.d4 d5 2.c4 dxc4

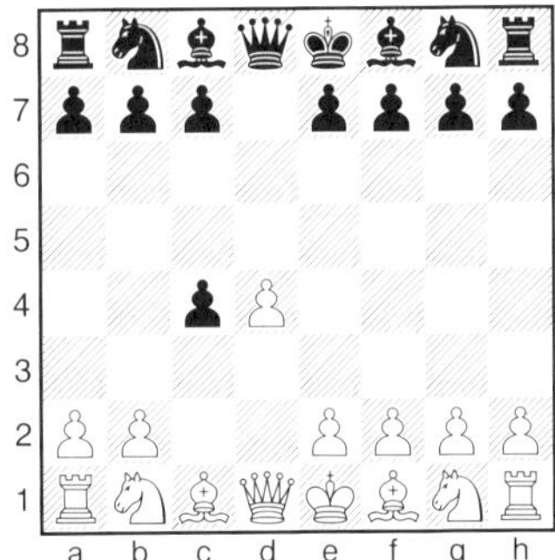

Das Angenommene Damengambit ist eine elastische Verteidigung. Das Ziel des letzten Zuges ist es eigentlich nicht, den Gambitbauern zu behaupten, sondern Zeit zu gewinnen für ein aktives Gegenspiel im Zentrum. Schwarz gibt dem Gegner einerseits Gelegenheit, ein starkes Bauernzentrum zu errichten, aber seine grundsätzliche Idee, nämlich den weißen Mittelbauern mit den Gegenstößen ...e7–e5 oder ...c7–c5 anzugreifen, lässt sich schneller in die Tat umsetzen. Das Spiel kann sehr kompromisslos werden, wobei die Chancen verteilt sind. Das angenommene Damengambit verspricht dem Schwarzen gute Chancen auf ein gleiches Spiel und ist deshalb in der Turnierpraxis regelmäßig anzutreffen. Zu seinen Anhängern zählt auch der bekannte deutsche Großmeister Robert Hübner.

3.♘f3

Mit diesem Zug setzt Weiß nicht nur auf natürliche Weise die Entwicklung seines Königsflügels fort, sondern unterbindet gleichzeitig ein frühes Gegenspiel durch ...e7–e5. Natürlich stehen dem Weißen auch andere Pläne zu Gebote:

I. 3.e4; siehe **Abspiel 1.**

II. 3.♘c3; siehe **Abspiel 2.**

3.e3 führt normalerweise mit Zugumstellung zur Hauptvariante. Aber Achtung! Es lauert der Eröffnungsreinfall 3...b5? 4.a4! c6 5.axb5 cxb5 6.♕f3 und Schwarz verliert Material.

3...♘f6

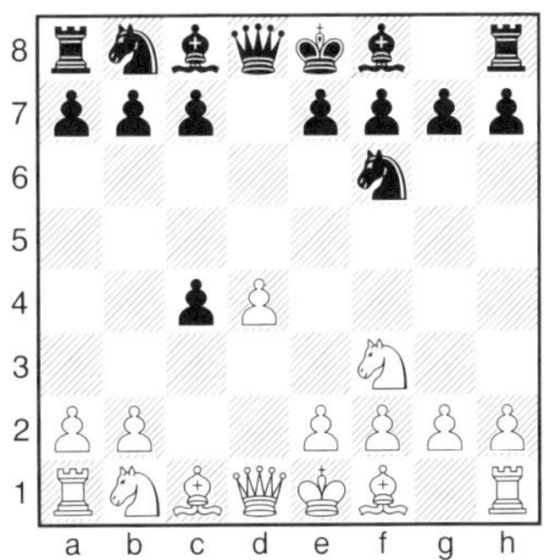

4.e3

Weiß setzt die Entwicklung fort und möchte rasch seinen Bauern zurückbekommen. Andere Möglichkeiten sind:

I. 4.♘c3 Mit der Idee e2–e4 und positionellem Vorteil. Allerdings ist dieser Plan mit einem echten Bauernopfer verbunden: 4...a6 (4...♗f5 5.♘e5 e6 6.f3 ♘fd7 7.♘xc4 mit folgendem e2–e4 nebst Raumvorteil.) 5.e4 b5 6.e5 ♘d5 7.a4 ♘xc3 (7...c6 8.axb5 ♘xc3 9.bxc3 cxb5 10.♘g5! mit den Drohungen 11.♘g5xf7 bzw. 11.♕d1-f3. Dieselbe Stellung entsteht auch in der Slawischen Verteidigung, vgl. Tolusch–Geller–Gambit.) 8.bxc3 ♕d5 9.g3 ♗b7 10.♗g2 ♕d7 11.0-0 e6 mit kompliziertem Spiel und beiderseitigen Chancen.

II. 4.♕a4+ (Auch auf diese Weise erhält Weiß seinen Bauern zurück. Danach kann der Läufer f1 auf die Diagonale a8–h1 entwickelt werden.) 4...c6 (Nach 4...♘bd7 5.♘c3 e6 6.e4 a6 7.♗xc4 ♖b8 8.♗d3 b5 9.♕c2 ♗b7 10.0-0 besitzt Weiß dank seinem starken Zentrum mehr Möglichkeiten.) 5.♕xc4 ♗f5 6.g3 ♘bd7 7.♗g2 e6 8.♘c3 ♗e7 9.0-0 0-0 mit etwa gleichen Chancen.

4...e6

In dieser Variante basiert das schwarze Gegenspiel auf dem Vorstoß c7–c5. Eigene Bedeutung hat außerdem folgende Abweichung von der Hauptvariante:

I. 4...♗g4 5.♗xc4 e6 (Es drohte das Schlagen auf f7 und ♘f3–e5+ mit Bauerngewinn.) 6.h3 ♗h5

A) 7.♘c3 a6 8.g4 (8.e4? ist schwach wegen 8...b5! 9.e5 bxc4 10.exf6 gxf6 11.g4 ♗g6 12.♕a4+ ♕d7 13.♕xc4 ♕c6 14.♕xc6+ ♘xc6 15.♗f4 0-0-0 und Weiß hat schon gewisse Schwierigkeiten.) 8...♗g6 9.♘e5 ♘bd7 10.♘xg6 hxg6 11.♗f1!? e5 12.♗g2 exd4 13.exd4 ♖b8 14.♗f4 ♗d6 15.♗xd6 cxd6 16.0-0 0-0 17.♖e1 b5 mit beiderseitigen Chancen.

B) 7.♕b3 ♗xf3 8.gxf3 ♘bd7!? 9.♘c3 (Nach 9.♕xb7 c5 10.dxc5 ♗xc5 11.f4 ♖b8 12.♕g2 ♗b4+ 13.♔e2 0-0 erhält Schwarz für den Bauern Entwicklungsvorsprung und gute Gegenchancen.) 9...♘b6 10.♗e2 ♗e7 11.♗d2 (11.0-0 0-0 12.♖d1 ♕b8 13.♗d2 c5 14.dxc5 ♗xc5 15.f4 e5=) 11...0-0 12.0-0-0 c5 13.dxc5 ♗xc5 14.♔b1 ♕c7 mit scharfer Stellung und beiderseitigen Chancen.

C) 7.0-0 ♘bd7 8.♘c3 ♗d6 (Oder 8...♗e7 9.e4 ♘b6 10.♗e2 0-0 11.♗e3 ♗b4 12.♘d2 ♗xe2 13.♕xe2 und Weiß hat wegen seines starken Bauernzentrums die besseren Perspektiven.) 9.e4 e5 10.♗e2 (Nach 10.g4 ♗g6 11.dxe5 ♘xe5 12.♘xe5 ♗xe5 erlangt Schwarz gute Gegenchancen, denn die weiße Königsstellung wurde geschwächt.) 10...0-0 11.dxe5 ♘xe5 12.♘d4 ♗xe2 13.♕xe2 ♘g6 14.♘f5 (14.♖d1!?) 14...♗e5 15.f4 (15.♗g5 ♕e8!?) 15...♗xc3 16.bxc3 ♕d7 mit dem Plan ♕d7–c6, ♖a8–d8, ♖f8–e8 und guten schwarzen Aussichten.

5.♗xc4 c5 6.0-0 a6

Ein in jedem Fall nützlicher Zug, der den Gegner auch darüber im Unklaren lässt, wohin Schwarz seinen Damenspringer zu entwickeln gedenkt (c6 bzw. d7).

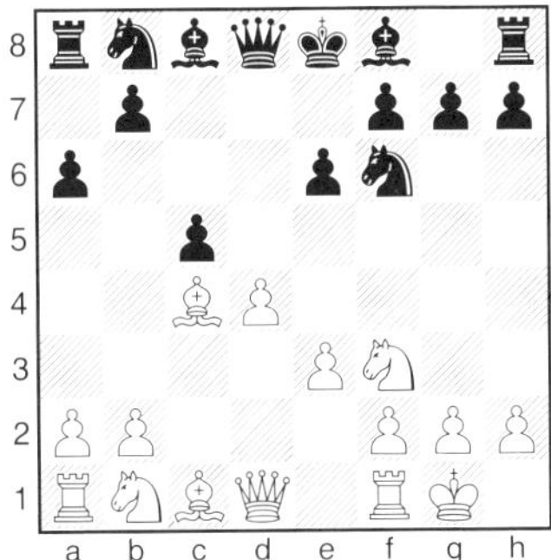

7.♕e2

Eine ideale Position für die Dame. Es gibt jedoch Alternativen:

I. 7.a4 (Um b7-b5 zu verhindern, nimmt Weiß die Schwächung des Feldes b4 in Kauf.) 7...♘c6 (Ein anderer Plan ist 7...cxd4!? 8.exd4 ♘c6 9.♘c3 ♗e7 10.♗g5 0-0 11.♖e1 h6 12.♗h4 ♕b6 13.♕d2 ♖d8 14.♖ad1 und nun sollte Schwarz in der Partie I. Sokolov - Anand, Prag 2002 14...♕b4! fortsetzen, um gleichzeitig den Läufer c4 und den Bauern d4 im Visier behalten zu können.) 8.♕e2 cxd4 9.♖d1 ♗e7 (Einen scharfen Verlauf hatte die Partie Vera – Arencibia, Kuba 2002: 9...d3 10.♗xd3 ♕c7 11.♘c3 ♗d7 12.e4 ♘g4 13.♘d5! exd5 14.exd5+ ♘e7 15.♗c4 ♕d6 16.♖d4 ♔d8 17.♗f4 ♕b6 18.a5 ♕c5 19.b4! ♕xb4 20.♘g5 ♘h6 21.♘e6+! fxe6 22.dxe6 ♘hf5 23.♕e5! mit entscheidendem Angriff.) 10.exd4 0-0 11.♘c3 (Es ist eine typische Position mit einem isolierten Damenbauern entstanden. Die Charakteristik dieser Stellung und andere Bauernformationen wurden im Kapitel Bauernstrukturen im Damengambit besprochen.) 11...♘d5 (Ein anderer Plan ist 11...♘b4!? 12.♘e5 ♘bd5 mit sehr kompliziertem Spiel.) 12.♗b3 (Oder 12.♗d3 ♘cb4 13.♗b1 b6 14.♘e5 ♗b7 und die schwarze Stellung ist völlig verteidigungsfähig.) 12...♖e8 13.h4 ♘cb4 (Nach 13...♗xh4 14.♘xh4 ♘xc3 15.bxc3 ♕xh4 16.♖d3 hätte Weiß genug Kompensation für den Bauern.) 14.h5 b6 15.♘e5 ♗b7 16.a5 b5 (16...bxa5 17.♗a4!) 17.h6 g6 18.♘e4 ♘c7 19.♘c5 ♗d5 20.♖a3 ♘c6 mit kompliziertem Spiel, Kramnik – Kasparow, London 2000, 6. Matchpartie.

II. 7.dxc5 ♕xd1 8.♖xd1 ♗xc5 9.a3 (9.♘bd2 ♘bd7 10.♗e2 b6 11.♘b3 ♗e7 12.♘fd4 ♗b7 13.f3 0-0 14.e4 ♖fc8 15.♗e3 ♔f8= Kramnik – Kasparow, London 2000, 4. Matchpartie) 9...b5 10.♗e2 ♔e7 (10...♗b7!?) 11.b4 ♗d6 12.♘bd2 ♗b7 13.♗b2 ♘bd7 14.♘b3 ♖ac8 mit etwa gleicher Stellung.

III. 7.♖e1; siehe **Partie Nr. 27:** Lautier - Markowski, Kreta 2003.

7...b5 8.♗b3

Es ist Geschmackssache, wohin sich der Läufer wendet. Nach dem Textzug nimmt er die Felder d5 und e6 unter Beschuss und Schwarz muss immer mit dem Vorstoß d4-d5 rechnen. Betrachten wir den anderen Läuferrückzug: 8.♗d3 ♗b7 (8...♘c6 9.a4 bxa4 10.♘c3 ♗b7 11.♖d1 ♕c7 12.♖xa4 ♘b4 13.♗b1 ♗e7 14.e4 cxd4 15.♘xd4± Hertneck – Klundt, Kecskemét 1988) 9.a4 b4 10.♘bd2 cxd4 11.exd4 ♘c6 12.♘e4 ♘xd4 (Oder 12...♗e7 13.♗e3 ♘xe4 14.♗xe4 0-0

15.♖fc1 und dem amerikanischen Großmeister Seirawan zufolge steht Weiß besser.) 13.♘xd4 ♕xd4 14.♖d1 und nun zwei Abzweigungen:

A) 14...♕e5 15.♗f4 ♕xf4 16.♘xf6+ ♔e7 (16...♕xf6? 17.♗b5+! axb5 18.♕xb5+ ♔e7 19.♕d7#) 17.♘h5 ♕c7 18.♖ac1 ♕b6 19.♕e5 und Schwarz steht äußerst verdächtig.

B) 14...♕b6 15.♘xf6+ gxf6 16.♗f4 ♕c6 17.f3 und Weiß hat wegen des exponierten schwarzen Königs ausreichende Kompensation für den Bauern.

8...♗b7

Die Flankierung des Läufers ist gegenwärtig sehr beliebt. Eine Alternative ist 8...♘c6 mit Befragung des d-Bauern. Nach 9.dxc5 ♗xc5 10.e4 ♗b7 11.♖d1 ♕b6 hat Schwarz gutes Spiel.

9.♖d1

Der Turm verleiht dem Bauern d4 starke Kraft. Bei Gelegenheit droht Weiß sowohl durch d4-d5 als auch durch d4xc5 die Stellung im Zentrum zu öffnen. Ein Standardzug in dieser Stellung ist außerdem 9.a4, z.B. 9...b4 (9...♘bd7!?) 10.♘bd2 ♘bd7 (10...♘c6!? oder 10...♗e7!?) 11.a5 ♗e7 12.♘c4 0-0 13.♗d2 ♕b8 14.♖fc1 ♗d5 15.♗a4 ♕b7 mit etwa gleichen Chancen.

9...♘bd7 10.♘c3

Zu scharfem Spiel führt der Vorstoß 10.e4!?, z.B. 10...cxd4 (10...♘xe4 11.d5! ♗xd5 12.♗xd5 exd5 13.♘c3 und der unrochierte schwarze König macht die weiße Initiative sehr gefährlich.) 11.e5

A) 11...♗xf3 12.gxf3 ♘h5 13.f4 g6 (13...♕h4!? scheint erheblich stärker.) 14.♖xd4 ♕b6 15.♖d1 ♖d8 16.♘c3 ♘g7 (16...♗e7 17.f5!→) 17.a4 b4 18.a5 ♕b7 19.♘e4 ♘f5 20.♗c4 mit weißem Vorteil.

B) 11...♘d5 12.♖xd4 ♖c8 13.♗d2 ♕c7 (Infrage kommt 13...♕b6!?.) 14.♘c3 ♘xc3 15.♗xc3 ♗c5 16.♖dd1 (16.♖g4 ♗xf3!) 16...0-0 und Schwarz gleicht aus, Analyse von Varnusz.

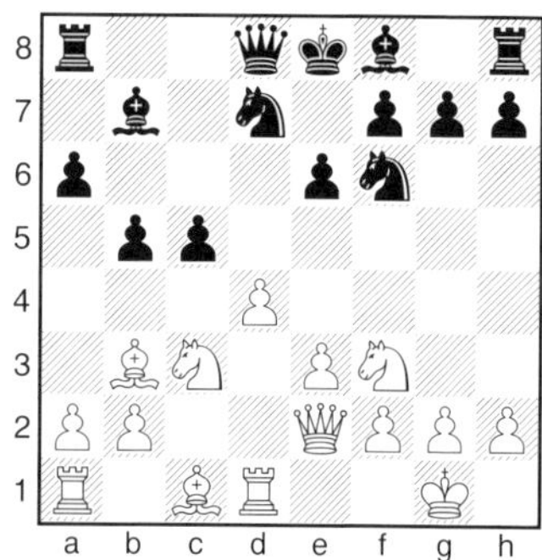

10...♕c7

Die Dame zieht weg aus der d-Linie, wo der weiße Turm wirkt. Dies ist ebenfalls eine der beliebtesten Verteidigungsstellungen von Schwarz. Nach 10...b4 11.♘a4 ♗e7 12.♘xc5 ♘xc5 13.dxc5 ♕a5 14.♗d2 ♗xc5 15.a3 ♕b6 16.♗a4+ ♔e7 17.♘e5 stünde der schwarze König nicht sicher. Ein idealer Platz für die Dame ist auch 10...♕b6, was daher sehr oft gespielt wird, z.B. 11.d5 (Der charakteristische Bauernvorstoß im Zentrum. Er erhöht die Beweglichkeit der weißen Figuren, wonach der Anziehende versuchen kann, die Zentralstellung des feindlichen Königs auszunutzen.) 11...♘xd5 (Das Schlagen mit dem Bauern bedeutet eigentlich nur Zugumstellung: 11...exd5 12.♘xd5 ♘xd5 13.♗xd5 ♗xd5 14.♖xd5 ♗e7 usw.) 12.♘xd5 ♗xd5 13.♗xd5 exd5 14.♖xd5 ♗e7 15.e4 (Das Fianchetto des Läufers c1 stellt für Schwarz keine Gefahr dar: 15.b3 ♕b7 16.♖d1 0-0 17.♗b2 ♖fd8 18.♖ac1 ♖ac8 mit gleichen Chancen.) 15...♕b7 16.♗g5 f6 (Zu überlegen ist 16...♘b6!?.) 17.♗f4 ♘b6 18.♖d2 0-0 19.♖ad1 ♖ad8 mit etwa gleichen Aussichten. Man muss natürlich auch 10...♕b8!? erwähnen, z.B. 11.d5 (11.e4 cxd4 12.♘xd4 ♗d6 13.h3 0-0 14.a3 ♖d8 15.♗c2 ♗h2+ 16.♔h1 ♗f4=) 11...exd5 12.♘xd5 ♘xd5 13.♗xd5 ♗xd5 14.♖xd5 ♕b7 15.e4 (15.♖d1 ♗e7=) 15...♗e7 16.♗g5 ♘b6 nebst 0-0 und guten Verteidigungschancen.

11.e4 cxd4

Nach 11...b4 folgt der typische Schlag 12.♘d5! (Es geht auch 12.e5!? bxc3 13.exf6 ♘xf6 14.d5! mit Initiative.) 12...exd5 13.exd5+ ♗e7 14.dxc5 mit der Drohung d5-d6.

12.♘xd4 ♘c5 13.♗g5 ♗d6

Schwarz muss genau vorgehen. Der Bauerngewinn 13...♘fxe4? führt zu einer Katastrophe: 14.♘xe4 ♘xe4 15.♘xb5! axb5 16.♕xb5+ ♗c6 (16...♕c6 17.♕xb7! ♕xb7 18.♗a4+! ♖xa4 19.♖d8#) 17.♗a4! ♖xa4 18.♕xc6+! ♕xc6 19.♖d8#.

14.♖ac1!

Die weitere Mobilisierung der Kräfte ist besser als 14.g3 ♘fxe4 15.♘xe4 ♘xe4 und der Anziehende hätte keine Kompensation für den Bauern.

14...♗xh2+ 15.♔h1 ♗e5

Aber nicht 15...0-0? 16.♗xf6 gxf6 17.g3 und der Läufer geht verloren.

16.♗xf6 gxf6

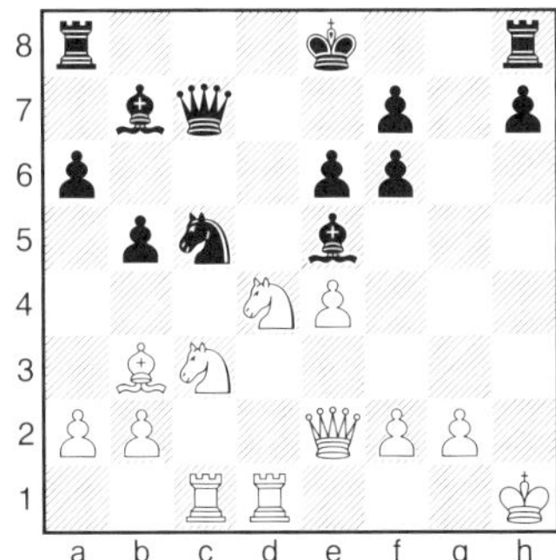

Die entstandene Stellung hat einen scharfen und komplizierten Charakter. Schwarz besitzt einen Mehrbauern, aber sein König steht noch im Zentrum und kann jederzeit unter Druck der weißen Kräfte geraten. Nun stelle ich ein interessantes Beispiel aus der Turnierpraxis vor, um die Angriffsmöglichkeiten von Weiß aufzuzeigen:

17.♘cxb5 ♕e7!

Nur so kann Schwarz seine Stellung vor der Gefahr schützen. Nach 17...axb5? 18.♕xb5+ ♕d7 19.♕xc5 ♖c8 20.♕b4 ♖xc1 21.♖xc1 mit der Drohung ♗b3-a4 wäre der weiße Vorteil entscheidend.

18.♖xc5 ♕xc5 19.♘xe6 fxe6 20.♕h5+ ♔e7

Natürlich geht nicht 20...♔f8? wegen 21.♖d7! und Weiß gewinnt.

21.♗xe6!

Diese Kombination führt nur zum Remis, aber es gibt keinen besseren Weg für Weiß.

21...♔xe6 22.♕g4+ ♔f7 23.♖d7+ ♕e7 24.♕h5+ ♔f8 25.♕h6+ ♔f7 26.♖xe7+ ♔xe7 27.♕g7+ ♔e6 28.♕g4+ ♔e7

Oder 28...♔f7 29.♕d7+ ♔g6 30.♕g4+ mit Dauerschach.

29.♕g7+ ♔e6 30.♕xb7 axb5 31.♕d5+ ♔e7 32.♕b7+ ♔e6 33.♕d5+ mit ewigem Schach, Christiansen – Anand, Las Palmas 1993.

Zusammenfassung: Wie wir gesehen haben, hat Schwarz genügend Gegenspiel: Er lässt die Bildung eines starken weißen Bauernzentrums zu, um mit den Gegenstößen c7–c5 oder e7–e5 Druck auf dieses Zentrum auszuüben.

Abspiel 1

Fortsetzung 3.e4

1.d4 d5 2.c4 dxc4 3.e4

Weiß baut ein starkes Bauernzentrum auf. Natürlich muss Schwarz nun aktiv spielen, um ein Gegenspiel zu inszenieren.

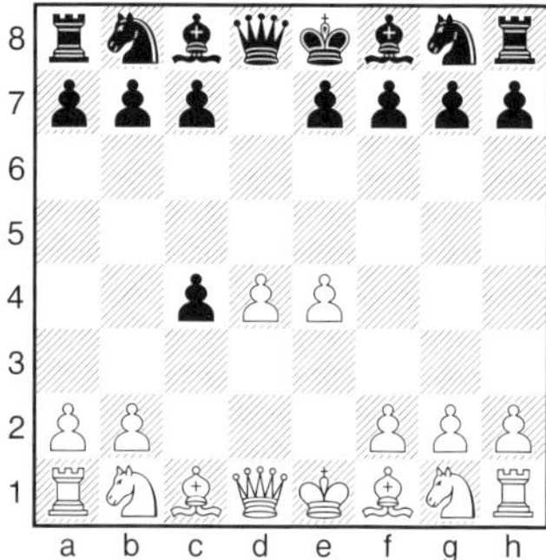

3...e5

Die energischste Fortsetzung: Schwarz ist sofort zu aktiven Unternehmungen im Zentrum bereit. Sehen wir die Alternativen:

I. 3...♘f6 4.e5 ♘d5 5.♗xc4 ♘b6

A) 6.♗d3 ♘c6 7.♗e3 ♘b4 (Zu beachten ist 7...g6!? 8.♘c3 ♗g7 9.♘ge2 0-0 mit der Idee ...f7-f6 und guten Perspektiven für Schwarz.) 8.♗e4 f5 9.a3 (Oder 9.exf6 exf6 10.a3 f5 11.axb4 fxe4 12.♘c3 ♗e6 mit zweischneidigem Spiel.) 9...fxe4 10.axb4 e6 11.♘c3 ♘d5! (Das Beste. Die Alternative 11...♗xb4 ist unklar und wird in der **Partie Nr. 28**: Kramnik – Karjakin, Chanty-Mansijsk 2014, analysiert.) 12.b5 (12.♕h5+ g6 13.♕g4 ♘xb4 14.♕xe4 ♗d7 15.♘f3 ♗c6 16.♕b1 ♕d7∓) 12...♗b4 13.♘ge2 ♗d7 14.0-0 ♗xc3 15.♘xc3 ♘xc3 16.bxc3 ♗xb5 17.♕g4 ♕d7 (17...♗xf1 18.♕xg7 ♖f8 19.♗h6 ♗d3 20.♕xf8+ ♔d7 21.♕g7+ ♕e7∞) 18.♖fb1 0-0 19.♕xe4 ♗c6 20.♕g4 ♕d5 und Schwarz steht gut.

B) 6.♗b3 ♘c6 7.♘e2 ♗f5 8.♘bc3 e6 9.0-0 ♕d7 (In Betracht kommt außerdem die Blockade auf d5, z.B. 9...♘b4 10.♗e3 c6 nebst ...♘b4-d5 usw.) 10.♗e3 ♖d8 (10...0-0-0 11.a4!) 11.♘g3!? (11.♕c1 mit dem Plan ♖f1-d1 wäre eine Alternative.) 11...♗g6 (Nach 11...♘xd4 12.♗xd4 ♕xd4 13.♕f3 hätte Weiß ausreichende Kompensation für den Bauern, denn der schwarze König steht in der Mitte unsicher.) 12.h4 ♘xd4 13.♗xd4 ♕xd4 14.♕f3 ♕xh4 15.♕xb7 ♗c5 (Schwarz muss endlich die Rochade vorbereiten.) 16.♕c6+ ♘d7 17.♖ad1 ♗b6 18.♖xd7 ♖xd7 19.♖d1 0-0 20.♖xd7 ♕xg3 21.♕xb6 ♕xc3 22.bxc3 cxb6 23.♖xa7 ♖c8 mit gleichem Endspiel, Schirow - Anand, Dortmund 1992.

II. 3...♘c6 (Schwarz provoziert d4-d5, um dann mittels e7-e6 und c7-c6 den vorgelockten Bauern anzugreifen.)

A) 4.♘f3 ♘f6 (Spielbar ist 4...♗g4 5.d5 ♘e5 und nach 6.♕d4 ♘xf3+ 7.gxf3 ♗xf3 8.♗xc4 e5! erhält Schwarz gute Gegenchancen.) 5.♘c3 (5.e5 ♘d5 6.♗xc4 ♘b6 7.♗b3 ♗f5 8.♘c3 e6 9.0-0 ♗e7 10.d5 exd5 11.♘xd5 0-0 12.♗e3 ♗e6=) 5...♗g4 6.♗e3 e6 7.♗xc4 a6 8.0-0 ♗e7 9.♗e2 0-0 mit etwas beengter Stellung, aber Verteidigungschancen.

B) 4.♗e3 ♘f6 5.♘c3 e5 (5...♘g4!? 6.♗xc4 ♘xe3 7.fxe3 e5 mit schwarzem Gegenspiel) 6.d5 ♘a5 (Auch 6...♘e7!? wird gespielt.) 7.♘f3 ♗d6 8.♕a4+ (8.♘d2!? ist eine Alternative.) 8...c6 (Einen kurzen Verlauf nahm die Partie Illescas - Sadler, Linares 1995: 8...♗d7!? 9.♕xa5 a6 10.♘b1 ♘xe4 11.♔d1 c3! und Weiß gab sich geschlagen wegen 12.b4 b6 13.♕a3 a5 14.♕c1 axb4-+.) 9.dxc6 ♘xc6 10.♗xc4 0-0 11.0-0 ♗d7; Schwarz hat seine Entwicklung abgeschlossen und steht befriedigend.

III. 3...c5 (Zu riskant, denn Weiß erlangt nun mühelos Zentrumsvorteil.) 4.d5 ♘f6 5.♘c3 b5

A) 6.e5 b4 7.exf6 bxc3 8.bxc3 ♘d7 9.♕a4 exf6!? (Das ist besser als 9...gxf6 10.♗f4 ♕b6 11.♗xc4 ♗g7 12.♘e2 0-0 13.0-0 mit Vorteil für Weiß, Analyse von Polugajewski.) 10.♗f4 ♕b6 11.♗xc4 ♗d6 12.♘e2 0-0 13.0-0 ♗xf4 14.♘xf4 ♕d6 mit zweischneidigem Kampf.

B) 6.♘xb5 ♕a5+ 7.♘c3 ♘xe4 8.♕f3 ♘d6 9.♗f4 ♘d7 mit verteidigungsfähiger Stellung für Schwarz, Analyse von Polugajewski.

C) 6.♗f4 ♗a6 7.♘f3 b4 8.♗xb8 bxc3 9.♕a4+ ♕d7 10.♕xa6 cxb2 11.♖b1 ♖xb8 12.♗xc4! ♖b6 (12...♖b4 13.♘e5 ♕b7 14.♕c6+ ♘d7 15.♗a6 ♕xc6 16.dxc6 ♘b6 17.c7 e6 18.♘c4+-) 13.♕a3 ♘xe4 14.♖xb2 ♕b7 15.♖xb6 ♕xb6 16.0-0 f6 (Um ♘f3-e5 zu verhindern.) 17.♕a4+ ♔d8 18.d6 e5

(Nach 18...exd6 folgt 19.♗e6 ♕b7 20.♖e1 d5 21.♖e3! ♗d6 22.♖b3 ♕c7 23.g3 nebst ♗e6xd5 und gewonnener Stellung für Weiß.) 19.♗e6 ♕b7 20.♕a5+ und Schwarz gab wegen 20...♕b6 21.♖b1! auf, P.H. Nielsen – Karjakin, Hastings 2002/3.

4.♘f3

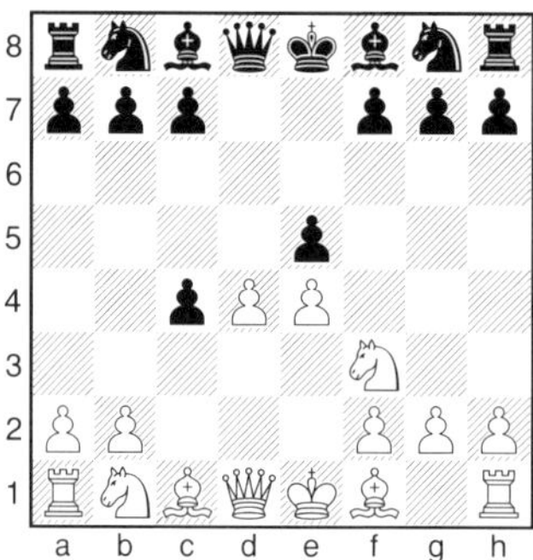

4...exd4

Der beste Zeitpunkt für diesen Tausch. Selten gespielt wird 4...♗b4+. Der Nachteil dieses Zuges ist, dass Weiß nun seinen Springer nach c3 entwickeln kann. Man sehe:

A) 5.♘bd2 gilt als schwächer; siehe **Partie Nr. 29**: Schabalow – Granda Zuniga.

B) 5.♗d2 ♗xd2+ 6.♕xd2 (6.♘bxd2 exd4 7.♗xc4 ♘c6 8.0-0 ♕f6 9.b4 ist auch möglich.) 6...exd4 7.♕xd4 ♕f6 (7...♕xd4 8.♘xd4±) 8.♗xc4 ♘c6 9.♕c3 ♗g4 10.♗b5 ♗d7 11.0-0 0-0-0 12.♕e3 und Weiß kann schneller eine Aktion am Damenflügel entwickeln, Jussupow – Shirazi, Lone Pine 1981.

C) 5.♘c3 exd4 6.♕xd4 ♕xd4 7.♘xd4 ♘f6 8.f3 ♗d7 9.♗xc4 ♘c6 10.♘xc6 ♗xc6 11.♗f4 ♘d7 12.0-0-0 (12.♗xc7 ♖c8 13.♗g3 ♗xe4 14.♗xf7+ ♔xf7 15.fxe4 ♗xc3+ 16.bxc3 ♖xc3 17.0-0+ ♔e6 18.♖ad1 ♖c6=) 12...♗xc3 13.bxc3 0-0-0 14.♗g3 ♖hf8 15.e5 ♖de8 16.♖he1 und dank des Läuferpaars hat Weiß bessere Perspektiven, Karpow – Radulow, Leningrad 1977.

5.♗xc4

Nach 5.♕xd4 ♕xd4 6.♘xd4 ♘f6 (Auch gut ist 6...♗c5 7.♘b5 ♘a6 8.♗xc4 ♘f6 9.f3 ♗e6 10.♗xe6 fxe6 11.♗f4 0-0-0 mit vollwertigem Spiel.) 7.♘c3 ♗c5 8.♘db5 ♘a6 9.♗f4 c6 (9...♗e6 10.♗xc7 ♔e7 11.f3 ♘xc7 12.♘xc7 ♖ac8 13.♘xe6 fxe6 14.♗xc4 ♗d4 15.♗d3 ♗xc3+ 16.bxc3 ♖xc3 17.♔d2 ♖hc8=) 10.♘d6+ ♗xd6 11.♗xd6 ♗e6 12.e5 ♘d7 13.0-0-0 ♘ac5 erreicht Weiß keinen Eröffnungsvorteil.

5...♗b4+

Schwarz will seine Entwicklung beschleunigen. Eine interessante Möglichkeit ist 5...♘c6, z.B. 6.0-0 ♗e6 (Schwach ist 6...♗g4? 7.♕b3 ♕d7 8.♗xf7+! ♕xf7 9.♕xb7 ♖c8 10.♕xc6+ ♗d7 11.♕c2 und Weiß ist im Vorteil.) 7.♗xe6 fxe6 8.♕b3 ♕d7!? 9.♕xb7 ♖b8 10.♕a6 ♘f6 11.♘bd2 ♗b4 12.♕d3 ♗xd2 13.♗xd2 ♖xb2 14.♖ac1 0-0 mit guten Chancen für Schwarz, Beljawski – Scherbakow, Jugoslawien 1996.

6.♗d2

Die beste Antwort, weswegen in der Turnierpraxis meistens so gespielt wird. Seltener kommt 6.♘bd2 vor. Man sehe: 6...♘c6 7.0-0 ♘f6!? (Dieser Lieblingszug des deutschen

Großmeisters Robert Hübner garantiert Schwarz ein gleiches Spiel.) 8.e5 ♘d5 9.♘b3 ♘b6

A) 10.♗b5 ♕d5 11.♘bxd4 (11.♘fxd4 0-0 12.♘xc6 ♕xb5 13.♘xb4 ♕xb4=) 11...0-0 (Auch 11...♗d7!? ist möglich.) 12.♗xc6 bxc6 13.♕c2 c5 14.♘b5 ♕c6 15.a3 ♕xb5 16.axb4 cxb4 17.♘g5 g6 18.♕xc7 ♘d5 19.♕a5 ♕xa5 20.♖xa5 ♗e6 mit gleichem Spiel, Speelman - Hübner, München 1992.

B) 10.♗g5 ♗e7 11.♗xe7 ♘xe7 (Zu unklarem Spiel führt 11...♕xe7 12.♗b5 ♗d7 13.♗xc6 ♗xc6 14.♘fxd4 ♗d5 15.♕g4 0-0 16.f4 g6 usw.) 12.♗d3 ♗g4 13.♘bxd4 ♘ed5 14.h3 ♗h5 15.♕b3 0-0 16.♗e4 mit Remis, Timoschenko - Matulovic, Jugoslawien 1990.

6...♗xd2+ 7.♘bxd2

Nach 7.♕xd2 c5 8.b4 ♘c6 9.bxc5 ♘f6 10.0-0 0-0 11.♖e1 ♗g4 12.e5 ♘d7 13.♘xd4 ♘cxe5 14.♗d5 ♕f6 kann Schwarz mit seiner Stellung zufrieden sein, Djurhuus - Rublewski, Oakham 1992.

7...♘c6 8.0-0

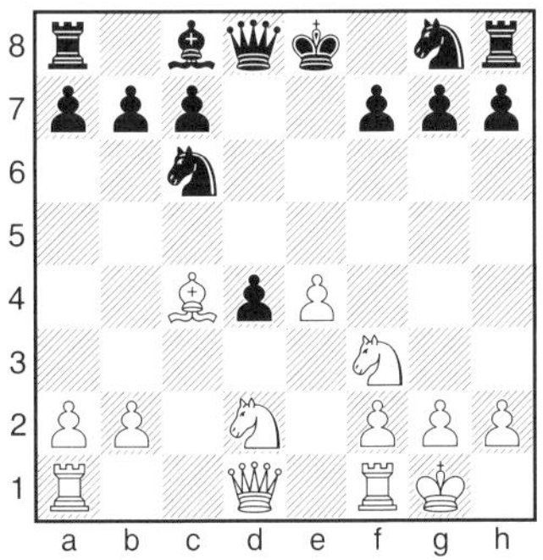

8...♕f6

Eine populäre Fortsetzung, die Schwarz gute Ausgleichschancen verspricht. Gleichfalls gut ist 8...♘f6 9.e5 ♘d5 10.♘b3 0-0! 11.♘bxd4 ♘xd4 12.♕xd4 ♘b6 13.♗b3 ♗e6! 14.♕c5 ♖e8 15.♖ad1 ♕e7 16.♕e3 ♗xb3 17.♕xb3 ♖ad8 mit zum Ausgleich führenden Vereinfachungen, Karpow - Anand, Linares 1992.

9.b4 a6 10.e5 ♕g6 11.♘b3 ♘ge7 12.♘bxd4 ♗h3 13.♘h4 ♕g4 14.♕xg4 ♗xg4 15.h3 ♘xe5 16.hxg4 ♘xc4 17.♖fc1 b5 18.a4 ♔d7 19.axb5 axb5 20.♖xa8 ♖xa8 21.♘xb5 c6 22.♖xc4 cxb5 23.♖c5 ♖b8 mit Vereinfachungen und Ausgleich, Kasparow - Short, Nowgorod 1994.

Zusammenfassung: Die Fortsetzung 3.e4 ist eine beliebte Waffe gegen das angenommene Damengambit. Um ihre Popularisierung hat sich der ehemalige Weltmeister Anatoli Karpow große Verdienste erworben. Schwarz sollte sich jedoch keine großen Sorgen machen, denn er verfügt über ausreichend Gegenspiel, um Ausgleich zu erreichen.

Abspiel 2

Fortsetzung 3.♘c3

1.d4 d5 2.c4 dxc4 3.♘c3

Dieser natürliche Entwicklungszug ermöglicht das typische schwarze Gegenspiel.

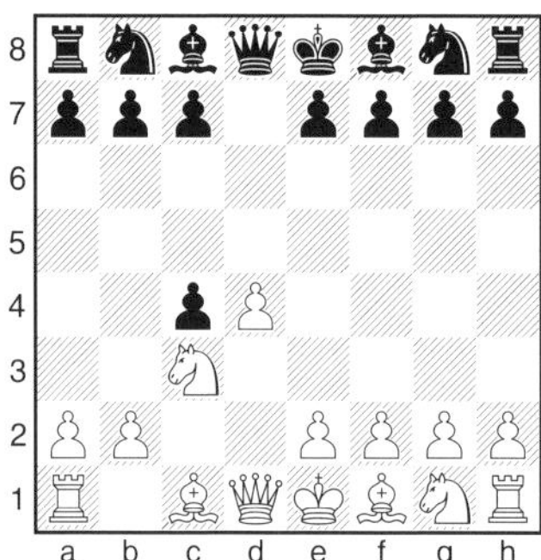

3...e5!?

Keine schlechte Idee ist auch 3...c6 mit Übergang in die Slawische Verteidigung.

4.dxe5

Andere Fortsetzungen:

I. 4.e3 exd4 5.exd4 ♘f6 6.♗xc4 ♗e7 7.♘f3 0-0 8.0-0 ♘c6!? (Nach 8...♘bd7 9.♖e1 ♘b6 10.♗b3 c6 11.♗g5 steht Weiß etwas aktiver. Er hat zwar einen isolierten Bauern auf d4, dafür jedoch eine elastische Figurenentwicklung und auf e5 einen Stützpunkt für den Springer.) 9.h3 ♘a5 10.♗d3 ♗e6 11.♖e1 ♘c6 mit etwa gleichen Chancen.

II. 4.d5 c6 (4...a6!?) 5.e4 ♘f6 6.♗xc4 ♗b4 7.♕b3 ♕e7 8.♗g5 ♗xc3+ 9.bxc3 (9.♕xc3? ♘xe4!) 9...0-0 10.♘f3 ♘bd7 11.0-0 ♘c5 und Schwarz kann mit seiner Stellung zufrieden sein.

4...♕xd1+ 5.♘xd1

Nicht zu empfehlen ist 5.♔xd1 ♗e6 6.f4 f6 mit gutem Spiel für Schwarz.

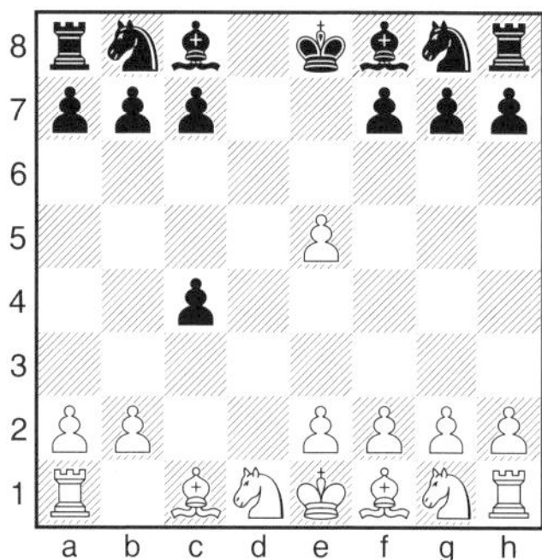

5...♗e6

Spielbar ist auch 5...♘c6 mit einigen Verzweigungen:

A) 6.♘f3 ♗g4 (Infrage kommt 6...♗c5!? 7.e3 ♗e6 8.♗e2 ♘ge7 mit dem Plan ♘e7–g6.) 7.♗f4 ♘ge7 8.h3 ♗xf3 9.exf3 ♘g6 mit Eroberung des Bauern e5 und gutem Spiel.

B) 6.♗f4 ♗b4+ 7.♘c3 ♘d4 8.♖c1 ♘e6 9.♗g3 ♘e7 10.♘f3 b5 11.a3 ♗a5 und Schwarz steht gut.

C) 6.e4 ♘xe5 7.♗f4 ♗d6 8.♗xe5 ♗xe5 9.♘f3 ♗d6 10.♗xc4 ♗d7 mit etwa gleicher Stellung.

6.f4

Nach 6.e4 folgt 6...♘c6 7.♘f3 ♗c5 8.♗e3 (8.♘e3 ♘ge7=) 8...♗b4+ 9.♗d2 ♗xd2+ 10.♔xd2 ♗g4 11.♗xc4 ♗xf3 12.gxf3 ♘xe5 13.♗e2 0-0-0+ 14.♔e3 f5 15.♘c3 (15.exf5? ♘e7 mit schwarzem Vorteil) 15...♘f6 mit aktivem Spiel für Schwarz.

6...♘c6 7.♘f3 ♘b4 8.♔f2 0-0-0 9.♘c3 ♗c5+ 10.♔g3 ♘c2 11.♖b1 h5 12.e4 g6 und nach ♘g8-e7 stabilisiert Schwarz seine Stellung. Beide Seiten haben in dieser Stellung gleiche Chancen.

Zusammenfassung: Die Fortsetzung 3.♘c3 erlaubt dem Schwarzen eine energische Reaktion im Zentrum durch e7-e5!, wonach es für Weiß schwierig ist, Vorteil zu erzielen. Im Falle von 3...c6 kann Schwarz auch die Slawische Verteidigung wählen.

Kapitel 6
Albins Gegengambit

1.d4 d5 2.c4 e5

Der rumänische Meister Adolf Albin (1848–1920) hat diese interessante Gambitfortsetzung Ende des 19. Jahrhunderts vorgeschlagen. Schwarz opfert einen Bauern mit dem Ziel, die gegnerische Entwicklung zu erschweren, wobei er den weißen Bauern e5 als Zielscheibe nutzt. Der schwarze Bauer auf d4 stört den Weißen, sich elastisch zu entwickeln. Sehr oft wird er jedoch schwach und Weiß kann diesen Umstand nutzen. Allgemein gilt das Urteil: Weiß hat die besseren Chancen.

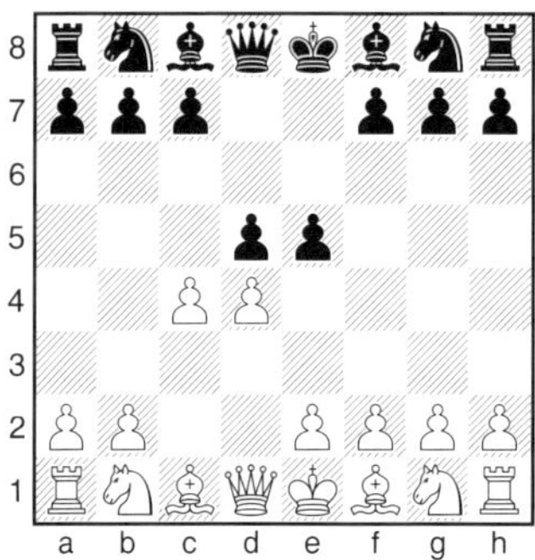

3.dxe5 d4

Das ist der Kern der Sache: Schwarz engt die weiße Stellung in der Mitte ein und erschwert es dem Weißen, seine Kräfte harmonisch zu entwickeln.

4.♘f3

Die beste und logischste Fortsetzung. Keinen Vorteil verspricht 4.e3 ♗b4+ 5.♗d2 dxe3! 6.fxe3 (Aber nicht 6.♗xb4?? exf2+ 7.♔e2 fxg1♘+ und Schwarz gewinnt.) 6...♕h4+ 7.g3 ♕e4 8.♕f3 ♗xd2+ 9.♘xd2 ♕xe5 10.♕e4 ♘c6 11.♘gf3 ♕xe4 12.♘xe4 ♗f5 (12...♗g4!?) 13.♘c5 b6 14.♘h4 ♗c8 15.♗g2 ♘ge7 16.♘d3 ♗e6 17.b3 0-0-0 18.0-0-0 ♖he8 mit gutem Spiel für Schwarz. Selten gespielt wird 4.e4, denn Schwarz kommt zu starkem Gegenspiel: 4...♘c6 5.f4 f6 6.exf6 ♘xf6 7.♗d3 ♗b4+ 8.♗d2 (Nach 8.♔f1? 0-0 9.♘f3 ♗g4 10.h3 ♗xf3 11.♕xf3 ♘e5! 12.♕d1 ♘h5 erhält Schwarz einen starken Angriff.) 8...♘g4 9.♘f3 ♘e3 10.♕e2 0-0 11.g3 ♗g4 12.a3 ♘e5! 13.♗xb4 ♘xf3+ 14.♔f2 ♖xf4! und Weiß gab sich geschlagen, Meschke – Eulberg, Hassloch 1997.

4...♘c6

Auf 4...c5 folgt 5.e3! ♘c6 6.exd4 cxd4 7.♗d3 ♗g4 8.0-0 ♕c7 9.h3 (9.♗f4 0-0-0 10.♗g3 ist auch gut.) 9...♗xf3 10.♕xf3 ♘xe5 11.♕g3 0-0-0 12.♗f4 ♗d6 13.c5 ♘f3+ 14.♕xf3 ♗xf4 15.♘a3 mit weißem Vorteil.

5.g3

Die Fianchettierung gilt als der beste Plan für Weiß. Nichtsdestoweniger werden auch andere Züge gespielt:

I. 5.a3 (Mit der Absicht, durch b2–b4 Raum am Damenflügel zu gewinnen und den Springer von c6 auf einen schlechten Standort zu treiben.)

5...a5 6.♗g5!? (6.♘bd2 ♗g4 7.h3 ♗xf3 8.♘xf3 ♗c5 9.g3 ♘ge7 10.♗g2 0-0 11.0-0 und Weiß steht aussichtsreicher.) 6...♗e7 7.h4 ♗g4 8.♘bd2 h6 (8...♗xg5 9.hxg5 ♘ge7 10.♕c2 ♘g6 11.0-0-0 ♕e7 12.♕e4 mit weißem Vorteil) 9.♗f4 ♕d7 10.e3 dxe3 (10...0-0-0!?) 11.fxe3 ♖d8 12.♕b3 b6 13.0-0-0 f6 14.exf6 ♘xf6 15.c5 ♗e6 16.♗c4 ♗xc4 17.♘xc4 und Weiß steht auf Gewinn, Karpow – Stoma, Koszalin (Simultan) 1997.

II. 5.♘bd2 ♗f5 (5...♗e6 6.a3 ♕d7 7.b4 ♘ge7 8.♗b2 ♘g6 9.♖c1 nebst ♘d2-b3 und besseren Perspektiven für Weiß.) 6.a3 ♕d7 7.h3 (Im Falle von 7.g3 0-0-0 8.♗g2 d3 erhält Schwarz gutes Gegenspiel.) 7...♗e7 8.♕a4 f6 9.g4 ♗e6 10.exf6 ♘xf6 (Nach 10...gxf6 11.b4 h5 12.b5 ♘e5 13.g5 ♘xf3+ 14.♘xf3 scheinen die Chancen von Weiß besser zu sein.) 11.♗g2 und Weiß ist im Vorteil.

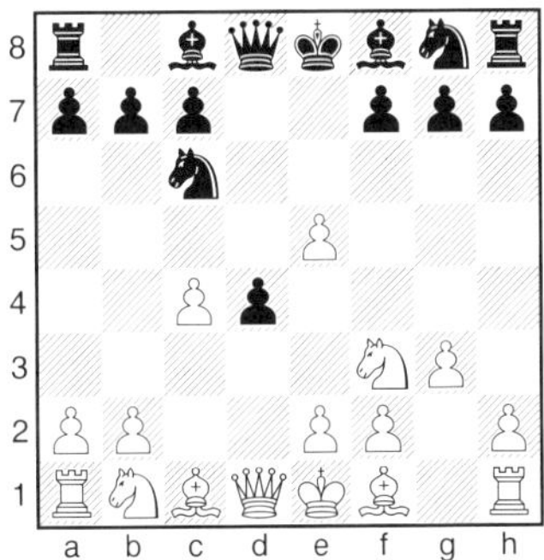

5...♗g4

Mit dem klaren Ziel, auf f3 zu schlagen und dann den Bauern auf e5 zu kassieren. Andere Pläne für Schwarz sind:

I. 5...f6 (Schwarz verzichtet auf die Eroberung des Bauern e5 und möchte durch den Tausch seine Entwicklung vorantreiben.) 6.exf6 ♘xf6 (6...♕xf6 7.♗g2 ♗b4+ 8.♘bd2 ♗g4 9.0-0 0-0-0 10.h3 ♗h5 11.a3 ♗xd2 12.♗xd2 d3 13.♗c3 dxe2 14.♕xe2 ist klar besser für Weiß, Zamesnik – Pospisil, Fernpartie 1979.) 7.♗g2 ♗f5 8.0-0 ♕d7 9.a3 ♗h3 10.♘bd2 ♗xg2 11.♔xg2 0-0-0 12.b4 g5 13.b5 (13.♘xg5!?) 13...g4 14.bxc6 gxf3+ 15.♘xf3 ♕xc6 16.♕d3 ♗g7 17.♗b2 ♘e4 18.♔g1 und Weiß hat einen Bauern mehr.

II. 5...♗e6 (Schwarz greift den Bauern c4 an und hofft, damit Zeit für die Entwicklung zu gewinnen.) 6.♘bd2 (Interessant ist das Bauernopfer 6.♗g2!? ♗xc4 7.♘bd2 ♗d5 8.0-0 ♗c5 9.a3 a5 10.♕c2 ♕e7 11.♘b3 ♗b6 12.♘bxd4 ♘xd4 13.♘xd4 ♗xg2 14.♔xg2 ♕xe5 15.♘f3 ♕e7 16.♕a4+ c6 17.♕b3 ♗a7 18.♗g5 ♘f6 19.♗xf6 gxf6 20.♖fd1 0-0 21.e3 und wegen des schwachen schwarzen Königsflügels steht Weiß klar besser, Yermolinsky – Reprintsev, Philadelphia 1995.) 6...♕d7 7.♗g2 ♘ge7 (Nach 7...♗h3 8.♗xh3 ♕xh3 9.♕a4 0-0-0 10.♖b1 d3 11.b4 dxe2 12.♔xe2 ♕f5 13.♖b3 bekam Weiß gute Angriffsmöglichkeiten am Damenflügel, M. Löffler – M. Schmid, Basel 2001.) 8.0-0 ♘g6 9.♕a4 ♗e7 10.a3 0-0 11.b4 mit besseren Aussichten für Weiß.

III. 5...♗f5 6.♗g2 ♕d7 7.0-0 0-0-0 8.♕b3 (In der Partie Dinser – Mione, Bratto 1996, folgte 8.a3 f6 9.exf6 ♘xf6 10.♘bd2 ♗h3 11.b4 ♗xg2 12.♔xg2 g5 13.b5 g4 14.♘h4 ♘e5 15.♕b3 ♘g6

16.♘xg6 hxg6 mit starkem Gegenspiel von Schwarz auf der h-Linie.) 8...♘ge7 9.♖d1 ♗h3 10.♗h1 f6 11.exf6 gxf6 12.♘c3 ♘a5 13.♕a4 ♕xa4 14.♘xa4 ♘f5 15.b3 ♘c6 16.♘b2 ♗b4 17.♘d3 ♗c3 18.♖b1 und Weiß verblieb mit einem Mehrbauern, Ostergaard – S. Hansen, Kopenhagen 1996.

6.♗g2 ♕d7 7.0-0 0-0-0 8.♕b3

Damit verstärkt Weiß den Druck auf den weißen Feldern (besonders gegen b7). Die Fortsetzung 8.♘bd2 wird in der **Partie Nr. 30**: Van der Wiel – Tiwjakow, Groningen 2001, besprochen.

8...♘ge7

Schwach ist 8...♗h3? wegen 9.e6! ♗xe6 (9...♕xe6 10.♘g5+–) 10.♘e5 ♕d6 11.♘xc6 bxc6 12.♕a4 ♔d7 13.♗f4 und Weiß steht auf Gewinn.

9.♖d1 ♕f5

Schwarz nähert seine Dame dem Königsflügel und verstärkt zugleich den Druck gegen den Bauern e5. Nach 9...♗xf3 10.♕xf3 ♘g6 11.♕h5 ♔b8 12.♗f4 besitzt Weiß laut Polugajewski die günstigeren Aussichten.

10.♘a3 ♘g6 11.♘c2 ♗xf3 12.exf3 ♘gxe5 13.f4 ♘a5 14.♕a4 ♘exc4 15.♘xd4 ♕f6 16.b3 ♗c5

16...♖xd4? 17.♕e8+ ♕d8 18.♗h3+ und Weiß gewinnt.

17.bxc4 ♗xd4 18.♖b1 ♗c3 19.♗e3 ♖xd1+ 20.♖xd1

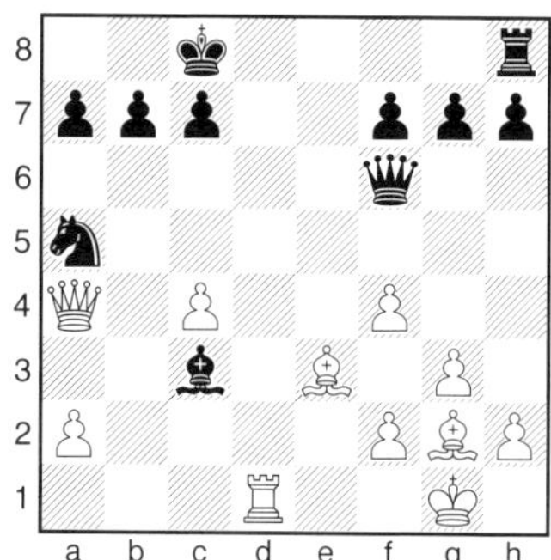

Weiß verfügt mit seinem Läuferpaar über erheblichen Vorteil.

Zusammenfassung: Für Schwarz ist es bei genauem Spiel von Weiß nicht einfach, Gegenspiel für den Bauern zu erhalten. Aus diesem Grund wird das Gegengambit in der modernen Turnierpraxis selten angewandt, aber wahrscheinlich lässt sich das schwarze Spiel noch verstärken. Für die Gambitfreunde und Schachforscher ist die Fortsetzung 2...e7–e5!? offensichtlich ein interessantes Objekt für weitere analytische Arbeiten.

Kapitel 7
Tschigorin-Verteidigung

1.d4 d5 2.c4 ♘c6

Diese interessante Fortsetzung wurde von dem russischen Meister Michail Tschigorin (1850–1908) in die Turnierpraxis eingeführt. Schwarz gibt zwar den Punkt d5 auf, aber der Springerzug greift den Bauer d4 an und plant zugleich den Vorstoß e7–e5.

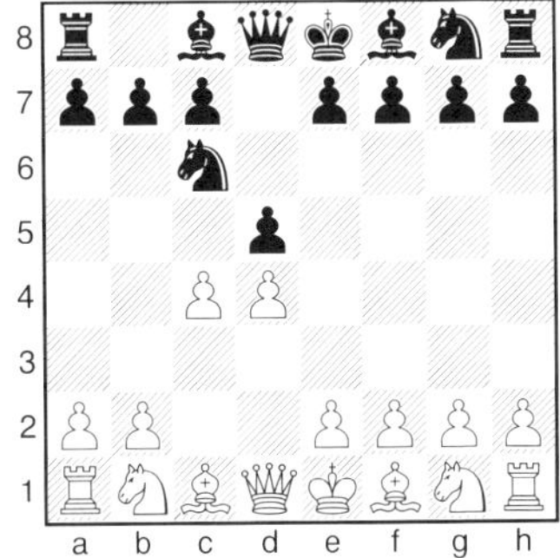

3.♘f3

In der modernen Praxis wird meistens so gespielt: Weiß entwickelt seinen Springer, befestigt den Bauern d4 und nimmt e5 unter Kontrolle. Außerdem kann Weiß andere Fortsetzungen wählen:

I. 3.♘c3 (Damit erhöht Weiß den Druck auf den Bauern d5.) 3...dxc4 (Nach 3...♘f6 folgt 4.cxd5 ♘xd5 5.e4 ♘xc3 6.bxc3 e5 7.d5 ♘b8 8.♘f3 ♘d7 9.♗b5 ♗d6 10.♗e3 0-0 11.0-0 ♕e7 mit der Idee ♘d7–c5 und f7–f5 mit verteilten Chancen.)

A) 4.d5 ♘e5 (Die Lage nach 4...♘a5 5.♕a4+! c6 6.b4 b5 7.♕xa5 ♕xa5 8.bxa5 b4 9.♘d1 cxd5 10.e4 e6 11.♗e3 ist günstiger für Weiß.) 5.♕d4 (5.♗f4 ♘g6 6.♗g3 ♗d7 7.a4 e6 8.e4 ♘f6 9.♗xc4 ♗b4 10.dxe6 ♗xe6 11.♗xe6 ♕xd1+ 12.♔xd1 fxe6=) 5...♘g6 6.♕xc4 a6 7.♘f3 ♘f6 8.e4 (8.h4 e6! mit Gegenspiel) 8...e5 9.h4 ♗d6 10.h5 ♘f8 11.h6 g6 12.♗g5 ♘8d7 13.0-0-0 ♖b8 mit kompliziertem Kampf.

B) 4.♘f3 ♘f6 5.e4 (5.e3; siehe **Partie Nr. 31:** Beljawski – Morosewitsch, 1. Bundesliga 2000) 5...♗g4 6.♗e3 e6 7.♗xc4 ♗b4 8.♕c2 0-0 9.♖d1 ♘e7 10.♗e2 ♗xc3+ 11.bxc3 c5! 12.0-0 (Nach 12.dxc5 ♕c7 13.0-0 ♖fd8 scheint die Stellung für Schwarz ungefährlich zu sein. Der weiße c-Doppelbauer ist schwach, und das kompensiert den minimalen materiellen Nachteil, Analyse von Bronznik.) 12...♕c7 13.♕b1 b6 14.h3 ♗h5 15.g4 ♗g6 16.♗d3 ♖fd8 17.♘e5 ♕b7 18.f3 ♖ac8 und nach Bronznik ist die schwarze Stellung spielbar.

C) 4.e3 e5 (Das weiße Bauernzentrum muss angegriffen werden.) 5.d5 (5.♘f3 exd4 6.exd4 ♗d6 7.♗xc4 ♘f6 8.0-0 0-0 9.h3) 5...♘ce7 6.♗xc4 ♘g6 7.♗b5+ ♗d7 8.♕b3 ♖b8 9.♘ge2 ♘f6 10.0-0 ♗c5 11.♗xd7+ ♕xd7 12.♗d2 0-0 13.♖ad1 b5 mit dem Ziel, durch b5–b4 den Springer von c3 zu vertreiben. In dieser Variante kann Schwarz auf aktives Spiel hoffen.

II. 3.cxd5 ♕xd5

A) 4.e3 e5 5.♘c3 ♗b4 6.♗d2 ♗xc3 7.♗xc3 exd4 8.♘e2 ♘f6 9.♘xd4 0-0!? (9...♘xd4 10.♗xd4±) 10.♘b5 ♕g5!? (10...♕xd1+ 11.♖xd1 ♘e8 12.♗c4 ist günstiger für Weiß.) 11.♘xc7 ♗g4 12.♕b3 ♖ad8 13.♕xb7 ♕c5 14.♗b5 ♖d6 15.♘a6 ♕d5 16.0-0 ♗c8 17.♕c7 ♕xb5 18.♕xd6 ♘e4 19.♕f4 ♘xc3 20.bxc3 ♗xa6 mit beiderseitigen Chancen, Van Wely – Miladinovic, Groningen 1997.

B) 4.♘f3 e5! (Das ist ein wichtiges Motiv des schwarzen Spiels in vielen Varianten der Tschigorin-Verteidigung.) 5.♘c3 (Nichts bringt 5.dxe5 ♕xd1+ 6.♔xd1 ♗g4 7.♗f4 ♘ge7 8.♘bd2 ♘g6 9.♗g3 0-0-0 10.♔c1 ♗b4 11.a3 ♗xd2+ 12.♘xd2 ♘gxe5 mit gutem Spiel für Schwarz.) 5...♗b4 6.♗d2 ♗xc3 7.♗xc3 (In der Variante 7.bxc3 exd4 8.cxd4 ♘xd4 9.♕a4+ ♘c6 10.e4 ♕e6 11.♗b5 ♗d7 12.0-0 ♘ge7 besitzt Weiß für den Bauern wohl ausreichende Kompensation, aber Schwarz hat eine feste Stellung.) 7...e4 8.♘d2 e3! 9.fxe3 ♘f6 und Schwarz hat für den Bauern eine aktive Stellung, denn für Weiß ist es nicht so einfach, die Entwicklung zu beenden.

III. 3.e3 e5 4.dxe5 d4 (Nach 4...dxc4 5.♕xd8+ ♔xd8 6.♘f3 ♗g4 7.♗xc4 ♗xf3 8.gxf3 ♘xe5 9.♗e2 ist die Stellung materiell ausgeglichen, doch Weiß hat dank des Läuferpaares etwas bessere Perspektiven.)

A) 5.a3 ♘ge7!? (Zum Ausgleich reicht wahrscheinlich 5...dxe3 6.♕xd8+ ♔xd8 7.♗xe3 ♘xe5 8.♘f3 ♘xf3+ 9.gxf3 ♗e6 10.♘c3 ♘f6 11.0-0-0+ ♘d7 12.♘b5 a6 13.♘d4 ♗d6 14.♘xe6+ fxe6 15.c5 ♗e5 16.♗c4 nichts aus, denn Weiß hat mit seinem Läuferpaar bessere Chancen.) 6.♘f3 ♗g4 7.exd4 ♗xf3 8.♕xf3 ♕xd4 9.♕f4 ♕xe5+ 10.♕xe5 ♘xe5 11.♘c3 0-0-0 12.♗e3 ♘7c6 und die aktive Figurenstellung kompensiert das weiße Läuferpaar, Analyse von Bronznik.

B) 5.exd4 ♕xd4 6.♕xd4 ♘xd4 7.♗d3 ♗g4 8.f3 ♗e6 9.♗e3 0-0-0 10.♘d2 ♗b4 11.♖c1 ♘e7 nebst ♘e7-g6 oder ♘e7-f5 mit guten Chancen für Schwarz.

3...♗g4

Schwarz greift den Springer an und verstärkt damit den Druck gegen die Felder d4 und e5. Eine aggressive Fortsetzung ist 3...e5!?, z.B. 4.dxe5 ♗b4+ 5.♗d2 dxc4 6.e3 ♗e6 (6...b5 7.a4!) 7.♕c2 ♕d5 (Auf 7...b5 folgt 8.b3! ♗xd2+ 9.♘bxd2 ♘b4 10.♕c3 ♘d3+ 11.♗xd3 ♕xd3 12.♕xd3 cxd3 13.♘d4 mit weißem Vorteil.) 8.♗xb4 ♘xb4 9.♕a4+ ♘c6 10.♘c3 ♕c5 11.♘d4 ♗d7 (Zu Gunsten von Weiß verläuft 11...♘ge7 12.♘xe6 fxe6 13.♗xc4 ♕xe5 14.0-0-0 usw.) 12.♕b5 ♕xb5 13.♘cxb5 ♘xd4 14.♘xd4 c5 (Oder 14...b5 15.a4 c6 16.♗e2 a5 17.0-0 ♘e7 18.♗f3 ♖a7 19.♖fc1 0-0 20.♔f1 ♖b8 mit verteilten Chancen, Analyse von Bronznik.) 15.♘f3 b5 16.a4 bxa4 17.♗xc4 ♔e7 18.♘g5 ♘h6 19.0-0-0 ♖ab8 20.♖d6 ♖b4 21.♗a2 ♖hb8 mit Gegenspiel, Cvitan – Godena, Biel 1988.

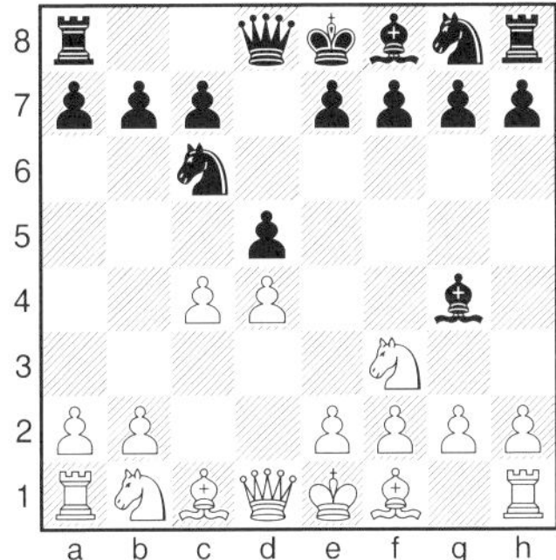

4.cxd5

Das führt zur Hauptvariante. Alternativen sind:

I. 4.♘c3 e6 5.cxd5 exd5 6.♗f4 (6.♗g5 ♗e7 7.♗xe7 ♘gxe7 8.e3 0-0 9.♗e2 ♘c8 10.0-0 ♘b6 11.♖b1 a5 12.♘e1 ♗xe2 13.♕xe2 ♖e8 und die Stellung ist ausgeglichen, Matwejewa - Miladinovic, Cappelle la Grande 1995) 6...♗xf3 7.gxf3 ♗d6 8.♗g3 ♘ge7 9.e3 a6 10.a3 h5 11.♕c2 h4 12.♗xd6 ♕xd6 nebst 0-0-0 mit verteilten Chancen, Karpow - Piket, Monaco 2000.

II. 4.e3 e5 5.♕b3 (5.dxe5 dxc4 6.♕xd8+ ♖xd8 7.♗xc4 ♘xe5! mit gutem Spiel für Schwarz) 5...♗xf3 6.gxf3 ♘ge7 7.♘c3 exd4 8.♘xd5 ♖b8 9.e4 ♘e5!? (9...♘g6 10.♗d2 ♗d6 11.f4 ♕h4 12.♕f3±) 10.f4 ♘d7 11.♗d3 ♘c5 12.♕d1 c6 13.♘xe7 ♗xe7 14.♖g1 0-0 15.e5 ♕a5+ 16.♔f1 ♘xd3 17.♕xd3 ♖fd8 18.♕g3 g6 19.f5 d3 20.♗f4 ♖bc8 mit kompliziertem Kampf.

III. 4.♕a4 ♗xf3 5.exf3 (Oder 5.gxf3 dxc4 6.e3 e5 7.dxe5 ♕d5 8.♘c3 ♕xf3 9.♖g1 ♕h5 mit unklarem Spiel.) 5...e6 6.♘c3 ♘ge7 7.♗g5 ♕d7 8.♖d1 h6 9.♗e3 g6 10.c5 ♗g7 11.♗e2 0-0 mit etwa gleichem Spiel.

4...♗xf3 5.gxf3

Keinen Vorteil garantiert dem Weißen 5.exf3 ♕xd5 6.♗e3 e6 7.♘c3 ♗b4 8.a3 ♗xc3+ 9.bxc3 ♘ge7 (9...♘f6!?) 10.♖b1 ♖b8 11.♗d3 ♕d6 12.♕b3 0-0 und die schwarzen Springer sollten erfolgreich gegen das weiße Läuferpaar kämpfen. Auch nach 5.dxc6 ♗xc6 6.♘c3 ♘f6 (6...e6!? 7.e4 ♗b4 8.f3 ♕h4+ 9.g3 ♕f6 10.♗e3 0-0-0 mit hervorragendem Spiel für Schwarz) 7.f3 e5!? 8.dxe5 ♘d7 9.f4 ♗c5 10.e4 0-0 11.♗c4 ♕h4+ 12.g3 ♕h3 13.♕f3 ♘b6 14.♗b3 a5 15.a3 a4 16.♗a2 ♖fd8 hat Schwarz wohl ein Äquivalent für den Bauern, denn der weiße König gelangt nicht so leicht aus der Gefahrenzone.

5...♕xd5 6.e3

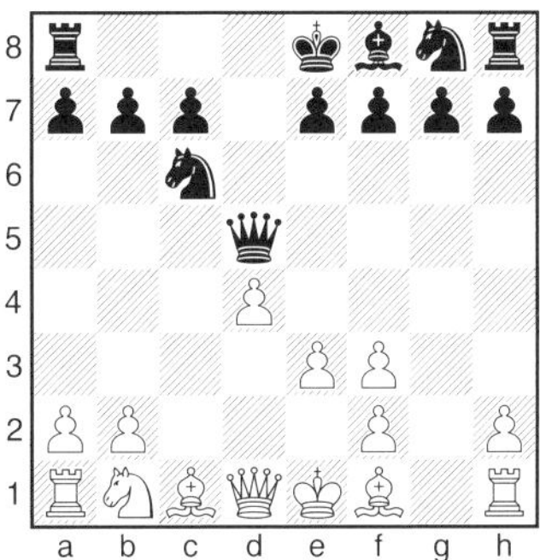

6...e5

Der übliche Plan gegen das weiße Zentrum. Aber Schwarz kann auch 6...e6!? ziehen, z.B. 7.♘c3 ♕h5 8.♗d2 0-0-0 9.f4 ♕xd1+ 10.♖xd1 ♘f6 11.♗g2 ♘e7 12.♘e4 ♘xe4 13.♗xe4 g6 14.♔e2 ♘d5 15.a3 ♗d6 16.b4 ♔d7

17.♖c1 c6 18.♖c2 a6 19.♔f3 f5 20.♗d3 h6 21.h4 g5 mit guten Gegenchancen, Komljenovic - Miles, Lissabon 2000.

7.♘c3 ♗b4 8.♗d2 ♗xc3 9.bxc3 ♕d6

Möglich ist auch 9...exd4!? 10.cxd4 ♘ge7 11.♗e2 0-0 12.♕b3 ♕xb3 13.axb3 ♖fe8 und die schwarze Stellung ist verteidigungsfähig.

10.♖b1

Eine Alternative wäre 10.f4; siehe **Partie Nr. 32:** Nemet - Helvensteijn, Amsterdam 2001.

10...b6

Unklar ist 10...0-0-0 11.♕b3 b6 12.♕xf7 usw.

11.f4 exf4 12.e4 ♘ge7 13.♕f3 0-0 14.♗xf4 ♕a3 15.♗e2 ♘g6 16.♗g3

Nach 16.♗xc7 ♖ac8 17.♗g3 ♘ce7 18.0-0 (18.c4 ♕a5+ 19.♔f1 f5 20.♗d6 ♕xa2 mit Gegenspiel) 18...♖xc3 19.♕g4 ♘c6 20.d5 ♘d4 21.♖bd1 ♘xe2+ 22.♕xe2 ♖e8 verfügt Schwarz über gute Gegenchancen.

16...♕xa2 17.0-0 ♘ce7 18.♗xc7 ♕e6 19.♖fe1 ♖ac8 20.♗g3 f5 21.exf5 ♕xf5 22.♕xf5 ♘xf5 23.♖b3 ♘xg3 24.hxg3 ♖f6 25.♗g4 ♖c7 und Schwarz hat ausreichende Verteidigungsressourcen. Die Partie endete bald mit Remis, Urday - Hertneck, Berlin 1998.

Zusammenfassung: Mit der frühzeitigen Entwicklung des Damenspringers greift Schwarz den Bauern d4 an und unterstützt zugleich eine Aktion im Zentrum durch e7–e5. Im Falle von ♘g1-f3 folgt ♗c8–g4 mit weiterem Druck gegen den Punkt d4. Das ist der strategische Plan von Schwarz, der aktives Gegenspiel verspricht. Die Tschigorin–Verteidigung ist eine starke Waffe gegen das weiße Spiel, denn sie ist reich an interessanten Kampfideen.

Kapitel 8

Wiener Variante

1.d4 d5 2.c4 e6 3.♘f3 ♘f6 4.♗g5 ♗b4+

Diese Variante wurde durch Wiener Schachspieler ausgearbeitet: Der schwarze Plan ist mit den Zügen d5xc4 und c7-c5 verbunden.

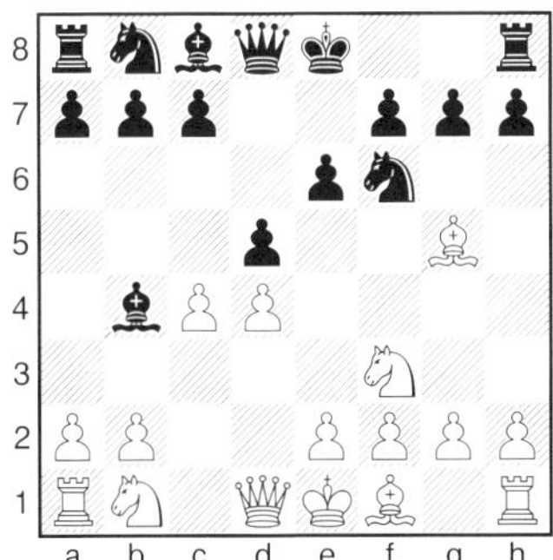

5.♘c3

Der beste Zug. Nicht gut ist 5.♗d2 wegen 5...♗e7 und der Läufer steht auf d2 passiv.

5...dxc4 6.e4

Es gibt keine andere Möglichkeit: Die weißen Chancen liegen nur in aktiven Handlungen im Zentrum und am Königsflügel. Das ruhigere 6.e3 gibt dem Schwarzen bessere Chancen: 6...b5 7.a4 c6 8.♗e2 ♘bd7 9.0-0 ♕b6 10.♕c2 (10.♘a2 ♗d6∓) 10...0-0 11.♘d2 ♗b7 12.f4 a6 13.♘ce4 ♘xe4 14.♘xe4 f5 15.♘c3 c5 und Schwarz verblieb mit einem Mehrbauern, Thomas - Eliskases, Noordwijk 1938.

6...c5 7.♗xc4

Mit taktischen Ideen verbunden ist die Fortsetzung 7.e5!? und nun:

A) 7...h6 8.exf6 (In der Partie Khalifman - Magem, Dos Hermanas 1993, geschah: 8.♗d2 ♗xc3 9.bxc3 ♘e4 10.♗xc4 0-0 11.0-0 ♘xd2 12.♕xd2 ♘c6 13.♗d3 cxd4 14.cxd4 b6 15.♕f4 ♗b7 16.♕e4 g6 17.♕f4 ♘b4 18.♕xh6 ♗xf3! 19.♗xg6 fxg6 20.♕xg6+ ♔h8 21.♕h6+ mit Remis.) 8...hxg5 9.fxg7 ♖g8 10.dxc5 ♕xd1+ 11.♖xd1 ♖xg7 12.h4 g4 13.♘d2 ♘d7 14.♘xc4 ♘xc5 mit der Drohung ♘c5-a4 und guten Verteidigungschancen.

B) 7...cxd4 8.♕a4+ ♘c6 9.0-0-0 ♗d7 10.♘e4 ♗e7 11.exf6 gxf6 12.♗h4 ♖c8 13.♔b1 b5 (Auf 13...♘a5 folgt 14.♕c2 e5 15.♘xd4! exd4 16.♖xd4 und nun geht nicht 16...0-0? 17.♗xf6 ♗xf6 18.♖xd7! mit Gewinn.) 14.♕xb5 c3 15.♘xd4 ♕c7 16.♕c4 ♕f4 17.♘b5 ♘d4 18.♖xd4 ♖xc4 19.♗xc4 und Weiß besitzt für die Dame mehr als ausreichenden Ersatz, Analyse von Euwe.

7...cxd4 8.♘xd4

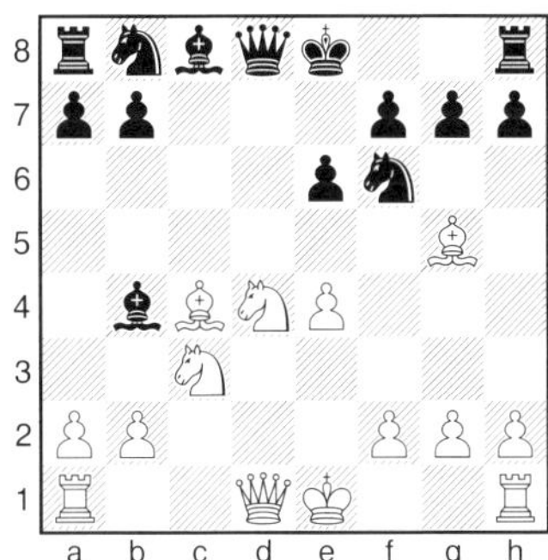

8...♕a5

Die Hauptvariante. Eine andere Möglichkeit für Schwarz besteht in 8...♗xc3+ 9.bxc3 ♕a5 und nun:

A) 10.♗xf6 ♕xc3+ 11.♔f1 gxf6! (Es verbietet sich 11...♕xc4+? 12.♔g1 ♘d7 13.♗xg7 ♖g8 14.♖c1 ♕a6 15.♗h6 ♘e5 16.♕h5!? und die Lage von Schwarz ist kritisch.) 12.♖c1 ♕a5 13.♗b5+ ♔e7 14.e5! fxe5 15.♕h5 ♘d7 (Aber nicht 15...exd4? 16.♕g5+ f6 17.♕c5+ ♔f7 18.♗e8+ mit Damengewinn.) 16.♕g5+ ♔f8 17.♖xc8+ ♖xc8 18.♗xd7 ♕d8 19.♘xe6+ fxe6 20.♕h6+ ♔f7 21.♕xe6+ ♔f8 22.♕f5+ mit Dauerschach, Oll – Dochojan, Vilnius 1988.

B) 10.♗b5+ ♘bd7 (10...♗d7; siehe **Partie Nr. 33:** Kasparow – Hjartarson, Tilburg 1989) 11.♗xf6 ♕xc3+ 12.♔f1 (Nach 12.♔e2 ♕b2+ 13.♔f1 gxf6 14.♖b1 ♕a3 15.h4 ♕d6 16.♖h3 a6 17.♗xd7+ ♗xd7 18.♖d3 ♖d8 19.♔g1 ♗b5 20.♖d2 ♕f4 21.♖bb2 0-0 22.♘xb5 ♖xd2 23.♕xd2 ♕xd2 24.♖xd2 axb5 25.♖b2 ♖a8 entstand in der Partie Ljubojevic – de la Villa, Leon 1994, ein ausgeglichenes Endspiel.) 12...gxf6 13.h4 ♕a5 (Einen starken Königsangriff erhielt Weiß in der Partie Akopian – Cs. Horvath, Niksic 1991, nach 13...a6 14.♖h3 ♕a5 15.♗e2 ♘c5 16.♘b3 ♘xb3 17.♕xb3 ♕c7 18.♖d1 ♗d7 19.♕b2 0-0-0 20.♖c1 ♗c6 21.♗xa6! mit Vorteil.) 14.♖c1 ♔e7 15.♖h3 ♖d8 16.♕c2 a6 17.♗e2 ♘e5 18.♕b2 ♖d6 19.♖b3 ♔f8 und Schwarz kann wohl seine Stellung verteidigen.

C) 10.♘b5!? ♘xe4 11.♗f4 0-0 12.0-0 ♗d7 13.a4 ♗c6 14.♕g4 ♘f6 15.♕e2 a6? (Richtig ist 15...♘a6! mit guten Perspektiven für Schwarz.) 16.♘c7 ♖a7 17.♕e3 b6 18.♘xe6 ♘d5 (18...fxe6 19.♗xb8 ♖xb8 20.♕xe6+ ♔h8 21.♕xc6 ♕xc3 22.♕d6±) 19.♕g3 fxe6 20.♗xb8 ♖af7 21.♗d6 ♖e8 22.♖fe1 ♔h8 23.♗e5 und Weiß dominiert mit seinem Läuferpaar, Karpow – Lautier, Biel 1997.

9.♗d2

Diese Fortsetzung wird heutzutage am meisten gespielt. Es geht Weiß darum, die Schwächung seiner Bauernstruktur am Damenflügel zu vermeiden. Aber auch nicht schlecht ist 9.♗xf6, z.B.

A) 9...gxf6 10.0-0 ♗d7 (Oder 10...♗xc3 11.bxc3 ♕xc3 12.♖c1 ♕a5 13.♗b5+ ♔e7 14.e5! ♖d8 15.♕h5 mit starkem Angriff.) 11.♖c1 ♘c6 12.a3 ♗xc3 13.♖xc3 ♕e5 14.♘b5 ♔e7 15.f4 ♕b8 (15...♕xe4 16.♕d6+ ♔d8 17.♖d1+-) 16.♖d3 ♖d8 17.♕h5 mit starken Drohungen, Podgorny – Barcza, Karlovy Vary 1948.

B) 9...♗xc3+ 10.bxc3 ♕xc3+ 11.♔f1 ♕xc4+ 12.♔g1 ♘d7 13.♖c1 ♕a6 (13...♕xa2 14.♗xg7 ♖g8 15.♘b5 ♖xg7 16.♘c7+ ♔e7 17.♘xa8+-) 14.♗xg7 ♖g8 15.a4 ♕d6 (15...♖xg7 16.♘b5+-) 16.♗h6 a6 17.♗e3 ♘e5 18.♕h5 und Weiß besitzt für den Bauern eine aussichtsreiche Stellung, Smyslow – Wade, Havanna 1964.

9...♕c5

Schwarz will damit das Geschehen forcieren. Eine starke Alternative ist 9...0-0, um erst seinen König zu sichern, z.B. 10.♕e2 (10.♘c2 ♗xc3

11.♗xc3 ♕g5∞) 10...♖d8 11.♘b3 ♕c7 12.0-0 ♘c6 13.♖ad1 (13.♖ac1 ♗d7 14.♘b5 ♕e5 15.♗xb4 ♘xb4 16.♘c3 ♖ac8=) 13...♘e5 (13...a6 14.♗g5±) 14.♗b5

A) 14...a6! 15.f4 ♘g6 16.♗d3 e5 17.f5 ♗xc3 18.bxc3 ♘e7 19.c4 b6 20.♗g5 ♕c6 21.♕b2 h6! (21...♖e8 22.♕xe5 ♘g6 23.♕g3±) 22.♕xe5 hxg5 23.♕xe7 ♗b7 24.♕e5 ♘xe4 25.♗xe4 ♕xe4 mit Ausgleich, Analyse von Ribli.

B) 14...♗d7? 15.♗xd7 (15.f4 ♘g6 16.♗xd7 ♖xd7 17.♖c1 ♕d8 18.f5 exf5 19.exf5 ♘e7 20.♗g5 ♗xc3 21.♖xc3 ♘ed5=) 15...♗xc3 16.♗xc3 ♖xd7 17.♖c1 und Weiß besitzt die aktivere Stellung. Die Partie endete später mit seinem Sieg, Akopian - Piket, Dortmund 2000.

10.♗b5+

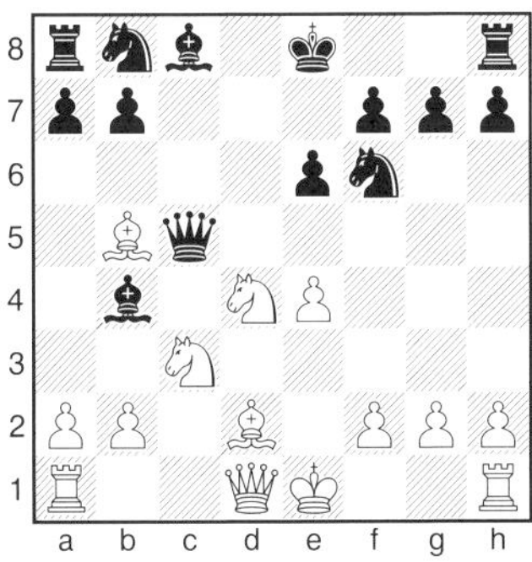

10...♗d7

Wahrscheinlich der sicherste Weg zum Ausgleich. Nach 10...♘bd7 folgt 11.♘b3! ♕b6 12.♕e2 a6 13.♗d3 (13.♗xd7+ ♗xd7 14.e5 ♘d5!? 15.♘e4 0-0=) 13...♘e5

A) 14.0-0 0-0 15.♖ac1 (15.♘a4!?) 15...♗d7 16.♗e3 (Beachtung verdient 16.♖fd1!? ♘xd3 17.♕xd3 ♗c6 18.♕g3!? mit der Idee 19.♗e3, und die Dame auf g3 nimmt der schwarzen das Feld c7.) 16...♕d6 (16...♕d8 17.♖fd1±) 17.♖fd1 mit gutem Figurenspiel, z.B.

A1) 17...♘xd3 18.♖xd3 ♕e7 19.♗g5 (19.a3!? Ftacnik) 19...♗xc3 (19...h6 20.♗xf6 gxf6 21.♕h5+-) 20.♖cxc3 ♗b5 21.e5 und Weiß gewinnt.

A2) 17...♕e7 18.a3 ♗d6 (18...♗xc3 19.♗c5+-) 19.f4 ♘xd3 20.♕xd3 ♗b8 21.♗c5 ♗a7 22.♗xa7 ♖xa7 23.e5 ♘d5 24.♘xd5 exd5 25.♕xd5 mit einem Mehrbauern.

A3) 17...♘eg4 18.g3 ♘xe3 19.♕xe3 ♘g4 (19...♕e7!?) 20.♕g5 ♘e5 21.♗e2 f6! 22.♖xd6 fxg5 23.♖b6 ♗xc3 24.♖xc3 ♗c6 25.♘c5 g4 26.♘xb7 ♗xe4 27.♖xe6 ♘f3+ 28.♗xf3 ♗xf3 29.♘d6 und Weiß bleibt mit einem Plus.

B) 14.♗c2 ♗d7 (Schwarz plant ♗b4xc3 nebst ♗d7-b5. Dies ist sehr gefährlich für Weiß, weshalb er diese Drohung parieren muss.) 15.f4 ♗xc3 16.♗xc3 ♗b5 17.♕f2

B1) 17...♕xf2+? 18.♔xf2 ♘d3+ 19.♔e3 ♘g4+ (19...♖d8 20.♘d4±) 20.♔f3 mit klarem Übergewicht von Weiß.

B2) 17...♘d3+ 18.♗xd3 ♕xf2+ 19.♔xf2 ♗xd3 20.♗xf6 (Weiß muss praktisch den Springer schlagen, sonst hängt der Bauer auf e4. Keinen Vorteil gibt 20.e5 ♘d5 21.♘c5 ♗g6 22.g3 ♘xc3 23.bxc3 ♔e7 24.♖hd1 ♖hc8 25.♘xb7 ♖ab8 26.♘d6 ♖b2+ 27.♔g1 ♖xc3 und Schwarz steht im

Endspiel aktiv.) 20...gxf6 21.♘c5 0-0-0 22.♔e3! (Eine Verstärkung von Ribli. Nach 22.♖ac1 folgt 22...♔b8 23.♔e3 ♗b5 24.a4 ♗e8 25.♖c3 a5 26.b3 ♗c6 mit etwa gleicher Stellung, Pogorelow – Kulaots, Moskau 2002.) 22...♗b5 23.a4 ♗e8 24.b4 und Weiß hat leichten Vorteil, denn seine Bauernstruktur ist besser, und der schwarze Läufer hat keinen guten Platz auf e8.

11.♘b3 ♕e7 12.♗d3

12.♗xd7+ ♘bxd7 ist harmlos für Schwarz.

12...♘c6 13.a3

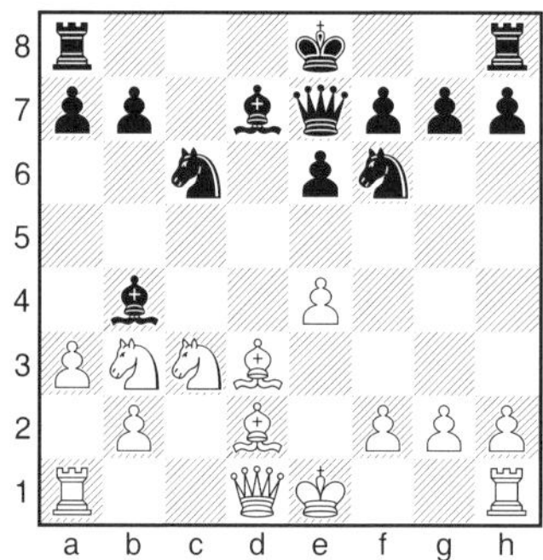

13...♗xc3!?

Eine interessante Idee: Schwarz will e6–e5 spielen, also ist es sinnvoll, den Springer zu beseitigen, um ♘c3–d5 nicht zuzulassen. Nicht ganz klar ist 13...♗d6 14.0-0

A) 14...♗xh2+ 15.♔xh2 ♕d6+ 16.♔g1 ♕xd3 17.♘c5 ♕d4 18.♘xb7 ♘d8 (18...0-0 19.♗e3 ♕xd1 20.♖fxd1 ♖fb8 21.♘c5 ♗e8 22.b4±) 19.♘xd8 ♖xd8 20.♗e3 ♕e5 21.♗xa7!? ♘xe4 (Nach 21...♗b5 22.f4! ♖xd1 23.fxe5 ♖xf1+ 24.♖xf1 ♗xf1 25.exf6 ♗c4 26.fxg7 ♖g8 27.♗d4 ♔d7 28.b4 erhält Weiß starke Freibauern für die Qualität.) 22.♕e2 ♕c7 23.♘xe4 ♕xa7 24.♘d6+ ♔e7 25.♖fd1 ♗a4 26.♕e5 f6 (26...♗xd1? 27.♘f5+ ♔e8 28.♘xg7+ ♔e7 29.♘f5+ mit Gewinn für Weiß.) 27.♕g3 g6 28.♖d2 ♕b8 29.♕h4 ♖xd6 30.♖xd6 ♕xd6 31.♕xa4 ♖d8 und es ist die Frage, ob Schwarz dieses Schwerfigurenendspiel halten kann. Weiß hat immerhin starke Bauern am Damenflügel.

B) 14...♖d8 15.f4 ♗c8 16.e5 ♗c5+ 17.♔h1 ♖xd3 18.exf6 gxf6 19.♘xc5! ♕xc5 20.♘e4 ♕f5 21.♕e2 mit starker Initiative für den geopferten Bauern. Die Drohung ♗d2–c3 stellt Schwarz große Probleme.

14.♗xc3 e5

Wahrscheinlich spielbar ist auch 14...0-0 15.e5 ♘d5 mit gleichen Chancen.

15.0-0 0-0 16.f4

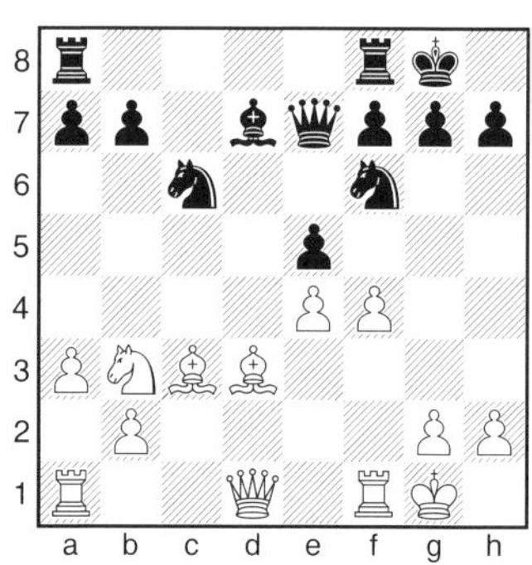

16...♘g4

Schwach ist 16...exf4? 17.♖xf4 ♘e5 18.♗b4 und Schwarz verliert die

Qualität. Aber infrage kommt 16...♗e6!?, z.B. 17.f5 ♗xb3 18.♕xb3 ♖fd8 mit guten Aussichten für Schwarz.

17.♕e2 exf4 18.♖xf4 ♘ge5 und laut Ribli ist die Stellung ausgeglichen.

Zusammenfassung: Die Wiener Variante findet heutzutage große Aufmerksamkeit selbst bei starken Spielern. Das bedeutet, dass die Idee der alten Meister aus Wien spielbar ist.

Kapitel 9

Moskauer Variante

1.d4 d5 2.c4 e6 3.♘f3 ♘f6 4.♗g5

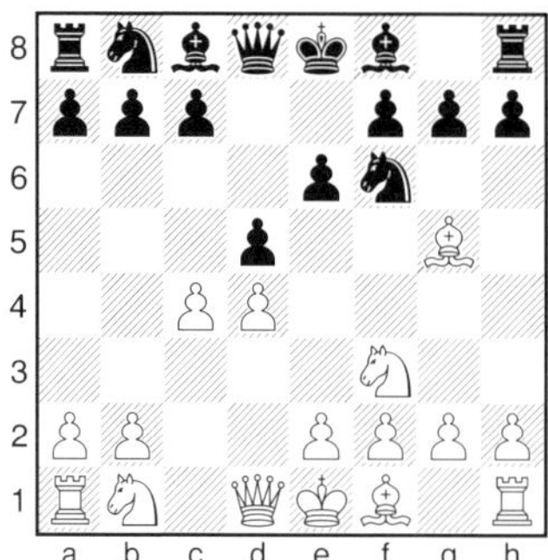

4...h6

So wurde in einigen Partien des Turniers in Moskau 1925 gespielt und daher stammt der Name. Gegenwärtig sieht man die Variante nicht so häufig in den Turniersälen, denn die Dame kommt zu früh ins Spiel und das hat viele Nachteile.

5.♗xf6

Die beste Lösung: Weiß gibt das Läuferpaar her, treibt aber seine Entwicklung voran und sichert sich eine gewisse Überlegenheit im Zentrum.

5...♕xf6 6.♘c3

Die prinzipiellste Fortsetzung: Weiß macht damit Druck gegen den zentralen Bauern. Bei Gelegenheit kann man aktiv e2–e4 ziehen. Zu wenig energisch ist 6.e3, z.B.

A) 6...♘d7 7.♗d3 (7.♘c3 c6 8.♗d3 dxc4 9.♗xc4 g6 10.0-0 ♗g7 11.♖c1 0-0 12.b4 ♕e7=) 7...dxc4 8.♗xc4 g6 9.♘bd2 ♗g7 10.♖c1 0-0 11.b4 c6 12.0-0 ♕e7 13.b5 c5 14.♕e2 ♖d8 15.♘e4 cxd4 16.exd4 ♘b6 17.♗b3 ♗d7 18.♘c5 ♗e8 19.a4 ♘d5 20.♖fe1 b6 21.♘a6 ♕a3 22.♗xd5 exd5 23.♕c2 ♗d7 24.♖e3 ♕f8 25.h3 mit Remis, Nikolic – Huzman, Chalkidiki 2002.

B) 6...c6 7.♘bd2 ♘d7 8.♗d3 dxc4 9.♘xc4 ♗b4+ 10.♔e2 ♕e7 11.♕c2 ♗d6 12.♖hd1 0-0 13.♘xd6 ♕xd6 14.♗h7+ ♔h8 15.♗e4 f5 16.♗d3 b6 17.♕c3 ♗b7 18.♗c4 ♕e7 19.a4 c5 20.a5 ♖ac8 und Schwarz steht gut, Milov – Maksimenko, Bratto 2003.

6...c6

Schwarz soll den Bauern auf d5 halten. Die Aufgabe des Zentrums durch 6...dxc4 ist schwach wegen 7.e4 ♗b4 8.♗xc4 0-0 9.0-0 ♘c6 10.e5 ♕e7 11.♕e2 ♖d8 12.♖ad1 ♗d7 13.♘e4 ♗a5 14.a3 ♗b6 15.♗a2 ♗e8 16.♕e3 ♕f8 17.♗b1 ♘e7 18.♕d3 ♔h8 19.♘f6! ♘g6 20.♘xe8 ♕xe8 21.♕e4 ♕b5 22.♖d2 c5 23.♕xb7 cxd4 24.♕xf7 ♘xe5 25.♘xe5 ♕xe5 26.♕g6 mit weißem Angriff, Eingorn – Fröhlich, Metz 2002.

7.♕b3

Verhindert den Läuferzug nach b4 und plant e2–e4. Nichts verspricht 7.e4 dxe4 8.♘xe4 ♗b4+ 9.♔e2 ♕f4 10.♕d3 ♗e7 11.g3 ♕c7 12.♗g2 ♘d7 13.♖he1 0-0 14.♔f1 e5 mit gleichen Chancen.

7...♘d7

Schwarz steht vor der Aufgabe, wie er seine Kräfte weiterentwickeln soll. Mit dem Textzug wird der Vorstoß e6–e5 vorbereitet. Alternativen sind:

I. 7...a5; siehe **Partie Nr. 34**: Uhlmann - Kuczynski, Dresden 1988.

II. 7...dxc4 8.♕xc4 ♘d7 9.♖d1 ♕d8 (9...g6 10.e4 ♗g7 11.e5 ♕e7 12.♘e4 0-0 13.♗d3 ♘b6 14.♕c2±) 10.e4 ♗d6 11.e5 ♗e7 12.♗d3 ♘b6 13.♕b3 ♘d5 14.♗b1 ♕b6 15.♕c2 ♘xc3 16.bxc3 ♕a6 mit scharfer Stellung und verteilten Chancen, Analyse von Polugajewski.

8.e4 dxe4 9.♘xe4 ♕f4 10.♗d3 ♘f6

Oder 10...♗e7 11.0-0 0-0 12.♖fe1 c5 13.d5 exd5 14.cxd5 ♘f6 15.♖ad1 ♘xe4 16.♖xe4 ♕f6 17.♖de1 ♗d6 18.♘e5 mit kleinem weißen Übergewicht, Day - Rautenberg, Deutschland 1948.

11.♘xf6+ gxf6

11...♕xf6 12.0-0 ♗d6 13.♖fe1±

12.0-0 ♖g8 13.♗e2 b6 14.♖fe1 ♗b7 15.c5 ♕c7

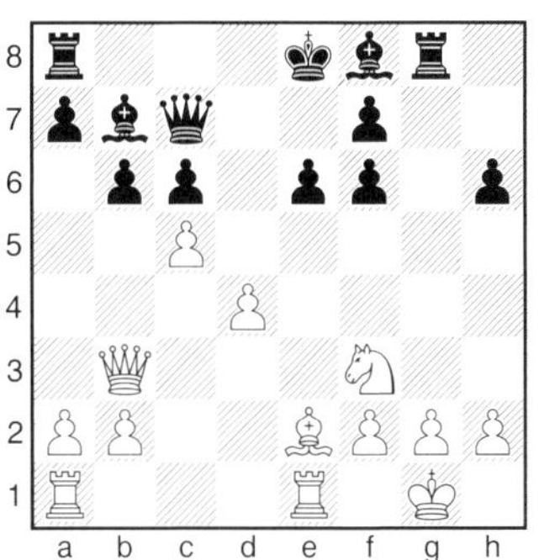

Bislang folgten wir der Partie Euwe - Bisguier, New York 1948/49. Weiß zog nun 16.♗e2–c4 mit leichtem Vorteil. Der Textzug scheint stärker zu sein:

16.d5! cxd5

Auf 16...exd5 folgt 17.♕xd5! ♗xc5 (17...cxd5 18.♗b5+ ♔d8 19.♖e8#) 18.♗d3+ ♔f8 19.♕h5 ♔g7 20.♕f5 mit starkem Angriff.

17.♕a4+

Wahrscheinlich möglich ist auch 17.♗b5+ ♔d8 18.c6 ♗xc6 19.♖ac1 ♗c5 20.♗xc6 ♕xc6 21.♕c3 e5 22.b4 ♗xf2+ 23.♔xf2 ♕xc3 24.♖xc3 mit chancenreichem Endspiel.

17...♗c6

Nach 17...♔d8 18.cxb6 ♕xb6 19.♕h4 hätte Schwarz mit seinem König im Zentrum gewisse Probleme.

18.♗b5 ♗xb5 19.♕xb5+ ♔d8 20.cxb6 ♕xb6 21.♕d3 und Weiß hat eine starke Initiative für den Bauern.

Zusammenfassung: Nach dem Schlagen mit der Dame auf f6 bekommt Schwarz einige Schwierigkeiten bei der Entwicklung seiner Kräfte. Das schwarze Gegenspiel beruht auf dem Läuferpaar. Allgemein gilt die Variante als vorteilhaft für Weiß.

Kapitel 10
Tarrasch-Verteidigung

1.d4 d5 2.c4 e6 3.♘c3 c5

Diesen sofortigen Angriff auf das weiße Zentrum führte der deutsche Großmeister und Schachtheoretiker Siegbert Tarrasch (1862-1934) in die Turnierpraxis ein. Schwarz erklärt damit seine Bereitschaft, mit einem isolierten Bauern d5 zu spielen. Im Tausch für die positionelle Schwäche erhält er jedoch eine schnelle Entwicklung und aktives Gegenspiel.

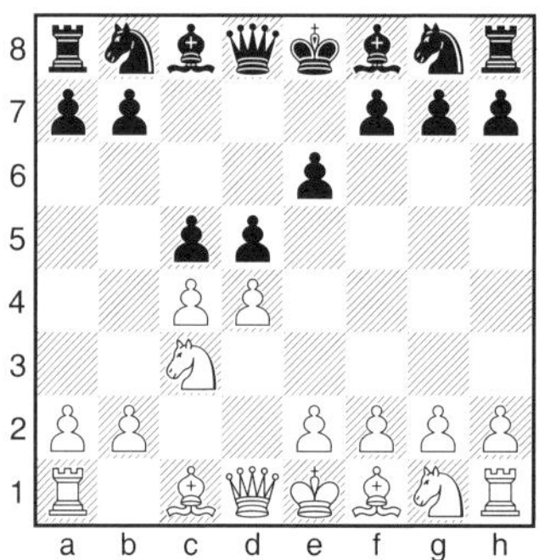

4.cxd5

Die konsequenteste Fortsetzung. Aber auch die ruhigere Erwiderung 4.e3 hat ihre Anhänger, z.B. 4...♘f6 5.♘f3 ♘c6

A) 6.a3 a6 7.dxc5 ♗xc5 8.b4 ♗d6 (8...♗a7 9.♗b2 0-0 10.♕c2 ♕e7 11.♖d1 ♖d8∞) 9.♗b2 0-0 10.cxd5 exd5 11.♗e2 ♗e6 12.0-0 ♕e7 13.♖c1 ♖fd8 14.♘a4 ♖ac8 15.♘c5 ♘e4 mit beiderseitigen Chancen. Schwarz hat zwar den Isolani d5, aber auch gut wirkende Figuren.

B) 6.cxd5 exd5 (6...♘xd5 führt zur Verbesserten Tarrasch-Verteidigung, die in **Kapitel 12** analysiert wird.) 7.♗e2 (7.♗b5; siehe **Partie Nr. 35:** Waganian - Berelowitsch, 1. Bundesliga 2002) 7...a6 (Oder 7...cxd4 8.♘xd4 ♗d6 9.0-0 0-0 mit verteiltem Spiel. Weiß blockiert das Feld d4 und wird den d-Bauern belagern. Schwarz wird seine Figuren in Szene setzen, z.B. 10.b3 ♕e7 11.♘cb5 ♘xd4 12.♘xd4 ♕e5 13.g3 ♗h3 14.♖e1 ♘e4 mit Gegenspiel, Kalinitschenko - Konikowski, Fernpartie 1993-98.) 8.0-0 ♗d6 9.dxc5 ♗xc5 10.b3 0-0 11.♗b2 ♗a7 12.♖c1 ♕d6 13.♖c2 ♗f5 14.♖d2 ♖fd8 mit verteilten Chancen, denn für Weiß ist es nicht einfach, das Feld d4 zu blockieren. Das Gegenspiel von Schwarz beruht auf dem Vorstoß d5-d4.

4...exd5

Eine scharfe Alternative stellt das Schara-Hennig-Gambit dar: 4...cxd4

A) 5.♕xd4 ♘c6 6.♕d1 (Keinen Eröffnungsvorteil verspricht 6.♕a4 exd5 7.e3 ♘f6 8.♘f3 ♗e6 9.♗b5 ♗d7 10.b3 ♗b4 11.♗d2 0-0 12.♗xc6 ♗xc3 13.♗xc3 ♗xc6 14.♕h4 ♘e4=, Gerloff - Drüke, Fernpartie 1986.) 6...exd5 7.♕xd5 ♗e6 8.♕xd8+ ♖xd8 9.e3 ♘b4 (9...a6!? 10.a3 ♘a5 11.♘f3 ♘b3

12.♖b1 ♘f6∞) 10.♗b5+ ♔e7 11.♔f1 g5 mit sehr kompliziertem Spiel. Weiß hat zwar einen Bauern mehr, bleibt aber in der Entwicklung zurück.

B) 5.♕a4+ ♗d7 6.♕xd4 exd5 7.♕xd5 ♘c6 8.♘f3 ♘f6 9.♕d1 ♗c5 10.e3 ♕e7 11.♗e2 (11.a3!? 0-0-0 12.♕c2 kommt auch infrage.) 11...0-0-0 12.0-0 g5 13.b4! (Erzwungen, aber gut! Wenn Weiß nicht energisch genug am Damenflügel vorgeht, wird er auf der anderen Brettseite überrollt.) 13...♗xb4 14.♕b3 g4 15.♘d4 ♘xd4 16.exd4` ♗e6 17.♕b2 mit besseren Aussichten für Weiß.

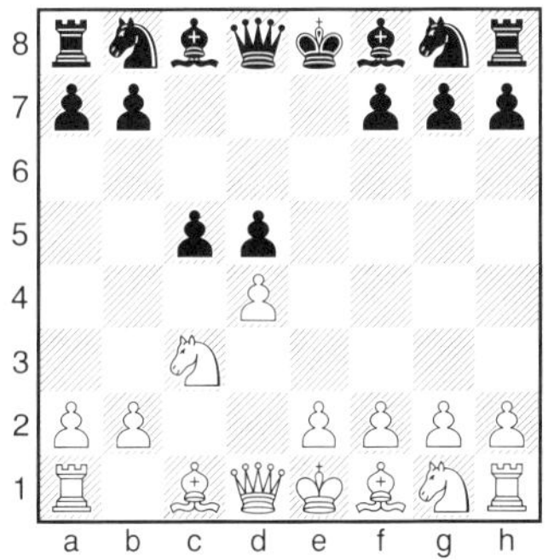

5.♘f3

Selten angewandt werden zwei scharfe Fortsetzungen:

I. 5.e4 (Marshall-Gambit) 5...dxe4 6.d5 (Die scharfe Fortsetzung 6.♗c4!? cxd4 7.♕b3 ♕d7 8.♗f4 dxc3 9.♖d1 ♕f5 10.♗xb8 ♗e7!? 11.♕a4+ ♔f8 12.♗d6 g6 13.♗xe7+ ♘xe7 14.bxc3 ♔g7 bringt wahrscheinlich Weiß keine Vorteile.) 6...f5 (Oder 6...♘f6 7.♗g5 ♗e7 8.♗b5+ ♔f8 9.♘ge2 a6 10.♗a4 b5 11.♗c2 ♗b7 12.0-0 und für den Bauern hat Weiß ausreichende Kompensation, da Schwarz Probleme mit seiner Entwicklung hat.) 7.♗f4 ♗d6 8.♗b5+ ♔f7 9.♘h3 ♘f6 10.♗c4 a6 11.a4 h6 und Schwarz hat gute Aussichten, seinen Mehrbauern zu behaupten.

II. 5.dxc5 (Tarrasch-Gambit) 5...d4 (5...♘f6 6.♗e3 ♘c6 7.♘f3 ♕a5 8.a3 ♘e4 9.♖c1 ♗e7 mit sehr kompliziertem Spiel, z.B. verbietet sich nun 10.♕xd5? wegen 10...♘xc3 11.♖xc3 ♗f6 12.♘d4 ♗e6 13.♕e4 0-0-0 14.b4 ♕a4 mit starker schwarzer Initiative.) 6.♘a4 b5!? 7.cxb6 axb6 8.b3 ♘f6 9.e3 ♗d7 10.♕xd4 ♘c6 11.♕b2 ♘e4 12.a3 b5 13.♗d3 f5 14.♗xe4 fxe4 15.♘c3 ♘e5 und für die geopferten Bauern diktiert Schwarz das Spiel, denn Weiß hat enorme Schwierigkeiten, seinen Königsflügel zu entwickeln.

5...♘c6

Schwarz verstärkt konsequent den Druck gegen den Bauern d4. Selten wird 5...♘f6 gespielt, z.B. 6.♗g5

A) 6...♗e6 7.e4! (7.e3 ♘c6 8.♗b5 ♗e7 9.dxc5 0-0 10.♗xc6 bxc6 11.b4 a5∞) 7...dxe4 8.♘xe4 cxd4 9.♗b5+ ♗d7 10.0-0 ♗e7 (Nach 10...♗xb5 11.♖e1! stünde Schwarz auf Verlust.) 11.♗xf6 ♗xb5 12.♘xd4 ♗xf1 13.♗xe7 ♕xe7 14.♘f5 ♕e5 15.♘ed6+ ♔f8 16.♕b3 ♕f6 17.♕xb7 und Weiß steht auf Gewinn.

B) 6...♗e7 7.dxc5 0-0 8.e3 ♗e6 9.♗b5 ♗xc5 10.0-0 ♗e7 11.♕e2 ♘c6 12.♖fd1 a6 13.♗c4 ♕a5 (13...dxc4 14.♖xd8 ♖fxd8 15.♗xf6 gxf6 16.♘h4 und Weiß steht besser.) 14.♗xf6 dxc4 15.♗xe7 ♘xe7 16.♘d4 mit Vorteil für Weiß, Atalik – Scheljandinow, Lwow 1999.

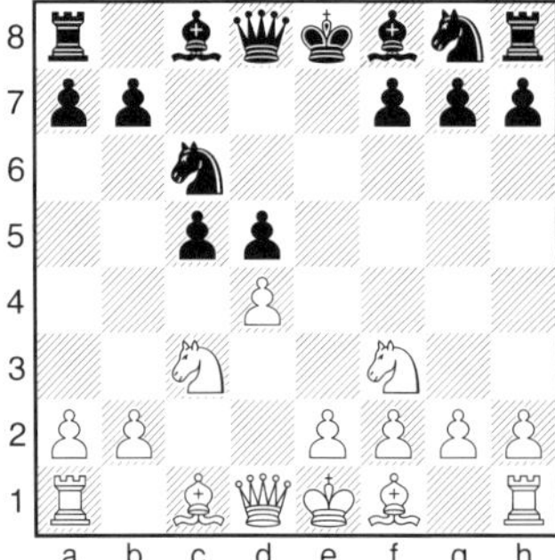

6.g3

Das Fianchetto ist hier der eindeutig beste Aufbau, um langfristig den empfindlichen Punkt d5 unter Beschuss zu nehmen. Dieser Plan wurde 1908 in Prag von dem Schachmeister Karl Schlechter (1874-1918) eingeführt. Die Popularität von 6.g3 beruht jedoch hauptsächlich auf den Erfolgen des polnischen Großmeisters Akiba Rubinstein (1882-1961). Selten wird 6.dxc5 gespielt, z.B. 6...d4 7.♘a4 ♗f5 8.e3 d3 9.♗d2 ♘f6 10.♕b3 ♗e7 (Jedoch nicht 10...♕d7 11.0-0-0 0-0-0 12.♗c3 ♗e7 13.♖d2 ♗g6 14.♗xd3 ♗xd3 15.♖hd1 ♕g4 16.♖xd3 ♖xd3 17.♖xd3 ♕xg2 18.♘e5 mit weißem Vorteil.) 11.0-0-0 (Zu riskant wäre 11.♕xb7 ♖c8 12.♖c1 0-0 und Schwarz hätte für das Material einen Entwicklungsvorsprung und gute Angriffschancen.) 11...0-0 12.♗e1 ♗e6 13.♕xd3 ♕c8 14.♕c2 b6 15.♘g5 (15.cxb6 ♕b7! mit Kompensation) 15...♗f5 16.e4 ♗g6 17.f3 ♘g4 18.fxg4 (18.♘xh7 ♗xh7 19.fxg4 ♕xg4 20.♘c3 bxc5 21.♕e2 ♕g6∞) 18...♗xg5+ 19.♔b1 ♖d8 20.♖xd8+ ♕xd8 mit gleichen Chancen, Diu - Bezgodow, Russland 2001.

6...♘f6

Kompliziert ist die sogenannte Schwedische Variante: 6...c4 (Schwarz plant einen Bauernsturm am Damenflügel, also b7-b5-b4 usw.) 7.♗g2 ♗b4 8.0-0 ♘ge7

A) 9.♘e5!? 0-0 10.♘xc6 bxc6 11.e4 (Ohne den Sprengungszug e2-e4 kommt Weiß auch sonst nicht aus.) 11...dxe4 12.♗xe4 ♗xc3 13.bxc3 ♘d5 14.♕c2 (14.♗d2 ♖e8 15.♕c2 h6 16.♖fe1±) 14...f5 15.♗g2 ♗e6 16.♖e1 Weiß hat das Läuferpaar und die bessere Bauernstruktur.

B) 9.e4 0-0 10.exd5 ♘xd5 11.♗g5 f6 12.♘xd5 ♕xd5 (12...fxg5 13.♘xb4 ♘xb4 14.♕a4 a5 15.♕b5 mit Bauernverlust) 13.♗e3 und Weiß steht besser.

7.♗g2 ♗e7 8.0-0 0-0

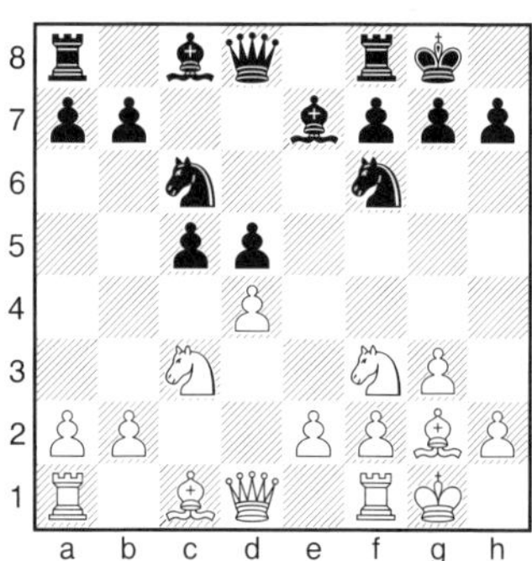

Damit haben wir die Ausgangsstellung der Hauptvariante erreicht.

9.♗g5

Es droht nun 10.d4xc5, was Schwarz zu einer sofortigen Erklärung im Zentrum zwingt. Andere Pläne für Weiß sind:

I. 9.♗e3 c4 (9...cxd4 10.♘xd4 ♖e8 11.♖c1 ♗g4 12.h3 ♗e6 13.♘a4±) 10.♘e5 ♗e6 11.♘xc4 dxc4 12.d5 ♘xd5 13.♘xd5 ♗f6 14.♘xf6+ ♕xf6 15.♗xc6 bxc6 16.♕d4 ♕xd4 17.♗xd4 f5 18.f3 ♗d5 19.♔f2 mit etwas besserem Endspiel für Weiß, wenngleich die ungleichfarbigen Läufer ein Remis nicht unwahrscheinlich machen.

II. 9.dxc5 ♗xc5 (9...d4!? 10.♘a4 ♗f5 11.♗f4 ♗e4 12.♖c1 ♕d5 13.♕b3 ♕h5 mit sehr kompliziertem Spiel) 10.♗g5 d4 11.♗xf6 ♕xf6 12.♘d5 (12.♘e4 ♕e7 13.♘xc5 ♕xc5 14.♕d2 ♗g4 15.♖ac1 ♕b6 und der vorgerückte schwarze d-Bauer stört die weißen Figuren empfindlich. Die Stellung ist äußerst kompliziert.) 12...♕d8 13.♘d2 ♖e8 14.♖e1 (14.♖c1 ♗b6 15.♘c4 ♗g4 16.♖e1 ♗c5 17.a3 a6 18.b4 ♗a7 19.♕d2 ♖c8=, Van Wely - Grischuk, Enghien les Bains 2001) 14...♗g4 15.♘b3 ♗b6 16.♖c1 (16.♕d2!?) 16...♖e5 17.♘f4 ♕d6 18.♘d3 ♖e7 19.♘dc5 ♖c8 mit gleichen Chancen, Analyse von Kasparow.

III. 9.b3 ♘e4 10.♗b2 ♗f6 11.♘a4 b6 12.♖c1 ♗a6 13.dxc5 ♗xb2 14.♘xb2 bxc5 15.♘a4 (15.♘d2 ♕e7 16.♘d3 ♖ad8 17.♖e1 ♖fe8 mit aktivem schwarzen Spiel, Konikowski - Schütte, Fernpartie 1995/96.) 15...♖e8 16.♖e1 c4 17.♘d4 ♕f6 mit schwarzem Konterspiel.

9...cxd4

Schwarz löst damit selbst die Spannung im Zentrum auf und ist bereit, die Partie mit einem Isolani zu führen. Als Gegenleistung erhält er aktives Figurenspiel.

10.♘xd4 h6

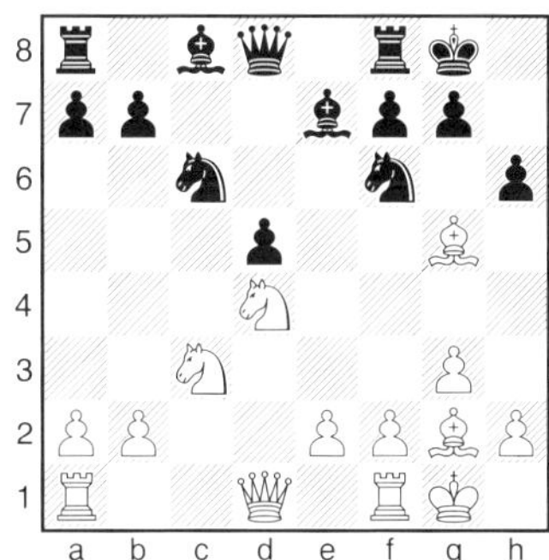

11.♗e3

Weiß stützt seinen Springer und plant, gegen den isolierten Bauern zu kämpfen. Ist der Bauer auf d5 schwach oder stark? Theoretisch ist er schwach, aber er kontrolliert die wichtigen Zentralfelder e4 und c4 und das gibt Schwarz einige aktive Möglichkeiten. Gespielt wird auch 11.♗f4 ♗g4 12.h3 ♗e6 13.♘xe6 (In der 4. Matchpartie Kramnik - Deep Fritz, Manama 2002, folgte 13.♖c1 ♖e8 14.♘xe6 fxe6 15.e4 d4 16.e5 dxc3 17.exf6 ♗xf6 18.bxc3 ♕xd1 19.♖fxd1 ♖ad8 20.♗e3 ♖xd1+ 21.♖xd1 ♗xc3 22.♖d7 mit etwa gleichen Chancen.) 13...fxe6 14.e4 d4 15.e5 dxc3 16.exf6 ♗xf6 17.bxc3 ♕xd1 18.♖fxd1 ♖fd8 (Nicht gut ist 18...♗xc3 19.♖ac1 ♗f6 20.♖d7 ♘d4 21.♔f1±.) 19.♖ac1 ♖ac8 20.♗e3 b6 21.♖xd8+ ♘xd8 22.c4 und Weiß steht mit seinem Läuferpaar etwas aktiver, Golod - Putkin, Linares 2001.

11...♖e8

Nach 11...♗g4 12.h3 ♗e6 13.♖c1 sind die weißen Kräfte besser postiert.

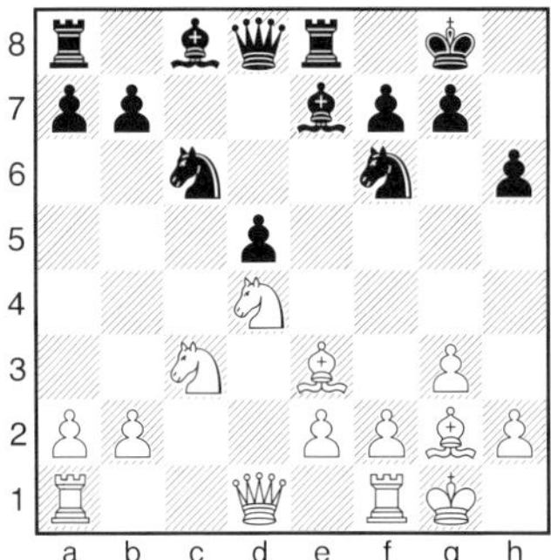

12.♕b3

Strategisch sehr logisch: Die Dame kommt aktiv ins Spiel und ein weißer Turm soll möglichst schnell nach d1 gestellt werden. Alternativen sind:

I. 12.♖c1 ♗f8 13.♘xc6 bxc6 14.♘a4 ♗d7 (Eine interessante Idee ist 14...♖e6!? 15.♘c5 ♗xc5 16.♖xc5 ♕e8 17.♕d3 a5 18.♖fc1 ♗a6 19.♕c3 ♗b5 20.♗d4 a4 21.♗xf6 ♖xf6 22.e3 ♖b8 23.♕d4 ♖e6 24.b3 axb3 25.axb3 ♖a8 mit etwa gleichen Chancen, Nowikow – Iwantschuk, UdSSR 1988.) 15.♖e1 (15.♗c5 ♗xc5 16.♘xc5 ♗f5∞) 15...♘e4 mit beiderseitigen Chancen.

II. 12.♕a4 ♗d7 13.♖ad1 (13.♖fd1!?, siehe **Partie Nr. 36:** Lautier – Grischuk, Eughien les Bains 2001) 13...♘b4 14.♕b3 a5 15.a4 (15.♘xd5? ♘bxd5 16.♗xd5 ♘xd5 17.♕xd5 ♗h3! und Schwarz übernimmt die Initiative.) 15...♖c8 16.♘db5 ♗e6 17.♗d4 ♗c5 18.♗xc5 ♖xc5 19.♘d4 ♗g4 20.h3 ♗d7 21.♖d2 ♕b8 22.♖fd1 ♘e4 und Schwarz sollte die Stellung im Gleichgewicht halten.

III. 12.♕c2 ♗g4 13.♖fd1 ♗f8 14.♖ac1 ♖c8 15.♘xc6 bxc6 16.♗d4 ♗b4 17.♖d2 ♕e7 18.a3 ♗a5 (18...♗xc3? 19.♕xc3 ♘e4 20.♗xe4 dxe4 21.♗xg7+–) 19.b4 ♗b6 20.e3 ♕e6 21.♕b2 ♗xd4 22.♖xd4 (22.exd4!?) 22...c5 23.bxc5 ♖xc5 24.♘e2 ♖ec8 mit Gleichgewicht, Beljawski – Kasparow, Moskau 1983, 6. Matchpartie.

12...♘a5 13.♕c2 ♗g4 14.♘f5

Infrage kommt 14.♖ad1!?. Auf 14.h3 soll Schwarz 14...♗h5! spielen (Aber nicht 14...♗e6? 15.♖ad1 ♘c4 16.♗c1 ♖c8 17.e4 ♘b6 18.e5 ♘fd7 19.f4 ♘f8 20.f5 ♗d7 21.f6 ♗c5 22.fxg7 ♘e6 23.♕f2 ♕e7 24.♗e3 mit weißem Gewinn, Hoffman – Qutromuro Nieves, Ourense 2006.), z.B. 15.♖ad1 ♖c8 16.♘f5 ♗b4! (16...♗g6? 17.♘xe7+ ♖xe7 18.♕a4 ♖xe3 19.fxe3 ♘c4 20.♕xa7 ♕e7 21.♖xf6 ♕xf6 22.♘xd5 ♕e5 23.♕d4 ♕xg3 24.b3 ♖e8 25.bxc4 ♗e4 26.♘f4 g5 27.♕g7+ ♔xg7 28.♘h5+ 1-0, Barbosa – Iuldachev, Kuala Lumpur 2011) 17.g4 ♗g6 18.♗d4 ♘e4 mit Ausgleich.

14...♖c8

Zu beachten ist 14...♗b4 mit der einfachen Idee, den Springer c3 zu beseitigen und damit den weißen Druck gegen den Bauern d5 zu reduzieren. 15.♗d4 ♗xc3 (Es wird auch 15...♖c8 gespielt, z.B. 16.♘e3 ♗e6 17.♖ad1 ♘c4 18.♘xc4 ♖xc4 19.♕d3 ♗xc3 20.♗xc3 ♕e7 21.♕e3 ♘e4 22.♕xa7 ♘xc3 23.bxc3 ♖xc3 mit Ausgleich, Vacek – G. Gutman, Pardubice 2006.) 16.♗xc3 ♖xe2 17.♕d3 ♖e8 18.♘e3 ♗e6 19.♕b5 b6 20.b4 a6 21.♕d3 ♘c4 22.♗xf6 ♕xf6 23.♘xd5 ♗xd5 24.♗xd5 ♘e5 25.♕b3 ♖ad8 26.♖ad1 g6 und

Schwarz hat die Partie nach einem schweren Kampf gerettet, Vera – Akobian, Buenos Aires 2005.

15.♗d4 ♗c5 16.♗xc5 ♖xc5 17.♘e3

Nach 17.♘d4 ♘e4 18.e3 ♘xc3 19.bxc3 ♕c7 wird der weiße c-Bauer zum Sorgenkind.

17...♗e6 18.♖ad1

18.b4 ♖c8 19.bxa5 d4 20.♖fd1 ♕xa5 21.♖xd4 ♖xc3=

18...♕c8 19.♕a4 ♖d8

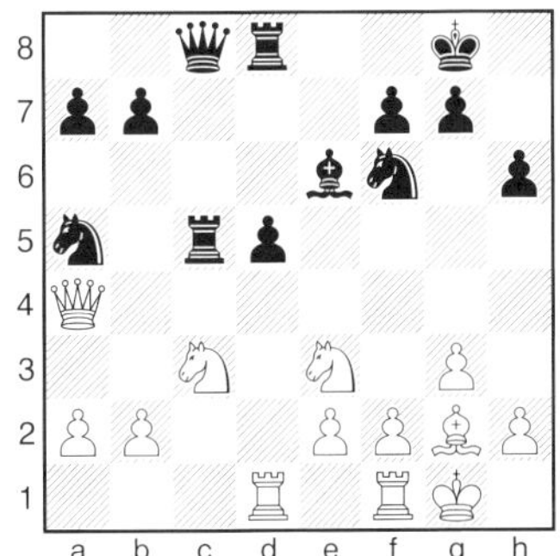

Weiß übt einen deutlichen Druck gegen den isolierten d-Bauern aus. Schwarz muss daher genau spielen, um Ausgleich zu erzielen. In Karpow – Kasparow, Moskau 1984, 9. Matchpartie, folgte 20.♖d3 a6 21.♖fd1 ♘c4 22.♘xc4 (Nichts bringt 22.♘exd5 ♘xd5 23.♘xd5 ♗xd5 24.♗xd5 ♖dxd5 25.♖xd5 ♖xd5 26.♖xd5 ♘b6 27.♕d4 ♘xd5 28.♕xd5 ♕c1+ 29.♔g2 ♕xb2 mit gleichem Damenendspiel.) 22...♖xc4 23.♕a5 ♖c5 24.♕b6 ♖d7 25.♖d4 ♕c7 26.♕xc7 ♖dxc7, Weiß hat eine ideale Stellung gegen den isolierten Tarrasch-Bauern aufgebaut und kann nun ohne jedes Risiko auf Gewinn spielen. Schwarz ist dagegen zu einer langwierigen, passiven Verteidigung verurteilt, wo es nicht so schwierig ist, einen Fehler zu begehen. Im weiteren Verlauf unterliefen Schwarz tatsächlich einige Ungenauigkeiten, die ihm im Endeffekt eine Null eintrugen.

Zusammenfassung: Die Tarrasch-Verteidigung war lange Zeit eine starke Waffe des Weltmeisters Kasparow mit Schwarz. Aber inzwischen wurden viele Verstärkungen für Weiß ausgearbeitet, so dass es für Schwarz nicht einfach ist, um Ausgleich zu kämpfen. Das ist wahrscheinlich der Hauptgrund, dass diese Verteidigung in den letzten Jahren relativ selten gespielt wurde.

Kapitel 11
Abtauschvariante

1.d4 d5 2.c4 e6 3.♘c3 ♘f6 4.cxd5

Damit öffnet Weiß zwar die Diagonale für den schwarzen Läufer c8, doch stabilisiert er auch die Lage im Zentrum. Der Anziehende bestimmt danach praktisch allein, welcher Plan im Mittelspiel zum Einsatz kommt, ob er z.B. einen Durchbruch im Zentrum oder einen Minoritätsangriff am Damenflügel versucht. Mit der Abtauschvariante kann Weiß viele scharfe Verwicklungen vermeiden, die in anderen Systemen entstehen können, auch komplizierte Bauernformationen wie der Isolani im Zentrum oder hängende Bauern usw.

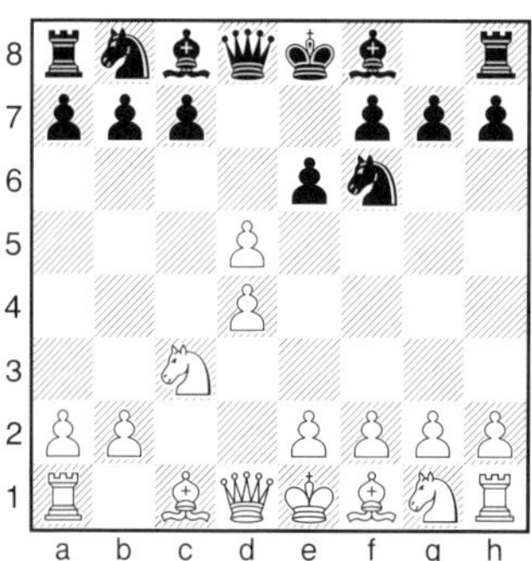

4...exd5

Nach 4...♘xd5 5.e4 ♘xc3 6.bxc3 erhält Weiß ein starkes Bauernzentrum.

5.♗g5

Der Läufer kann sehr wohl auf f4 postiert werden (siehe **Abspiel 1**), doch der Textzug ist zwingender, denn Weiß droht nun mit dem Schlagen auf f6.

5...c6

Im Falle von 5...♘bd7 muss Weiß mit 6.e3 oder 6.Sf3 fortfahren. Normalerweise führt das mit Zugumstellung zur Hauptvariante. Ein interessantes Beispiel: 6.e3 c6 7.♗d3 ♗d6 8.♘f3 ♘f8 9.♘e5 ♘g6 10.f4 ♕b6 11.♕c2 0-0? (Die Schwächung der Königsstellung durfte Schwarz nicht zulassen. Richtig war also 11...♗e7!?.) 12.♗xf6! gxf6 13.♘f3 ♖e8 14.♔f2 ♗g4 15.♖he1 ♖ac8 16.g3 ♔g7 17.♖ac1 ♕d8 18.♗f5 ♗xf3 19.♔xf3 ♖c7 20.a3 ♖ce7 21.♖cd1 ♗c7 22.♖e2 ♕d6 23.♔f2 a6 24.♗g4 ♗b6 25.♕f5 ♗a7 26.♔f3 b5 27.♕d3 a5 28.♔f2 b4 29.axb4 axb4 30.♘a4 ♖e4 31.♗f3 ♖4e7 32.♖c1 ♕d7 33.♘c5 mit weißem Vorteil, Karpow - Ricardi, Buenos Aires 2001.

6.♕c2 ♗e7 7.e3 ♘bd7 8.♗d3 0-0 9.♘f3

Zu scharfem Spiel kommt es, wenn Weiß eine Aufstellung mit langer Rochade wählt; zu 9.♘ge2 siehe **Abspiel 2**.

9...♖e8 10.0-0

Nach wie vor ist es möglich, lang zu rochieren: 10.0-0-0 ♘f8 11.h3 (11.♗xf6 ♗xf6 12.h3 ♗e6 13.♔b1 ♖c8 14.g4 c5 mit Gegenspiel) 11...♗e6 12.♔b1 ♕a5 13.g4 ♘e4 14.♗xe7 ♘xc3+ 15.♕xc3 ♕xc3 16.bxc3 ♖xe7

17.♔c2 c5 und beide Seiten haben Spiel, Bischoff - Van der Sterren, München 1990. In der Partie I. Sokolov - Alb. David, Vlissingen 2000, wurde ein anderer Plan versucht: 10.h3 ♘f8 11.0-0 (11.0-0-0!? ist auch möglich.) 11...g6 (11...♘g6!?) 12.♗h6 ♘h5 13.e4 dxe4 14.♘xe4 ♗f5 (14...♘e6!?) 15.♖fe1 ♗b4 16.♖e3 ♘e6 17.♕b3 ♗f8 18.♗xf8 ♖xf8 19.♗c4 ♘hf4 (Noch günstiger für Weiß ist der Bauernraub 19...♘xd4 20.♘xd4 ♕xd4 21.♖d1 ♕b6 22.♘d6 ♕xb3 23.♗xb3 und Schwarz ist in großen Schwierigkeiten.) 20.♘g3 b5 21.♗f1 mit weißem Vorteil.

10...♘f8

Dieses Springermanöver ist in vielen Abspielen der Abtauschvariante bekannt. Der Springer soll weiter über das Feld g6 in die Aktion gegen den weißen König einbezogen werden.

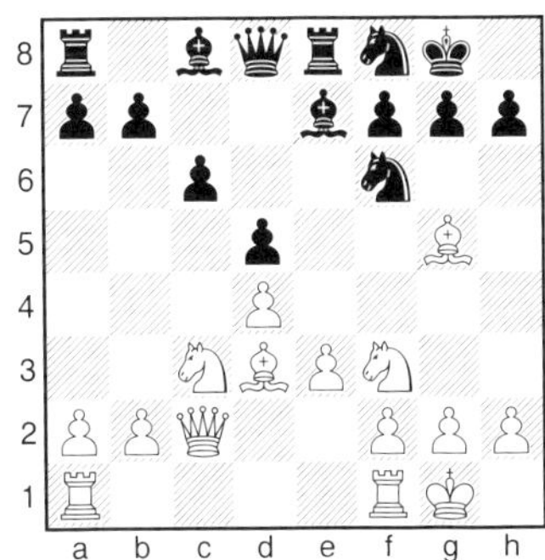

11.♖ab1

Einer der am häufigsten angewandten Spielpläne. Weiß bereitet einen Minoritätsangriff vor: Mit dem Vormarsch a2–a4 und b2–b4–b5 wird er versuchen, die gegnerische Bauernmehrheit am Damenflügel zu zerstören. Andere Möglichkeiten sind:

I. 11.♖ae1 (Weiß plant ein Spiel in der Mitte einzuleiten.) 11...♘e4 12.♗xe7 ♕xe7 13.♗xe4 dxe4 14.♘d2 f5

A) 15.f3 exf3 16.♘xf3 ♗e6 17.e4 fxe4 18.♖xe4 h6 19.♖fe1 ♖ad8 20.♖1e3 (Nach 20.♖e5 ♕f7 21.b4 ♘d7 hat Schwarz keine Probleme.) 20...♕f7 21.♘e5 ♕f5 22.♖f3 (Oder 22.♕e2 ♗d5 23.♘xd5 ♖xd5 mit verteilten Chancen.) 22...♕h5 23.♕f2 ♘d7 24.♕e1 ♘xe5 25.♖xe5 ♕g6 26.♖g3 ♕f7 27.♖f3 ♕d7 28.♖fe3 ♗f7 und Schwarz hält den Ausgleich, V. Djuric - M. Savic, Niksic 1997.

B) 15.d5 ♗d7 16.♕b3 (16.f3 exf3 17.♘xf3 cxd5 18.♘xd5 ♕e4 19.♕xe4 ♖xe4∞, Spassow - Van der Sterren, Albena 1983) 16...cxd5 17.♕xb7 ♖eb8 18.♕xd5+ ♗e6 19.♕c6 ♗d7 20.♕a6 ♖xb2 21.♘b3 ♗e6 22.♘d4 ♖b6 23.♕a5 ♕b4 mit beiderseitigen Chancen, Asmajparaschwili - Zaid, Sotschi 1982.

II. 11.♘e5 (Weiß plant die Befestigung des Springers e5 durch f2–f4 und dann nach ♖f1-f3 eine Aktion am Königsflügel.) 11...♘g4 12.♗xe7 ♕xe7 13.♘xg4 ♗xg4 14.♖ae1

A) 14...♗h5 15.f4 ♖ac8 16.♕f2 (16.♗f5 ♗g6!) 16...f6 17.f5 ♗f7 18.♕g3 (18.♕f4 ♔h8 19.g4 a6 20.h4 c5 21.g5 b5 mit Gegenspiel am Damenflügel, Myc - Murdzia, Polen 1997.) 18...♕c7 19.♕xc7 ♖xc7 20.b4 ♖ce7 21.♔f2 ♘d7 22.a3 ♘b6 23.g4 ♘c8 24.h4 ♘d6 und Schwarz hat alles unter

Kontrolle, Charitonow - Pantschenko, Aktiubinsk 1985.

B) 14...♖ad8 15.f4 ♗c8 16.f5 ♘d7 17.a3 ♘f6 18.♕f2 a6 19.♕f4 (19.b4!?) 19...c5 mit ausreichendem schwarzen Gegenspiel, Waiser - Pigusow, Nowosibirsk 1993.

III. 11.♗xf6 (Damit will Weiß ohne den Tempoverlust ♖a1-b1 den Vorstoß am Damenflügel b2-b4 durchführen.) 11...♗xf6 12.b4 ♗g4 13.♘d2 ♖c8 14.♗f5 ♗xf5 15.♕xf5

A) 15...♕d6 16.♖ab1 ♘g6 17.g3 ♖e6 18.♖fc1 ♖ce8 19.b5 ♘e7 20.♕d3 h5 21.bxc6 bxc6 22.♘a4 ♘g6 23.♘c5 ♖6e7 24.♘f1 (Auf 24.h4? folgt 24...♖xe3! 25.fxe3 ♕xg3+ und Schwarz gewinnt.) 24...h4 25.♕f5 und Weiß hat mehr Raum, Juferow - M. Kiselew, Jerewan 1983.

B) 15...♘e6 16.♖ab1 g6 17.♕d3 ♗g7 mit etwa gleichem Spiel, Bagirow - Klovans, Leningrad 1963.

C) 15...♗e7 16.♖ab1 b5 17.a4 (17.♖fc1!?) 17...a5 und Schwarz steht am Damenflügel aktiv, Frey - Condie, Dubai 1986.

IV. 11.a3 (Mit diesem Abwartezug kann Weiß auf keinen Eröffnungsvorteil hoffen.)

A) 11...a5 12.♖ae1 (12.♘e5 ♘g4 13.♗xe7 ♕xe7 14.♘xg4 ♗xg4 15.♖ae1 ♗h5 nebst ♗h5-g6 und etwa gleichem Spiel.) 12...♗e6 13.♘e5 ♘6d7 14.♗xe7 ♖xe7 15.f4 f6 16.♘f3 ♘b6 17.f5 ♗f7 18.g4 h6 19.h4 und Weiß gelang eine Initiative am Königsflügel, Krasenkow - Klovans, Kaliningrad 1986.

B) 11...♘g6 (Die stärkste Fortsetzung für Schwarz.) 12.♘e5 ♘xe5 13.dxe5 ♘g4 14.♗f4 ♗f8! 15.♗xh7+ ♔h8 16.♗f5 ♘xe5 17.♗xc8 ♖xc8 18.♕f5 (Infrage kommt 18.♖fe1 mit dem Plan ♖a1-d1, ♗f4-g3, um e3-e4 vorzubereiten.) 18...f6 19.♖ad1 ♔g8 20.♗g3 ♖c7 mit dem Ziel g7-g6, f6-f5, um dann den Punkt e4 völlig unter Kontrolle zu nehmen. Schwarz hat gute Perspektiven, Kalinitschew - Pigusow, Taschkent 1987.

V. 11.h3 (Weiß verhindert den Läuferzug nach g4.)

A) 11...♗e6 12.a3 (12.♖fc1; siehe **Partie Nr. 37**: Karpow - Charitonow, Moskau 1988) 12...♘6d7 13.♗xe7 ♕xe7 14.b4 ♘g6 15.♖fc1 ♕f6 16.♕d1 ♗f5 17.b5 ♗xd3 18.♕xd3 ♘b6 19.bxc6 bxc6 20.♘b1 und wegen der Bauernschwäche auf c6 hat Weiß bessere Aussichten.

B) 11...♘e4 12.♗f4 (Laut Keres hat Weiß nach 12.♗xe7 ♕xe7 13.♗xe4 dxe4 14.♘d2 f5 15.♖ae1 ♕e6 16.f3 etwas besseres Spiel.) 12...f5 13.♘e5 ♘g6 14.♘xg6 hxg6 15.f3 ♘f6 16.♕f2 ♘h5 17.♗e5 ♗h4 18.♕d2 ♗g3 19.♗xg3 ♘xg3 20.♖fe1 ♕d6 21.♖ab1 ♗d7 22.b4 b5 23.a4 a6 24.♗c2 und wegen der Möglichkeit e3-e4 hat Weiß einige Stellungsvorteile, I. Sokolov - Oll, Pula Echt 1997.

C) 11...g6 12.♗h6 ♘e6 13.♘e5 ♘g7 14.g4 ♘d7 15.f4 ♗f8 (Das in der Partie I. Sokolov - Cardon, Holland 2002, erprobte 15...♘xe5 führt nach

16.dxe5! ♗c5 17.♖f3 ♘e6 18.♕f2 d4 19.♘e4 dxe3 20.♖xe3 ♔h8 21.f5 zu weißem Plus.) 16.♕f2 ♘xe5 (Oder 16...f6 17.♘f3 ♘b6 18.♖ae1 ♗d7 19.♔h1 ♖e7 20.f5 gxf5 21.g5 ♖e6 22.♖g1 und Schwarz geriet in Christiansen - Van der Sterren, Luzern 1989, unter mächtigen Druck.) 17.fxe5 ♗e6 18.♘e2 ♗e7 19.♘f4 ♗h4 20.♕f3 ♖f8 21.♔h2 ♕e7 22.♘g2 ♗g5 23.♗xg5 ♕xg5 24.♖f2 f5 25.exf6 ♘e8 26.♖af1 ♘xf6 27.♕g3 und Weiß hat bessere Aussichten, I. Sokolov - McShane, Reykjavik 2003.

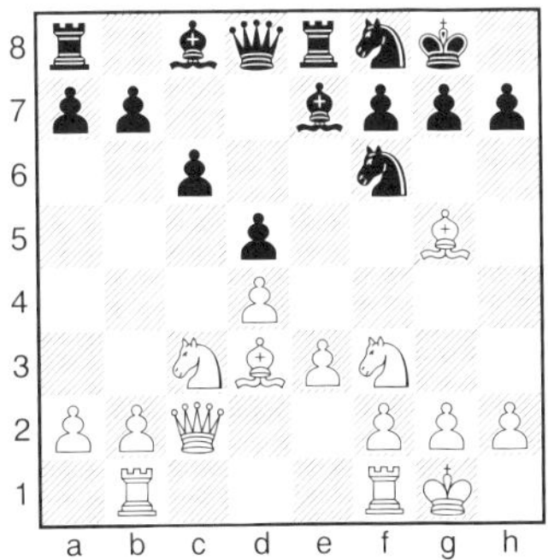

11...a5

Der Sinn dieses Zuges ist, den Marsch des weißen b-Bauern zu erschweren. Eine andere Idee ist 11...♘e4 12.♗xe7 ♕xe7 13.b4 a6 (13...♘xc3 14.♕xc3 ♗e6 15.b5 cxb5 16.♖xb5 ♖ec8 17.♕b2 ♖c7 18.♖b1±, Eklund - Garde, Rilton Cup 1995.) 14.a4 ♗f5 (Zu überlegen ist 14...f5!?, um die Position des Springers auf e4 zu festigen.) 15.♖fc1 ♖ac8 16.♗xe4 ♗xe4 17.♘xe4 dxe4 18.♘d2 ♕e6 19.♕b3 ♕xb3 20.♖xb3 ♘d7 21.♘c4 ♖e6 22.♖bc3 ♘f6 23.♘b6 ♖ce8 24.♖c5 mit positionellem Vorteil für Weiß, weil er im günstigen Moment den Vorstoß b4-b5 durchführen und damit im gegnerischen Lager Bauernschwächen erzeugen kann. Schwarz sollte jedoch bei genauem Spiel (insbesondere nach dem Marsch seines Königs ins Zentrum: ♔g8-f8-e7 usw.) die Stellung halten können, Flear - Kelchner, Brocco 1990.

12.a3 ♘g6 13.b4 axb4

Schwarz muss nicht sofort auf b4 schlagen, denn wenn Weiß b4-b5 zieht, wird sein Bauer auf a3 hängen. Also geht auch 13...♘e4 oder 13...♗d6.

14.axb4 ♘e4 15.♗xe7 ♕xe7 16.b5 ♘xc3 17.♕xc3 ♗g4 18.♘d2 ♖ac8 19.bxc6 bxc6 20.♗xg6 hxg6 21.♖fc1 ♕g5 22.♘f1 ♗e2 23.♘g3 ♗b5 und Schwarz hat seinen schwachen Bauern verteidigt. Die Stellung ist ausgeglichen, Guseinow - Klovans, Moskau 1983.

Zusammenfassung: Schwarz hat einige gute Optionen gegen den aktiven weißen Plan am Damenflügel mittels b2-b4-b5. Das Hauptgegenspiel beruht vor allem auf Angriffsmöglichkeiten am anderen Flügel. Die Abtauschvariante bietet beiden Parteien etwa gleiche Aussichten.

Abspiel 1

Fortsetzung 5.♗f4

1.d4 d5 2.c4 e6 3.♘c3 ♘f6 4.cxd5 exd5 5.♗f4

Die Entwicklung des Läufers auf die Diagonale b8-h2 hat auch viele Anhänger.

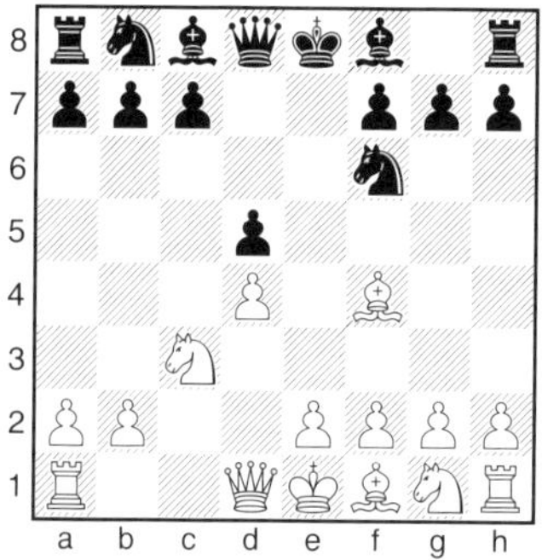

5...♗e7 6.e3

Ein elastischer Zug, denn Weiß behält die Möglichkeit, seinen Königsspringer nach e2 zu entwickeln. Die Alternative ist 6.♘f3, worauf sich das Spiel in zwei Richtungen verzweigen kann:

A) 6...c5 7.dxc5 ♗xc5 (Nach 7...♘a6 8.e3 ♘xc5 9.♗e2 0-0 10.0-0 ♗g4 11.♖c1 hat Schwarz immer mit seinem Isolani zu kämpfen: Weiß steht etwas besser.) 8.e3 0-0 9.♗e2 ♘c6 10.0-0 ♗e6 11.♖c1 ♗b6 12.♕a4 ♗d7 13.♖fd1 ♘d4 14.♕b4 a5!? (14...♘xe2+ 15.♘xe2 ♗g4 16.♘ed4 ♘e4 17.h3 ♗e6 18.♖c2 ♖c8 19.♖dc1 ♖xc2 20.♖xc2 h6 21.a4 mit aktivem Spiel von Weiß am Damenflügel, Karpow - Beljawski, Moskau 1981.) 15.♕a3 ♘xe2+ 16.♘xe2 ♗g4 17.♕d6 ♖a6 18.♕xd8 ♗xd8 19.♗e5 ♖e8 20.♗d4 ♘e4 mit Ausgleichschancen, Waganian - Beljawski, Leningrad 1977.

B) 6...c6 7.♕c2 ♘bd7 8.e3 0-0 9.♗d3 ♖e8 10.h3 ♘f8 11.0-0-0 ♗b4 12.♔b1 ♕e7 13.♗g5 ♕e6 14.♗f4 ♕e7 15.♘e5 ♘e4 (Laut Polugajewski ist 15...♘8d7!? stärker.) 16.♘xe4 dxe4 17.♗c4 ♗e6 18.♗xe6 ♘xe6 19.♗h2 ♘f8 20.♕b3 mit weißem Positionsvorteil, Kortschnoi - Petrosjan, Velden 1980.

6...0-0

Schwarz bevorzugt die Entwicklung seiner Kräfte. Schärfer ist 6...♗f5, z.B.:

A) 7.♘ge2 0-0 8.♘g3 ♗e6 9.♗d3 c5 10.dxc5 ♗xc5 11.0-0 ♘c6 12.♖c1 d4 13.♘b5 (13.♘ce4 ♗e7 14.♘c5 ♗xc5 15.♖xc5 dxe3 16.♗xe3 ♘b4 17.♗f5 ♗xa2 18.♕xd8 ♖fxd8 19.♖b5 ♘bd5 20.♖xb7 ♘xe3 21.fxe3 ♖db8 mit gleichem Endspiel, Lautier - Iwantschuk, Moskau 1994.) 13...♗b6 14.e4 ♘g4 15.♘f5 ♗xf5 16.exf5 ♘ge5 17.♗e4 ♖e8 18.♕h5 a6 19.♘a3 d3 20.♘c4 ♘xc4 21.♖xc4 d2 22.f6 g6 23.♕h6 ♕xf6 24.♗xd2 ♘d4 mit sehr kompliziertem Spiel, I. Sokolov - B. Lalic, Hastings 2000.

B) 7.♕b3 ♘c6 8.♕xb7 (Eine interessante Idee ist 8.g4!? ♘xg4, hier zwei Beispiele: 9.♘xd5?; siehe **Partie Nr. 38**: Topalow - Kasparow, Linares 1997, und 9.♕xd5!?; siehe **Partie Nr. 39**: Aronian - Kramnik, Monte Carlo 2011.) 8...♘b4 9.♖c1 (9.♗b5+ ♔f8 ist unklar.) 9...0-0 10.♕xc7!? (10.a3 ♘c2+ 11.♖xc2 ♗xc2 12.♗xc7 ♕c8

13.La6 Dxb7 14.Lxb7 Tab8 15.Lxb8 Txb8 nebst Tb8xb2 und gutem Spiel für Schwarz, Ehlvest - Jussupow, Linares 1991.) 10...Dxc7 11.Lxc7 Tac8 12.Le5 Se4 13.a3 Sxc3 14.Txc3 Txc3 15.bxc3 Sc2+ 16.Kd2 f6 17.Lg3 Sxa3 18.Ld3 und Weiß bleibt ein Plus.

7.Sf3

Weiß kann nach 7.Ld3 seinen Springer auf e2 platzieren: 7...c5 8.Sge2 Sc6 9.0-0 a6 10.dxc5 Lxc5 11.Tc1 Le7 12.Lb1 Le6 13.Sd4 Tc8 14.Sxc6 Txc6 15.Se2 Txc1 16.Dxc1 Db6 17.Le5 Tc8 18.Dd1 Lg4 19.Dd3 Lxe2 20.Dxe2 De6 21.Ld4 Se4 22.Td1 Lf6 23.Lxf6 Sxf6 mit völligem Ausgleich, Georgadze - Kornejew, Elgoibar 1997.

7...Lf5 8.Db3 Sc6 9.a3

Um den Springer nicht nach b4 zu lassen. Nach 9.Tc1 Sa5 10.Da4 c6 11.Le2 b5 12.Dd1 Db6 13.0-0 Tac8 14.Sh4 Le6 15.Dc2 Se4 16.Sf3 Sxc3 17.Dxc3 b4 18.Dd3 Sc4 19.Db1 c5 20.Tfd1 cxd4 21.Sxd4 Lf6 entsteht eine recht komplizierte Stellung.

9...a6

Damit provoziert Schwarz seinen Partner zu scharfem Spiel. Um dies zu vermeiden, kann man einfach 9...Tb8 spielen, z.B. 10.Le2 h6 (10...a6 11.0-0 b5 12.Se5 Sa5 13.Dd1 Tb6 14.b3 Te8∞) 11.0-0 Le6 usw.

10.Dxb7

Es ist klar, dass Weiß auf das Nehmen des Bauern verzichten kann, um erst die Entwicklung des Königsflügels zu beenden, z.B. 10.Le2 b5 11.0-0 Sa5 12.Da2 Sc4 13.Se5 usw.

10...Sa5 11.Dxc7 Dxc7 12.Lxc7 Sb3 13.Td1 Lc2

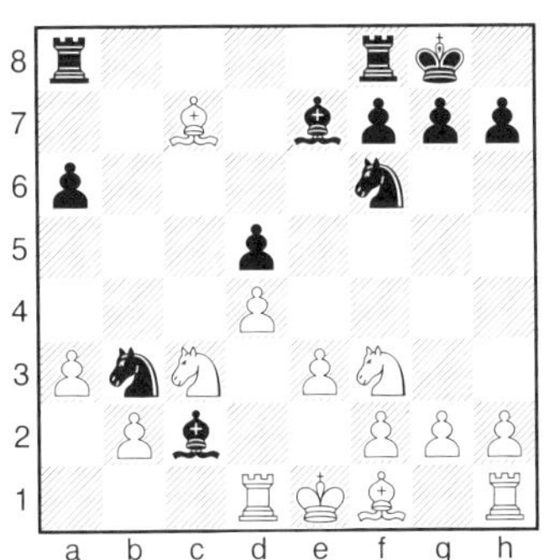

14.Le5!

Der richtige Weg. Fehlerhaft ist 14.Le2? wegen 14...Lxa3! 15.0-0 (15.bxa3 Tfc8 16.Sxd5 Sxd5 17.Ld6 Lxd1 18.Lxd1 Tc1 mit schwarzem Vorteil) 15...Lxb2 16.Sa4 La3 17.Sb6 Ta7 18.Le5 Tb7 19.Sa4 Lxd1 20.Txd1 a5 und Schwarz führte die Partie zum Sieg, Illescas - Milos, Buenos Aires 1993.

14...Tfd8

14...Lxd1 15.Lxf6 Lxf6 16.Kxd1 ist nur Zugumstellung.

15.Lxf6 Lxf6 16.Ld3 Lxd1 17.Kxd1 und Weiß hat genug Ersatz für die Qualität.

Zusammenfassung: Die Entwicklung Lf4 ist noch nicht ausreichend erforscht, um eine konkrete Beurteilung zu geben. Auf jeden Fall führt diese Variante zu komplizierten Positionen mit beiderseitigen Möglichkeiten.

Abspiel 2

Fortsetzung 9.♘ge2

1.d4 d5 2.c4 e6 3.♘c3 ♘f6 4.cxd5 exd5 5.♗g5 c6 6.♕c2 ♗e7 7.e3 ♘bd7 8.♗d3 0-0 9.♘ge2

Dieser Plan ist in letzter Zeit sehr oft in der Turnierpraxis zu sehen. Sein Sinn besteht darin, dass Weiß ein Bauernzentrum mittels f2–f3 und e3–e4 bilden kann. Die Entwicklung des Springers ist etwas elastischer im Vergleich zu ♘f3. Nun kann er sich nach f4 oder g3 begeben und von diesen Feldern Druck auf das Zentrum ausüben. Ein anderer Plan für Weiß ist mit der langen Rochade verbunden.

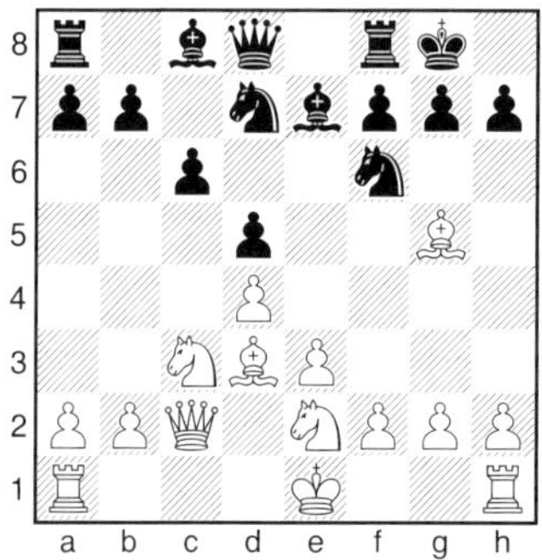

9...♖e8 10.0-0-0

Das Spiel mit Rochaden nach entgegengesetzten Seiten verspricht meistens einen scharfen Kampf. Weiß kann auch kurz rochieren. Man sehe: 10.0-0 ♘f8

A) 11.♖ae1 ♘h5 12.♗xe7 ♕xe7 13.♘g3 ♘xg3 14.hxg3 ♗e6 15.f3 ♖ad8 16.♕f2 ♗c8 17.g4 ♕g5 18.b4 h5 mit schwarzem Gegenspiel, Kramnik – Ruban, Moskau 1991.

B) 11.a3 ♘h5 (11...g6 12.b4 a6 13.♖ab1 ♘e6 14.♗h4 ♘g7 15.a4 ♗f5 mit befriedigendem Spiel für Schwarz, Granda Zuniga – Garcia Padron, Canaria 1991.) 12.♗xe7 ♕xe7 13.b4 ♕g5 14.♖ae1 ♗h3 15.♘g3 ♘xg3 16.hxg3 ♗d7 17.e4 dxe4 18.♘xe4 ♕e7 19.♕c3 (Baburin analysiert hier 19.♘c5 ♕xe1 20.♖xe1 ♖xe1+ 21.♔h2 ♖ae8 22.♘xb7 ♖a1 23.♘c5 ♖ee1 24.g4 ♗xg4 mit unklarer Stellung.) 19...♗e6 20.♘c5 ♕c7 21.♗e4 ♖ad8 22.♖e3 ♖d6 mit gleichen Chancen, H. Olafsson – Baburin, Las Vegas 1997.

C) 11.♖ab1 ♗e6 12.b4 ♖c8 (Nach 12...a6 13.♘a4 ♘6d7 14.♗xe7 ♕xe7 15.♘c5 ♘xc5 16.bxc5 kann Weiß auf den b-Bauern starken Druck ausüben und steht besser, Portisch – Jussupow, Bugoino 1986.) 13.b5 c5 14.dxc5 ♗xc5 mit etwa gleichem Spiel, Yrjola – Wedberg, ESPO 1989.

D) 11.♖ad1 ♘h5 12.♗xe7 ♕xe7 13.♖fe1 ♘g6 14.♘g3 ♘xg3 15.hxg3 ♗g4 16.f3 ♗e6 mit gleichem Spiel, De Villers – Soppe, Manila 1992.

E) 11.f3 ♗e6 12.♖ae1 ♖c8 (12...♘g6!?) 13.♔h1 ♘6d7 14.♗xe7 ♖xe7 15.♘f4 (Nach 15.e4 dxe4 16.fxe4 c5 17.d5 ♗g4 blockiert Schwarz das weiße Zentrum mit gutem Spiel.) 15...♘f6 (Der Zug 15...♖c7? wird in der **Partie Nr. 40**: Kasparow – Andersson, Belfort 1988, analysiert.) 16.♕d2 ♖d7 17.b4 mit kleinem weißen Vorteil, Analyse von Kasparow.

10...♕a5

Oder 10...♘f8 11.h3 a5 12.g4 b5 13.♘g3 a4 14.♔b1 ♕a5 15.♘ce2 ♗d7 16.♘f5 ♗xf5 17.♗xf5 und Weiß bieten sich gute Chancen für einen Königsangriff.

11.♔b1 b5 12.♘g3 h6

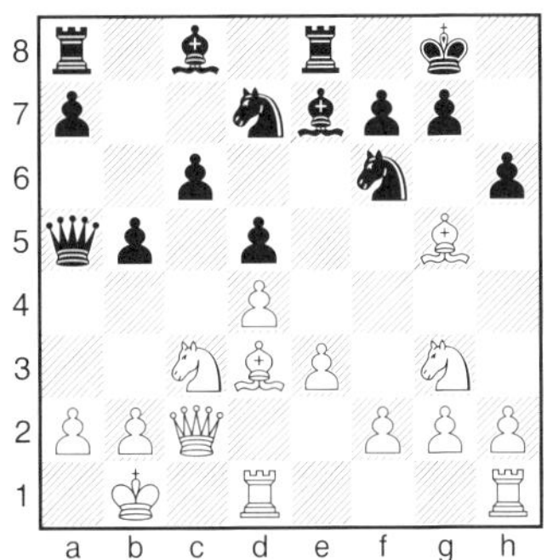

13.h4!

Eine typische Aktion in dieser Art von Stellung. Weiß ist bereit, für den Angriff seinen Läufer zu opfern. Man kann natürlich eine ruhigere Variante wählen: 13.♗xf6 ♘xf6 14.♘ce2 ♗d7 15.♘c1 ♕b6 16.♘b3 a5 mit etwa gleichen Chancen.

13...♘b6

Die Annahme des Figurenopfers ermöglicht Weiß starken Angriff am Königsflügel: 13...hxg5 14.hxg5 ♘e4 (14...b4 15.gxf6 ♘xf6 16.♘ce2 ist bequemer für Weiß.) 15.♗xe4 dxe4 16.♕xe4 ♘f8 17.♕h4 f6 (17...♘g6 18.♕h7+ ♔f8 19.♕h8+ ♘xh8 20.♖xh8#) 18.♕h8+ ♔f7 19.♖h7 ♘xh7 20.g6+ ♔e6 21.♕xe8 ♗b7 22.d5+ cxd5 23.♕f7+ ♔d6 24.♘xd5 mit entscheidendem Angriff.

14.♗f4 ♘c4 mit kompliziertem Spiel und beiderseitigen Chancen.

Zusammenfassung: Die Entwicklung des Springers nach e2 gibt dem Weißen die Möglichkeit, entweder mit f2–f3 und e3–e4 im Zentrum aktiv zu werden, oder nach langer Rochade am Königsflügel zu attackieren. Schwarz hat auch in dieser Variante viele Chancen auf Gegenspiel, sodass die Möglichkeiten beider Seiten verteilt sind.

Kapitel 12

Verbesserte Tarrasch-Verteidigung

1.d4 d5 2.c4 e6 3.♘c3 ♘f6 4.♘f3 c5 5.cxd5 ♘xd5

Im Unterschied zur klassischen Tarrasch-Verteidigung (siehe Kapitel 10) schlägt Schwarz auf d5 mit dem Springer, um die Bildung des isolierten Bauern zu vermeiden. Die entstehende Bauernstruktur und die strategischen Pläne für beide Seiten sind sehr ähnlich dem angenommenen Damengambit und sogar dem Panow-Angriff in der Caro-Kann-Verteidigung.

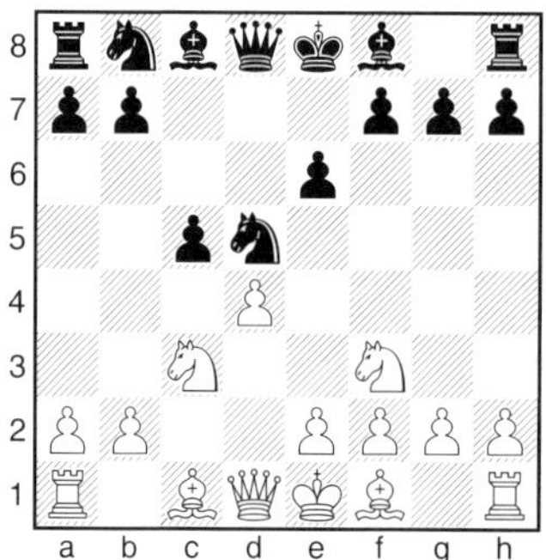

6.e3

Der übliche Plan: Weiß will erst die Entwicklung seines Königsflügels beenden, bevor er aktive Handlungen beginnt. Andere Pläne sind möglich:

I. 6.e4 (Mit diesem natürlichen Zug besetzt Weiß das Zentrum.) 6...♘xc3 7.bxc3 cxd4 8.cxd4 und nun zwei Abzweigungen:

A) 8...♘c6 9.♗c4 b5!? 10.♗d3 (10.♗xb5?? ♕a5+ mit Läufergewinn) 10...♗b4+ 11.♗d2 ♗xd2+ 12.♕xd2 a6 13.d5 (In der Partie Spasski - Fischer, Reykjavik 1972, geschah 13.a4 0-0! 14.♕c3 ♗b7 15.axb5 axb5 16.0-0 ♕b6 17.♖ab1 b4 mit gleichem Spiel.) 13...exd5 14.exd5 ♕xd5 15.0-0 ♗e6 16.♕e3 0-0 17.♗e4 ♕d7 18.♖ad1 ♕e8 19.♖d6 ♘e7 20.♖xe6 fxe6 21.♗xa8 ♘f5! 22.♕e4 ♕xa8 23.♕xe6+ ♔h8 mit Remis, Adorjan - Pinter, Ungarn 1981.

B) 8...♗b4+ 9.♗d2 ♗xd2+ 10.♕xd2 0-0 11.♗c4 ♘c6 12.0-0 b6 13.♖ad1 ♘a5 14.♗d3 ♗b7 15.♖fe1 ♖c8 16.d5! (Dieser Zug gibt dem Anziehenden schöne Angriffsmöglichkeiten am Königsflügel.) 16...exd5 17.e5 ♘c4 (Nach 17...♕e7 18.♕f4 f5 19.♘d4 g6 20.h4 ♘c6 21.♘b5 ♕e6 22.h5 ♖cd8 23.hxg6 hxg6 24.♖e3 besitzt Weiß gefährliche Initiative, Bagirow - Schurawlew, Daugavpils 1974.) 18.♕f4 ♘b2? (⌓18...h6) 19.♗xh7+! ♔xh7 20.♘g5+ ♔g6 (20...♔g8 21.♕h4 ♖e8 22.♕h7+ ♔f8 23.e6+-) 21.h4! f5 (In der Begegnung Polugajewski - Tal, Moskau 1969, folgte 21...♖c4 22.h5+ ♔h6 23.♘xf7+ ♔h7 24.♕f5+ ♔g8 25.e6 ♕f6 26.♕xf6 gxf6 27.♖d2 ♖c6 28.♖xb2 ♖e8 29.♘h6+ ♔h7 30.♘f5 ♖exe6 31.♖xe6 ♖xe6 32.♖c2 ♖c6 33.♖e2 mit klarem Vorteil für Weiß.) 22.♖d4 ♕e7 23.h5+! ♔h6 (23...♔xh5 24.♕h4+ ♔g6 25.♕h7+ ♔xg5 26.f4+ ♔g4 27.♕h3#) 24.♘f7+ ♔h7 25.♕xf5+ ♔g8 26.e6 ♖c7 27.♖f4 ♗c6

28.h6 und Schwarz gab auf, Grün – Göhring, 1. Bundesliga 1983.

II. 6.g3 (Der Läufer auf der Diagonale a8–h1 wird starken Druck auf das Zentrum ausüben.) 6...♘c6 7.♗g2 ♗e7 8.0-0 0-0

A) 9.♘xd5 exd5 10.dxc5 (Nach 10.♗e3 c4 11.♘e5 ♗f5 12.♘xc6 bxc6 13.♕a4 ♕b6 14.♖ac1 a6 nebst ♕b6-b5 erhält Schwarz eine feste Stellung.) 10...♗xc5 11.♕c2 (11.♗g5 f6 12.♖c1 ♗b6 13.♗f4 wird auch gespielt.) 11...♗b6 12.♘g5 g6 13.♕d2 ♘d4 14.♘f3 ♘xf3+ 15.♗xf3 ♗e6 16.b3 ♕d7 17.♗b2 d4 18.♖fd1 ♗g4 19.♕f4 mit aussichtsreicher Stellung für Weiß, Timoschtschenko – Schüssler, Havanna 1981.

B) 9.e4 ♘db4 10.a3 cxd4 11.axb4 dxc3 12.bxc3 b6 13.♗f4 ♗b7 14.♕b3 (14.♕e2!?) 14...♕c8 15.♖fd1 ♖d8 16.♘d4 (16.♘d2 e5=) 16...a6 (Polugajewski empfahl hier 16...a5!?.) 17.♖ac1 ♖d7 18.h4 h6 und Schwarz hat eine wenig aktive, aber stabile Stellung, Polugajewski – Radulow, Skara 1980.

6...♘c6

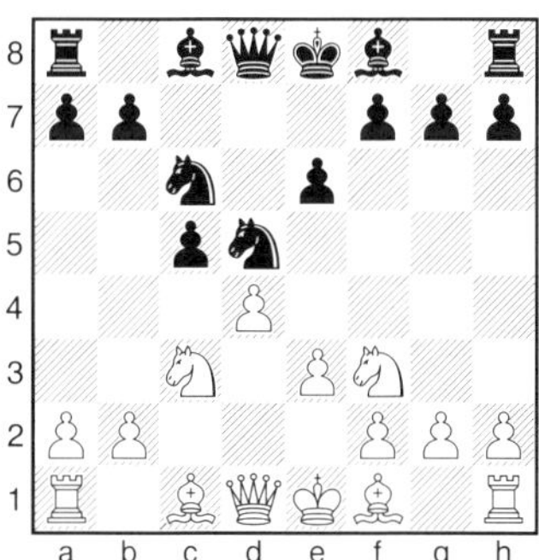

7.♗d3

Das beste Feld für den Läufer, der hier die lange Schräge b1-h7 unter Kontrolle nimmt und im Zentrum sowie am Königsflügel aktiv werden kann. Die Alternative ist 7.♗c4, z.B. 7...cxd4 8.exd4 ♗e7 9.0-0 0-0 10.♖e1

A) 10...♘xc3!? (Dieser Tausch ist logisch, denn der weiße Springer, der beim Königsangriff mitwirken könnte, wird einfach beseitigt.) 11.bxc3 b6 12.♗d3 ♗b7 13.♕c2 (Zu versuchen ist 13.♕e2!? ♘a5 14.♘e5 ♖c8 15.♗d2 mit dem Plan ♕e2–h5 und ♖e1-e3–h3 usw.) 13...g6 14.♗h6 ♖e8 15.♕d2 ♖c8 16.h4!? ♘a5 (Schlecht wäre 16...♗xh4? 17.♘xh4 ♕xh4 18.♗g5 ♕g4 19.♖e4 ♕f5 20.♖h4 ♕d5 21.♗e4 ♕d6 22.♗f6 ♕f8 23.♕f4 ♘a5 24.♕h2 h5 25.♖xh5! mit entscheidendem Königsangriff.) 17.♘g5 ♗f8 18.♗xf8 ♖xf8 19.h5 ♘c4 20.♕f4 h6 21.♘e4 g5 22.♕c1 ♔g7 und in dieser komplizierten Stellung sind die Verteidigungsressourcen von Schwarz ganz realistisch, Langeweg – Farago, Amsterdam 1976.

B) 10...♘f6 11.♗b3 ♘a5 12.♗c2 b6 13.♘e5 ♗b7 14.♖e3 ♘c6 15.♖h3 g6 16.♗h6 ♖e8 17.♗a4 ♖c8 18.♕d2 ♘d5 19.♘e4 f6 20.♗g7! g5 (20...♗f8 21.♗xf8 ♖xf8 22.♕h6 ♖c7 23.♘xc6 ♕d7 24.♘e5 ♕xa4 25.♘xg6! ♖ff7 26.♘f8+–) 21.♘xg5! ♘xe5 22.♘xe6 ♕d6 23.♕h6 ♔f7 24.dxe5 ♕xe5 (24...♕xe6 25.♕h5+ ♔xg7 26.♕xh7+ ♔f8 27.♖g3+–) 25.♗xe8+ (Nach 25.♗d7! ♗c6 26.♗xf6! ♗xf6 27.♕xh7+ ♗g7 28.♖f3+ ♔e7 29.♗xc8 wäre Schwarz schnell verloren.) 25...♖xe8 und nun hätte Weiß in der Partie De la Rocha – Borges Mateos, Spanien 2003, nach 26.♘d4! reale Chancen auf Gewinn, z.B. 26...♗d6 (26...♕xd4 27.♕h5+ ♔xg7 28.♕xh7+ ♔f8 29.♖g3+–) 27.♘f3 ♕f5 28.♕xh7 ♕xh7 29.♖xh7 ♔g6 30.♗f8 ♔xh7 31.♗xd6 usw.

C). 10...♗f6 11.♗b3 (Nach 11.♘e4 kann folgen 11...b6 12.a3 ♗b7 13.♕d3 ♘ce7 14.♗d2 ♖c8 15.♖ac1 ♘g6 mit einer sehr komplizierten Stellung, aber Schwarz steht meines Erachtens absolut ordentlich, Aronian – Giri, Stavanger 2014.) 11...♘ce7 (Oder 11...♘de7; siehe **Partie Nr. 41**: Kramnik – Meier, Dortmund 2012.) 12.♘e4 (Andere Versuche: 12.♘e5 b6 13.♘g4 ♗b7 14.♘xf6+ ♘xf6 15.♗g5 ♘f5 16.d5 exd5 17.♘xd5 ♗xd5 18.♗xf6 ♕xf6 19.♕xd5 ♖ad8 20.♕e5 ♕xe5 21.♖xe5 ♘d4 22.♖e7 ♘xb3 23.axb3 a5 24.♖b7 ♖d2 25.♖xb6 ♖xb2 26.g3 g6 27.♖xa5 ♖d8 28.♖a4 ♖d3 29.♖f6 ♖dxb3 mit gleichem Endspiel, Guar – Below, playchess.com 2004. Oder 12.♗g5 ♗d7 13.♘xd5 ♘xd5 14.♗xd5 ♗xg5 15.♘xg5 ♕xg5 16.♖e5 ♕f6 17.♗xb7 ♖ab8 18.♕f3 ♕d8 19.b3 ♕b6=.) 12...b6 13.♘xf6+ ♘xf6 14.♗g5 ♗b7 15.♘e5 ♘f5 16.♘g4 ♕xd4 17.♘xf6+ gxf6 18.♕xd4 ♘xd4 19.♗xf6 ♘xb3 20.♖e3 h5 21.axb3 ♔h7 22.♖c3 ♖fc8 23.♖g3 ♖g8 24.b4 ♖g4 25.f3 ♖xg3 26.hxg3 a6 27.♗d4 b5 28.♔f2 ♖c8 29.♗c3 ♖d8 mit gleichem Endspiel, Kobalia – Nielsen, playchess.com INT 2004.

7...cxd4

Schwarz kann vorerst auf diesen Tausch verzichten und mittels 7...♗e7 die Spannung im Zentrum aufrechterhalten. Meistens führt dies allerdings mit Zugumstellung zur Hauptvariante, z.B. 8.0-0 0-0 9.a3 und nun zwingt die Drohung d4xc5 nebst b2–b4 und ♗c1-b2 Schwarz zu einer Erklärung in der Mitte. Wenn er dies unbeachtet lässt und anders zieht, erhält Weiß bessere Chancen, z.B.

A) 9...♘xc3 10.bxc3 b6 11.♕e2 (11.♕c2 h6 12.♗b2 ♗b7 13.c4 ♖c8 14.d5! exd5 15.♖ad1 d4 16.♗f5 ♖b8 17.exd4 cxd4 18.♘xd4 ♕c7 19.♗h7+ ♔h8 20.♘f5 f6 21.♘h4 mit starker Initiative.) 11...♗b7 12.♖d1 ♕c7 13.♖b1 ♖fd8 14.c4 und Weiß besitzt ein starkes Bauernzentrum, Bilek – Cerna, Budapest 1975.

B) 9...♘f6 10.dxc5 ♗xc5 11.b4 ♗d6 12.♗b2 ♕e7 13.♘e4 (13.♕c2 h6 14.♖fd1 ♗d7 15.♘b5 ♗b8 16.♖ac1 a6 17.♘bd4 ♖c8 18.♕b1 und die weißen Figuren sind aktiver postiert.) 13...♘xe4 14.♗xe4 f5 (Oder 14...e5 15.♖c1 ♗d7 16.b5 ♘d8 17.♕d3 f5 18.♗d5+ ♔h8 19.♖fd1 e4 20.♗xe4 fxe4 21.♕xd6 ♕xd6 22.♖xd6 ♗xb5 23.♘d4 mit klarem Vorteil.) 15.♗d3 e5 16.e4 f4 17.♗c4+ ♔h8 18.b5 ♘d8 19.♗d5 ♗g4 20.♕d3 und Weiß steht besser.

8.exd4 ♗e7 9.0-0 0-0 10.♖e1 ♗f6

Die schwarze Verteidigung richtet sich gegen den Bauern d4. Die andere Möglichkeit 10...♘f6 wird in **Partie Nr. 42**: Charlow – Nisipeanu, Laibach 2002, erörtert. Vorteilhaft für Weiß ist 10...♘cb4 11.♗b1 ♘f6 12.♘e5 ♗d7 13.♖e3 ♗c6 14.♖g3 g6 15.♗h6 ♖e8 16.h4!? mit aktivem Spiel am Königsflügel.

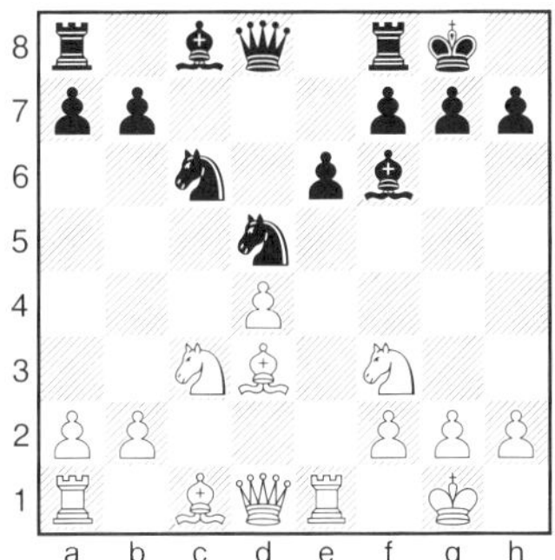

11.♗e4

Gespielt wird auch 11.a3!?, um den schwarzen Springerzug nach b4 auszuschalten, z.B.

A) 11...♘xd4 12.♘xd4 ♗xd4 13.♗xh7+ ♔xh7 14.♕xd4 ♘xc3 15.♕xc3 f6 16.♗e3 e5 (Besser wäre 16...♖f7!? 17.♖ac1 ♖d7 18.♕c2+ ♔g8 19.♕e4±, Analyse von Kosten.) 17.♖ad1 ♕e8 18.♗c5 ♖f7 19.f4 mit weißem Vorteil, Kosten – Kuczynski, Deutschland 2000.

B) 11...♘xc3 12.bxc3 b6 13.♕e2 (Ebenfalls möglich ist 13.♕c2 g6 14.♗h6 usw.) 13...♗b7 14.♕e4 g6 15.♗h6 ♖e8 16.♕f4 mit aktivem Spiel am Königsflügel, Makarytschew – Michaltschischin, Tbilissi 1978.

11...♘ce7

Den Zentralpunkt d5 muss Schwarz halten, so lange es geht. Nach 11...♕d6 ist 12.♗g5! am stärksten, z.B. 12...♗xg5 13.♘xg5 h6 14.♘f3 ♗d7 15.♗xd5 exd5 16.♘e5 ♗e6 17.♘xc6 ♕xc6 18.♖c1 und Weiß steht aussichtsreicher, denn Schwarz hat den passiven Läufer, Gheorghiu – Petursson, USA 1979.

12.♕d3

Neben diesem üblichen, gegen h7 gerichteten Angriff kann Weiß auch 12.h4!? spielen, z.B. 12...♘f5 13.h5 (Nach 13.♕d3 ♘xc3 14.bxc3 h6 15.h5 ♘d6 16.♘e5 ♘xe4 17.♕xe4 ♗xe5 18.♕xe5 ♕d5 19.♕xd5 exd5 20.♗a3 ♖d8 ist die Stellung ausgeglichen, Analyse von Karpow.) 13...♘b4 (13...h6!?) 14.a3 ♘c6 15.♗xf5 exf5 16.d5 mit weißem Vorteil, Michaltschischin – Kuczynski, Warschau 2000. Stark ist auch 12.♘e5, z.B. 12...g6 (12...♗d7 13.♕d3 g6 14.♗h6 ♗g7 15.♕h3 mit guten Angriffsaussichten für Weiß am Königsflügel.) 13.♗h6 ♗g7 14.♗xg7 ♔xg7 15.♕b3 ♘f6 16.♖ad1 und Weiß steht im Zentrum deutlich besser, Gheorghiu – Arnason, USA 1978.

12...h6

Den Bauern h7 kann Schwarz auch durch 12...g6 verteidigen. Man sehe: 13.♗h6 ♗g7

A) 14.♕d2 ♗d7 15.♗xg7 ♔xg7 16.♗xd5 ♘xd5 (16...exd5 17.♕f4 f6 18.♖e2 ♖f7 19.♖ae1 ♗c6 20.♖e6 ♘g8 21.h4 ♖c8 22.g4± Gipslis – Mikenas, Fernpartie 1990) 17.♘xd5 exd5 18.♖e5 ♗c6 19.♖ae1 und wegen des passiven Läufers c6 steht Weiß besser, Analyse von Pachman.

B) 14.♗xg7 ♔xg7 15.♘e5 b6 16.h4 ♗b7 17.♕g3 und Weiß ist am Königsflügel aktiv, Podgajetz – Bondaretz, UdSSR 1978.

13.h4!?

Der energischste Plan gegen die schwarze Aufstellung. Eine starke Alternative ist auch 13.♘e5!?.

13...♕d6 14.♕d2 ♘f5 15.h5 ♘de7 16.♗b1

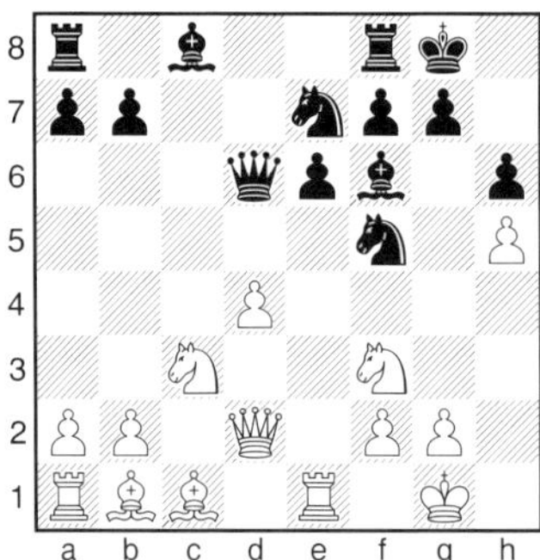

16...♘xd4

Diese Fortsetzung wurde wahrscheinlich noch nicht in der Praxis erprobt. Mit der Eroberung des Bauern d4 kann Schwarz auf Erleichterung hoffen. Nach 16...♘c6 erhält Weiß bessere Perspektiven: 17.♘b5 (Zu prüfen ist 17.♘e4!? ♕d8 18.♘xf6+ ♕xf6 19.♕d3 mit der Drohung g2-g4 usw.) 17...♕b4 18.♘c7 ♕xd2 19.♗xd2 ♖b8 20.♗xf5 exf5 21.d5 ♘d4 22.♘xd4 ♗xd4 23.♘b5 ♗b6 (23...♗xb2 24.♖ab1 ♗f6 25.♗f4 ♖a8 26.♘c7 ♖b8 27.♘e8 ♖a8 28.♗d6 mit Qualitätsgewinn) 24.♗f4 ♖a8 25.♖ac1 ♖d8 26.♗c7 ♗xc7 27.♖xc7 a6 28.♘c3 und Schwarz kann die Entwicklung seines Damenflügels nicht beenden. Nun droht Weiß ♖e1-e7!.

17.♘xd4 ♕xd4 18.♕c2 ♘f5 19.♖e4 ♕d6 20.g4 ♗xc3 21.bxc3 ♘h4 22.♗a3 ♕c6

Für Schwarz ist es nicht einfach, seine Stellung zu verteidigen. Nach 22...♘f3+ 23.♔g2 ♕c6 24.♔xf3 f5 25.♗xf8 ♔xf8 26.♕d2 ♗d7 27.♔e3 fxe4 28.♗xe4 ♕c7 29.♖d1 steht Weiß etwas besser. Sofort verliert 22... ♕xa3?? 23.♖a4 ♘f3+ 24.♔h1 mit Damengewinn.

23.♗xf8 ♔xf8

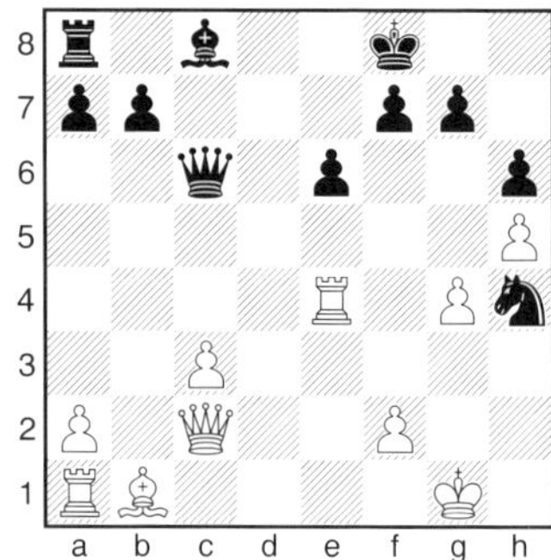

Laut einer Analyse von Schipow ist die Stellung unklar. Mir scheint, dass Weiß immer noch bessere Aussichten hat. Man sehe:

24.♕d3 ♗d7

Nach 24...♕d5 25.♔h2 ♕xd3 26.♗xd3 ♘f3+ 27.♔g3 ♘g5 28.♖e3 f6 29.f4 ♘f7 30.♗c4 steht Weiß klar besser.

25.♕g3 ♕d5 26.♗c2!

Aber nicht 26.♕xh4? ♕d1+ 27.♔h2 ♗c6 mit schwarzem Gegenspiel.

26...♕g5 27.♕d6+ ♔e8 28.♖d1 mit weißem Vorteil.

Zusammenfassung: Die Perspektiven von Weiß sind allgemein besser, weil er meistens viel schneller zu aktivem Spiel am Königsflügel und im Zentrum kommt als Schwarz. Trotzdem sollte man die Gegenchancen von Schwarz nicht unterschätzen. In der heutigen Turnierpraxis wird die verbesserte Tarrasch-Verteidigung relativ selten gespielt.

Kapitel 13

Variante mit 5.♗f4

1.d4 d5 2.c4 e6 3.♘c3 ♘f6 4.♘f3 ♗e7 5.♗f4

Weiß fesselt nicht den schwarzen Springer durch ♗c1-g5, sondern verstärkt den Druck auf der Diagonalen b8-h2. Gegenwärtig wird diese Idee sehr oft in der Praxis gespielt, denn Weiß kann auf Eröffnungsvorteil hoffen, ohne dabei Risiken eingehen zu müssen. Schwarz muss daher die Partie sehr genau führen, um zu Gegenspiel zu kommen.

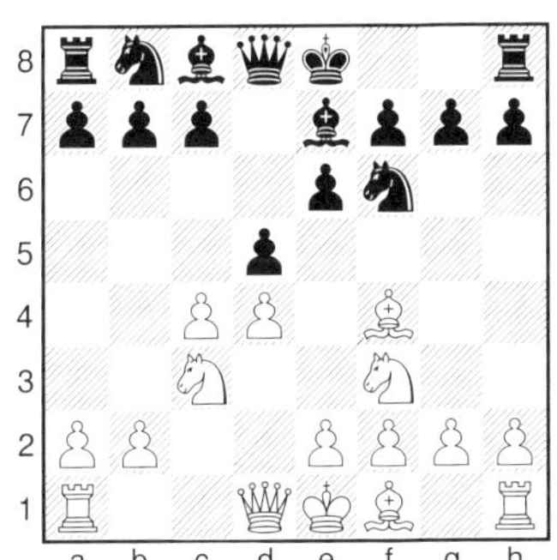

5...0-0

Die prinzipiellste Erwiderung: Bevor Schwarz Aktivitäten im Zentrum beginnt, wird erst der König in Sicherheit gebracht.

6.e3

Man trifft auch auf 6.♖c1 ♘bd7 (Möglich ist 6...c5!? 7.dxc5 ♕a5 8.e3 ♖d8 9.♗d6 dxc4 10.♗xc4 ♘e4 11.0-0 ♘xd6 12.cxd6 ♗xd6 13.♕b3 ♘c6 14.♖fd1 ♗e7=, Anand - Kramnik, Moskau 2011.) 7.cxd5 exd5 8.e3 c6 9.h3 ♘e4!? (9...♖e8 10.♗d3 ♘f8 11.0-0 ♘g6 12.♗h2 ♗d6 13.♗xd6 ♕xd6 14.♕c2 ♖e7 15.♖b1 ♗d7 16.b4 b6 17.b5 cxb5 18.♗xb5 ♗c8 19.♗d3 ♗b7 20.♖fc1±, Giri - Nakamura, Dortmund 2011) 10.♗d3 ♘df6 11.0-0 ♗f5

A) 12.♘a4 ♘d7 13.♕c2 ♗g6 14.♘c3 ♘xc3 15.♗xg6 ♘e2+ 16.♕xe2 hxg6 17.♘e1 ♖e8 18.♘d3 a5 19.♖c3 ½-½, Noble - Galanov, ICCF Email 2011.

B) 12.♘e5 ♘xc3 13.bxc3 ♗xd3 14.♕xd3 ♘d7 (14...♖c8 15.c4 c5⇄) 15.c4 ♘xe5 16.♗xe5 dxc4 17.♕xc4 ♗d6 18.♗xd6 ♕xd6 19.a4 ♖fd8 20.♖b1 ♖d7 21.♖fc1 ♖e8 22.♕c5 ♕xc5 23.♖xc5 f6∞, Kjartansson - Johannesson, Reykjavik 2014.

C) 12.♘e2 ♘d7 (12...♘d6 13.♗xd6 ♗xd3 14.♗xe7 ♗xe2 15.♗xd8 ♗xd1 16.♗xf6 ♗xf3 17.♗xg7 ♗xg2 18.♗xf8 ♗xf1 19.♔xf1 ♔xf8=) 13.♕b3 ♕b6 14.♕c2 ♗g6 15.♗h2 ♖fe8 16.♘f4 ♗d6 17.♘xg6 ♗xh2+ 18.♔xh2 hxg6 19.g3 ♕d8 20.♔g2 g5 mit beiderseitigen Möglichkeiten, Karjakin - Caruana, Baku 2014.

6...c5

Das aktivste Vorgehen und die populärste Möglichkeit für Schwarz im Kampf um den Ausgleich. Auch findet man 6...♘bd7, z.B. 7.c5 (Im Duell Krasenkow - Swjaginzew, Las Vegas 1999, geschah: 7.a3 c5 8.dxc5 ♘xc5 9.cxd5 ♘xd5 10.♘xd5 ♕xd5

11.♕xd5 exd5 12.♗e5 ♗f5 13.♖d1 und wegen des schwachen Bauern d5 steht Weiß etwas besser.) 7...c6 (Oder 7...♘h5 8.♗e2 ♘xf4 9.exf4 b6 10.b4 a5 11.a3 c6 12.0-0 ♕c7 13.g3 axb4 14.axb4 ♖xa1 15.♕xa1 bxc5 16.bxc5 f6 17.♖e1 e5 mit ausgeglichener Stellung, Leko – Inarkiew, Moskau 2014.) 8.♗d3 b6 9.b4 a5 10.a3 (In der Partie Gelfand – Carlsen, Bazna 2010, folgte 10.b5 ♗b7 11.cxb6 ♕xb6 12.0-0 ♖fc8 13.bxc6 ♗xc6 14.♖b1 ♕d8 und der Vorteil des Weißen ist gering.) 10...♗a6 11.♗xa6 ♖xa6 12.b5 cxb5 13.c6 ♕c8 (13...b4? 14.♘b5 bxa3 15.cxd7 ♗b4+ 16.♔e2 ♕xd7 17.♕d3±, Olafsson – Al Tamimi, Turin 2006) 14.c7 b4 15.♘b5

A) 15...bxa3 16.0-0 a4 17.♕c2 ♖a5 18.♗d6! (18.♖fb1 ♕a8 19.♗g5 h6 20.♗xf6 gxf6 21.♘e1 ♖c8 22.♘d3 ♘f8 23.h3 ♕a6=, Kveinys – Halkias, Göteborg 2005) 18...♖xb5 19.♗xe7 ♖e8 20.♗xa3 und Weiß steht etwas besser.

B) 15...a4; siehe **Partie Nr. 43**: Anand – Carlsen, Sotschi 2014. 3. Matchpartie.

7.dxc5

Das Beste. Sonst würde Schwarz auf d4 und c4 schlagen mit problemlosem Spiel. Nichts verspricht dem Weißen 7.cxd5 ♘xd5 8.♘xd5 ♕xd5 9.dxc5 ♕xc5 10.♗d3 ♕a5+ 11.♔e2 ♘c6 und Schwarz steht ausgezeichnet.

7...♗xc5

Auch seine Anhänger hat der Zug 7...♘c6, aber nach weiterem 8.cxd5 exd5 9.♗e2 ♗xc5 10.0-0 ♗e6 11.♖c1 (11.♘b5 a6 12.♘bd4 ist auch spielbar.) 11...♖c8 12.a3 h6 13.♘e5 ♘e7 14.♘a4 ♗d6 15.♖xc8 ♗xc8 16.♘d3 ♘g6 17.♗xd6 ♕xd6 18.♘b4 ♘e5 19.♘c3 ♖d8 20.♕a4 ♕b6 21.♕b5 ♕xb5 22.♘xb5 beherrscht Weiß das Feld d4 mit kleinem positionellen Übergewicht, Quinteros – Ivkov, Ljubljana 1973.

8.a3

Mit dem Ziel, nach b2–b4 den weißfeldrigen Läufer mit Tempo nach b2 zu entwickeln. Weiß kann auch eine Reihe anderer Züge wählen:

I. 8.♗e2 dxc4 9.♗xc4

A) 9...♕xd1+ 10.♖xd1 ♘c6 (Spielbar ist auch 10...a6!? mit dem Plan b7–b5 und ♗c8–b7 usw.) 11.0-0 b6 12.♘g5 ♗b7 13.♘ge4 ♗e7 14.♘d6 ♗xd6 15.♗xd6 ♖fc8 16.♗e2 ♘a5 17.♗e5 ♘d5 mit gleichem Spiel, Tregubow – Goldin, St. Petersburg 1998.

B) 9...a6 10.♕e2 b5 11.♗d3 ♗b7 12.0-0 ♘bd7 13.♖fd1 (13.♖ac1 ♕e7 nebst ♖f8–d8) 13...♕b6 (Nach 13...h6!? 14.♗g3 ♗b4 15.♘e5 ♕e7 16.♘xd7 ♘xd7 17.a3 ♗xc3 18.♗d6 ♕h4 19.♗xf8 ♗e5 20.f4 ♖xf8 21.fxe5 ♘xe5 hat Schwarz ausreichend Ersatz für die Qualität.) 14.♗g3 ♗b4 15.♖ac1 ♖ac8 16.♘e5 ♖fd8 mit verteilten Chancen, Analyse von Janjgava.

II. 8.cxd5 ♘xd5 9.♘xd5 exd5

A) 10.a3 ♗d6 11.♗xd6 ♕xd6 12.♗e2 ♘c6 13.0-0 ♗g4 14.♕a4 (14.h3 ♗xf3 15.♗xf3 ♖fd8 16.♕b3 ♘e5 17.♗e2 d4 18.exd4 ♕xd4=) 14...♗xf3 15.♗xf3

♘e5 16.♗e2 ♕b6 17.♖ab1 ♖fd8 mit Ausgleich, Karpow - Short, Buenos Aires 2001.

B) 10.♗d3 ♗b4+ 11.♔e2 (Nicht zu fürchten für Schwarz ist 11.♔f1 ♘c6 12.h4 ♗d6 13.♗xd6 ♕xd6 14.h5 ♕f6 15.♖h4 ♕xb2 und Weiß muss noch zeigen, dass er für den Bauern Kompensation hat, Adianto - Mikhalevski, Biel 1998.) 11...♘c6 12.♕c2 g6 (12...h6!? wurde auch erfolgreich geprüft.) 13.a3 ♗e7 14.h3 ♗f6 15.♖ac1 a5 16.♖hd1 ♗e6 17.♔f1 a4 18.♗b5 ♕b6 19.♗xc6 bxc6 20.♗e5 ♗xe5 21.♘xe5 ♖fc8 22.♕c5 (22.♘d3 ♗f5 23.♕c3 ♗xd3+ 24.♖xd3 ♕b5 25.♔g1 ♖a6=) 22...♕xb2 23.♘xc6 ♔g7 24.♕d4+ ♕xd4 25.♘xd4 ♗d7 und obwohl Weiß etwas aktiver steht (starker Springer d4), sollte Schwarz diese Stellung halten, I. Sokolov - Van der Sterren, Rotterdam 1997.

III. 8.♕c2 ♘c6

A) 9.♖d1 ♕a5 10.a3 ♗e7 11.♘d2 (Auf 11.♖d2 folgt stark 11...♘e4! 12.♘xe4 dxe4 13.♕xe4 ♖d8 14.♗e2 ♖xd2 15.♘xd2 e5 16.♗g3 ♗e6 17.♕c2 ♖d8 mit ausgezeichnetem Spiel für Schwarz.) 11...e5 12.♗g5 (Bei 12.♗g3 erlangt Schwarz durch 12...d4! Gegenspiel, z.B. 13.♘b3 ♕b6 14.exd4 ♘xd4 15.♘xd4 exd4 16.♘b5 ♗d7 17.♘xd4 ♗c5 18.♘f3 ♘g4 19.♖d2 ♖fe8+ 20.♔d1 ♗xf2 mit schwarzer Initiative, Marianeli - Bönsch, Ungarn 1989.) 12...d4 13.♘b3 ♕d8 14.♗e2 (14.exd4 ♘xd4 15.♘xd4 exd4 16.♘b5 ♗d7 17.♘xd4 ♕a5+ 18.♕d2 ♕b6 19.♗e3 ♗a4 20.b3 ♗xb3 21.♖b1 ♘e4 22.♖xb3 ♘xd2 23.♖xb6 ♘xf1 24.♖xb7 ♘xe3 25.fxe3 ♗xa3=) 14...a5 15.♘a4 g6 (mit dem Plan ♗c8-f5) 16.♗xf6 ♗xf6 17.c5 ♗e6 18.e4 ♕e8 19.♘b6 a4 20.♘d2 ♖a5 21.♗d3 (21.0-0 ♗e7!) 21...♗e7 22.♘dc4 (Schwach ist 22.♘xa4? ♘b8 23.b3 ♗xb3 24.♘xb3 ♖xa4 25.♖a1 ♕c6 mit schwarzem Vorteil, Alterman - Kasparow, Tel-Aviv 1998.) 22...♖xc5 23.♘xa4 ♖b5 24.0-0 ♘a5 25.b4 ♘xc4 26.♗xc4 ♕c6 27.♗d3 ♕xc2 28.♗xc2 ♖a8 29.♗d3 ♖xa4 30.♗xb5 ♖xa3 31.♖b1 ♗g5 und für die geopferte Qualität hat Schwarz das Läuferpaar und einen starken Bauern d4, Analyse von Janjgava.

B) 9.a3 ♕a5 10.♘d2 (In Betracht kommt das sehr scharfe 10.0-0-0, z.B. 10...♗e7 11.g4!?, und jetzt wäre das Schlagen des Bauern zu gefährlich, denn nach ♖h1-g1 erhielte Weiß einen starken Königsangriff. Richtig ist deshalb 11...dxc4! 12.♗xc4 e5 13.g5 exf4 14.gxf6 ♗xf6 15.♘d5 ♘e7! 16.♘xf6+ gxf6 17.♖hg1+ ♔h8 18.♕e4 ♘g6 19.♕d4 ♕b6 20.♕xb6 axb6 21.♖d6 ♗h3 22.♗d5 ♖ac8+ 23.♔b1 ♖cd8 24.♖xd8 ♖xd8 25.♗xb7 ♗f5+ 26.♔a1 fxe3 27.fxe3 ♖d3 mit gleichem Endspiel, Vera - Lputian, Luzern 1993.) 10...♗e7 (Die Erwiderung 10...♗b4 wird in **Partie Nr. 44**: Topalow - Kramnik, Monte Carlo 2001, besprochen.) 11.♗g3 (Im Falle von 11.♘b3 ♕b6 12.cxd5 ♘xd5 13.♘xd5 exd5 14.♗d3 h6 15.0-0 ♗e6 16.♖ac1 ♖ac8 entsteht eine etwa gleiche Stellung, Lputian - Waganjan, Jerewan 1994. Auch nach 11.♗e2 e5 12.♗g5 d4 13.♘b3 ♕d8 14.♖d1 ♘g4 15.♗xe7 ♕xe7 16.exd4 exd4 17.♘xd4 ♕h4 hat Schwarz aktives Spiel für den Bauern, San Segundo - Bönsch, Athen 1997.) 11...♗d7

12.♗e2 ♕d8 13.cxd5 ♘xd5 14.♘xd5 exd5 15.0-0 d4 16.e4 ♖c8 17.♕d3 f5 mit Gegenspiel, Komarow – Beljawski, Niksic 1996.

8...♘c6

Schwarz setzt seine Entwicklung des Damenflügels fort.

9.b4

Konsequent nach Plan. Anderes:

I. 9.♗e2 dxc4 10.♗xc4 ♘h5 (Ebenfalls zum Ausgleich reichen sollte 10...♕xd1+ 11.♖xd1 b6 12.e4 ♖d8 13.♖xd8+ ♘xd8 14.e5 ♘e8 15.♔e2 ♗b7 16.♖d1 h6 17.♗e3 ♗xe3 18.♔xe3 ♔f8 usw.) 11.♗g5 ♗e7 12.♕xd8 ♖xd8 13.♗xe7 ♘xe7 14.♔e2 ♗d7 15.♘e5 ♗e8 16.♖hd1 ♘f6 17.e4 ♘c6 18.♘xc6 ♗xc6 19.f3 ♔f8 mit vollem Ausgleich, M. Gurevich – Marciano, Belfort 1997.

II. 9.♖c1 a6 (9...dxc4 10.♗xc4 ♘h5 11.♕xd8 ♖xd8 12.♗g5 ♗e7 13.♗xe7 ♘xe7 14.g4 ♘f6 15.g5 ♘fd5 16.♗xd5 ♘xd5 17.♖d1 ♗d7 18.♘xd5 exd5 19.♘d4 ♖ac8 20.♔d2 ♔f8 21.♖c1 ♔e7=, Gelfand – Karpow, Polanica Zdroj 1998) 10.cxd5 exd5 11.♗d3 ♗a7 (Offensichtlich geht auch 11...♗g4!? 12.0-0 d4 13.♘e2 ♗a7 14.♘fxd4 ♗xd4 15.exd4 ♘xd4 16.f3 ♘xe2+ 17.♕xe2 ♗e6 18.♖fd1 ♘d5 19.♗g3 ♖e8 20.♗e4 ♖c8 21.♕d3 ♖xc1 22.♖xc1 ♕b6+ 23.♗f2 ♕xb2 24.♖b1 ♕c3 25.♗xh7+ ♔h8 26.♗d4 ♕xd3 27.♗xd3 ♘f4 28.♗f1 b5 29.g3 ♗f5 30.♖d1 ♘e6 mit gleichen Aussichten.) 12.0-0 d4 13.exd4 ♘xd4 14.♘xd4 ♕xd4 15.♗e3 ♕h4 16.♗xa7 ♖xa7 17.♕a4 ♕xa4 18.♘xa4 ♗e6 19.♗e2 ♖e8 20.♖fe1 ♔f8 21.h3 b5 22.♘c5 ♗d5 und die Stellung ist ausgeglichen, Iwantschuk – Kramnik, Linares 1999.

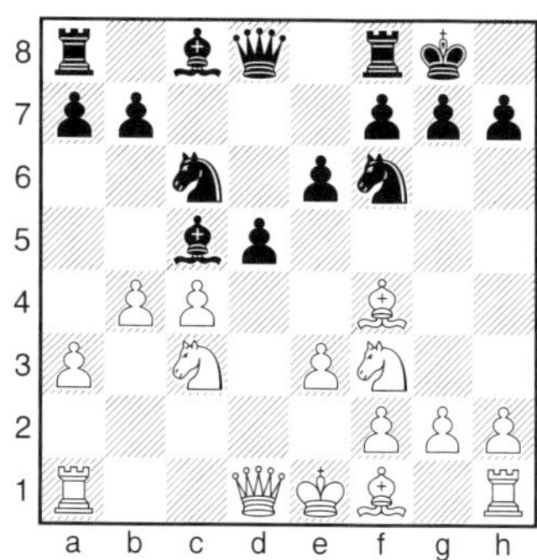

9...♗e7

Der einfachste Weg zum Ausgleich. Auch 9...♗d6 wurde erprobt, was dem Schwarzen ebenfalls Ausgleichschancen garantieren sollte. Man sehe:

A) 10.♗g5 dxc4 11.♗xc4 ♘e5 12.♗e2 (12.♗xf6 gxf6 13.♘xe5 ♗xe5 14.♖c1 ♕xd1+ 15.♔xd1 f5 16.♔e2 ♖d8 17.♖hd1 ♖xd1 18.♘xd1 ♗d7 19.♗d3 ♖c8=) 12...♘xf3+ 13.♗xf3 a5 bzw. 13...♗d6–e5 und die Möglichkeiten beider Seiten sind ausgeglichen.

B) 10.♗xd6 10...♕xd6 11.♗e2 ♖d8 12.0-0 dxc4 13.♕xd6 ♖xd6 14.♗xc4 ♖d8 15.♖fd1 ♗d7 16.♗e2 ♔f8 17.♖ac1 ♗e8 mit gleicher Stellung.

10.cxd5 ♘xd5

Schwarz kann wohl auch ohne den Springertausch auskommen: 10...exd5 11.♗e2 ♗e6 12.♘d4 (12.0-0 ♘e4 13.♖c1 ♗f6=) 12...a5 13.♘xe6 (13.b5 ♘xd4 14.♕xd4 ♖c8=) 13...fxe6 14.b5 ♘b8 15.♗g4 ♘xg4 16.♕xg4

♖f6 17.0-0 ♘d7 18.♖fd1 ♘b6 mit gleichen Chancen, Golod - Lputian, Belgrad 1999.

11.♘xd5 exd5 12.♗d3 ♗f6 13.♖c1

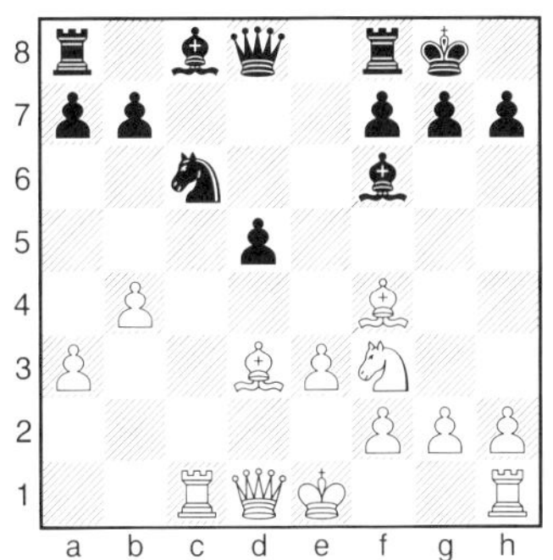

13...a6

Dieser Zug ist sehr praktisch:

1. Er beugt b4-b5 vor.

2. In einem günstigen Moment wird b7-b5 ausgeführt.

Nicht ganz klar ist 13...♗g4, z.B. in der Partie Krasenkow - Karpow, Polanica Zdroj 1998, geschah weiter: 14.0-0 (14.b5 ♕a5+ 15.♕d2 ♕xd2+ 16.♔xd2 ♘a5=) 14...♕e7 15.h3 ♗xf3 16.♕xf3 ♖fd8 17.♖fd1 (17.♖c5 a5!) 17...g6 (17...♗b2 18.♖c2 ♗xa3 19.b5 ♘e5 20.♗xh7+ ♔xh7 21.♕h5+ ♔g8 22.♗xe5±) 18.♗b1 ♘e5 (Nach 18...♗b2 19.♖c2 ♗xa3 20.b5 ♘e5 21.♗xe5 ♕xe5 22.♗a2 ♕e7 23.♗xd5 ♖d7 24.♖c4 wäre die weiße Initiative ebenfalls stark.) 19.♗xe5 ♗xe5 20.♗a2 a5 21.♗xd5 ♖d7 22.♖c4 axb4 23.axb4 ♔g7 24.b5 ♖ad8 25.e4 h5 26.♕e3 ♕f6 27.g3 h4 28.♖f1 hxg3 29.f4 ♗c7 30.♕xg3 ♕b6+ 31.♔g2 mit weißem Vorteil.

14.0-0 ♖e8 15.♗b1 g6 16.♗a2 ♗e6 17.♕d3

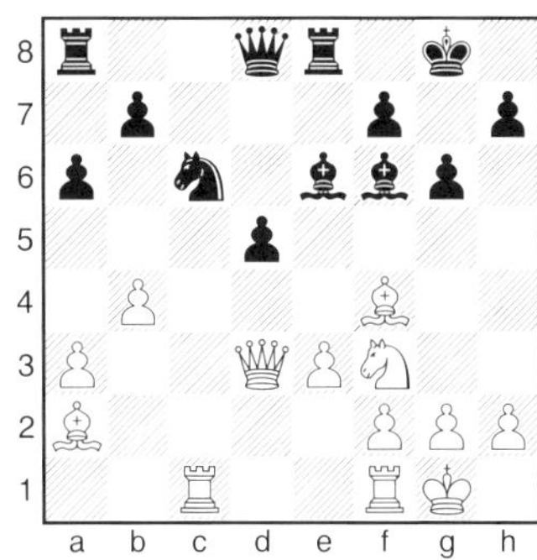

17...d4!

Das Hauptmotiv der schwarzen Verteidigung: Das Problem des isolierten Bauern wird damit erledigt.

18.♗xe6 ♖xe6 19.e4

Die Vereinfachung 19.exd4 ♘xd4 20.♘xd4 ♕xd4 21.♕xd4 ♗xd4 22.♖c7 b5 23.♖d7 ♗b2 führt zu einem gleichen Endspiel.

19...♕e7 20.♘d2 ♗e5

Wahrscheinlich realistisch wäre die folgende Variante: 20...g5!? 21.♗g3 ♖d8 22.♘b3 ♘e5 23.♕d1 d3 24.f4 gxf4 25.♗xf4 ♗g7 26.♔h1 ♖g6 mit interessanter Stellung.

21.♗g3

Oder 21.♗xe5 ♘xe5 22.♕xd4 ♖d8 23.♕e3 ♖d3 24.♕e2 ♖xa3 mit Ausgleich.

21...♗xg3 22.hxg3 ♘e5 und nun sollte in der Partie Beljawski - Short, Groningen 1997, geschehen: 23.♕xd4 ♖d8 24.♕e3 ♖d3 mit gleichen Chancen.

Zusammenfassung: Die vorgestellten Analysen und Fragmente aus der modernen Praxis zeigen, dass Schwarz in diesem Abspiel gute Ausgleichschancen besitzt, wenn er denn genau spielt. Gute Theoriekenntnisse sind daher für Schwarz unumgänglich, will er böse Überraschungen vermeiden.

Kapitel 14
Ragosin-Verteidigung

1.d4 d5 2.c4 e6 3.♘c3 ♘f6 4.♘f3 ♗b4

Der russische Großmeister Wjatscheslaw Ragosin (1908-1962) hat diese originelle Verteidigung ins Leben gerufen, die viele Ähnlichkeiten mit Nimzowitsch-Indisch hat. Die Hauptidee ist: Schwarz verzichtet vorläufig auf den Vorstoß c7-c5, entwickelt erst den Damenspringer nach c6 und strebt den Zug e6-e5 an, mit aktivem Figurenspiel im Zentrum und am Königsflügel.

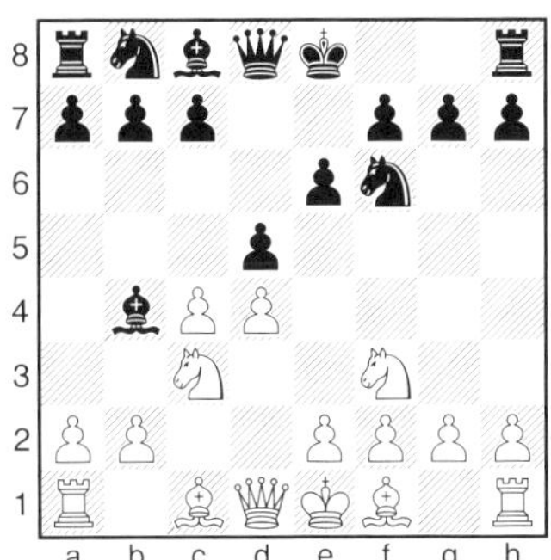

5.cxd5

Weiß klärt damit die Lage im Zentrum und schließt endgültig die Möglichkeit e6-e5 aus. Es gibt natürlich einige andere Wege:

I. 5.♕a4+ ♘c6

A) 6.a3 ♗xc3+ (Schwarz kann auch den Läufer mit 6...♗e7 einfach behalten.) 7.bxc3 ♘e4 (7...♗d7 8.cxd5 exd5 9.♗g5±) 8.♕c2 0-0 9.e3 b6 10.cxd5 exd5 11.♗d3 ♗f5 12.c4 ♖e8 13.cxd5 ♕xd5 14.0-0 ♘d6 15.♗xf5 ♘xf5 16.♗b2 ♖ac8 17.♖fe1 ♘d6 18.♖ac1 ♘a5 19.♘d2 mit der Vorbereitung von e3-e4 und guten Perspektiven für Weiß.

B) 6.e3; siehe **Partie Nr. 45**: Meister - Wirthensohn, Stockholm 1997.

C) 6.♘e5 ♗d7 7.♘xd7 (Nach 7.♘xc6 ♗xc3+ 8.bxc3 ♗xc6 sollte Schwarz keine Probleme haben.) 7...♕xd7 (In Filipow - Swjaginzew, Elista 1997, erhielt Schwarz nach 7...♘xd7 8.cxd5 ♘b6 9.♕b5 exd5 10.e3 0-0 11.♗d3 ♗d6 12.0-0 ♘e7 13.a4 a5 14.♕b3 ♘c6 gleichwertiges Spiel.) 8.a3 (8.e3 e5!) 8...♗xc3+ 9.bxc3 0-0 10.e3 a6 11.♕c2 ♘a5 12.cxd5 exd5 13.♗d3 ♖fe8 14.0-0 c5 und Schwarz glich das Spiel aus, Porreca - Minev, Agram 1955.

II. 5.♗g5 h6 (Damit zwingt Schwarz den Läufer zur sofortigen Entscheidung. Gespielt wird auch 5...♘bd7 6.cxd5 exd5 7.e3 c5 8.♗d3 ♕a5 9.♕c2 c4 10.♗f5 0-0 11.0-0 ♖e8 12.♘d2 g6 13.♗h3 ♗xc3 14.bxc3 ♘e4 15.♘xe4 dxe4 16.♗xd7 ♗xd7 17.♗f4 ♕d5 mit gleichem Spiel.)

A) 6.♗h4 c5 (Der Versuch, nach 6...dxc4 7.e3 b5 den Bauern c4 festzuhalten, gibt dem Weißen aktives Spiel am Damenflügel, z.B. 8.a4 c6 9.♘d2 ♗b7 10.axb5 ♗xc3 11.bxc3 cxb5 12.♕b1 ♕d7 13.♗xf6 gxf6 14.♘e4 ♗xe4 15.♕xe4 ♕c6 16.♕f4 ♘d7 17.♗e2 ♕b6 18.0-0 ♖c8 19.♖a2 a5 20.♖fa1 usw.) 7.cxd5 exd5 8.e3 c4 9.♘d2 g5 10.♗g3 ♗f5 11.♗e2 nebst h2–h4 und Initiative am Königsflügel.

B) 6.♗xf6 ♕xf6 7.e3 (7.♖c1 0-0 8.a3 ♗xc3+ 9.♖xc3 dxc4 10.♖xc4 c6 11.♕c2 ♘d7 12.e3 e5=) 7...0-0 8.♖c1 dxc4 9.♗xc4 c5 10.0-0 cxd4 11.exd4 (Nach 11.♘xd4 a6 12.♘e4 ♕e7 13.♘b3 ♖d8 14.♕c2 ♕f8 15.♗e2 ♗d7 16.a3 ♗e7 17.♘a5 b6 18.♘c4 b5 19.♘e5 ♖a7 20.♖fd1 ♖c8 21.♕d2 ♖ac7 22.♖xc7 ♖xc7 23.h3 f5 24.♘g6 ♕e8 25.♘xe7+ ♕xe7 26.♘c3 ♘c6 27.g3 ♗e8 28.♕d6 ♕xd6 29.♖xd6 ♔f7 entstand ein etwa ausgeglichenes Endspiel, Gagarin – Aleksandrow, Moskau 1996.) 11...♘c6 12.♘e4 ♕f4 13.♕e2 ♖d8 14.g3 ♕g4 15.♖fd1 ♗d7 16.a3 ♗e7 17.♕e3 ♗e8 18.b4 a6 19.♗e2 ♕h3 20.♘c5 ♗xc5 21.dxc5 mit positionellem Vorteil von Weiß, denn seine Figuren sind aktiver postiert und er hat die Bauernmehrheit am Damenflügel. Außerdem ist die schwarze Dame außer Spiel.

5...exd5

Nicht zu empfehlen ist die Aufgabe des Zentrums mit 5...♕xd5 6.e3 0-0 (Oder 6...c5 7.♗d3 0-0 8.0-0 ♗xc3 9.bxc3 ♘bd7 10.♕c2 b6 11.e4 mit besserem Spiel für Weiß.) 7.♗d3 ♗d7 8.♕e2 ♕a5 9.0-0 c5 (9...♗xc3? 10.bxc3 ♕xc3 11.♖b1 b6 12.♗d2 ♕c6 13.e4+-) 10.a3 ♗xc3 11.bxc3 ♗c6 12.e4 c4 13.♗c2 ♕xc3 14.♖b1 ♕a5 15.e5 ♘d5 (15...♗xf3 16.♕xf3 ♘d5 17.♕h3 g6 18.♗g5 mit starkem Angriff) 16.♗xh7+! ♔xh7 17.♘g5+ ♔g8 (17...♔g6 18.♕e4+ f5 19.exf6+ ♔xf6 20.♕xe6#) 18.♕h5 ♘f6 19.exf6 ♕f5 20.d5! gxf6 21.dxc6 ♘xc6 22.♖b5 e5 23.f4 (23.g4 ♕d3 24.♖d5+-) 23...fxg5 24.fxe5 ♕g6 25.♕g4 a6 26.♖c5 ♘e7 27.♗xg5 ♖ac8 28.♖xc8 ♖xc8 29.h4 1-0, Yalow – Spasow, ICCF 2005.

6.♗g5

Der Läufer fesselt den Springer und nutzt die Gelegenheit aus, dass der schwarze Opponent schon auf b4 steht.

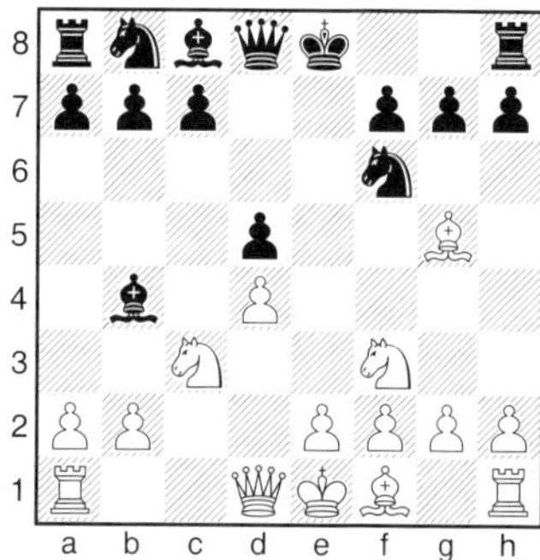

6...h6

Dieser Plan, der mit dem nächsten Zug zu einer Schwächung der Königsseite führt, ist sehr verpflichtend. Wenn Schwarz dies vermeiden will, kann er 6...♘bd7!? spielen. Man sehe:

A – 7.e3 c5 und nun 8.♗d3 8.♘e2 oder 8.♘b5 führen zur Westphalia-Variante: Siehe **Kapitel 15**.

B) 7.♖c1 wird in der **Partie Nr. 46**: Vachier-Lagrave – Caruana, Chanty-Mansijsk 2015, analysiert.

C) 7.♕c2 h6 (Oder 7...c5 8.e3 ♕a5 9.♗d3 c4 10.♗f5; siehe **Kapitel 15**.) 8.♗h4 c5 9.e3 0-0 10.♗e2 ♗xc3+

11.bxc3 c4 12.♘d2 ♕e8 13.0-0 ♕e6 14.♗f3 ♖e8 15.♖fe1 ♘e4 16.♘xe4 dxe4 17.♗e2 ♕c6 18.♖eb1 ♘b6 19.a4 mit Remis, K. Bischoff - Luther, Nürnberg 2009.

D) 7.♕a4 a5 8.e3 0-0 9.♗e2 h6 10.♗h4 g5 11.♗g3 ♘e4 12.♕c2 ♘b6!? (12...c6? 13.0-0 ♘df6 14.♘e5 ♔g7 15.a3 ♗xc3 16.bxc3 ♘xg3 17.hxg3 ♗e6 18.♖ab1 ♕c8 19.c4 ♘d7 20.cxd5 cxd5 21.♕b2 ♖b8 22.♖fc1 ♕d8 23.♘xd7 ♕xd7 24.♕b6 ♕d8 25.♖c7 ♖c8 26.♖xb7 ♖c3 27.♕xe6 1-0, Carlsen - Mamedjarow, Dubai 2014) 13.♘d2 ♗f5 14.♗d3 ♖e8 15.♘dxe4 ♗xe4 16.♗xe4 ♖xe4 17.0-0 ♖e6 mit Ausgleich.

7.♗h4

Nach 7.♗xf6 ♕xf6 kann Schwarz erfolgreich um den Ausgleich kämpfen:

A) 8.♕a4+ ♘c6 9.e3 0-0 10.♗e2 ♗e6 11.0-0 a6 12.♖fc1 ♗d6 13.♕d1 ♘e7 14.a3 (14.♘a4 b6=) 14...c6 (14...♖fd8 15.b4 ♘c8 16.♘a4 b6 17.♘b2 ♘e7 18.♘d3 ♘g6 19.a4 a5 20.b5 ♖e8 21.♖c3 ♗f5 22.♖ac1 ♖ad8 23.♘d2±, Carlsen - Aronian, Wijk aan Zee 2015.) 15.♘a4 a5 16.♘c5 ♗xc5 17.♖xc5 ♘f5 18.b4 axb4 19.axb4 ♘d6 20.♘d2 ♕e7 21.♖ca5 ♖xa5 22.♖xa5 ♘e4 23.♘xe4 dxe4 24.♕d2 b6 25.♖a1 ♕b7 26.♕c3 ♖a8 27.h3 b5 28.♖a3 g6 29.♕a1 ♖xa3 30.♕xa3 ♔g7 und die Stellung ist etwa ausgeglichen, B. Socko - Palac, Civitanova Marche 2015.

B) 8.♕b3 c5 (8...♕b6 9.a3 ♗a5=, Istratescu - Gharamian, Metz 2014) 9.a3 ♗xc3+ 10.♕xc3 ♘d7 11.♕e3+ ♕e7 12.♕xe7+ ♔xe7 13.dxc5 ♘xc5 14.♖c1 ♔d6 15.♘d4 ♗d7 16.f3 ♖ac8 17.♔d2 ♘e6 18.♖xc8 ♖xc8 19.♘xe6 fxe6 20.e3 e5 mit gleichem Spiel, Nakamura - Radjabow, Taschkent 2014.

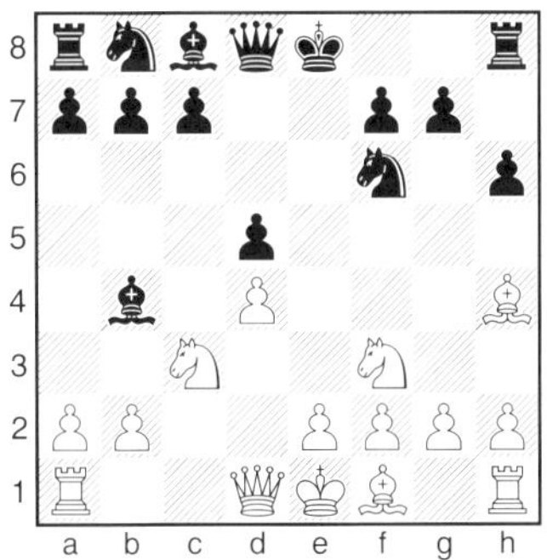

7...g5

So wird der Springer entfesselt, allerdings schwächt Schwarz damit seine Königsstellung. An dieser Stelle möchte ich auf eine andere Idee aufmerksam machen, und zwar 7...c5!?. Man sehe:

A) 8.e3 c4

A1) 9.♘d2 ♗e6 (9...g5 10.♗g3 ♗f5 11.h4 ♖g8 12.♗e2 ♘c6 13.a3 ♗xc3 14.bxc3 b5 15.hxg5 hxg5 16.0-0 ♔f8∞, Wang Hao - Aleksandrow, Dubai 2014) 10.♗e2 ♘bd7 11.0-0 0-0 12.e4 dxe4 13.♘xc4 ♗e7 14.♘e3 ♘b6 15.♕d2 ♘bd5 16.♖ad1 ♖c8 17.♘exd5 ♗xd5=, Hedlund - Kitson, ICCF 2002.

A2) 9.♕c2 ♘c6 10.♘d2 (10.♗e2 g5 11.♗g3 ♘e4 12.♘d2 ♗f5 13.♕c1 ♘xg3 14.hxg3 ♖c8 15.a3 ♗a5 16.♗f3 ♗e6= Lalith - Aleksandrow, Dubai

2011) 10...♗e6 11.♗e2 g5 12.♗g3 ♕d7 13.a3 ♗f5 14.♕c1 ♗a5 15.0-0 a6 16.b4 ♗d8 17.f3 b5 18.♗f2 0-0 19.♕b2 ♖e8 mit gutem Spiel für Schwarz, Girya – Schukowa, Tromsö 2014.

B) 8.dxc5 ♘bd7

B1) 9.e3 ♕a5 10.♘d2 (10.♕d4 ♗xc5 11.♕d2 ♗b4=, Potkin – Vallejo Pons, Moskau 2015) 10...♗xc3 11.bxc3 ♕xc5 12.♖c1 0-0 13.♗e2 ♕a3 14.0-0 ♕xa2 15.c4 ♘e4 16.♘xe4 dxe4 17.♗e7 ♖e8 18.♗d6 ♘f6 19.♖a1 ♕b2 20.c5 a5 21.♖b1 ♕a2 22.♗b5 ♖d8 23.♕c1 ♕e6 24.♗c7 ♖f8 25.♗d6 ♖d8 26.♗c7 ♖f8 27.♗d6 ♖d8 28.♗c7 ½-½, Topalow – Carlsen, Stavanger 2014.

B2) 9.♕b3 ♕a5 10.a3 ♗xc3+ 11.♕xc3 (11.bxc3 ♕xc5 12.e3 0-0 13.♘d4 a6 14.♖c1 ♖e8=, Grischuk – Aronian, Tsaghkadzor 2015) 11...♕xc3+ 12.bxc3 g5 13.♗g3 ♘xc5 14.♘d4 ♘fe4 15.f3 ♘xg3 (15...♘xc3? 16.♖c1 ♘3a4 17.♘b5±) 16.hxg3 ♗d7 17.g4 ♖c8 18.♔d2 ♔f8 19.e3 ♘e6 mit etwa ausgeglichener Stellung, Tomaschewski – Movsesian, Tsaghkadzor 2015.

8.♗g3 ♘e4

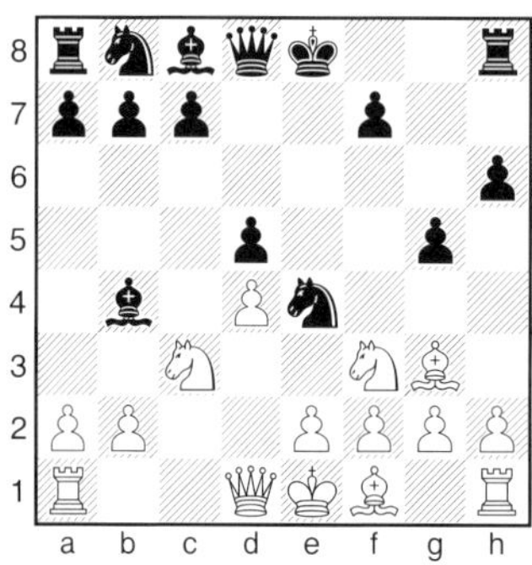

9.♘d2!?

Dieses chancenreiche Bauernopfer gilt als der beste Plan für Weiß im Kampf um Vorteil. Nach 9.♕b3 ♘c6 10.0-0-0 ♗xc3 11.bxc3 ♘a5 12.♕b4 ♘c4 13.e3 a5 14.♕b3 ♕e7 erhält Schwarz aktives Gegenspiel.

9...♘xc3

Eine starke Alternative ist 9...♘xg3!? 10.hxg3 c6

A) 11.e3 ♗f5 12.♕b3 ♕b6 13.♗e2 ♘d7 14.a3 ♗e7 15.♕a2 (15.♕xb6 axb6=) 15...a5 16.♘f3 h5 17.♖c1 h4 18.♘a4 ♕a7 19.♕b3 ♗e6 20.♗d3 0-0-0 21.gxh4 g4 mit Gegenspiel, Anand – Vallejo Pons, São Paulo/Bilbao 2012.

B) 11.e4 ♕e7 12.e5 (12.♕b3 ♗e6 13.a3 ♗a5 14.e5 ♗f5 15.♗e2 ♗b6 16.♘f3 ♘d7 17.0-0-0 0-0-0 18.♘a4 f6⇄, Gusewa – Stetsko, Plowdiw 2014) 12...♗f5 13.♕f3 ♕e6 14.♗d3 ♗xd3 15.♕xd3 ♘d7 16.a3 ♗xc3 17.bxc3 0-0-0 18.♘b3 h5 19.♘a5 ♔c7 20.♖b1 ♖b8 21.f4 gxf4 22.gxf4 ♕g4 23.0-0 h4 24.c4 ♘b6 25.cxd5 ♘xd5 26.♖b3 ♖hg8 mit aktivem Spiel, Worobjew – Donzellotti, Lechenicher SchachServer 2010.

10.bxc3 ♗xc3 11.♖c1 ♗a5

Es könnte besser sein, den Läufer auf der Schrägen a1-h8 zu belassen und den Bauern d4 zu bedrohen. Infrage kommt also 11...♗b2!?, z.B. 12.♗xc7 (Dies ist offensichtlich stärker als 12.♖xc7 ♘a6 13.♖c2 ♗xd4 14.e3 ♗g7 15.♗xa6 bxa6 16.0-0 ♗d7 17.♕f3 ♗b5 18.♖d1 0-0 19.♘b3 ♖c8 20.♖xc8 ♕xc8 21.♕xd5 ♕c2 mit schwarzem Gegenspiel, Jepischin – Sosonko, Ter Apel

1992.) 12...♕e7 (12...♕d7 13.♖b1 ♕xc7 14.♖xb2 ♘c6 15.e3 ♗e6 16.♗e2 ♔f8 17.♕b3 ♘a5 18.♖c2 ♕d6 19.♕b2 ♔g7 20.0-0 ♖hc8 21.♖c5 ♕d8 22.f4±) 13.♗d6 ♕e6 (13...♕d8 14.♖b1 ♗c3 15.♗c5±) 14.♖b1 ♗c3 (Aber nicht 14...♗xd4?? 15.♗xb8 ♖xb8 16.♕a4+ mit Läufergewinn.) 15.♗a3 ♘c6 (15...♗xd4 16.e3 ♗e5 17.♗b5+ ♘c6 18.0-0 ♗d6 19.♗xd6 ♕xd6 20.♘e4 ♕e5 21.♕xd5 ♕xd5 22.♘f6+ ♔f8 23.♘xd5 ♗f5 24.♖bc1 ♖c8 25.♖fd1±) 16.e3 ♗xd4 17.♗e2 ♗e5 18.0-0 ♗d6 19.♗xd6 ♕xd6 20.♘e4 ♕e5 21.♕xd5 ♕xd5 22.♘f6+ ♔f8 23.♘xd5 ♔g7 24.♖fc1 und Weiß hat einen kleinen Vorteil, denn Schwarz kann nicht sofort die Entwicklung seines Damenflügels beenden.

12.e3 c6 13.h4!?

Viel energischer als 13.♗d3. In der Partie Plachetka – Cvetkovic, Stary Smokovec 1981, geschah weiter 13...♗e6 14.0-0 (14.h4!?) 14...♘d7 15.f4 f6 16.♘b3 ♗c7 17.♕h5+ ♗f7 18.♗g6 ♕e7 19.fxg5 ♗xg3 20.♗xf7+ ♕xf7 21.g6 ♕g7 22.hxg3 ♖g8 23.♘a5 ♖b8 24.♕f5 und nun war 24...♔e7! notwendig, was zum Ausgleich gereicht hätte.

13...g4 14.♗e2

Es wird auch 14.♗d3 gespielt:

A) 14...♗e6 15.0-0 ♗c7 (15...♘d7 16.♖b1 ♗b6 17.♘b3 ♗c7 18.♗xc7 ♕xc7 19.g3 0-0 20.♕d2 ♖ae8=, Iwanow – Charitonow, Russland 1995) 16.♗xc7 ♕xc7 17.e4 dxe4 18.♗xe4 ♕d8 19.♘c4 0-0 20.♘e3? (△20.g3!) 20...♕xh4 21.g3 ♕g5 und Schwarz hat zwei Bauern mehr, Stephan – Koch, Deutschland 1988.

B) 14...♘d7 15.0-0 ♘f6 16.♕c2 0-0 mit zweischneidigem Spiel, Goebert – Andeer, ICCF 2007.

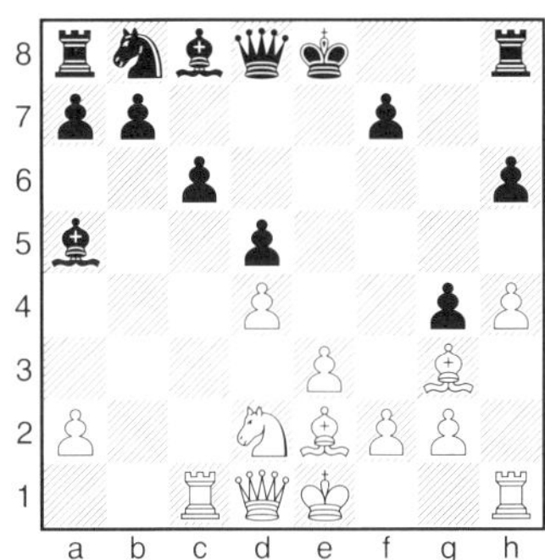

14...h5!?

Das ist die beste Wahl. Problematisch ist 14...♗e6

A) 15.♗xg4 ♗xd2+! (Nach 15...♗xg4? 16.♕xg4 ♗xd2+ 17.♔xd2 ♕a5+ 18.♔e2 ♕xa2+ 19.♔f3 ♘d7 20.♗d6 hätte Weiß eine starke Initiative.) 16.♔xd2 ♕a5+ 17.♔d3 ♕a6+ 18.♔d2 ♕a5+ mit Dauerschach.

B) 15.0-0 h5 (Infrage kommt 15...♘d7!? 16.♘b3 ♗c7 17.♗xg4 ♗xg3 18.♗xe6 ♗d6 19.♕h5 ♕e7 20.♗xd7+ ♕xd7 21.♘c5 ♕e7 22.e4 ♗xc5 23.dxc5 0-0-0 mit Remis, Tukmakow – Inkjow, Hania 1992.) 16.e4 ♗b6 (16...♗xd2 17.♕xd2 dxe4 18.♕f4±) 17.exd5 cxd5 18.♘b3 ♘c6 19.♕d2 ♖c8 (19...♕f6 20.♗b5 0-0 21.♗xc6 bxc6 22.♖xc6 ♖ac8 23.♖xc8 ♖xc8 24.♗e5 ♕g6 25.♕f4±) 20.♗b5 ♔f8 21.♘c5 mit klarem Vorteil für den geopferten Bauern, Gelfand – Barejew, Polanica Zdroj 1997.

15.0-0 Sd7 16.e4

16.Ld3 Sf6∞

16...Sf6 17.Le5 Lxd2

17...0-0!? 18.Dc2 Lb6 19.exd5 Sxd5∞

18.Dxd2 Sxe4 19.Df4

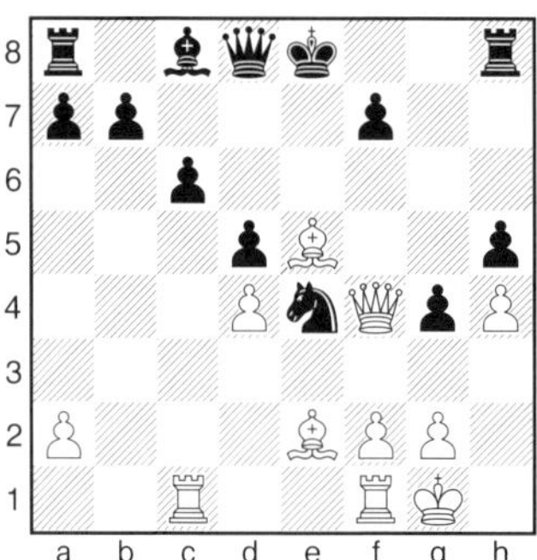

19...f6!

Wohl die sicherste Fortsetzung. Unklar ist 19...Tg8 20.Ld3! (Oder 20.f3 gxf3 21.Lxf3 Le6 22.Lxh5 De7 mit zweischneidigem Spiel.) 20...Le6 21.Lxe4 dxe4 22.Lf6 Db8 (22...Dd7 23.Dxe4 Tg6∞) 23.Dxe4 Tg6 24.d5 cxd5 (24...Txf6? 25.dxe6 Txe6 26.Dh7↑) 25.Dd4 Kf8 26.Le5 Dd8 27.Db4+ Kg8 28.Dxb7 Tc8 29.Txc8 Lxc8 30.Dxa7 Ta6 (30...Dxh4?? 31.Dc7+-) 31.Dd4 f6 32.Lf4 Txa2 33.Tc1 mit weißer Initiative.

20.f3

20.Lc7 De7 21.f3 gxf3 22.Lxf3 Le6 23.Lxe4 dxe4 24.Ld6 Dd8=

20...De7 21.fxe4 fxe5 22.Dg3 dxe4 23.Tc5 Le6 24.Dxe5 0-0-0 25.Txc6+ bxc6 26.Tb1 Dd6 27.La6+ Kd7! 28.Tb7+

28.Dg7+ Ke8 29.Dxh8+ Ke7=

28...Kc8 29.Tb5+ Kd7 30.Dg7+ Ke8 31.Dxh8+ Df8 32.Dxh5+ Df7 33.Dh8+ Df8 34.Dh5+ Df7 35.Dh8+ mit Remis, Winkler – Bellmann, ICCF 2007.

Zusammenfassung: Nach 6...h6 erreicht Weiß nebst dem Bauernopfer 9.Sd2!? ausreichende Kompensation und gute Perspektiven. Ernsthaft zu bedenken ist der Plan mit der Entwicklung des Damenspringers 6...Sbd7!?, der Schwarz gute Ausgleichschancen bietet. Zu beachten ist auch 7...c5!? (statt 7...g5) mit chancenreichem Spiel. In letzter Zeit gewinnt die Ragosin-Verteidigung immer mehr Anhänger. Das Kapitel ist eng mit der Westphalia-Variante verknüpft (siehe nächstes Kapitel).

Kapitel 15
Westphalia-Variante

1.d4 d5 2.c4 e6 3.♘c3 ♘f6 4.♗g5 ♘bd7 5.♘f3 ♗b4

Der Name geht auf den Passagierdampfer „Westphalia“ zurück. Die Variante wurde 1927 an Bord des Schiffes ausgiebig von den Großmeistern Vidmar (1885-1962) und Spielmann (1884-1942) analysiert, die sich auf der Anreise zum großen internationalen Turnier von New York befanden. Aus diesem Grund findet man in einigen Quellen auch die Bezeichnung „Manhattan-Variante“.

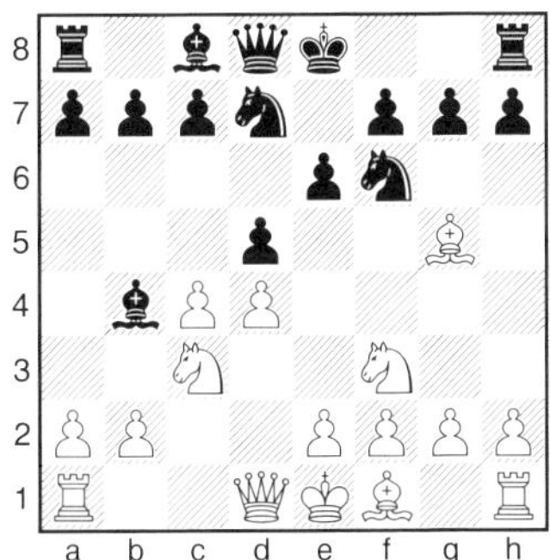

6.cxd5

Weiß ändert radikal die Lage in der Mitte. Zuweilen wird erst 6.e3 gezogen, aber das führt praktisch mit Zugumstellung zur Hauptvariante.

6...exd5 7.e3

Der beste Zug: Weiß möchte schnell seinen Königsflügel entwickeln. Außerdem sind folgende Züge zu erwähnen:

I. 7.♖c1 c6 (Schwach ist 7...c5? 8.a3 ♗xc3+ 9.♖xc3 c4 10.♖e3+ und Schwarz muss auf die Rochade verzichten.) 8.a3 ♗d6 9.g3 0-0 10.♗g2 h6 11.♗xf6 ♘xf6 12.0-0 ♖e8 13.e3 ♗f5 14.♖e1 ♕d7 15.♘d2 ♖e7 16.♘a4 h5 17.♘c5 ♕c7 und Schwarz hat alle Eröffnungsprobleme überstanden, Gheorghiu – Krasenkow, Genf 1994.

II. 7.♘d2 ♗e7 8.e3 0-0 9.♗d3 b6 10.0-0 ♗b7 11.♖c1 c5 12.♗f4 a6 13.b3 ♖c8 14.dxc5 bxc5 und in dieser dynamischen Stellung mit hängenden Bauern haben beide Seiten gleiche Chancen, Begovac – Van der Sterren, Bern 1993.

III. 7.♕b3 c5 8.a3 ♗xc3+ (8...♕a5 9.♗d2 0-0 10.dxc5 ♗xc5 11.e3 ♕b6 12.♕xb6 ♘xb6 13.♖c1 ♗e7 14.♗d3 ♗e6 15.♘d4 ♖fc8 16.♔e2 a6 17.♖c2 ♖c7 18.♖hc1±) 9.bxc3 ♕a5 10.♗d2 ♘e4 und Schwarz kann mit seiner Stellung zufrieden sein.

IV. 7.♕c2 h6 (Nach 7...0-0 folgt 8.a3 ♗xc3+ 9.♕xc3 c6 10.e3 ♕e8 11.♕c2 ♘e4 12.♗f4 ♘b6 13.♗d3 ♕e7 14.0-0 ♗f5 15.h3 ♘d7 16.b4 ♗g6 17.♖fc1 mit dem simplen Plan Minoritätsangriff am Damenflügel. Das Beste ist 7...c5, was zur Hauptvariante führt.) 8.♗h4 c5 9.e3 ♕a5 (9...c4; siehe **Partie Nr. 47**: Kramnik – Lautier, Cannes 1993) 10.♗d3 c4 (Möglich ist erst 10...0-0 und nach 11.0-0 c4 usw.) 11.♗f5 g6 12.♗xd7+ ♘xd7 13.0-0 0-0 14.♖ae1

♘b6 15.♘e5 ♗xc3 16.bxc3 ♕a4 17.♕b1 ♕e8 18.f3 ♔g7∞, Leko – Aronian, Moskau 2014.

7...c5

Dieser aktive Zug unterscheidet die Westphalia-Variante vom Cambridge-Springs-System, in dem Schwarz bescheiden c7-c6 zieht (siehe **Kapitel 16**).

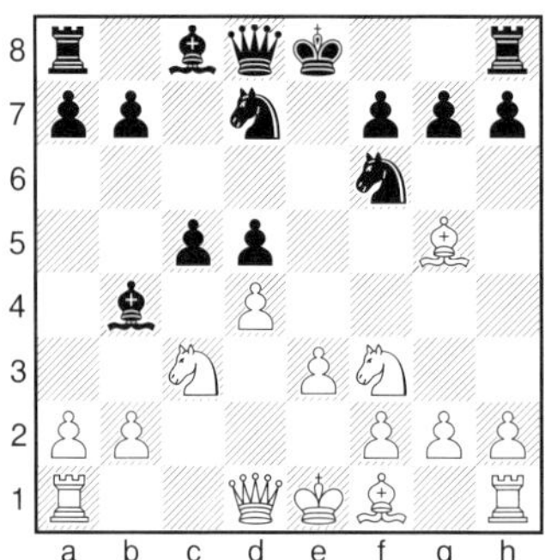

8.♗d3

Der beste Platz für den Läufer. Andere Wege für Weiß sind:

I. 8.♗e2 ♕a5 9.0-0 ♗xc3 10.bxc3 c4 (Zu riskant wäre 10...♕xc3 wegen 11.♖c1 mit ausreichendem Ersatz für den Bauern.) 11.♕c2 ♘e4 12.♖ac1 ♘b6 (Nach 12...♘xg5 13.♘xg5 ♘f6 14.e4 h6 15.♘xf7!? ♔xf7 16.e5 ♘e4 17.♗h5+ ♔g8 18.f3 ♘g5 19.h4 ♘e6 20.f4 erhält Weiß für die Figur eine gefährliche Initiative.) 13.♗f4 ♕a4 14.♕b2 0-0 15.♘e1 ♕c6 (15...♖e8!? lautet eine Empfehlung von Lalic.) 16.f3 ♘d6 17.e4 ♖e8 (Nach 17...dxe4 18.♗xd6 ♕xd6 19.fxe4 erhält Weiß ein starkes Bauernzentrum.) 18.e5 ♘b5 19.g4 ♘a4 20.♕d2 ♕a6 21.♗d1 ♘bxc3!? 22.♖xc3 ♘xc3 23.♕xc3 ♕xa2 24.♘c2 ♕a4 25.♘e3 ♕c6 26.♗c2 a5 27.♖a1 ♗e6 28.♖xa5 ♖xa5 29.♕xa5 b5 30.♗b1 ♖a8 und in dieser komplizierten Stellung vereinbarten die Partner Remis. Die starken Bauern am Damenflügel stellen eine große Kraft dar, und für Weiß ist es nicht einfach, seine Leichtfiguren im Kampf gegen den gegnerischen König einzusetzen, Izeta – G. Georgadze, Ampuriabrava 1997.

II. 8.♗b5 ♕a5 9.♗xd7+ ♘xd7 (9...♗xd7 10.♗xf6 ♗xc3+ 11.bxc3 ♕xc3+ 12.♘d2 gxf6 13.♖c1±) 10.0-0 ♗xc3 11.bxc3 c4 12.♕c2 0-0 13.a4 ♘b8 14.♖fb1 ♕a6 15.♖b5 ♕e6 16.♗f4 f6 17.e4 ♕xe4 18.♕xe4 dxe4 19.♘d2 b6 20.a5 ♗d7 21.axb6 (Stärker war 21.♖d5!? ♗c6 22.♖d6 b5 23.d5 ♗d7 24.♘xe4 mit klarem weißen Vorteil.) 21...♗xb5 22.b7 ♘d7 23.bxa8♕ ♖xa8 24.♘xe4 ♘b6 25.♘d6 a6 26.♖a5 ♘d5 27.♘xb5 ♘xf4 28.g3 (28.♔f1!?) 28...♖b8 29.♘a3 ♘e2+ 30.♔g2 ♘xc3 31.♘xc4 ♖d8 32.♖xa6 ♘b5 mit gleichem Endspiel, Lputian – Serper, Moskau 1991.

8...♕a5

Es ist wohl nur Geschmackssache, ob Schwarz mit diesem Zug noch die Spannung im Zentrum behalten möchte oder mit 8...c4 die Situation in der Mitte sofort klären will. Beide Varianten sind miteinander eng verbunden. Man sehe:

A) 9.♗f5 ♘b6!? (9...♕a5 10.♕c2 führt zur Hauptvariante.) 10.♗xc8 ♖xc8 11.0-0 0-0 12.♘e5 ♗e7 13.♗xf6 ♗xf6 14.a4 a5 15.f4 ♕e7 (15...♗e7!? nebst

♗e7–b4 ist eine interessante Idee.) 16.♕f3 ♖cd8 17.♖f2 ♗xe5 18.dxe5 f6 19.exf6 ♕xf6 20.♖d1 ♕c6 (20...d4 21.♘e4! ist wahrscheinlich bequemer für Weiß.) 21.♖fd2 ♘xa4 22.♘xa4 (22.♘xd5 ♔h8 23.e4 ♖de8 mit dem Plan ♘a4–c5 wäre für Schwarz günstig.) 22...♕xa4 23.♖xd5 ♖xd5 24.♕xd5+ ♔h8 mit gleichem Schwerfigurenendspiel, Beljawski – Swjaginzew, Portoroz 1997.

B) 9.♗c2 ♕a5 10.0-0 h6 (Der Gewinn des Bauern nach 10...♗xc3 11.bxc3 ♘e4 12.♗h4 ♕xc3 13.♖c1 ♕a3 14.♗xe4 dxe4 15.♘d2 0-0 16.♘xe4 b5 17.♗g3 ♕e7 18.♘d6 brachte Schwarz in Schwierigkeiten, Gelfand – Lautier, Belgrad 1991.) 11.♗h4 ♗xc3 12.bxc3 ♕xc3 13.♖c1 ♕a3 14.♘e5 0-0 15.♘xd7 ♘xd7 16.e4 dxe4 17.♗xe4 ♘b6 18.♖e1 ♕xa2 19.♕f3 ♕b3 20.♖c3 ♕b5 21.♗f6 ♘d7! (Die einzige Verteidigung. Nach 21...gxf6? 22.♕f4! wäre die Lage von Schwarz hoffnungslos.) 22.♗xg7 (Stärker war 22.♗h4!? mit der Idee ♕f3–f4, ♖c3–g3 und guten Aussichten auf einen Königsangriff.) 22...♔xg7 23.♕f4 ♘f6 24.♖g3+ und nun sollte Schwarz in der Partie Arlandi – G. Georgadze, Forli 1992, 24...♘g4! (statt 24...♗g4?) spielen, mit guten Verteidigungsressourcen, z.B. 25.h3 ♖e8 26.hxg4 ♕g5 27.♕c7 ♗e6 28.♗xb7 (28.♕xb7 ♗d5!) 28...♖e7 29.♕xe7 (29.♕c6 ♗d7 30.♕xd7 ♖xe1+ 31.♔h2 ♖d8 32.♕c7 ♖xd4-+) 29...♕xe7 30.♗xa8 ♕b4 31.♖ge3 ♕d2 mit der Drohung c4–c3–c2–c1♕ und Gewinn.

9.♕c2

Auch nach 9.0-0 hat Schwarz keine Schwierigkeiten:

A) 9...c4 10.♗f5 ♗xc3 11.bxc3 ♘e4 12.♕c2 ♘xg5 (Nach 12...♘xc3? 13.♖ac1 ♘a4 14.e4 kommt Weiß zu starkem Angriff.) 13.♘xg5 g6 14.♗xd7+ (14.♗h3 0-0 15.f4 f5∞) 14...♗xd7 15.e4 f6 16.♘f3 0-0 17.♘d2 ♖ae8 mit zweischneidigem Spiel.

B) 9...♗xc3 10.bxc3 ♕xc3 11.♖c1 mit gewisser Initiative für den Bauern.

C) 9...0-0 10.♘xd5 (Oder 10.♕c2 mit Übergang zur Hauptvariante.) 10...♘xd5 11.a3 cxd4 12.axb4 ♕xb4 13.♖a4 (13.♘xd4 ♕xb2!) 13...♕xb2 14.♖xd4 ♘c3 15.♕c1 ♘e2+ 16.♗xe2 ♕xe2 17.♕c7 ♕b5 18.♖fd1 f6 und Schwarz hat den Ausgleich festgehalten, Garcia Gonzales – Ljubojevic, Luzern 1982.

9...c4 10.♗f5 0-0 11.0-0

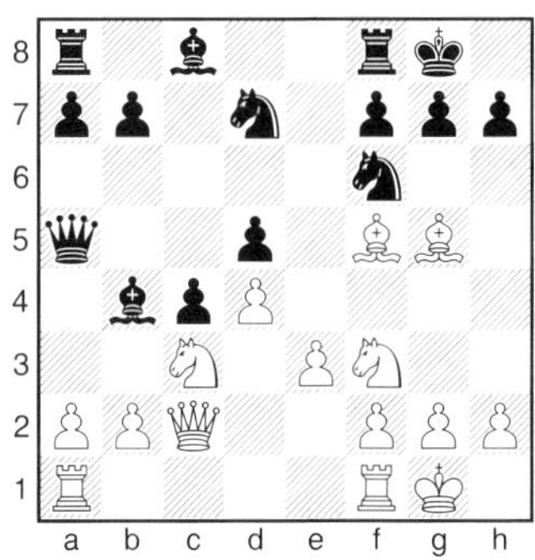

11...♖e8

Schwarz muss die Kontrolle über den Punkt e4 im Auge behalten, um den Durchbruch e3–e4 zu erschweren.

12.♘d2

Weiß nimmt das wichtige Feld e4 ins Visier, denn Schwarz hat die Absicht, nach g7–g6 und ♗b4xc3 mit ♘f6–e4 dieses Feld zu besetzen.

12...g6 13.♗h3

So will Weiß noch die Spannung halten. Nach 13.♗xd7 ♘xd7 14.a3 (Eine gut verteidigungsfähige Stellung behält Schwarz nach 14.♖fe1 ♘b6 15.f3 ♗d7 16.a3 ♗xc3 17.bxc3 ♘a4 18.♖ac1 ♖e6 19.♗f4 ♖ae8 20.e4 b5 usw. Oder 14.h4 f6 15.♗f4 ♗xc3 16.bxc3 ♘b6 17.f3 ♕a4 18.♕b2 ♗f5 19.♖fe1 ♕c6 20.♕a3 ♗d3 und beide Seiten haben die gleichen Chancen, Malakchatko - Aleksandrow, Kolkata 2009.) 14...♗xc3 15.bxc3 ♘b6 16.f3 ♗d7 17.♖fe1 ♗a4 18.♕c1 ♗c6 19.♖a2 ♖e6 20.♘f1 ♖ae8 sieht die schwarze Stellung fest aus, Kasparow - Tatai, Dubai 1986.

13...♗xc3

Es geht auch 13...♔g7 14.♗h4 ♘b6 15.♗xc8 ♖axc8 16.a4 ♖c6 17.♖fe1 ♖ce6 mit Ausgleich, Laznicka - Abasov, Jerusalem 2015.

14.bxc3

Die Vereinfachung 14.♕xc3 ♕xc3 15.bxc3 ♘e4 verspricht Weiß keinen Vorteil, z.B. 16.♘xe4 dxe4 17.♖fb1 ♘b6 18.♗xc8 ♖axc8 19.a4 ♖c7 nebst ♘b6–d5 und ausreichendem Gegenspiel.

14...♘e4 15.♘xe4 dxe4

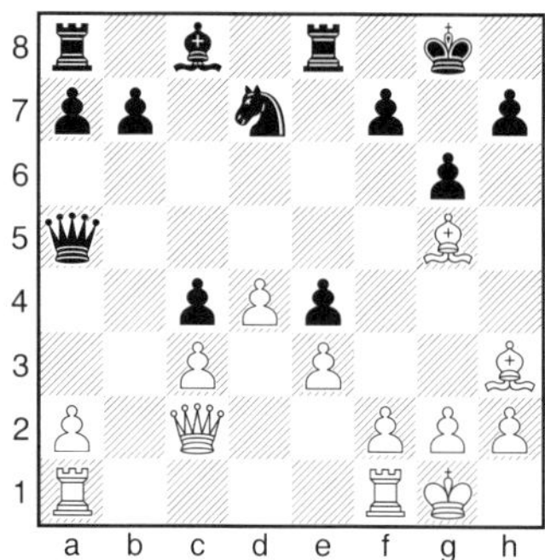

16.♗xd7

Die von einigen Theoretikern vorgeschlagene Fortsetzung 16.♗h6 ist nicht gut wegen der einfachen Antwort 16...♘f6!, und nach weiterem 17.♗xc8 ♖axc8 18.f3 ♖e7 19.♖ac1 ♖ce8 20.♕e2 ♕h5 21.♗f4 exf3 22.♖xf3 ♘e4 23.♕b2 ♕a5 24.h3 ♔g7 erhielt Schwarz bessere Aussichten: Er stellt die Dame auf d5 und beherrscht die Lage im Zentrum. In der Partie Dochojan - Arencibia, Pamplona 1990/91, kassierte er schließlich den ganzen Punkt.

16...♗xd7 17.♗f4 ♗a4

Schwarz baut eine feste Stellung auf. Möglich ist auch 17...♕d5!?.

18.♕b2

Nichts bringt der Versuch, das Zentrum durch f2–f3 zu sprengen, z.B. 18.♕d2 ♕d5 19.f3 ♖e6 und Schwarz hat alles unter Kontrolle.

18...♗c6 und die Stellung ist völlig ausgeglichen.

Zusammenfassung: Die besprochene Variante ist selten in der Turnierpraxis zu sehen, aber zu Unrecht, denn sie gibt Schwarz gute Chancen auf gleiches Spiel. Für Weiß ist es nicht so einfach, die Verteidigungsmöglichkeiten der Gegenseite zu widerlegen. Ich empfehle Ihnen zur Analyse die **Partie Nr. 47**: Kramnik – Lautier, Cannes 1993, wo Weiß einen interessanten Plan mit 7.♕c2 angewandt hat.

Kapitel 16
Cambridge-Springs-Variante

1.d4 d5 2.c4 e6 3.♘c3 ♘f6 4.♗g5 ♘bd7 5.e3 c6 6.♘f3 ♕a5

Schwarz fesselt den Springer mit der Dame und beabsichtigt, mittels ♗f8-b4 und ♘f6-e4 den Druck auf diesen zu verstärken. Diese Idee wurde vom amerikanischen Meister Harry N. Pillsbury (1872-1906) um 1900 in die Turnierpraxis eingeführt und vom Herausforderer Aljechin im Wettkampf gegen Capablanca (1927) häufig gewählt. Den Namen Cambridge-Springs-Variante erhielt sie nach einem Turnier in dem gleichnamigen US-Kurstädtchen im Jahre 1904. Heutzutage ist diese Variante selten bei Turnieren anzutreffen.

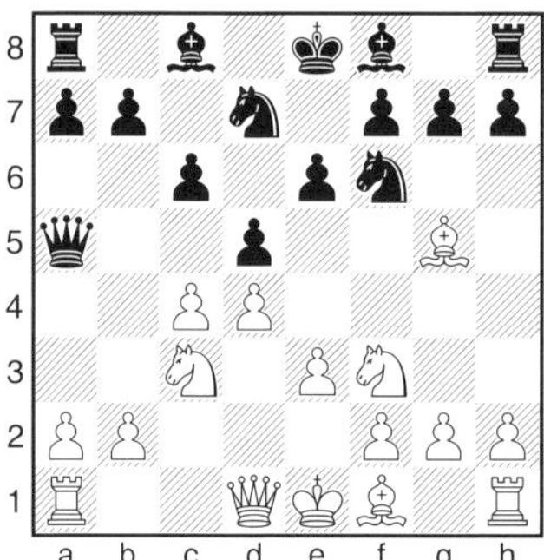

7.♘d2

Gilt in der modernen Praxis als der Hauptzug. Damit plant Weiß, die schwarze Dame mit ♘d2-b3 bzw. (im Fall von d5xc4) ♘d2xc4 zu vertreiben. Ein Mangel dieses Zuges besteht darin, dass nach d5xc4 der Läufer g5 abgetauscht werden muss. Andere Pläne sind:

I. 7.♗xf6 (Die Vereinfachung bringt dem Weißen keine konkreten Vorteile. Deshalb wird dieser Zug heutzutage kaum gespielt.) 7...♘xf6 8.♘d2 ♗b4 9.♕c2 b6!? (9...♘e4 10.♘cxe4 dxe4 11.a3 ♗xd2+ 12.♕xd2 ♕xd2+ 13.♔xd2 ♔e7 14.♔c3 ist bequemer für Weiß, denn er hat einen aktiveren Läufer.) 10.♘b3 ♕a4 11.a3 ♗xc3+ 12.♕xc3 ♘e4 13.♕c2 c5 (13...♗a6!?) 14.♗d3 dxc4 15.♕xc4 ♕xc4 16.♗xc4 cxd4 17.♘xd4 ♗b7 18.f3 ♘d6 19.♗d3 a6 (19...e5 20.♘b5 ♘xb5 21.♗xb5+ ♔e7 22.♔e2 ♖ac8 23.♖ac1 ♖hd8=) 20.♔e2 e5 21.♘f5 ♘xf5 22.♗xf5 g6 23.♗d3 ♔e7 24.♖ac1 ♖ac8 mit völligem Ausgleich.

II. 7.cxd5 (Damit wird die ewige Drohung d5xc4 nebst Angriff auf den Läufer endgültig ausgeschaltet.) 7...♘xd5 8.♕d2 ♘7b6 9.♗d3 (Oder 9.♘xd5; siehe **Partie Nr. 48**: Karpow - Kasparow, Moskau 1985, 47. Matchpartie.) 9...♘xc3 10.bxc3 ♘d5 (In der Partie Magerramow - Stscherbakow, Tscheljabinsk 1991, geschah: 10...♘a4 11.0-0 ♕xc3 12.♕e2 ♕b2 13.♗c2 ♕b5 14.♕d1 ♘c3 15.♕d2 ♗b4 16.♗d3 ♕a4 17.a3 ♗a5 18.♕b2 f6 19.♗h4 ♘d5 20.♖fc1 ♗c7 21.♖c4 und Weiß bekam eine starke Initiative für den Bauern.) 11.0-0 (Nach 11.♖c1 ♘xc3! 12.0-0 ♗b4

13.♕b2 ♘d5 14.♖c4 ♗a3 15.♕b1 h6 16.♗h4 0-0 17.♗g3 ♖d8 entsteht eine sehr komplizierte Position. Weiß hat offensichtlich Kompensation für den geopferten Bauern.) 11...♕xc3 12.♕e2 ♗d6 13.♘d2 ♕a5 14.♘c4 ♕c7 15.♘xd6+ (15.♕h5!?) 15...♕xd6 16.♗h4 0-0 17.♗g3 ♕d7 18.♖ac1 b6 19.♗b1 ♗b7 20.♕d3 g6 (20...f5!?) 21.♖fd1 und mit dem Läuferpaar besitzt Weiß gute Möglichkeiten für den Bauern, Gligoric – Shengelia, Panormo 1998.

7...♗b4

Entwickelt den Königsflügel und verstärkt den Druck auf c3. Es gibt natürlich andere Möglichkeiten für Schwarz:

I. 7...♘e4 8.♘dxe4 dxe4 9.♗h4 (Nach 9.♗f4 e5! 10.dxe5 ♗b4 11.♕c2 ♘xe5 12.0-0-0 ♗xc3 13.bxc3 f5 14.♕b3 ♗e6 erhielt Schwarz in der Partie Leenhouts – Tan, Leiden 1998, ein ausgezeichnetes Spiel.) 9...♗b4 10.♕b3 c5 11.0-0-0 (11.a3 ♗xc3+ 12.bxc3 e5 13.d5 ♕a6∞) 11...♗xc3 12.bxc3 0-0 13.♖d2 e5 mit beiderseitigen Chancen, Thorbergsson – Ibrahimoglu, Havanna 1966.

II. 7...dxc4 8.♗xf6 ♘xf6 9.♘xc4 (9.♗xc4 ♗e7 10.0-0 e5 11.♘b3 ♕c7 12.dxe5 ♕xe5 13.♕d4 ♕xd4 14.♘xd4 0-0=) 9...♕c7 10.♗e2 ♗e7 11.0-0 0-0 12.♖c1 ♖d8 13.♕c2 ♗d7 14.♘e5 ♗e8 15.a3 ♖ac8 16.b4 ♗d6 17.f4 a5 18.♕b3 axb4 19.♘b5 ♕e7 20.♘xd6 ♕xd6 21.axb4 ♘d5 und Schwarz hat eine beengte aber auch feste Stellung, Schöne – Tschechow, Deutschland 1995.

8.♕c2

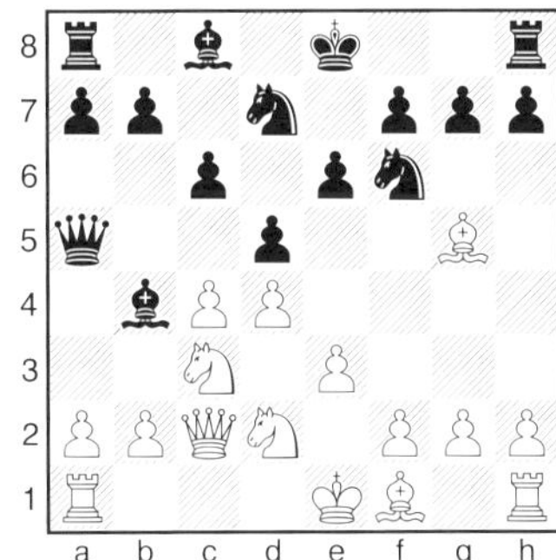

8...0-0

So wird am meisten gespielt: Schwarz sichert erst seinen König, um sich danach zu entscheiden, welchen Plan er wählt. Anderes:

I. 8...c5 9.♗xf6 ♘xf6 10.♘b3 ♗xc3+ 11.♕xc3 ♕xc3+ 12.bxc3 cxd4 13.cxd4 dxc4 14.♗xc4 b6 (14...♗d7!?) 15.♗b5+ ♔d8 16.♖c1 ♗b7 17.f3 a6 18.♗c6 ♔c7 19.♗xb7+ ♔xb7 20.♔d2 ♖ac8 mit verteidigungsfähigem Endspiel.

II. 8...dxc4 9.♗xf6 ♘xf6 10.♘xc4 (10.♗xc4 e5 11.♕b3 0-0 12.dxe5 ♗xc3 13.♕xc3 ♕xc3 14.bxc3 ♘g4 15.♘f3 ♖e8 16.♖d1 ♔f8 17.♔e2 ♘xe5 18.♘xe5 ♖xe5 19.♖d4 ♔e7 20.♖hd1 b5 21.♗b3 a5 22.a4 ♖b8 mit ausreichendem Gegenspiel) 10...♕c7 11.♗e2 0-0 12.0-0 ♖d8 13.a3 ♗e7 14.b4 b6 15.♖fd1 ♗b7 16.♖ac1 ♖ac8 17.♗f3 ♕b8 18.♕b3 ♘d5 mit kompliziertem Kampf.

9.♗e2

Weiß will auch schnell rochieren. Andere Züge:

I. 9.a3; siehe **Partie Nr. 49**: Timman – Jussupow, Linares 1983.

II. 9.♗h4 (Ein prophylaktischer Zug gegen ♘f6–e4.) 9...e5 10.dxe5 (10.0-0-0 exd4 11.♘b3 ♕b6 12.♘xd4 dxc4 13.♗xc4 ♘e5 14.♗b3 ♗xc3 15.♕xc3 ♘e4 16.♕c2 ♘c5 17.♗g3 ♖e8 18.♖d2 a5 mit Gegenchancen) 10...♘e4 11.♘dxe4 dxe4 12.e6 ♘e5 13.exf7+ ♖xf7 14.0-0-0 ♗e6 15.♘xe4 ♕xa2 16.♘g5 ♗f5 17.e4 ♖d7 18.♖xd7 ♗xd7 mit aktivem Spiel für den Bauern, Analyse von Panczyk/Ilczuk.

III. 9.♗xf6 ♘xf6 10.♗d3 ♖e8 11.0-0 e5 12.cxd5 ♗xc3 13.♘c4 ♕xd5 (Möglich ist auch 13...♕d8!? 14.bxc3 e4 15.♗e2 cxd5 16.♘e5 ♘d7 17.♘xd7 ♗xd7 mit akzeptablem Spiel für Schwarz, Kostic – Süchting, Karlsbad 1911.) 14.bxc3 exd4 (14...e4!? wäre zu prüfen.) 15.exd4 c5 16.♘e3 ♕h5 mit Remischancen, Vojinovic – Lazic, Niksic 1996.

9...e5 10.dxe5

Im Falle von 10.0-0 exd4 11.♘b3 ♕b6 (11...♕c7!? 12.♘xd4 dxc4 13.♗xc4 ♕a5 14.♘f3 ♘e5 15.♘xe5 ♕xe5 16.♗f4 ♕e7 17.♗d3 h6 18.h3 ♗e6∞, Sämisch – Kashdan, Frankfurt 1930) 12.exd4 (12.♘xd4 ♗xc3 13.bxc3 dxc4 14.♗xc4 ♕c5=) 12...dxc4 13.♗xc4 ♕c7 (13...a5!?) 14.♘d2 ♗d6 15.♘f3 ♘g4 16.h3 ♘b6 17.♗d3 h6 18.♗h4 ♘h2 19.♘xh2 ♗xh2+ 20.♔h1 ♗d6 (Wahrscheinlich spielbar ist auch 20...♗f4!? 21.♖fe1 ♗e6 22.♗h7+ ♔h8 23.♗f5 ♗xf5 24.♕xf5 ♖ae8 usw.) 21.♖fe1 ♗d7 22.♘e4 ♖fe8 entsteht eine komplizierte Stellung mit ungefähr gleichen Chancen.

10...♘e4

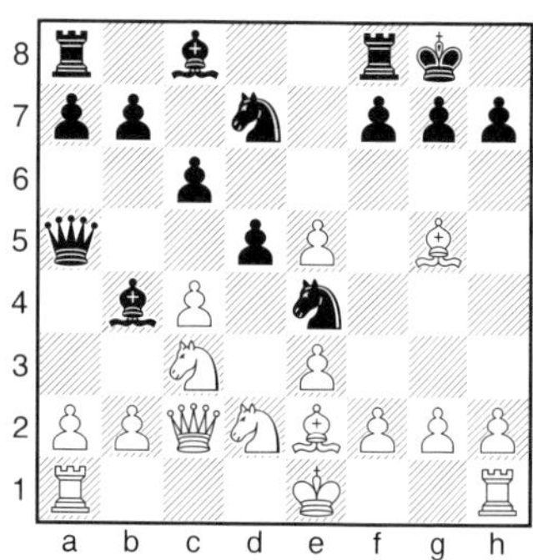

11.♘cxe4!?

Wahrscheinlich die einzige Möglichkeit, etwas mehr aus der Stellung herauszuholen. Nach 11.♘dxe4 dxe4 12.0-0 ♗xc3 13.bxc3 ♖e8 14.♖fd1 ♘xe5 (14...♕xe5 15.♗f4 ♕a5=, W. Schmidt – Dorfman, Warschau 1983) 15.♕xe4 ♗e6 16.♗f4 ♕xc3 17.♖ac1 ♕a5 18.♕b1 b6 ist die Stellung etwa ausgeglichen, Waganian – Jussupow, Jerewan 1982.

11...dxe4 12.♖d1 ♘xe5

Das Nehmen des Bauern ist nicht gut: 12...♕xa2 13.0-0 ♕a5 (13...♗xd2?? 14.♖a1+–) 14.♘xe4 ♕xe5 (14...♘xe5 15.♗f4 ♘g6 16.♗d6 ♗xd6 17.♘xd6±) 15.♗f4 und Weiß steht viel aktiver.

13.0-0 ♗xd2 14.♕xd2 ♕xd2

Natürlich geht nicht 14...♕xa2?? wegen 15.♕c3! und Schwarz verliert Material.

15.♖xd2 ♗e6 16.b3 f6 17.♗f4 ♖ad8 18.♖fd1 ♖xd2 19.♖xd2 ♘d3 20.♗xd3

Oder 20.f3 ♘xf4 21.exf4 exf3 22.♗xf3 ♔f7 nebst ♔f7–e7 und; 20.♗g3 ♖d8

21.f3 f5 mit ungefähr gleichem Spiel.

20...♖d8 21.♔f1 exd3 22.c5

22.e4 f5 23.exf5 ♗xf5=

22...♖d5 23.♗d6 f5 24.f3 b6 25.e4

Nach 25.b4 ♗c8 26.♔f2 ♗a6 27.a3 ♔f7 28.e4 fxe4 29.fxe4 ♖d4 30.♔e3 bxc5 31.♗xc5 ♖d7 32.a4 ♔e6 verteidigt Schwarz problemlos das Endspiel mit ungleichfarbigen Läufern.

25...fxe4 26.fxe4 ♖d4 27.♗b8 bxc5 28.♗xa7 ♖xe4 29.♗xc5 ♖e5 30.♗b6 ♗c8 31.♔f2 ♗a6 mit ausgeglichenem Endspiel.

Zusammenfassung: Der Plan, der mit einem Gegenangriff nach ♕d8-a5, ♗f8-b4 oder ♘f6-e4 verbunden ist, verschafft dem Schwarzen gute Chancen auf vollwertiges Spiel. Das ist der Grund, dass die vorgestellte Variante in der gegenwärtigen Schachpraxis immer mehr Anhänger findet.

Kapitel 17
Holländisches Gambit

1.d4 d5 2.c4 e6 3.♘c3 ♘f6 4.♗g5 c5

Eine riskante Idee, denn dieser Vorstoß im Zentrum bei der Fesselung des Springers ist eigentlich unbegründet und sehr riskant. Aber welches Gambit ist ohne Risiko?

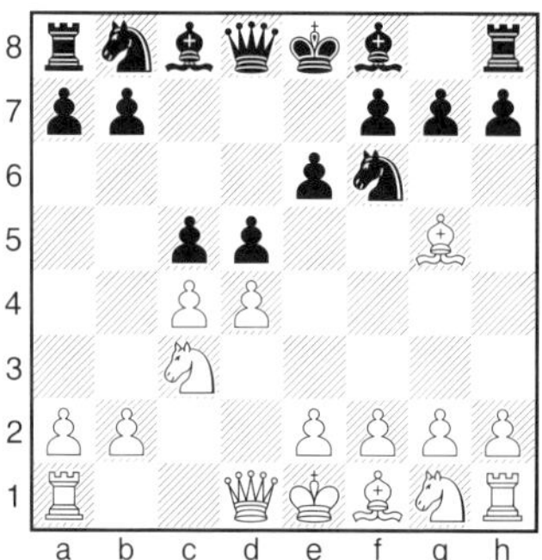

5.cxd5

Dies führt zu großen Komplikationen mit unberechenbaren Folgen, falls Weiß die Theorie nicht kennt. Wenn der Anziehende dies vermeiden möchte, so empfehle ich eine ganz normale Entwicklung durch 5.e3!?, siehe **Partie Nr. 50**: Konikowski – Nilsson, Fernpartie 1987.

5...cxd4

Anderes:

I. 5...exd5 6.♘f3 (Einige Theoriewerke empfehlen 6.♗xf6 gxf6 7.e3 ♗e6 8.♘ge2 ♘c6 9.g3 mit kleinem Vorteil für Weiß.) 6...♗e6 (Nach 6...♗e7 7.dxc5 0-0 8.e3 ♗e6 9.♖c1 kann es für Schwarz schwierig werden, den Bauern c5 zurückzubekommen.) 7.e3 ♘c6 8.♗b5 ♗e7 9.dxc5 ♗xc5 10.0-0 0-0 11.♖c1 ♗e7 12.♗xc6 bxc6 13.♘a4 ♖c8 14.♘d4 ♗d7 15.♗xf6 ♗xf6 16.♘c5 mit Blockade der schwarzen Felder und besseren Aussichten für Weiß.

II. 5...♕b6 6.♗xf6 ♕xb2 7.♖c1 (Nicht schlecht ist 7.♕c1!? ♕xc1+ 8.♖xc1 gxf6 9.e3 exd5 10.♗b5+ und Weiß hat wegen der geschwächten schwarzen Bauernstruktur bessere Chancen.) 7...gxf6 8.e3 cxd4 9.♗b5+ ♗d7 10.♗xd7+ ♘xd7 11.exd4 ♗b4 12.♘ge2 ♖c8 13.0-0! ♗xc3 14.♕d3 ♘b6 15.♖xc3 0-0 (Nach 15...♖xc3 16.♘xc3 ♘xd5 17.♘xd5 exd5 18.♕e3+ ♔d7 19.♕h3+ ist die Lage des schwarzen Königs sehr gefährlich, denn Weiß droht ♖f1-e1 mit starkem Königsangriff.) 16.dxe6 fxe6 17.♖a3 ♕c2 18.♕f3 ♕c6 19.♕xc6 bxc6 20.♘f4 ♖fe8 21.♖xa7 mit weißem Vorteil, Cu. Hansen – Zsu. Polgar, Debrecen 1990.

6.♕xd4

Das Beste. Nach 6.♕a4+ ♕d7 7.♕xd4 ♘c6 8.♕d2 ♘xd5 9.♘xd5 exd5 erhält Schwarz eine komfortable Stellung mit einem Isolani im Zentrum.

6...♗e7

Die Entfesselung des Springers ist sehr wichtig, denn es droht die

Schwächung der Bauernstruktur oder Eroberung des Bauern, z.B. 6...♘c6 7.♕d2 (7.♕h4!? exd5 8.♗xf6 gxf6 9.e3± bzw. 7.♗xf6!? gxf6 8.♕e4 f5 9.♕e3 ♘b4 10.0-0-0 ♗g7 11.♔b1±) 7...exd5 8.♗xf6 ♕xf6 9.♘xd5 ♕d8 10.e4 (10.♖d1!?) 10...♗d6 11.♘e2 0-0 12.♘ec3 ♖e8 13.0-0-0 ♗e6 14.♔b1 mit weißem Vorteil.

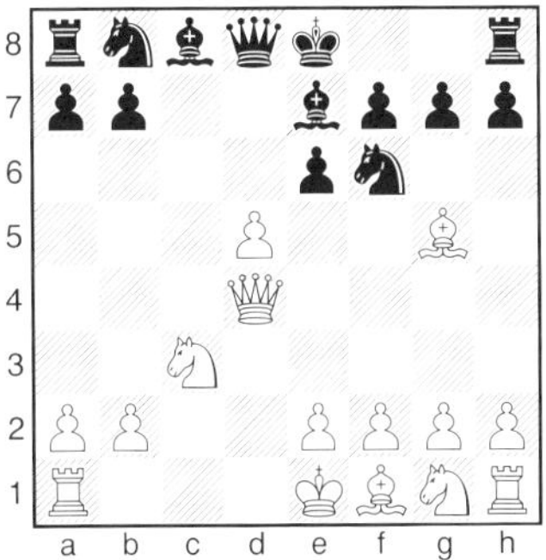

7.e4

Die energischste Fortsetzung. Nach 7.e3 exd5 8.♗b5+ (8.♘f3 0-0 9.♗e2 ♘c6 10.♕a4 ♗e6 11.0-0 h6 12.♗h4 a6∞) 8...♘c6 9.♘f3 0-0 10.♕a4 ♗e6 11.0-0 ♕b6 12.♖ac1 h6 13.♗h4 ♖fd8 14.♖fd1 ♖ac8 hat Schwarz aktives Spiel, Eingorn – S. Iwanow, Berlin 1992.

7...♘c6 8.♕d2

Wie gefährlich das Gambit sein kann, zeigt die folgende Partie: 8.♗b5 0-0 9.♗xc6 bxc6 10.♗xf6 ♗xf6 11.e5 c5! 12.♕xc5 ♗xe5 13.♘ge2 ♗a6! 14.dxe6 ♗xc3+ 15.bxc3 (15.♕xc3 ♖e8!) 15...♖e8 16.♘d4 ♖c8 17.♕e5 ♖xc3 18.♖d1 ♕b6 19.f3 ♖xe6! und Weiß gab auf, Tukmakow – Ubilawa, UdSSR 1980.

8...♘xe4

Eine Figur verliert man nach 8...♘xd5? 9.exd5 ♗xg5 10.f4 ♗h4+ 11.g3 exd5 12.gxh4 ♕xh4+ 13.♕f2 ♕e7+ 14.♕e2 ♗e6 15.♘f3 mit weißem Vorteil. Auch nach 8...exd5 bekommt Weiß bessere Chancen: 9.♗xf6! ♗xf6 10.exd5 ♕e7+ 11.♘ge2 ♘e5 12.d6 (12.♘e4!?) 12...♕d8 13.♘g3 0-0 14.♗e2 ♗e6 (14...♗g4 15.f4 ♗xe2 16.fxe5 ♗g4 17.exf6 ♖e8+ 18.♘ge4 ♕xf6 19.♕f2+–) 15.0-0 und Schwarz hat kaum Ersatz für den Bauern.

9.♘xe4 exd5 10.♗xe7 ♕xe7

Auch 10...♘xe7 bringt Schwarz nichts wegen 11.♗b5+ ♘c6 12.0-0-0 (12.♘c3!?) 12...♗g4 (12...a6 13.♗xc6+ bxc6 14.♘c5+–) 13.f3 dxe4 14.♗xc6+ bxc6 15.♕xd8+ ♖xd8 16.♖xd8+ ♔xd8 17.fxg4 und Weiß hat eine Figur mehr.

11.♕xd5 0-0

Ebenfalls unzureichend ist 11...f5 12.♗b5 ♕xe4+ (12...♗d7 13.♘e2 fxe4 14.0-0 0-0-0 15.♘g3±) 13.♕xe4+ fxe4 14.♘e2 und der Bauer e4 ist schwach.

12.f3 ♘b4 13.♕c4 b5

13...♗e6 14.♕c5 ♕xc5 15.♘xc5 ♘c2+ 16.♔d2 ♘xa1 17.♘xe6 fxe6 18.♗d3 nebst ♘g1-e2 und Eroberung des Springers ist natürlich vorteilhaft für Weiß.

14.♕c5 ♕xc5 15.♘xc5 ♘c2+ 16.♔d2 ♘xa1 17.♗d3 ♖d8 18.♘e2 ♗f5 19.♖xa1 ♖d5

Analog gestaltet sich das Spiel nach 19...♖ac8 20.♘e4 mit Vorteil für Weiß.

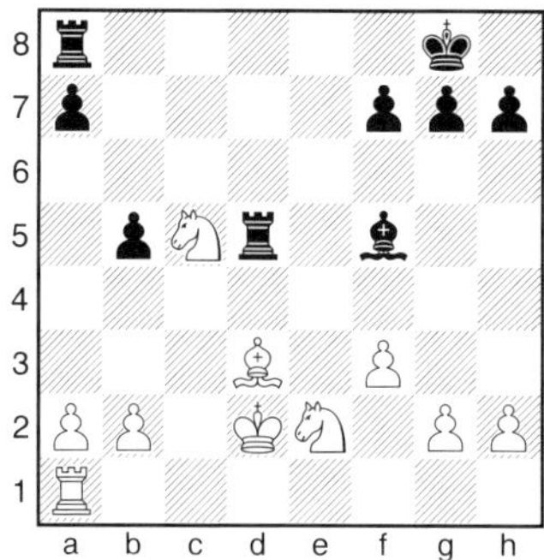

20.b4! ♗xd3 21.♘xd3 ♖ad8 22.♘ec1 mit dem Manöver ♖a1-b1-b3–c3 und klarem Vorteil für Weiß.

Zusammenfassung: Bei genauem Spiel des Anziehenden besitzt Schwarz kaum Chancen auf Erfolg. Aus diesem Grund wagen nur einige mutige Spieler, das Gambit in der Turnierpraxis anzuwenden. Aber die schwarzen Möglichkeiten kann man natürlich nicht ignorieren und Weiß muss immer aufmerksam spielen. Für die vorsichtigen Schachfreunde ist die ruhigere Fortsetzung 5.e3!? zu empfehlen.

Kapitel 18

Lasker-Verteidigung ohne h7-h6

1.d4 d5 2.c4 e6 3.♘c3 ♘f6 4.♗g5 ♗e7 5.e3 0-0 6.♘f3 ♘e4

Das durch Weltmeister Emanuel Lasker (1868-1941) in die Praxis eingeführte Manöver hat das Ziel, die Stellung zu vereinfachen, um eine feste Verteidigungsposition zu erreichen. Andererseits verliert Schwarz viel Zeit für Springerzüge und bleibt daher in der Entwicklung zurück. Heutzutage ist der Textzug selten.

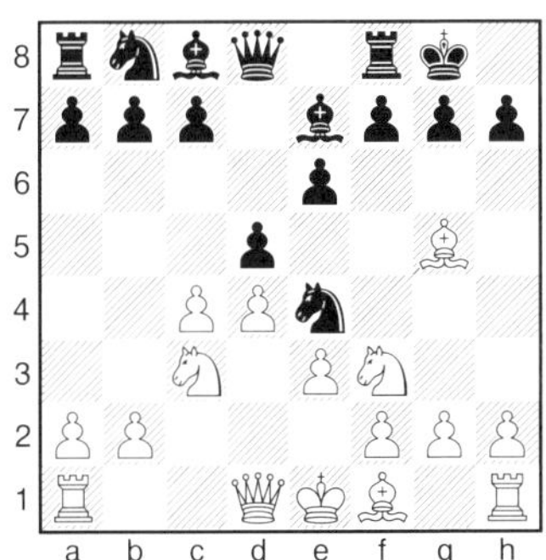

7.♗xe7 ♕xe7

Aber nicht 7...♘xc3?? wegen 8.♗xd8 ♘xd1 9.♗e7 ♖e8 10.♗a3 und Weiß verbleibt mit einer Mehrfigur.

8.♕c2

Man trifft auch andere Züge:

I. 8.♖c1; siehe **Partie Nr. 51**: Portisch – Dizdar, Sarajevo 1986.

II. 8.cxd5 ♘xc3 9.bxc3 exd5 10.♕b3 (10.♗d3!?) 10...♖d8 (10...c6 11.c4 dxc4 12.♗xc4 ♘d7 13.0-0 ♖d8 14.♖ac1±, Alexandrija – Lematschko, Alicante 1983) 11.c4 dxc4 12.♗xc4 ♘c6 13.♗e2 ♖d6 (Nach 13...♕b4+ 14.♕xb4 ♘xb4 15.0-0 c6 16.♖fc1 besitzt Weiß eine Majorität im Zentrum und die Möglichkeit, die gegnerische Stellung am Damenflügel auf den halboffenen Linien unter Druck zu setzen. Er steht daher besser, Alatorzew – Judowitsch, Moskau 1937.) 14.0-0 ♗e6 15.♕c3 ♗d5 16.♖ab1 ♖g6 mit Gegenspiel am Königsflügel.

III. 8.♘xe4 dxe4 9.♘d2 f5 10.♗e2 (10.♕c2 c5 11.dxc5 ♕xc5∞) 10...c5 (10...♘d7 11.♕c2 ♕g5 12.g3 c6 13.0-0-0 ♕e7 14.♔b1 ♘f6 15.h3 ♗d7 16.♖c1 ♖fc8 17.g4 mit Initiative auf der Königsseite, Weissenbeck – Prager, Österreich 2003.) 11.♘b3 (11.d5 ♖d8!) 11...cxd4 12.♕xd4 ♘c6 (12...♖d8!?) 13.♕c5 ♕f6 14.0-0-0 e5 15.♖d6 ♗e6 16.♖hd1 ♖ad8 und die Aussichten sind etwa gleich.

IV. 8.♕b3 c6 9.♗d3 ♘xc3 10.bxc3 ♘d7 11.0-0 dxc4 12.♗xc4 e5 13.d5 cxd5 (13...♘b6!?) 14.♗xd5 ♘b6 15.c4 ♗g4 16.♘d2 ♖ad8 mit dem Plan ♔g8-h8 und f7-f5, Carp – Evertsson, Dos Hermanas 2003.

8...♘xc3 9.♕xc3

Im Falle von 9.bxc3 ♘d7 (Nach 9...c5 10.♗d3 h6 11.0-0 dxc4 12.♗xc4 b6

13.♕e2 ♗b7 14.♘e5 ♘d7 15.f4 steht Weiß etwas aktiver.) 10.♗d3 h6 11.0-0 c5 12.♖fe1 dxc4 13.♗xc4 b6 14.d5 exd5 (14...♘f6!?) 15.♗xd5 ♖b8 16.e4 ♘f6 17.c4 ♗g4 18.♘d2 ♖bd8 19.f3 ♗e6 20.♘f1 ♖fe8 21.♘e3 steht Weiß etwas aktiver, aber Schwarz hat keine positionellen Schwächen und daher gute Aussichten, die Stellung zu halten.

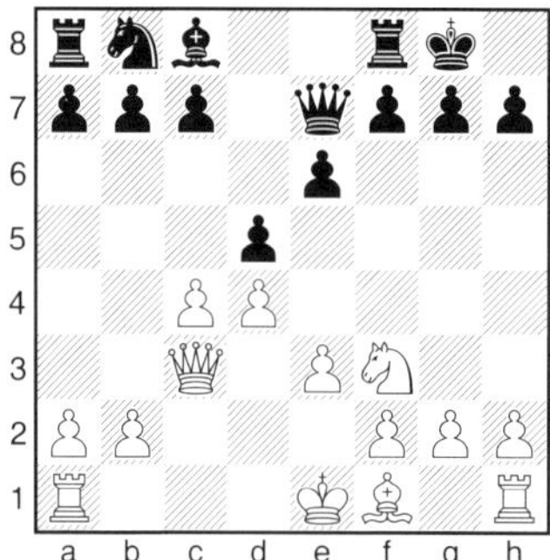

9...c6

Eine solide Fortsetzung, denn damit befestigt Schwarz das Zentrum. Es kann sein, dass 9...dxc4!? auch möglich ist: 10.♗xc4 b6 (10...♘d7 11.0-0 c6 12.♗b3 ♖e8 13.♖fd1 ♘b6 14.♖ac1 ♗d7 15.♕c5±, Hamrakulova - Gutierrez Castillo, Chalkidiki 2003) 11.0-0 ♗b7 12.♗e2 (12.♖ac1 ♘d7 13.♗e2 ♖fc8 14.♖fd1 c5 15.♕a3 ♔f8=) 12...♖c8 13.b4 a5 14.a3 ♘d7 15.♖fc1 axb4 16.axb4 c5 17.dxc5 bxc5 18.♖xa8 ♗xa8 und die Stellung ist etwa ausgeglichen.

10.♗d3 ♘d7 11.0-0 dxc4 12.♗xc4 b6 13.b4

Das ist gegen den Befreiungszug c6-c5 gerichtet. Nach 13.e4 ♗b7 14.♖fd1 c5 15.d5 exd5 16.exd5 ♕f6 sind die beiderseitigen Möglichkeiten etwa gleich, Analyse von Polugajewski.

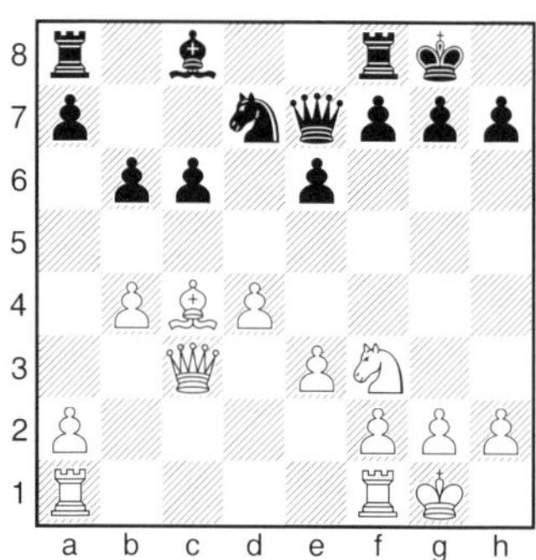

13...a5

Schwarz kann auch von der anderen Seite angreifen und damit seine Kräfte aktivieren. Die Alternative ist 13...♗b7, z.B. 14.♗e2 a5 (Zu beachten ist 14...c5!? 15.bxc5 bxc5 16.♕a3 ♖fc8 17.♖fc1 ♔f8 usw.) 15.a3 axb4 16.axb4 c5 17.dxc5 bxc5 18.b5 ♘b6 (Schwarz muss sich genau verteidigen. In der Partie Maksymienko - Zontakh, Novi Sad 2000, entschied sich der Nachziehende zu Abtauschoperationen: 18...♕f6 und nach weiterem 19.♕xf6 gxf6 20.♘d2 ♖xa1 21.♖xa1 ♖a8 22.♖xa8+ ♗xa8 23.g4 ♔f8 24.f4 h6 25.♔f2 ♔e7 26.♗d3 ♘b6 27.♘c4 ♘xc4 28.♗xc4 ♔d6 29.h4 ♗e4 30.♔e2 ♔e7 31.h5 besaß Weiß Endspielvorteil durch den starken Freibauer b5 und gewann die Partie später.) 19.♘e5 (19.♖fd1 ♘d5∞) 19...♘d5 20.♕b2 ♘b4 und Schwarz hat ausreichend Verteidigungsmöglichkeiten. Die Stellung ist etwa im Gleichgewicht.

14.bxa5

Nach 14.a3 ♗b7 15.♗e2 ♖fc8 bzw. 14.♗d3 ♗b7 15.bxa5 ♖xa5 16.♖fb1 ♖fa8 sollte Schwarz auch den Ausgleich halten.

14...♖xa5 15.♖ab1 c5 und Schwarz hat reale Chancen auf ausgeglichenes Spiel.

Zusammenfassung: In dieser Form der Lasker-Verteidigung bekommt Schwarz zwar etwas passives Spiel, aber mit guten Verteidigungschancen. Heutzutage ist das System selten geworden, denn Schwarz hat hier wenige Möglichkeiten, um den Sieg zu kämpfen.

Kapitel 19
Lasker-Verteidigung mit h7-h6

1.d4 d5 2.c4 e6 3.♘c3 ♘f6 4.♗g5 ♗e7 5.e3 0-0 6.♘f3 h6 7.♗h4 ♘e4

Diese Form der Lasker-Verteidigung ist populärer als die klassische. Der Zug h7-h6 entzieht den Bauern h7 einem Angriff nach ♕d1-c2 und ♗f1-d3 und schafft auch dem König das Luftloch h7, was in vielen Varianten von großer Bedeutung ist. Lasker selbst realisierte seine Idee ♘f6-e4, ohne den Läufer nach h4 zu verdrängen.

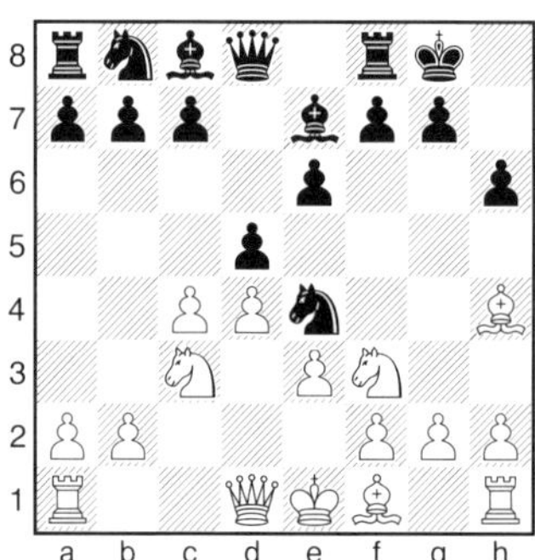

8.♗xe7

Nach 8.♗g3 hat Schwarz zwei gute Antworten:

A) 8...c5 9.♗d3 ♘xg3 (Möglich ist auch 9...cxd4 10.♘xd4 ♘xg3 11.hxg3 dxc4 12.♗xc4 ♕c7 13.♗d3 ♘c6=.) 10.hxg3 ♘c6 11.cxd5 cxd4 12.dxc6 dxc3 13.bxc3 ♗f6 14.♕c2 ♕a5 15.♖c1 bxc6 16.♘d4 ♗xd4 17.exd4 ♖d8 18. 0-0 c5 19.♗h7+ ♔h8 20.♗e4 ♖b8=, Kunin – Schröder, Wunsiedel 2015.

B) 8...♗b4 9.♖c1 c5 10.cxd5 exd5 11.♗d3 ♘c6 12.0-0 ♗xc3 13.bxc3 ♗g4 14.dxc5 ♕a5 15.c4 ♘xg3 16.hxg3 d4 17.exd4 ♘xd4 18.♗h7+ ♔xh7 19.♕xd4 ♗xf3 20.gxf3 ♖ac8 21.♖c2 ♔g8 22.♕d5 b6 ½-½, Kamsky – Wang, Nizza 2009.

8...♕xe7 9.♕c2

So wird häufig gespielt: Weiß stellt seine Dame auf eine aktive Position und legt die Aufstellung seines Damenturmes noch nicht fest. Andere Züge sind:

I. 9.♖c1 (Damit deckt Weiß seinen Springer und entwickelt die nächste Figur.) 9...c6

A) 10.♕c2 ♘xc3 (10...♘d7 11.♘xe4 dxe4 12.♕xe4 ♕b4+ 13.♖c3 ♕xb2 14.♕c2 ♕xc2 15.♖xc2 c5 16.♗d3 b6 gibt Schwarz auch gute Ausgleichschancen.) 11.♕xc3 ♘d7 12.♗d3 dxc4 13.♗xc4 b6 14.0-0 ♗b7 15.♗e2 ♖fc8 16.♖fd1 c5 17.♕a3 ♔f8 und Schwarz hält den Ausgleich.

B) 10.♗d3 ♘xc3 11.♖xc3 dxc4 12.♖xc4 (12.♗xc4; siehe **Partie Nr. 52**: Karpow – Jussupow, Dortmund 1997) 12...♘d7 13.♗b1 e5 14.♕c2 f5 15.dxe5 ♘xe5 16.♘xe5 ♕xe5 17.0-0 ♗e6 18.♖d4 ♖ad8 19.♖fd1 ♖d5 20.♖xd5 ♗xd5 21.♖d4 ♗e4 (21...♕e6!?) 22.♕b3+ ♗d5 23.♕d3 (Nach 23.♕xb7? f4! steht Weiß kritisch.) 23...♗e4 24.♕b3+ ♗d5 mit Zugwiederholung.

C) 10.h4!? (Dieser scharfe Zug führt zu einem außerordentlich komplizierten Spiel mit guten Perspektiven für Weiß.) 10...♘d7 (Empfehlenswert ist 10...♖d8!? 11.g4 c5 12.g5 h5 mit beiderseitigen Chancen.) 11.g4 e5 12.cxd5 ♘xc3 13.♖xc3 cxd5 14.g5 hxg5 15.hxg5 e4 16.♘e5 (Keinen Vorteil verspricht 16.♘d2 ♕xg5 17.♖h5 ♕g1 18.♖h3 ♘f6 19.♖g3 ♕h1 20.♘b3 b6 21.♔d2 ♗g4 22.♕c1 ♖ac8 23.♗a6 ♕xc1+ 24.♘xc1 ♖xc3 25.bxc3 ♖d8 26.c4 ♗e6 und Schwarz steht besser, Wang Hao - Kravtsiv, Shenzhen 2011.) 16...g6! (Andere Züge sind günstig für Weiß: 16...♕xg5 17.♖xc8 ♖axc8 18.♘xd7 mit Vorteil für Weiß oder 16...♘xe5 17.♕h5 f6 18.g6 ♘xg6 19.♕xg6 mit Initiative für den Bauern.) 17.f4 ♘xe5 18.dxe5 ♗e6 19.♖c2 ♔g7 20.♖ch2 ♖h8 mit Ausgleich.

II. 9.cxd5 (Stabilisiert die Lage im Zentrum, aber befreit den Läufer c8.) 9...♘xc3 10.bxc3 exd5 11.♕b3 ♖d8 12.c4

A) 12...c5!? 13.cxd5 (Interessant ist 13.♕a3, aber 13...♗e6 14.♕xc5 ♕xc5 15.dxc5 ♘d7 16.♖c1 ♘xc5 17.cxd5 ♖xd5 führt etwa zum Ausgleich.) 13...cxd4 14.♘xd4 ♘c6!? 15.♖d1 (Nach 15.♘xc6 bxc6 16.dxc6 ♕c5 17.♗c4 ♕a5+ 18.♔f1 ♗a6 19.♔g1 ♗xc4 20.♕xc4 ♖ac8 hat Schwarz auf jeden Fall ausreichend Ersatz für die geopferten Bauern.) 15...♘a5 16.♕b5 ♕c7 17.♘b3 ♘xb3 18.axb3 (18.♕xb3 ♕a5+ 19.♖d2 ♗f5 20.♕b5 ♕xb5 21.♗xb5 ♖ac8 22.♔e2 ♖c5 23.♗a4 ♖cxd5 24.♖xd5 ♖xd5 25.♖c1 ♔f8=) 18...♕c3+ 19.♖d2 (19.♔e2 ♗e6! 20.♕c4 ♕b2+ 21.♖d2 ♕xd2+ 22.♔xd2 ♗xd5 23.♕c1 ♖ac8 24.♕a1 ♗xg2+ 25.♗d3 ♗e4 26.♔e2 ♖xd3 27.♖d1 ♖xb3 28.♖d2 a6 29.♕a4 ♗c2 30.♕d7 ♖bc3 31.♕xb7 a5 und der Freibauer ist sehr stark.) 19...♕a1+ 20.♖d1 mit Remis, Kalin - Bezgodow, Russland 1999.

B) 12...dxc4 13.♗xc4 ♘c6 14.♗e2 b6!? (14...♖d6 15.0-0 ♗e6 16.♕b2 ♗d5 17.♖fc1 ♖g6 18.♘e1 ♖b8 und Weiß hat angesichts seines Bauernübergewichts im Zentrum und des Drucks auf der c-Linie einen kleinen Vorteil.) 15.0-0 (15.♖c1 ♗b7 16.0-0 ♖ac8 usw.) 15...♗b7 16.♖fc1 (16.♖ac1 ♖ac8 17.♖c3 ♘a5 18.♕a4 c5 19.♕a3 ♔f8 20.dxc5 ♖xc5 21.♖xc5 ♕xc5 22.♕xc5+ bxc5 23.♖c1 ♖c8 nebst ♔f8-e7 mit gleichem Endspiel.) 16...♘a5 (16...♖ac8 17.♕a4 ♘a5 18.♖c3 c5 19.♖ac1 cxd4 20.♘xd4 ♖xc3 21.♖xc3 ♖c8 22.♖xc8+ ♗xc8 23.h3 g6 24.♗f3 ♗d7 25.♕c2 ♕c5∞, Deep Fritz - Kramnik, Bahrain 2002, 5. Matchpartie) 17.♕b2 ♖ac8 18.♖c3 c5 mit Ausgleich.

III. 9.♘xe4 (Das Schlagen des Springers ist verfrüht und bietet Weiß keinen Vorteil.) 9...dxe4 10.♘d2

A) 10...e5!? 11.d5 (11.dxe5 ♕xe5 12.♕c2 ♗f5 13.c5 ♘d7 14.♖c1 b6 15.b4 a5 16.♘c4 ♕e7 mit ausgezeichnetem Spiel für Schwarz, Ftacnik - Bönsch, Bundesliga 1995/96.) 11...f5 (Zum Ausgleich reicht auch 11...♗f5 12.♗e2 c6 13.♘b1 ♕b4+ 14.♕d2 ♕xd2+ 15.♘xd2 cxd5 16.cxd5 ♘d7 aus.) 12.♕c2 ♘d7 13.0-0-0 ♘c5 14.♘b3 ♗d7 15.♘xc5 ♕xc5 16.♖g1 c6 mit verteilten Chancen.

B) 10...f5 11.♕c2 c5 12.dxc5 ♘d7 13.♗e2 ♘xc5 14.0-0 a5 mit Ausgleich, Poptschew – Bednarski, Berlin 1988.

9...♘xc3 10.♕xc3 dxc4 11.♗xc4 b6

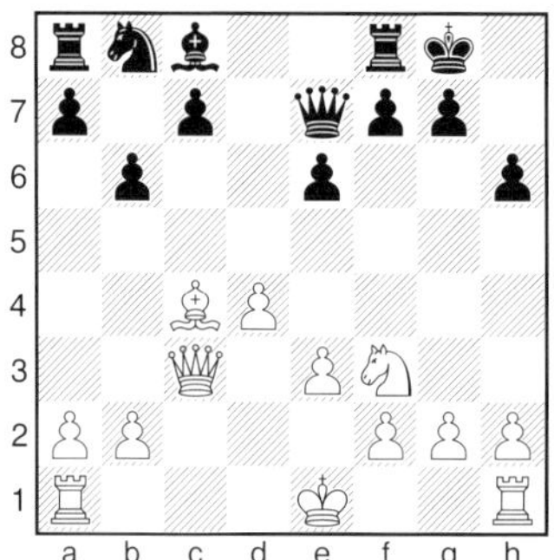

12.0-0

Ein natürlicher Plan: Weiß beendet die Entwicklung. Andere Fortsetzungen sind:

I. 12.d5 exd5 13.♗xd5 c6 14.♗c4 ♗a6!? 15.♗xa6 ♘xa6 16.0-0 c5

A) 17.♖fd1 ♖ad8 18.♘e5 ♘b4 (18...♕e6!?) 19.♘f3 (19.a3?? ♘d5-+) 19...♘xa2 mit einem Mehrbauern.

B) 17.a3 ♖fd8 18.♖fd1 ♘c7 und Schwarz hat eine sichere Stellung.

II. 12.♖c1 ♗b7 13.♗e2 ♘d7 14.0-0 ♖fc8

A) 15.♖fd1 c5 16.♕a3 (16.dxc5 ♖xc5=) 16...♖c7 17.♖c3 ♖ac8 18.♖dc1 ♘f6 19.dxc5 ♘e4 20.♖3c2 ♖xc5=, Tal – Awerkin, Sotschi 1982.

B) 15.b4 c5 16.dxc5 (16.bxc5 bxc5 17.♕a3 ♔f8 18.dxc5 ♖xc5=, Taimanow – Wasiukow, Leningrad 1974.) 16...bxc5 17.b5 a6 18.a4 axb5 19.♗xb5 ♘b6 20.♖a1 c4 21.♕d4 ♖c5 (21...♗xf3!?) 22.♖fd1 ♗xf3 23.gxf3 c3 mit gleichwertigem Spiel.

12...♗b7 13.♗e2 c5 14.dxc5 ♖c8 15.b4

In der Partie Karpow – Jussupow, London 1989, wählte Weiß 15.♘d4 und nach weiterem 15...♖xc5 16.♕a3 ♘c6 17.♘xc6 ♗xc6 erhielt Schwarz eine feste Stellung.

15...bxc5

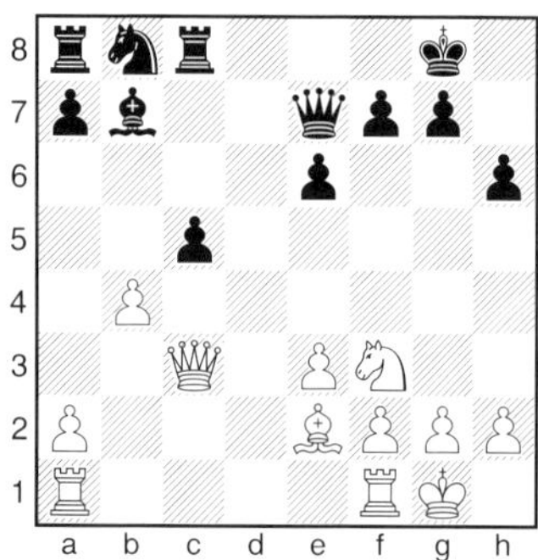

16.b5!?

Die einzige Chance für Weiß, wenn er um Vorteil kämpfen will, besteht darin, die Spannung am Damenflügel zu wahren. Denn keinen Vorteil garantiert ihm 16.bxc5, siehe **Partie Nr. 53**: Akopian – Jussupow, Wladiwostok 1990.

16...a6

Aufmerksamkeit verdient eine Idee, wo Schwarz erst seinen Damenspringer entwickelt und danach die a-Linie öffnet: 16...♘d7!? 17.a4 a6 18.♖fc1 axb5 19.axb5 ♖xa1 20.♖xa1 c4 21.♖a7 (21.♘d4 ♕c5!) 21...♖c7

22.♘d2 ♘b6 mit der Absicht ♕e7–c5 und Weiß bekommt selbst Probleme mit seinem Bauern b5. Die Stellung befindet sich im Gleichgewicht.

17.a4 axb5

Die Situation am Damenflügel wird damit geklärt. Wahrscheinlich geht auch 17...♘d7!? 18.bxa6 ♗xa6 19.♗xa6 ♖xa6 20.a5 ♖ca8 21.♖fd1 ♘b8 (Nach 21...♘f6 22.♘e5 ♘d5 23.♕c2 ♘b4 24.♕e4 hat Weiß etwas Druck.) 22.♘d2 ♘c6 23.♘b3 c4 24.♕xc4 ♘xa5 25.♕b5 ♕a7 26.♘c5 (26.♘d4 ♘c4 27.♖ac1 ♘d6 28.♕e5 ♕b7 29.f3 ♘e8 nebst ♘e8–f6 und etwa gleichen Chancen.) 26...♕b6 27.♕xb6 ♖xb6 28.♖a3 ♖bb8 29.♖da1 ♖b5 30.♘e4 ♖ab8 mit gleichem Endspiel.

18.axb5 ♘d7 19.♖fc1 ♘b6 20.♘d2 c4 21.♖xa8 ♗xa8 22.♕d4 ♕c5 mit völligem Ausgleich.

Zusammenfassung: Ähnlich wie in der klassischen Form ohne die Einschaltung h7–h6 (siehe **Kapitel 18**) reicht das schwarze Spiel aus, um das Gleichgewicht aufrechtzuerhalten. Jedoch gibt es wenig Chancen, die Initiative zu übernehmen. Die Lasker-Verteidigung gehört daher zu den solideren Systemen, wo Schwarz sich mit Ausgleich zufriedengeben wird.

Kapitel 20
Tartakower-System

1.d4 d5 2.c4 e6 3.♘c3 ♘f6 4.♗g5 ♗e7 5.e3 0-0 6.♘f3 h6 7.♗h4 b6

Diese Zugfolge, also 6...h7–h6 und 7...b7–b6, wurde zum ersten Mal von Savielly Tartakower (1887-1956) beim Londoner Turnier 1922 angewandt. Schwarz beabsichtigt, seinen weißfeldrigen Läufer auf der langen Diagonale a8–h1 zu postieren, wo er sehr aktiv sein kann und Aussichten hat, nach Öffnung der Stellung durch d5xc4 am Angriff auf den weißen König teilzunehmen. Das System fand allerdings erst kurz vor dem Zweitem Weltkrieg Anerkennung, und zwar dank der grundlegenden Analysen der Russen Makaganow und Bondarewski. Unangefochten dominierte diese Entwicklungsmethode bei verschiedenen Weltmeisterschaften, z.B. Kortschnoi - Karpow (Baguio 1978 und Meran 1981) sowie Kasparow - Karpow (Moskau 1984/85 und Sevilla 1987). Aber auch zahlreiche andere Weltklassespieler haben diese Spielweise in ihrem Repertoire.

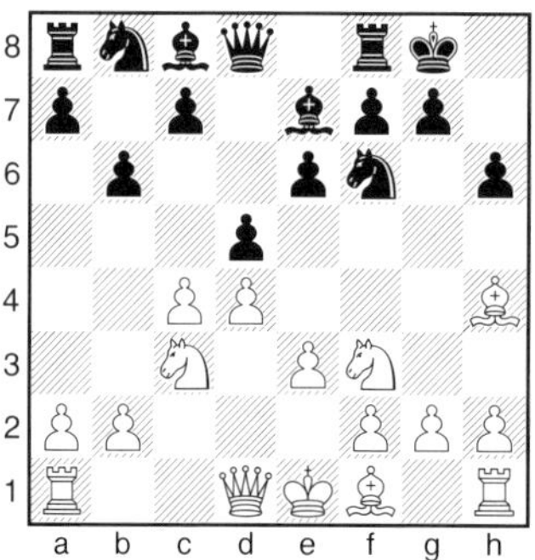

8.♗e2

Ein elastischer Zug, mit dem Weiß in sehr bekanntes Fahrwasser steuert. Er plant den Abtausch auf f6 und anschließend auf d5. Die Entwicklung von Dame und Turm a1 wird Weiß erst entscheiden, wenn feststeht, welches Entwicklungsschema der Nachziehende wählt. Andere Pläne sind:

I. 8.♖c1 (Der Turm steht hier im Allgemeinen gut, weil er den Druck in der c-Linie verstärkt und, falls Schwarz nach ♘f6–e4 den weißen Damenspringer tauscht, auf c3 zurückschlagen kann.) 8...♗b7

A) 9.♗e2 dxc4 10.♗xc4 ♘bd7 11.0-0 c5 12.♕e2 (12.dxc5 ♘xc5 13.♕e2 a6 14.♖fd1 ♕e8 15.a3 ♘fe4 16.♘xe4 ♘xe4 17.♗xe7 ♕xe7=) 12...a6 13.a4 cxd4 14.exd4 (14.♘xd4 ♘c5 15.f3 ♕e8 16.♕c2 ♖c8 17.♗a2 ♘d5 18.♗xd5 ♗xh4 19.♗xb7 ♘xb7=) 14...♘h5 15.♗xe7 ♕xe7 16.d5 ♘f4 17.♕e3 ♕f6 18.♘e4 ♕f5 19.♘g3 ♕f6 20.♘e4 ♕f5 mit Remis, Kasparow - Karpow, Moskau 1984/85, 34. Matchpartie.

B) 9.♗d3; siehe **Partie Nr. 54**: Karpow - Geller, Moskau 1981.

C) 9.♗xf6 ♗xf6 10.cxd5 exd5 11.b4 (11.♗e2 ♕e7 12.0-0 ♖d8 13.♕b3 c5 14.dxc5 bxc5 15.♖fd1 d4 16.♘a4 ♘a6 17.♕a3 ♖ac8 18.♗xa6 ♗xa6 19.♘xc5 ♗e2 20.♖xd4 ♗xf3 21.♖xd8+ ♕xd8

22.gxf3 ♕d5 und laut Beljawski hat Schwarz volle Kompensation für den Bauern) 11...c6 12.♕b3 a5 13.bxa5 ♖xa5 14.♗e2 ♗c8 15.0-0 ♗e6 16.a4 ♘d7 mit gleichen Chancen, Kortschnoi - Swjaginzew, Tilburg 1998.

II. 8.♗d3 (Dieser natürliche Entwicklungszug wird häufig in der Praxis angewandt.)

A) 8...dxc4 9.♗xc4 ♗b7 10.0-0 ♘bd7 11.♕e2 (11.♗g3 a6 12.a4 ♗d6 13.♕e2 ♗xg3 14.hxg3 c5=) 11...♘e4 (Ein typisches Abtauschmanöver.) 12.♗g3 (12.♗xe7 ♕xe7 13.♗a6 ♘xc3 14.bxc3 ♗xa6 15.♕xa6 c5=) 12...♗d6 13.♘xe4 ♗xe4 14.♗xd6 cxd6 15.♖ac1 ♖c8 16.♗a6 ♖xc1 17.♖xc1 ♕b8 18.♕c4 ♘f6 19.♘d2 (19.♕c7 ♗xf3 20.gxf3 ♘d5=) 19...♗b7 20.♗xb7 ♕xb7 21.♕c7 ♕a6 22.a3 ♕e2 23.♕c2 ♕b5 24.b3 e5 mit Gegenspiel.

B) 8...♗b7 9.0-0 ♘bd7 10.♕e2 (10.♗g3; siehe **Partie Nr. 55**: Moissejenko - Ponomarjow, Kiew 2012) 10...c5 11.♗g3 (11.♖fd1 ♘e4 12.♗g3 cxd4 13.exd4 ♘xg3 14.hxg3 ♘f6 15.♘e5 ♖c8=) 11...♘e4 12.cxd5 exd5 13.♖ad1 ♘xg3 14.hxg3 a6 (Möglich ist 14...c4!? nebst a7–a6, b6–b5 und aktivem Spiel am Damenflügel.) 15.dxc5 bxc5 16.♗b1 ♘b6 und Schwarz kann mit Erfolg um Ausgleich kämpfen.

III. 8.♕b3 (Mit dem zusätzlichen Druck gegen d5 erschwert Weiß c7–c5 und bereitet für diesen Fall einen Angriff auf die hängenden Bauern vor.)

A) 8...dxc4 9.♗xc4 ♗b7 10.0-0 ♘c6 11.♗e2 ♘a5 12.♕c2 ♘d5 13.♗g3 (Oder 13.♗xe7 ♕xe7 14.♘xd5 ♗xd5 15.e4 ♗b7 16.♖ac1 ♖ac8 mit dem Ziel c7–c5 und Ausgleich.) 13...c5 14.dxc5 ♗xc5 15.♖fd1 ♕e7 mit der Absicht ♖a8–c8, ♖f8–d8 und etwa gleichen Chancen, Maiorow - Kveinys, UdSSR 1989.

B) 8...♗b7 9.♗xf6 ♗xf6 10.cxd5 exd5 11.♖d1 ♖e8 12.♗d3 c5!? 13.dxc5 ♘d7 14.c6 (Nach 14.cxb6 ♘c5 erhält Schwarz für den Bauern aktives Spiel.) 14...♗xc6 15.0-0 ♘c5 mit guter Stellung von Schwarz, der das Läuferpaar besitzt und über aktives Spiel verfügt, z.B. 16.♕c2 ♖c8 17.♗b5 ♘e4 18.♗xc6 ♖xc6 19.♕a4 ♘xc3 20.bxc3 ♖c5 und die Stellung ist im Gleichgewicht.

IV. 8.♕c2 (Die Grundidee dieses Zuges ist die Vorbereitung der langen Rochade nebst anschließendem Bauernsturm auf die schwarze Königsstellung.)

A) 8...♗b7 9.♖d1 (Oder 9.0-0-0 ♘bd7 10.♖g1 ♘e4 11.♗xe7 ♕xe7 12.♘xe4 dxe4 13.♘d2 f5 14.g4 ♕h4 mit verteiltem Spiel, Skembris - Kovacs, Rom 1983. Nach 9.♗xf6 ♗xf6 10.cxd5 exd5 11.0-0-0 ♘c6 12.a3 ♘e7 13.h4 c5 14.g4 g6 15.g5 hxg5 16.hxg5 ♗g7 17.♗h3 ♕d6 18.♔b1 ♗c8 erhielt Schwarz in der Begegnung Polugajewski - Bannik, Moskau 1961, gutes Gegenspiel. Statt 11...♘c6 ist auch sofort c7–c5!? möglich mit scharfem Spiel.) 9...♘bd7 10.cxd5 ♘xd5 11.♗g3 c5 12.♗b5 cxd4 13.♖xd4 ♗c5 (Zu prüfen ist 13...♗f6!?, z.B. 14.♖d2 ♖c8 15.0-0 ♗xc3 16.bxc3 ♖xc3 17.♕b2 ♘7f6 18.♗e5 ♖c5 usw.)

14.♖d1 ♘7f6 15.e4 a6 16.♗c4 ♘b4 17.♕e2 ♕c8 18.0-0 b5 mit vollwertigem Spiel für Schwarz, Ki. Georgiev - T. Georgadze, Lwow 1984.

B) 8...c5 9.cxd5 ♘xd5 10.♗xe7 ♕xe7 11.♘xd5 exd5 12.♗e2 ♗e6 13.0-0 ♖c8 14.♖ac1 ♕b7 15.dxc5 bxc5 16.♘e5 ♘c6 17.♘xc6 ♖xc6 18.♗f3 ♖d8 mit gleichen Chancen.

V. 8.cxd5 (Da Schwarz seinen Läufer nach b7 entwickeln möchte, sperrt Weiß die Diagonale a8-h1.)

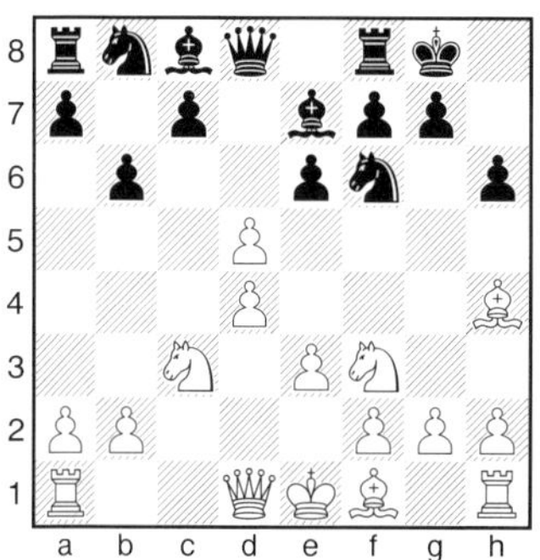

8...♘xd5 (Eine Idee von Makogonow und Bondarewski. Damit hält Schwarz die lange Diagonale offen, und bei weiterem Abtausch auf d5 wird das Verschwinden von zwei Leichtfiguren die schwarzen Verteidigungsaufgaben spürbar erleichtern. Tartakower selbst spielte hier überwiegend 8...exd5, z.B. 9.♗e2 ♘bd7 10.0-0 ♗b7 11.♖c1 c5 und mit Zugumstellung kam es zur Hauptvariante.) 9.♘xd5 exd5 (Nach 9...♗xh4 10.♘xc7 ♗xf2+ 11.♔xf2 ♕xc7 12.♖c1 ♕d6 13.♕c2 ♗b7 14.♕c7 ♕xc7 15.♖xc7 ♗d5 16.♗d3 ♘c6 17.a3 ♖ac8 18.♖xc8 ♖xc8 19.e4 ♗b3 20.♗a6 ♖d8 21.♔e3 bekommt Weiß ein etwas besseres Endspiel.) 10.♗xe7 ♕xe7 11.♖c1 (11.♗e2; siehe **Partie Nr. 56**: Pajeken - Gabriel, 1. Bundesliga 2001) 11...♗e6 12.♕a4 c5 13.♕a3 (Ein typisches Manöver. Weiß nimmt den Bauern c5 unter Beschuss und fixiert ihn zugleich durch die Fesselung an seinem Ort.) 13...♖c8 14.♗e2 (Oder 14.♗b5 ♕b7! 15.dxc5 bxc5 16.♖xc5 ♖xc5 17.♕xc5 ♘a6 18.♗xa6 ♕xa6 19.♕a3 ♕c4 mit ausreichendem Ersatz für den Bauern.)

A) 14...a5 15.0-0 (15.dxc5; siehe **Partie Nr. 57**: Kasimdshanow - Bologan, Pamplona 2002) 15...♔f8! (Ein charakteristisches Manöver in diesem System: Schwarz entfesselt den Bauern c5 und nähert den König für den Fall eines Generalabtausches dem Zentrum. Dies ist stärker als 15...♘a6 16.dxc5 bxc5 17.♘d4 ♗d7 18.♗xa6 ♖xa6 19.♘e2 a4 20.♖fd1 ♕d6 21.♖d2 ♗e6 22.h3 ♖c7 23.♘f4 c4 24.♕xd6 ♖xd6 mit etwas besserem Endspiel für Weiß, denn der Springer ist aktiver als der Läufer, Petrosian - Spasski, Moskau 1966.) 16.dxc5 bxc5 17.♖c3 ♘d7 18.♖fc1 ♖cb8 19.♖b3 a4 20.♖b5 (20.♖xb8+ ♖xb8 21.♕xa4 ♖xb2∞) 20...c4 21.♘d4 (21.♕xe7+ ♔xe7 ist gut für Schwarz.) 21...♕xa3 22.bxa3 ♖xb5 23.♘xb5 ♖b8 24.♖b1 ♘c5 25.♘c3 ♖xb1+ 26.♘xb1 ♘d7 27.♘c3 ♘b6 28.♗d1 ♗d7 mit Aktivierung des Königs durch ♔f8-e7-d6 und etwa gleichem Endspiel.

B) 14...♕b7 nebst ♘b8-d7 und harmonischer Entwicklung der Kräfte. Schwarz hat gute Chancen auf ein gleiches Spiel, z.B. 15.dxc5 bxc5 16.0-0 ♕b6 17.♖c3 ♘d7 18.♖fc1 a5 19.♖b3 ♕a7 20.♗b5 ♘f6 usw.

VI. 8.♗xf6 (In Verbindung mit dem folgenden Zug Teil des weißen Plans: der Bd5 soll durch Fianchettierung des Königsläufers unter Beschuss geraten.) 8...♗xf6 9.cxd5 exd5 10.♕d2 (Weiß plant mittels ♖a1-d1 so viel Druck in der d-Linie auszuüben, dass der Vorstoß c7-c5 verhindert wird. Nach 10.♗e2 ♗e6 11.♕d2 c5 12.dxc5 bxc5 13.♖d1 ♗xc3 14.♕xc3 ♕b6 15.0-0 ♘d7 ist die entstandene Stellung etwa gleich.) 10...♗e6 11.♖d1 ♕e7 12.g3

A) 12...♖d8 13.♗g2 c5 14.0-0 ♘c6 15.♘e2 ♗f5 16.♖c1 ♗e4 17.♖fd1 ♖ac8 18.dxc5 bxc5 19.♘c3 ♗xc3 20.♖xc3 (20.♕xc3 ♘b4 21.♕a3 ♖c6 mit Vorteil) 20...d4 21.exd4 ♘xd4 22.♘xd4 ♗xg2 23.♘f5 ♕f6 24.♖d3 ♖xd3 25.♕xd3 ♗h3 und Schwarz bestimmt das Spiel, Bischoff – Lobron, Bad Neuenahr 1984.

B) 12...c5!? 13.dxc5 (13.♗g2!? ♘c6 14.0-0=) 13...♖d8 14.cxb6 (Im Falle von 14.♗g2 bxc5 15.0-0 ♘c6 erhält Schwarz gute Perspektiven.) 14...d4! 15.♗g2 ♘c6 16.♘xd4 ♘xd4 17.exd4 (17.♗xa8 ♖xa8 18.exd4 ♗d5+ wäre vorteilhaft für Schwarz.) 17...♗h3+ 18.♔f1 ♖xd4 19.♕e3 ♕b7! 20.f3 ♖xd1+ 21.♘xd1 ♕a6+ 22.♔g1 (22.♕e2 ♗xg2+ 23.♔f2 ♗d4+ 24.♘e3 ♕xe2+ 25.♔xe2 ♗xh1-+) 22...♖d8 23.♘f2 ♗d4 und Schwarz steht auf Gewinn, Psachis – Geller, Jerewan 1982.

VII. 8.♖b1 (Weiß plant b2-b4, um das Manöver c7-c5 zu erschweren.) 8...♘bd7 (Alternativen sind 8...a5 9.♗e2 ♗b7 10.0-0 ♘bd7 11.♖c1 c5 12.dxc5 bxc5∞ oder 8...♘e4 9.♗xe7 ♕xe7 10.cxd5 ♘xc3 11.bxc3 exd5 12.c4 ♗e6=.) 9.cxd5

A) 9...♘xd5 10.♗xe7 ♕xe7 11.♘xd5 (11.♗c4 ♘xc3 12.bxc3 ♗b7 13.a4 c5∞) 11...exd5 12.♗e2 ♘f6 13.b4 ♗f5 14.♖b2 (14.♖b3 c5 15.bxc5 bxc5 16.dxc5 ♕xc5 17.0-0 ♖fc8 18.♕d4 ♕a5∞) 14...c5 15.bxc5 bxc5 16.dxc5 ♕xc5 17.0-0 ♖ab8 und Weiß hat zwar das Feld d4 für seine Leichtfiguren, aber Schwarz kann im Gegenzug das Feld e4 für seine Ziele nutzen. Die entstandene Stellung bietet verteilte Chancen, Eingorn – Geller, Berlin 1991.

B) 9...exd5 10.b4 c6 11.♗d3 a5 12.b5 (12.bxa5 ♖xa5 13.a4 ♗a6=) 12...c5 13.0-0 ♗b7 14.♗f5 ♘e4 15.♗xe7 ♕xe7 16.♘a4 ♘ef6 17.♖c1 g6 18.♗h3 ♖ad8 und Schwarz hat eine feste Stellung, I. Ivanisevic – B. Abramovic, Jugoslawien 1999.

VIII. 8.g4!? (Weiß startet sofort eine aktive Aktion am Königsflügel.)

A) 8...♘xg4 9.♗xe7 ♕xe7 10.cxd5 exd5 11.♘xd5 ♕d6 12.♘c3 c5 13.♖g1 ♘f6 (Infrage kommt 13...♘c6!? 14.d5 ♘e7 15.♗c4 ♘g6 mit zweischneidigem Spiel. Der Bauernraub 13...♘xh2? kostet dagegen nach 14.♘b5 ♘xf3+ 15.♕xf3 ♕c6 16.d5 ♕e8 17.♕f6 g6 18.♘c7 viel Material.) 14.♗g2 (14.dxc5 ♕xc5 15.♕d4 ♘bd7 16.♕f4 ♔h8 17.0-0-0 ♗b7 18.♗e2 ♖ae8∞)

14...♗g4 15.♕d2 (15.dxc5 ♕xc5 16.♕d4 ♘bd7 17.♕xc5 bxc5 18.0-0-0 ♖ab8∞) 15...♘bd7 16.♘e5 ♘xe5!? (16...♖ad8=) 17.dxe5 ♕xe5 18.♗xa8 ♖xa8 19.♖g3 ♕f5! (19...♘e4 20.f4 ♘xd2 21.fxe5 ♘f3+ 22.♔f2 ♘xe5 23.♖ag1 und nun sollte Schwarz in der Partie Grischuk – Leko, Moskau 2014, 23...♖d8! spielen, z.B. 24.♖xg4 ♖d2+ 25.♔f1 ♘xg4 26.♖xg4 ♖xb2 27.♖g2 ♖b4 mit drei Bauern für eine Figur.) 20.f3 ♗xf3 21.♕f2 ♗g4 22.♕g2 ♖e8 23.h3 ♗h5 24.♖xg7+ ♔h8 25.♖g3 b5 mit Gegenspiel.

B) 8...c5 9.♖g1 ♘e4 10.♗xe7 ♕xe7 11.cxd5 ♘xc3 12.bxc3 exd5 (Auf 12...cxd4 ist 13.g5!? stark.) 13.g5 hxg5 14.♘xg5 ♘d7 15.♕h5 ♘f6 16.♕h4 ♗f5 17.♗h3 ♗g6 18.♘e6 fxe6 19.♖xg6 cxd4 20.cxd4 ♖ac8 mit ausreichendem Gegenspiel.

C) 8...♘e4!? 9.♗xe7 ♕xe7 10.cxd5 exd5 11.♘xd5 ♕d6 12.♘c3 ♘xc3 13.bxc3 ♗xg4 14.♖g1 ♗h5 15.♗e2 ♘d7 16.♕b3 c5 17.♖g3 cxd4 18.cxd4 ♖ac8 19.♘h4 ♕f6 20.♘g2 ♘c5 21.♕d5 ♗xe2 22.♔xe2 ♖fd8 23.♕f3 ♕e6 24.♔f1 (24.dxc5 ♕c4+ 25.♔e1 ♕c3+ und Schwarz gewinnt.) 24...♘e4 mit entscheidendem Angriff, Brustkern – Welin, Schweden 2009.

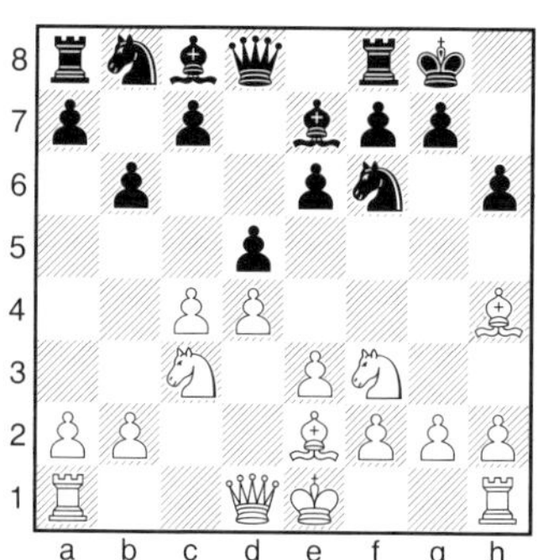

8...♗b7

Schwarz hat ein klares Ziel. Er will ♘b8–d7 ziehen, um c7–c5 folgen zu lassen. Der bekannte russische Großmeister Efim Geller wandte hier regelmäßig eine andere Idee mit großem Erfolg an: 8...♘bd7!?, z.B. 9.cxd5 exd5 10.0-0 ♗b7

A) 11.♕b3 c5 (Die aktivste Erwiderung. Ruhiger ist 11...c6 12.♖ac1 ♘e4 13.♗xe7 ♕xe7 14.♖fd1 mit minimalem Vorteil für Weiß.) 12.♗xf6 ♘xf6 13.dxc5 ♗xc5 14.♖fd1 ♕e7 15.♘d4 ♖ad8 und dank des Vorpostenfeldes e4 besaß Schwarz gute Konterchancen, Beljawski – Geller, Minsk 1979.

B) 11.♖c1 c5 12.♕a4 a6 13.dxc5 bxc5 14.♖fd1 ♕b6 15.♕b3 ♕a7! (15...♕xb3 16.axb3 ♖fd8 17.♘e1 ♘b6 18.♗f3 ♖d7 19.♘d3 ist bequemer für Weiß.) 16.♗g3 ♖ad8 17.♖d2 ♖fe8 18.♕d1 ♗f8 19.♗h4 ♕a8 20.♘e1 ♗e7 21.♗g3 ♘f8 22.♘f3 ♘e6 23.♗h4 d4! 24.exd4 cxd4 25.♘a4 ♘f4 mit starkem Druck gegen die weiße Königsstellung, Topalow – Kasparow, Sofia 1998.

9.♗xf6 ♗xf6 10.cxd5 exd5

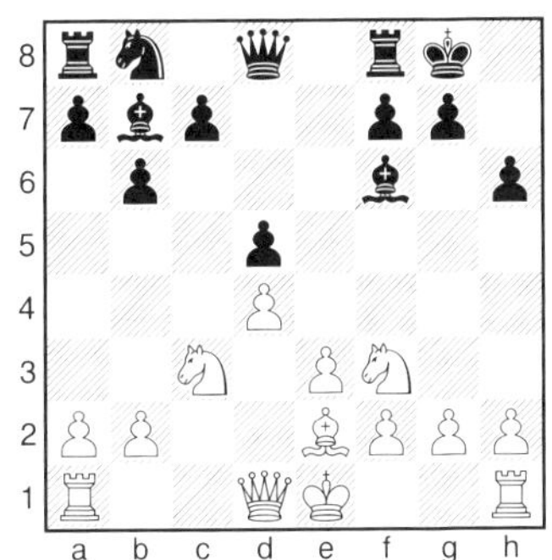

11.b4

Oder 11.0-0 ♕e7 (Spielbar ist außerdem 11...c6 12.b4 ♖e8 13.♕b3 a5 14.b5 c5 15.dxc5 bxc5 16.♖ac1 ♗xc3 17.♕xc3 ♘d7 mit folgendem ♕d8-b6 und aktivem Spiel im Zentrum.) 12.♕b3 ♖d8 13.♖ad1 (Oder 13.♖fd1 c6 14.♗f1 ♘a6 15.♖d2 ♘c7 16.a4 ♘e6 17.a5 b5 18.♕a2 a6 19.♖c1 c5! und Schwarz steht ausgezeichnet, Illescas – Short, Pamplona 1999/2000.) 13...c6 14.♖d2 ♘d7 15.♖c1 ♕e6 und Schwarz erlangt nach ♖a8-c8 und c6-c5 gute Chancen.

11...c6

Ein anderes Verfahren stellt 11...c5 dar, z.B. 12.bxc5 bxc5 13.♖b1 ♗c6 14.0-0 ♘d7 15.♗b5 ♕c7 und Schwarz steht sehr ordentlich, Topalow – Kasparow, Sofia 1998.

12.0-0 a5

Mit diesem Vorstoß kann Schwarz noch warten und erst 12...♖e8 ziehen; siehe **Partie Nr. 58**: Karpow – Short, Amsterdam 1994.

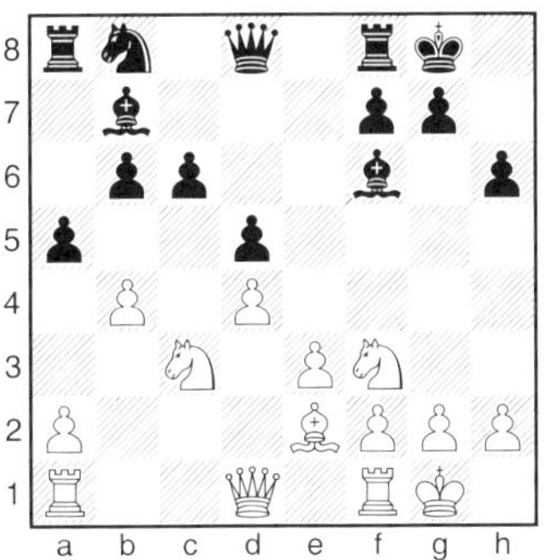

13.a3

An dieser Stelle wurden auch andere Pläne versucht:

I. 13.b5 c5 14.♖c1 (14.♖e1 ♖e8 15.♖c1 ♘d7 16.g3 ♘f8 17.♘a4 c4 18.♗f1 ♕d6 19.♗g2 ♖ad8 20.h4 ♘e6 21.♘c3 g6=, Topalow – Kramnik, Linares 1998) 14...♘d7 15.dxc5 ♘xc5 16.♘d4 ♖c8 17.♗g4 ♖c7 18.♘ce2 (18.♘a4 ♘e4!) 18...♗e5 19.g3 g6 20.♗h3 ♕d6 21.♖c2 h5 22.♗g2 h4 mit ausreichendem Gegenspiel, Lutz – Van der Sterren, München 1994.

II. 13.bxa5 ♖xa5 14.a4 (14.♕b3 ♗c8! 15.♘a4 ♗a6 16.♗xa6 ♘xa6 17.♖ac1 c5 18.dxc5 bxc5 19.♘c3 c4 20.♕b1 ♘c5 21.♘d4 ♗xd4 22.exd4 ♘d3 23.♖c2 ♕f6 mit schwarzem Vorteil, Siegel – Lutz, Bundesliga 1994.) 14...c5 (Möglich ist auch 14...♗c8!? nebst ♗c8-e6 und Vorbereitung von c6-c5.) 15.♕b3 ♘a6 16.♖fb1 ♘b4 17.♘a2 ♘xa2 18.♖xa2 ♗a6 19.♗xa6 ♖xa6 20.♕b5 ♕a8 21.dxc5 bxc5 22.♕xc5 ♖xa4 23.♖xa4 ♕xa4 24.h3 mit Remis, Lautier – Kramnik, Belgrad 1997.

13...♘d7 14.♕b3 ♖e8 15.♖ad1 axb4 16.axb4 b5

Mit der Absicht ♘d7-b6-c4 und dann ♗b7-c8-f5 usw.

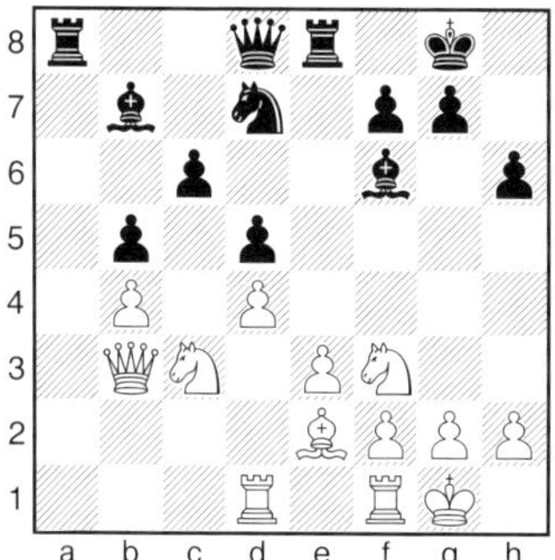

17.♗d3

Weiß muss aktiv sein und das Spiel im Zentrum öffnen, sonst erhält Schwarz Vorteil. In der Partie Speelman - Lputian, Kropotkin 1995, wählte der Anziehende einen passiven Plan: 17.♘e1 ♘b6 18.♘d3 ♗c8 19.♘c5 ♗f5 20.♖a1 ♗e7 21.♖a2 ♖xa2 22.♕xa2 ♗d6 23.♖a1 ♕h4 24.g3 ♕g5 25.♗d3? (△25.♕d2) 25...♗xd3 26.♘xd3 ♖xe3! 27.fxe3 ♕xe3+ 28.♕f2 ♕xd3 29.♘e2 ♗xb4 mit schwarzem Vorteil.

17...♘b6 18.e4 ♘c4 19.exd5 cxd5 20.♘xb5 ♕b6 21.♘c3 ♖a3 22.♕c2 ♕xb4 23.♖b1 ♕xc3 24.♗h7+ ♔f8 25.♖xb7 ♘d6 26.♖c7 ♕xc2 27.♗xc2 ♘b5 28.♖c5 ♘xd4 mit völligem Ausgleich, Beljawski - Pigusow, Nowosibirsk 1993.

Zusammenfassung: Das vorgestellte System führt zu einem gehaltvollen Kampf mit guten Aussichten für Schwarz. Das ist wohl der Grund, dass das Tartakower-System sich großer Popularität bei Spielern aller Klassen erfreut.

Kapitel 21
Anti-Tartakower-System

1.d4 d5 2.c4 e6 3.♘c3 ♘f6 4.♗g5 ♗e7 5.e3 0-0 6.♘f3 h6

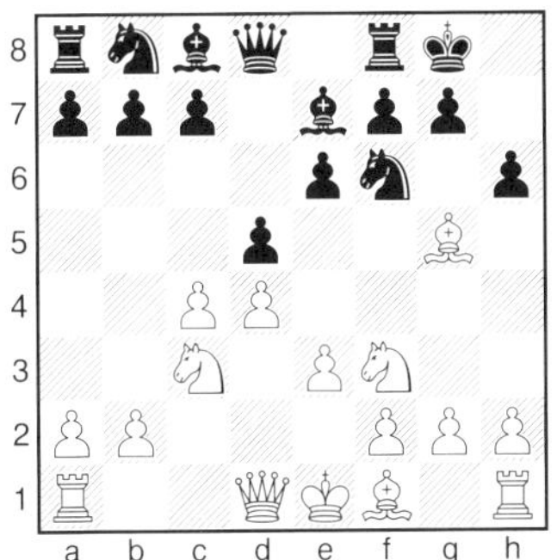

7.♗xf6

Gewöhnlich geht der Läufer nach h4, seltener nach f4. Mit dem Schlagen auf f6 möchte Weiß kein Tempo verlieren und schnell seine Entwicklung beenden, außerdem dem soliden Tartakower-System aus dem Weg gehen. Allerdings hat Schwarz auch hier mit seinem Läuferpaar genug Gegenchancen.

7...♗xf6 8.♖c1

Es wurden auch andere Pläne erprobt:

I. 8.♕d2

A) 8...c6 9.♗d3 (9.h4!? ♘d7 10.g4 g6 11.g5 hxg5 12.hxg5 ♗g7 13.0-0-0 ♕e7 14.e4 b5 15.cxb5 dxe4 16.♘h2 ♗b7 17.♘g4 ♖fc8 mit scharfem Spiel, Tukmakow - Smirin, Simferopol 1983) 9...♘d7 10.♖d1 b6 11.0-0 ♗b7 12.cxd5 exd5 13.b4 ♖e8 14.♗f5 ♗e7 15.b5 cxb5 16.♘xb5 a6 17.♘c3 b5 18.♗xd7 (Sonst folgt ♘d7-b6-c4 usw.) 18...♕xd7 19.♘e5 ♕d8 mit vollwertigem Spiel für Schwarz, Torre - Spasski, Toluca 1982.

B) 8...dxc4 9.♗xc4 ♘d7 10.0-0-0 g6 11.h4 ♗g7 12.♔b1 a6 13.♗b3 ♕e7 14.♖c1 b6 15.♘e2 (Besser ist laut Lalic 15.♘a4!? c5 16.dxc5 bxc5 17.♖hd1 usw.) 15...c5 16.♘f4 ♗b7 17.d5 exd5 18.♗xd5 ♗xd5 19.♕xd5 ♘f6 20.♕c4 ♕e4+ 21.♖c2 ♖fd8 und Schwarz steht bereits besser, Sadler - Van der Sterren, Linares 1995.

II. 8.♕c2

A) 8...c5 9.0-0-0 (9.dxc5 dxc4 10.♗xc4 ♕a5 11.0-0 ♗xc3 12.♕xc3 ♕xc3 13.bxc3 ♘d7 14.c6 bxc6 15.♖ab1 ♘b6 16.♗e2 c5=) 9...cxd4 10.exd4 ♘c6 11.h4 ♕c7 12.♔b1 ♕f4 13.♘e2 ♕e4 14.♕xe4 dxe4 15.♘d2 ♗xd4 16.♘xd4 ♘xd4 17.♘xe4 e5 mit bequemem Spiel für Schwarz, Tal - Krogius, Tbilissi 1956.

B) 8...♘a6 9.♖d1 c5 10.dxc5 ♕a5 11.cxd5 ♘xc5 12.♘d4 exd5 13.a3 ♘e6 14.♘db5 (14.♘b3!?) 14...a6 15.b4 ♕d8 16.♖xd5 ♗d7 17.♕d2 axb5 18.♖xd7 ♕xd7 19.♕xd7 ♗xc3+ 20.♔e2 ♖fd8 21.♕xb7 ♘g5 22.e4 ♖xa3 23.♕xb5 ♖a2+ 24.♔e3 ♗d2+ und Weiß gab auf, Piket - Sturua, Debrecen 1992.

III. 8.cxd5 exd5

A) 9.♗e2 c5 (9...c6; siehe **Partie Nr. 59**: Bönsch - Waganian, Tallinn 1983) 10.dxc5 ♗xc3+ 11.bxc3 ♕a5 12.0-0 ♕xc5 13.♕d4 ♕a5 14.c4 ♗e6 15.cxd5 ♗xd5 16.♖fc1 ♘c6 mit ausgeglichenem Kampf, Furman - Filip, Harrachov 1966.

B) 9.g3 ♗e7 10.♗g2 c6 11.0-0 ♗e6 12.♕c2 ♘d7 13.♘e2 g6 14.♘f4 ♗f5 15.♕e2 ♖e8 16.♖fe1 ♘f6 17.♘d3 ♗d6 und Schwarz besitzt gutes Spiel, Timman - Kavalek, Bugojno 1982.

IV. 8.♕b3

A) 8...c5!? 9.cxd5 (Im Falle von 9.dxc5 folgt 9...♘d7! 10.cxd5 ♘xc5 11.♕a3 ♕b6 12.♗e2 ♖d8 13.0-0 exd5 14.♖fd1 ♗e6 15.♘d4 ♖ac8, Schwarz hat seine Kräfte aktiv postiert und steht gut.) 9...cxd4 10.♘xd4 ♗xd4 11.exd4 exd5 12.♗e2 (Unklar ist 12.♕xd5 ♖e8+ 13.♗e2 ♕h4 usw.) 12...♘c6 13.♖d1 ♕h4 14.♕xd5 (14.♕a4 ♗g4 15.♗xg4 ♕xg4 16.0-0 ♖ad8=) 14...♖d8 15.♕c4 ♖xd4 16.♖xd4 ♕xd4 17.♕xd4 ♘xd4 mit gleichem Endspiel.

B) 8...c6 9.0-0-0 ♘d7 10.e4 dxc4 11.♗xc4 e5 12.d5 (12.dxe5 ♗xe5 13.♘xe5 ♕g5+ 14.♔b1 ♘xe5=) 12...♘c5 13.♕c2 ♕b6 14.h3 a5 und Schwarz besitzt gute Konterchancen am Damenflügel, Filip - Zita, CSSR 1963.

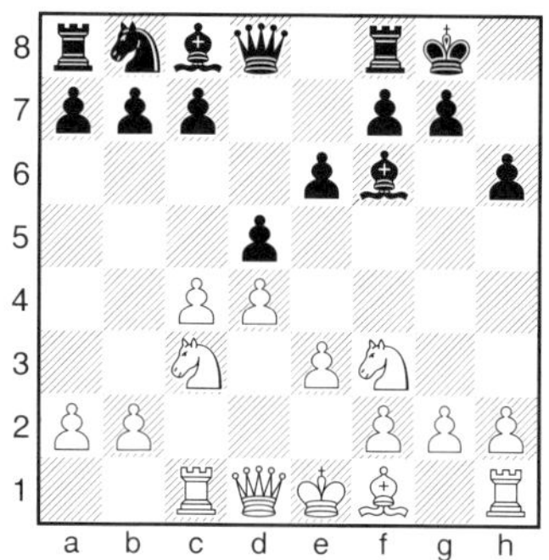

8...c6

Eine moderne Fortsetzung ist 8...a6. Schwarz beabsichtigt nach ♘b8-c6 und d5xc4 die Öffnung des Zentrums mittels e6-e5. Man sehe: 9.♕c2 ♘c6 (Zur Hauptvariante führt 9...c6; siehe **Partie Nr. 60**: I. Sokolov -Short, Groningen 1996.) 10.a3 ♖e8 11.♗e2 dxc4 12.♗xc4 e5 13.d5 ♘e7 14.0-0 ♘f5

A) 15.♗d3 ♘d6 16.♘d2 ♗d7 (16...♗e7 17.♘ce4 ♘xe4 18.♗xe4 ♗d6 19.♗h7+ ♔h8 20.♗f5±) 17.♘ce4 ♖c8 18.♕b3 ♗e7 19.♘xd6 ♗xd6 20.♕xb7 ♖b8 21.♕xa6 ♖xb2 22.♗e4 ♖b6 23.♕a5 und in dieser scharfen Stellung hat Weiß etwas bessere Perspektiven, Dlugy - Campora, Amsterdam 1987.

B) 15.♘e4 ♘d6 16.♗d3 ♘xe4 17.♗xe4 ♖e7 18.♕b3 ♔h8 19.♖fd1 g6 20.♘d2 a5 21.♘c4 ♖a6 22.♕c3 ♗g7 23.♘xa5 f5 24.♗b1 e4 mit scharfem Spiel, Lagunow - Waganian, Frankfurt 1998.

9.♗d3 ♘d7 10.0-0

Ein alternativer Plan schließt den Minoritätsangriff ein: 10.cxd5 exd5 11.b4 ♗e7 12.b5 ♗a3 13.♖c2 ♘f6

14.0-0 ♗d6 15.bxc6 bxc6 16.e4 dxe4 17.♘xe4 ♖e8 18.♖e1 ♘xe4 19.♖xe4 ♗d7 20.♕e2 ♖b8 21.♖c1 g6 22.♕e3 ♔g7 und die Aussichten beider Parteien sind etwa gleich, Lputian - Grigorian, Jerewan 1980.

10...dxc4 11.♗xc4 e5 12.h3

In der gegenwärtigen Praxis die populärste Fortsetzung. Eine andere Möglichkeit ist 12.♘e4 exd4 13.♘xf6+ ♘xf6 (13...♕xf6 14.♕xd4 ♕e7 15.♖fd1 ♘f6 16.♕e5±) 14.♘xd4 ♕e7 15.♕b3 c5 16.♘e2 ♖b8 17.a4 ♗d7 18.♘f4 ♗c6 19.f3 ♖bd8 20.e4 ♖d4 21.♘e2 ♖d7 22.♘g3 ♖fd8 und Schwarz steht gut, Lputian - Geller, UdSSR 1981.

12...exd4 13.exd4 ♘b6 14.♗b3

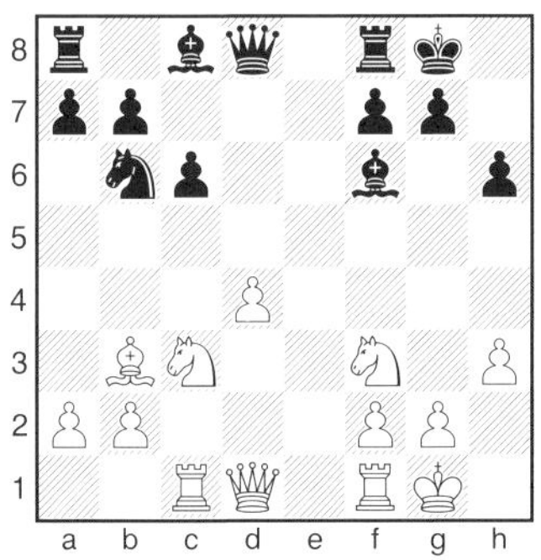

14...♖e8

Zum Ausgleich müsste auch 14...♗f5!? reichen, z.B. 15.♖e1 a5 16.a3 ♖e8 17.♖xe8+ ♕xe8 18.♕d2 ♕d7 19.♖e1 ♖e8 20.♖xe8+ ♕xe8 21.♕f4 ♗e6 22.♗xe6 ♕xe6 23.♘e4 (23.♕b8+ ♕c8 24.♕a7 ♘c4 25.b3 ♘xa3 26.♕xa5 ♗e7 27.♕e5 ♕d8=, Gurewitsch - Van der Sterren, Baku 1986) 23...♗e7 24.♕b8+ ♕c8 25.♕a7 ♘c4 26.♘c5 ♕f5 27.♕b8+ (27.♕xb7? ♕b1+ 28.♔h2 ♗d6+ 29.g3 ♕c2∓, Lagunow - Barsow, Berlin 1989) 27...♔h7 28.♘xb7 ♕b1+ 29.♔h2 ♕xb2 30.♕c7 ♕xa3 31.♕xc6 ♕b4 32.♘c5=, Analyse von Lagunow.

15.♖e1 ♗f5

Ebenfalls zum Ausgleich führt 15...♖xe1+ 16.♕xe1 ♗f5 17.♘e4 ♗xe4 18.♕xe4 ♘d5 19.♗xd5 cxd5 20.♕f5 ♕b6 21.♖c8+ ♖xc8 22.♕xc8+ ♔h7 23.♕f5+ ♔g8 24.♕xd5 ♕xb2=, Schabalow - Klovans, UdSSR 1987.

16.g4 ♗e6

Nach 16...♗g6 würde 17.♘e5 folgen.

17.♗xe6 ♖xe6 18.♖xe6 fxe6 19.♕e2 ♕e7 20.♖e1 ♖e8 21.♕c2 ♕f7 22.♘e4 ♖d8 23.♘c5 ♗xd4 24.♘xd4 ♖xd4 25.♘xe6 ♖d6 mit gleicher Stellung, Gelfand - Kramnik, Dortmund 1997.

Zusammenfassung: In dieser Variante muss Schwarz sehr aufmerksam spielen, um alle Eröffnungsprobleme erfolgreich zu lösen.

Zum Schluss empfehle ich Ihnen das letzte Kapitel mit 60 thematischen und lehrreichen Partien aus der modernen Schachpraxis. Ich hoffe, dass sie - ein ernsthaftes Studium vorausgesetzt - zum Verständnis der strategischen und taktischen Inhalte des Damengambits eine wesentliche Hilfe darstellen.

Kapitel 22
Beispielpartien

Partie Nr. 1
Morosewitsch – Kramnik
Astana 2001

1.d4 d5 2.♗g5 c6 3.♘f3

Nach 3.e3 ♕b6 4.♕c1 ♗f5 5.♘f3 e6 6.♘bd2 ♘d7 7.♗e2 ♘gf6 8.0-0 h6 9.♗h4 ♗e7 10.c4 0-0 11.♘e5 ♕d8 hat Schwarz eine feste Stellung.

3...h6 4.♗h4 ♕b6 5.b3 ♗f5 6.e3 e6

In der Partie Anand – Karpow, Lausanne 1998, 8. Matchpartie, geschah 6...♘d7 7.♗d3 ♗xd3 8.♕xd3 e6 9.c4 ♘e7 10.c5 (10.0-0!?) 10...♕a5+ 11.♘c3 b6 12.b4? (⌓12.cxb6) 12...♕xb4 13.0-0 ♘f5 14.♖fc1 bxc5 15.♖ab1 c4 16.♕c2 ♕a5 17.♖b7 ♕a6 18.♖cb1 ♗d6 19.e4 ♘xh4 20.♘xh4 ♖b8 21.♖xb8+ ♗xb8 22.exd5 cxd5 23.♘g6 fxg6 24.♕xg6+ ♔d8 25.♕xg7 ♖e8 26.♕xh6 ♕a5 und Schwarz gewann bald.

7.♗d3 ♗xd3 8.♕xd3 ♗e7 9.♗xe7 ♘xe7 10.c4 ♘d7 11.♘c3 0-0 12.0-0

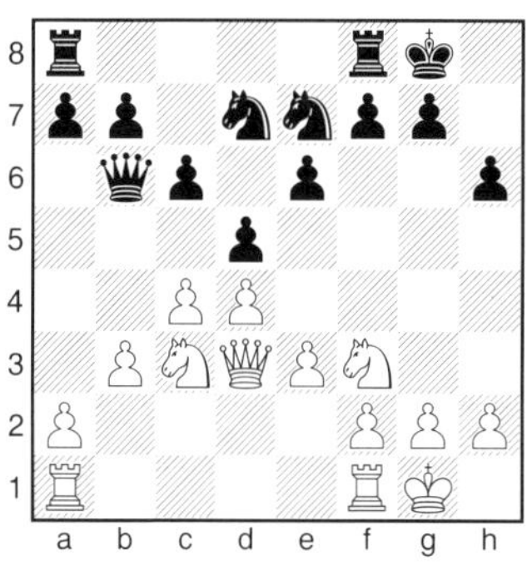

12...♕a6!

Eine unangenehme Fesselung. Der weitere Plan von Schwarz besteht in der Vorbereitung von c6-c5.

13.♖fd1

Nach 13.a4 ♖fd8 14.♖fd1 ♖ac8 15.a5 c5 16.♘b5 ♘c6 17.♕c3 cxd4 18.exd4 ♘f6 19.♕e1 ♘e4 20.h3 dxc4 21.bxc4 ♘d6 erhielt Schwarz Figurenspiel gegen die weißen hängenden Bauern, Rosentalis – Sulypa, Bad Wiessee 1999.

13...♖fd8 14.♖ab1

Warum so? Logischer wäre natürlich 14.♖ac1, z.B. 14...♘f5 15.♕b1 mit symbolischem Vorteil für Weiß.

14...b6 15.♕f1 ♖ac8 16.♖d2 ♘f6 17.♘e5 dxc4 18.♘xc4?

Ein positioneller Fehler, wonach Schwarz die Initiative übernimmt. Infrage kommt 18.bxc4 oder sogar 18.♕xc4 mit etwa gleichen Chancen.

18...♘ed5 19.♖c2 ♘xc3 20.♖xc3 c5!

Endlich hat der Nachziehende seinen strategischen Plan durchgeführt.

21.dxc5 b5!

Wahrscheinlich hat Weiß diesen starken Zug übersehen, der schnell eine Qualität und natürlich die Partie gewinnt.

22.♘e5 ♘e4 23.♖d3 ♘d2 24.♖xd8+ ♖xd8 25.♖d1 ♘xf1 26.♖xd8+ ♔h7 27.c6 ♕a5

Weiß kapitulierte, denn Schwarz rettet noch seinen Springer. Nach 28.♖d7 hingegen entscheidet einfach 28...♕e1!.

Partie Nr. 2
Legky – Brochet
St. Quentin 1999

1.d4 d5 2.c4 ♗f5

Dieser Zug, der in den letzten Jahren ziemlich populär wurde, geht zurück auf den estnischen Großmeister Paul Keres (1916-1975). Seine Idee ist, den weißfeldrigen Läufer schnell aktiv einzusetzen.

3.cxd5

Da Schwarz noch nicht den Punkt d5 befestigt hat, erlangt Weiß damit ein Bauernübergewicht in der Mitte. Die Alternative 3.♕b3 wird in der Einleitung und in Partie Nr. 3 besprochen.

3...♗xb1

Richtig gespielt. Nach 3...♕xd5 4.♘c3 gewinnt Weiß ein wichtiges Tempo.

4.♖xb1

Einige Spieler bevorzugen das Zwischenschach 4.♕a4+, z.B. 4...c6 (Nach 4...♕d7 5.♕xd7+ ♘xd7 6.♖xb1 ♘gf6 7.♗d2 ♘xd5 8.e4 ♘5f6 9.f3 e6 10.b4 ♘b6 11.a4 ♖d8 12.a5 ♘bd7 13.♖c1 c6 14.a6 erzielte Weiß in der Partie Miladinovic – Auth, Kavala 2001, deutlichen Positionsvorteil.) 5.dxc6 (5.♖xb1 ♕xd5 6.♘f3 ♘d7 7.♗d2 ♘gf6 8.e3 e6=) 5...♘xc6 6.♖xb1 ♕xd4 7.♕xd4 ♘xd4 8.e3 ♘c6 9.♘f3 e6 10.♗b5 ♖c8 11.♘e5 ♘ge7 12.♗d2 a6 13.♗xc6+ ♘xc6 14.♖c1 ♗d6 15.♘xc6 ♖xc6 16.♖xc6 bxc6 17.♔e2 ♔d7 18.♗c3 e5 mit gleichem Endspiel, Ricardi – Rausis, Jerewan 1996.

4...♕xd5 5.a3 ♘c6 6.♘f3

Nach 6.e3 e5! gleicht Schwarz das Spiel rasch aus: 7.dxe5 (7.♘e2 exd4 8.exd4 ♘f6 9.♗e3 0-0-0=) 7...♕xd1+ 8.♔xd1 ♘xe5 9.♘f3 ♖d8+ 10.♗d2 ♗d6 11.♗e2 ♘f6 12.♘xe5 ♗xe5=.

6...0-0-0

Noch nicht genau erforscht wurde die interessante Idee von Rausis 6...♕e4!?, z.B. 7.♖a1 e5 usw.

7.♕c2

Nach 7.e3 e5! erhält Schwarz aktives Spiel. Deshalb opfert der Anziehende seinen Zentralbauern, um Initiative am Damenflügel zu erlangen.

7...♘xd4 8.♘xd4 ♕xd4 9.g3 e6 10.♗g2 ♕c5 11.♕a4!

Nichts bringt 11.♕e4 wegen 11...♕d5!. Deshalb eilt die Dame zum linken Flügel, um einen Königsangriff vorzubereiten.

11...♕d4 12.b4 ♕c3+?

Sieht optisch gut aus, denn der weiße König wird nun an der Rochade gehindert. Aber die Dame entfernt sich von ihrem König und das nutzt Weiß aus. Stärker war deshalb 12...♕d7!? 13.♕c2 ♘f6 mit etwa gleichen Chancen.

13.♔f1 ♕c4 14.♗f3 a6 15.♔g2

Der König hat die künstliche Rochade geschafft.

15...♗e7 16.♗f4 ♕b5 17.♕c2 ♗d6 18.a4 ♕e8 19.b5!

Das Signal zum Angriff!

19...axb5

Zum Damenverlust führt 19...Lxf4 20.bxa6 Ld6 21.Lxb7+ Kb8 22.Lc6+.

20.Txb5 c6 21.Thb1 Lxf4

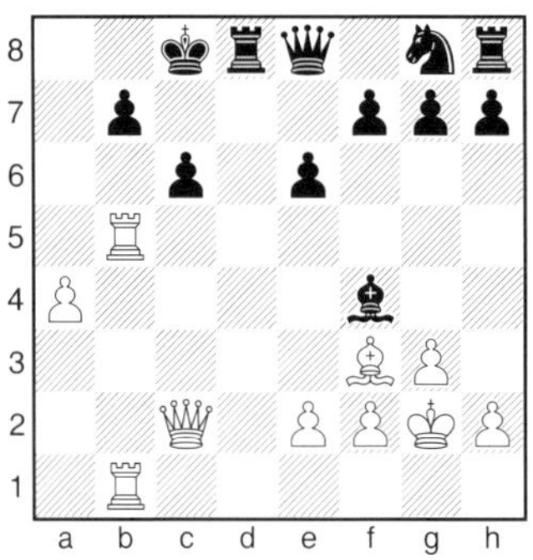

22.Txb7!

Diese kleine Kombination hat die Zerstörung der gegnerischen Königsstellung zur Folge.

22...Lc7 23.Lxc6 Df8 24.Ld7+!

Ein effektvolles Ende. Schwarz gab auf wegen 24...Kxd7 (24...Txd7 25.Tb8#) 25.Dxc7+ Ke8 26.Dc6+ Td7 27.Dxd7#.

Partie Nr. 3
Gutop – Rausis
Moskau 1992

1.d4 d5 2.c4 Lf5 3.Db3 e5 4.Dxb7

Eine riskante Entscheidung, denn Schwarz erhält nun eine starke Initiative. Normalerweise wird hier 4.cxd5 gespielt; siehe Einleitung.

4...Sd7 5.Sc3

Andere Versuche sind 5.dxe5 bzw. 5.cxd5. In beiden Fällen hat Schwarz jedoch für das Material aktives Spiel.

5...exd4 6.Sxd5 Ld6 7.e4

Weiß muss die schnelle Entwicklung seines Königsflügels anstreben. Wie ernst seine Lage ist, zeigt dieses Beispiel: 7.Sf3 c5 8.e3 Se7 9.exd4 0-0 10.Db3 Sxd5 11.cxd5 cxd4 12.Sxd4 Sc5 13.Dd1 Te8+ 14.Le2 (14.Le3 Da5+ 15.Dd2 Sd3+ 16.Kd1 Lb4-+) 14...Sd3+ 15.Kf1 Dh4 16.Lxd3 Dxd4 17.Le2 Dxd1+ 18.Lxd1 Ld3+ 19.Le2 Txe2 0-1, Kühne - Ehrke, Deutschland 1998.

7...Sc5 8.Dc6+

Auch nach 8.Sxc7+ ist der schwarze Angriff nicht zu widerlegen, z.B. 8...Lxc7 9.Dc6+ (Oder 9.Db5+ Sd7 10.Dxf5 La5+ 11.Kd1 Se7 12.Dg5 0-0 13.Sf3 Tc8 mit schwarzem Druck, J. Bellin – Gobert, Biel 1987.) 9...Sd7 10.exf5 La5+ 11.Kd1 Se7 12.Df3 0-0 13.Lf4 Db6 14.Tb1 Sc6 15.a3 Lc3 16.Ld3 Lxb2 17.Kc2 Tab8! 18.Lxb8 Txb8 19.Se2 Sce5 20.Dg3 Sxd3 21.Sc1 Sxc1 22.Thxc1 d3+ und Weiß gab auf, H. Sorensen – Rausis, Gausdal 1989.

8...♗d7 9.♘xc7+

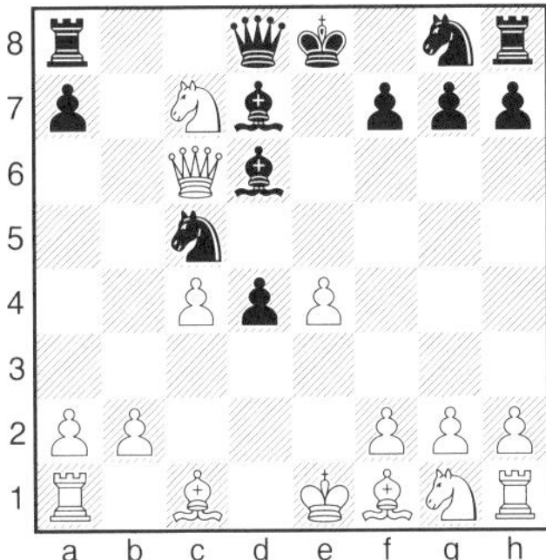

9...♕xc7!

Richtig gespielt: Schwarz opfert konsequent seinen Turm für den Angriff.

10.♕xa8+ ♔e7 11.♕d5 ♘f6 12.♕xd4 ♘cxe4 13.♘f3 ♕a5+ 14.♗d2 ♘xd2 15.♘xd2 ♗e5 16.♕e3 ♖e8 17. 0-0-0!?

Es fiel nicht leicht zu entscheiden, in welche Richtung der König rochieren sollte, z.B. 17.♗e2 ♔f8 18. 0-0 ♗xh2+! 19.♔xh2 ♖xe3 20.fxe3 ♕xd2 mit schwarzem Gewinn.

17...♘g4 18.♘b3

Zu überlegen war 18.♕g5+ ♔f8 19.♔b1 ♗a4 20.♘b3 (20.♕xg4 ♗xd1 21.♕xd1 ♖d8∓) 20...♗xb3 21.axb3 ♘xf2 22.♗d3 ♘xh1 23.♖xh1 h6 24.♕c1 ♗xh2 25.♕c3 und im Endspiel mit ungleichen Läufern hätte Weiß reale Remischancen.

18...♕xa2 19.♕g5+??

Der entscheidende Fehler in einer sehr scharfen Stellung. Unbedingt notwendig war 19.♕c5+, und nach 19...♔f6 20.♕a3! mit Rettungschancen. Nach dem Partiezug entfernt sich die Dame zu weit von ihrem König...

19...♔f8! und Weiß hat nichts Besseres, als die Partie aufzugeben.

Partie Nr. 4
Browne – I. Iwanow
USA 1995

1.d4 ♘f6 2.c4 e6 3.♘f3 d5 4.♘c3 ♗e7 5.♗g5 0-0 6.e3 ♘bd7 7.♕c2 c5 8.0-0-0 dxc4

Die Antwort 8...♕a5 wurde in der Einleitung analysiert.

9.♗xc4 ♕a5 10.d5 ♘b6

Wenn 10...exd5, so 11.♘xd5 ♗d8 (11...♘xd5 12.♖xd5 ♘f6 13.♗xf6 ♗xf6 14.♖xc5!±) 12.♘xf6+ ♘xf6 13.♕b3 und Weiß steht etwas besser.

11.d6!

Der starke Freibauer ist nicht zu unterschätzen.

11...♗d8

Es verliert 11...♘xc4?? 12.dxe7 ♖e8 13.♗xf6 gxf6 14.♘e4+−. Oder 11...♗xd6 12.♗xf6 gxf6 (12...♘xc4 13.♘g5 g6 14.♘ce4+−) 13.♗d3 ♖d8 14.♗xh7+ ♔g7 15.g4 ♘d5 16.♘xd5 exd5 17.♔b1 mit weißem Übergewicht.

12.♗xf6 ♗xf6 13.♘e4 ♗d7 14.♘xf6+ gxf6 15.h4! ♘xc4 16.♕xc4 e5 17.h5 ♔h8

17...♗e6!? wäre wohl sicherer gewesen.

18.♕h4 ♕d8 19.♘d2 f5 20.♕g3 f6 21.♘f3 ♖g8??

Dieser schwere Fehler wird geschickt und geistreich widerlegt. Notwendig war 21...♗e6! und Schwarz kann noch kämpfen.

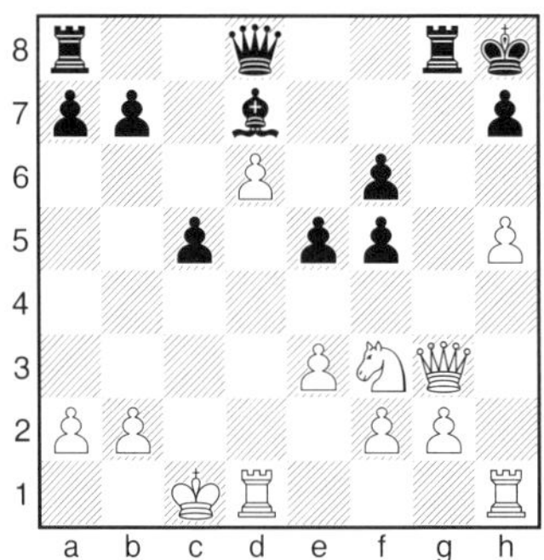

22.♘xe5!

Das ist die überraschende Widerlegung des letzten schwarzen Zuges.

22...♖xg3

22...fxe5 23.♕xe5+ ♖g7 24.h6+–

23.♘f7+ ♔g7 24.♘xd8 ♖g4 25.♘xb7 ♖b8 26.♘a5 ♖a4 27.♘b3 ♖xa2?

Noch zu versuchen war 27...c4!?

28.♔b1 ♖xb2+

Nach 28...♗e6 entscheidet der Freibauer: 29.d7! ♗xb3 30.h6+ ♔f7 31.d8♕ ♖xd8 32.♖xd8 mit Gewinn.

29.♔xb2 c4 30.♖a1 ♖xb3+ 31.♔c2 ♔f7 32.♖xa7 ♔e6 33.♖d1 h6 34.♖d4 ♖b6 35.♔c3 ♖b3+ 36.♔c2

36.♔xc4! lässt dem Gegner kaum Chancen.

36...♖b6 37.♖xc4 ♖xd6 38.♖d4 ♖c6+ 39.♔d2 ♗e8 40.♖h7 ♗xh5 41.♖dd7 f4 42.e4 f5 43.♖he7+ ♔f6 44.e5+ ♔g5 45.♖g7+

Es gewann auch 45.♖d6! ♖c5 46.♖g7+ ♔h4 47.g3+ fxg3 48.fxg3+ ♔h3 49.♖xh6+–.

45...♔h4 46.♖d6 ♖c5 47.g3+ fxg3 48.fxg3+ ♔h3 49.♖xh6 Schwarz gab auf.

Partie Nr. 5
Swjaginzew – Charitonow
Russland 1995

1.d4 ♘f6 2.c4 e6 3.♘f3 d5 4.♘c3 ♗e7 5.♗g5 0-0 6.e3 ♘bd7 7.♖c1 a6 8.b3!?

Andere Möglichkeiten finden Sie in der Einleitung.

8...h6 9.♗h4

Spielbar ist auch 9.♗f4!?.

9...♗b4

Zu überlegen ist die folgende Entwicklung der Kräfte: 9...dxc4!? 10.bxc4 c5 11.♗d3 (Aber nicht 11.d5 exd5 12.cxd5 wegen 12...♘xd5! mit Bauerngewinn.) 11...b6 12.0-0 ♗b7 mit beiderseitigen Chancen.

10.♗d3 c5 11.0-0 cxd4 12.exd4 ♕a5 13.♕c2 dxc4 14.bxc4 b5

Das energische Vorgehen gegen die weiße Bauernstruktur im Zentrum.

15.c5

Nur so kann Weiß die Spannung des Kampfes aufrechterhalten. Nach 15.cxb5 axb5 16.♘xb5 ♕xa2 17.♘e5 ♕xc2 18.♖xc2 ♘xe5 (18...♗a6 19.♘c7 ♗xd3 20.♘xd3 ♖a4=) 19.dxe5 ♘d5 20.♖fc1 ♗a6 wäre die Stellung völlig ausgeglichen.

15...♗b7

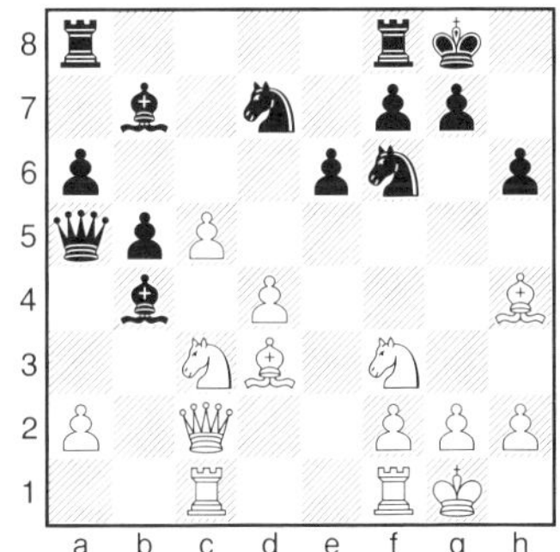

16.♗e4?!

Eine merkwürdige Entscheidung, die keinen überzeugenden Vorteil bringt. Infrage käme daher 16.♗xf6!? mit guten Perspektiven für Weiß, z.B. 16...♘xf6 (16...♗xf3 17.♗xg7!) 17.♘e5 ♖fd8 18.♘e4 ♘xe4 (18...♖xd4 19.c6 ♗c8 20.c7 mit der Drohung ♘e5–c6 wäre vorteilhaft für Weiß. Auch nach 18...♗d5 19.♘xf6+ gxf6 20.♗h7+ ♔f8 21.♘xf7! hätte Weiß eine starke Initiative.) 19.c6 ♖ac8 (19...♗c8 20.c7±) 20.♗xe4 ♗a8 21.♗h7+ ♔f8 22.♘xf7! ♖xc6 (Oder 22...♔xf7 23.♕g6+ ♔e7 24.♕xg7+ ♔d6 25.d5! exd5 26.♗f5 ♖xc6 27.♕g3+ ♔e7 28.♖xc6 ♗xc6 29.♕e5+ mit Gewinn.) 23.♕g6 ♖xc1 24.♖xc1 ♖xd4 25.♘g5! hxg5 26.♕xe6 ♕d8 27.♕g8+ ♔e7 28.♕xg7+ ♔e6 29.♗g8+ ♔f5 30.♕f7+ ♕f6 31.♗h7+ ♔e5 32.♕e8+ ♕e7 33.♕h8+ und Weiß steht auf Gewinn.

16...♘xe4 17.♘xe4 ♗d5?

Die beste Lösung hat Schwarz in der Partie Kragely – Lazovic, Ljubljana 1996, gefunden: 17...♗xe4!? 18.♕xe4 ♕xa2 19.♗e7 ♖fe8 20.d5 ♗a3 21.d6 ♗xc1 22.♖xc1 ♕d5! 23.♕xd5 exd5 24.c6 ♖xe7! 25.dxe7 ♘f6 mit gutem Spiel für Schwarz. Nach dem Partiezug verstärkt Weiß systematisch seine Stellung und kommt in Vorteil.

18.♖b1! ♕a3 19.♘d6 ♖fb8 20.♗g3 a5 21.♖b2 ♕a4 22.♖fb1 ♕xc2 23.♖xc2 ♗c6 24.♘e5 ♘xe5 25.♗xe5 f6 26.♗g3 ♖d8 27.f3 ♖d7 28.♖b3 ♗d5 29.♖e3 e5 30.♘xb5 ♗c6 31.♘d6 exd4 32.♖d3 ♗c3 33.♗f2 ♖b8 34.♗xd4 ♖b1+ 35.♔f2 ♗e1+ 36.♔e2
Schwarz gab sich geschlagen.

Partie Nr. 6
Jepischin – Ziatdinow
Philadelphia 1997

1.d4 d5 2.c4 e6 3.♘f3 ♘f6 4.♘c3 ♗e7 5.♗g5 0-0 6.e3 ♘bd7 7.♖c1 a6 8.c5!? c6 9.♗d3!?

Oder 9.b4, siehe Einleitung.

9...e5

Ein typischer Sprengungszug im Zentrum. Schwarz kann auch auf der anderen Seite angreifen: 9...b6!? 10.cxb6 c5 11.0-0 c4 (Nach 11...♗b7 12.♗b1 cxd4 13.exd4 ♘xb6 14.♘e5 ♘fd7 15.♗xe7 ♕xe7 16.♘a4 ♖ab8 17.♖c7 bekam Weiß in der Partie Eingorn – Balaschow, Riga 1985, positionelles Übergewicht: Seine Figuren sind aktiv, besonders der Turm auf der c-Linie.) 12.♗c2 ♘xb6 13.♘e5 ♗b7 14.f4 ♘fd7 15.♕h5 f5 mit etwa gleichen Chancen, Analyse von Polugajewski.

10.dxe5 ♘e8 11.h4!?

Ausreichende Gegenchancen bekommt Schwarz nach 11.♗f4 ♘xc5 12.♗b1 f5 13.exf6 ♘xf6, wie die Partie Gligoric – Marovic, Jugoslawien 1977, zeigte. In der Partie wählte Weiß einen energischen Plan: Königsangriff!

11...♘xc5 12.♗b1 f6

In der Begegnung Romanischin – Ehlwest, Biel 1996, wurde gespielt: 12...♘e6 13.♕c2 ♘xg5 (13...g6!? 14.♗h6 ♘8g7 15.h5 ♕a5 16.♕d2 ♖d8 lautet die Empfehlung von Charitonow.) 14.♘xg5 g6 15.♘xh7!? ♔xh7 16.h5 ♔g7? (16...f5! war notwendig.) 17.hxg6 f5 18.♕e2 ♗h4 19.g3 ♖h8 20.gxh4 ♖xh4 21.♕f3 ♘c7 22.♔e2 mit entscheidendem Vorteil.

13.♕c2 g6 14.♗h6 ♗f5 15.♕e2 ♗xb1 16.♖xb1 ♘g7 17.h5

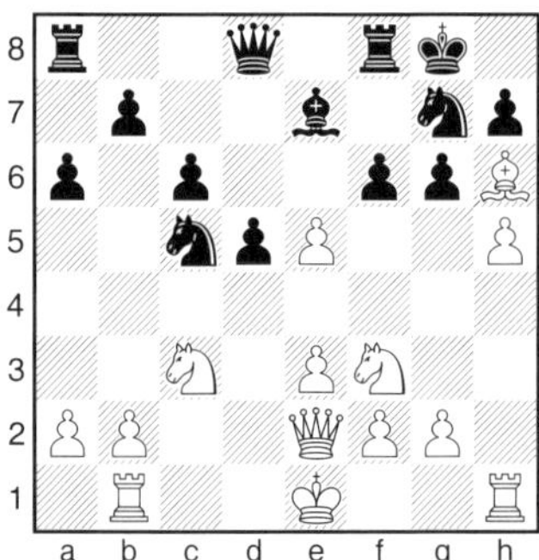

17...f5?

Nun behält Weiß seinen starken e-Bauern. In der Partie Ageitschenko – Gawrilow, Moskau 1989, wählte Schwarz den richtigen Plan: 17...♕e8!? 18.♖h3 (18.hxg6 ♕xg6!) 18...fxe5 19.hxg6 hxg6 20.♘xe5 ♗f6 21.♘f3 ♘e4 22.♘xe4 ♕xe4 mit Gegenchancen.

18.hxg6 hxg6 19.♘d4 ♕d7 20.f4 ♖f7 21.g4!

Bei einem stabilen Zentrum kann Weiß einen Bauernangriff starten.

21...fxg4 22.♗xg7 ♖xg7

Auf 22...♔xg7 würde 23.♕h2! folgen.

23.b4 ♘e6 24.♕xg4 ♘f8 25.♕xd7!

Am einfachsten: Nach Damentausch wird der weiße Vorteil offensichtlich.

25...♘xd7 26.♔f2 ♘f8 27.a4 ♖d8 28.a5 ♖h7 29.♖xh7 ♔xh7 30.♘a4 ♘d7 31.♘e6 ♖b8 32.♔e2 ♔g8 33.♘ac5 ♘f8

Nach 33...♗xc5 34.♘xc5 ♘xc5 35.bxc5 ♔f7 36.♔d3 ♔e6 37.♔d4 wäre das Turmendspiel für Weiß einfach gewonnen, z.B. 37...♔f5 38.♖g1 ♖g8 39.♖g5+ ♔e6 40.f5+ ♔f7 41.e4 dxe4 42.♔xe4 gxf5+ 43.♔xf5 ♖h8 (43...♖xg5+ 44.♔xg5 ♔e6 45.♔f4 ♔e7 46.♔f5 ♔f7 47.e6+ ♔e7 48.♔e5+-) 44.e6+ ♔f8 45.♔e5 ♖h1 46.♖f5+ ♔e8 47.♔d6 ♖d1+ 48.♔c7 ♖b1 49.♖f7 ♖b5 50.♔d6 ♖b2 (50...♖xa5 51.♖h7+-) 51.♖h7 ♖d2+ 52.♔c7 ♖b2 53.♖h8+ ♔e7 54.♖b8 ♖a2 55.♖xb7 ♔xe6 56.♔xc6 ♖xa5 57.♖b1 ♖a2 (57...♔e7 58.♔b6 ♖a2 59.c6 ♔d8 60.♔b7 ♖c2 61.♖d1+ und der Bauer läuft durch.) 58.♔b7 und der Bauer erreicht das Umwandlungsfeld.

34.♘d4 ♔f7 35.♖h1 ♖c8 36.♔f3 ♖c7 37.♔g4 ♔g8 38.♖h2 ♔f7 39.♖h1 ♔g8 40.♘de6 ♖c8 41.♖h6 ♘xe6 42.♘xe6 ♗xb4 43.♖xg6+ ♔f7 44.f5 ♗f8 45.♘xf8 ♔xf8 46.e6 Schwarz kapitulierte.

Partie Nr. 7
Trapl – Plachetka
Tschechische Republik 2002

1.d4 ♘f6 2.♘f3 e6 3.e3 d5 4.♘bd2

Oder 4.♗d3, siehe Einleitung.

4...c5

Im Fall von ♗f1-d3 wäre nun c5–c4 unangenehm, wonach der Läufer die Schlüsseldiagonale b1-h7 verlassen müsste. Der Zentrumsdurchbruch e3–e4 wäre dann schwer zu verwirklichen. Aus diesem Grund ist der nächste Zug praktisch erzwungen.

5.c3

Wie ich schon in der Einleitung erwähnt habe, kann Weiß hier auch Zukertorts Plan 5.b3 wählen.

5...♘bd7

5...♘c6 ist eine aktive Alternative.

6.♗d3 ♗d6

Schwarz plant e6–e5 (das Spiegelbild des weißen e3–e4).

7.0-0 0-0 8.♖e1 ♕c7 9.e4

Das Hauptziel dieses Systems ist erreicht: Der schwarzfeldrige Läufer kann sich nun auf der Diagonale c1-h6 bewegen.

9...cxd4 10.cxd4 dxe4 11.♘xe4 b6?

Nun gerät Schwarz schnell in Nachteil. Laut Theorie ist 11...♗f4!? wahrscheinlich der beste Zug, der die weiße Initiative eindämmen kann.

12.♗g5 ♗b7 13.♖c1 ♕b8 14.♗xf6 ♘xf6 15.♘xf6+ gxf6

Die schwarze Königsstellung wurde deutlich geschwächt, dies gibt dem Gegner gute Angriffsmöglichkeiten.

16.♘e5!

Es gibt eine Nebenlösung: 16.♗xh7+!? ♔xh7 17.♘e5 ♗xe5 (17...f5 18.♕h5+ ♔g7 19.♕g5+ ♔h7 20.♖c3+–) 18.♕h5+ ♔g7 19.♕g4+ ♔h7 20.♖c3 und Schwarz kann aufgeben.

16...f5 17.♕h5 ♗xe5 18.♖xe5 ♕d8

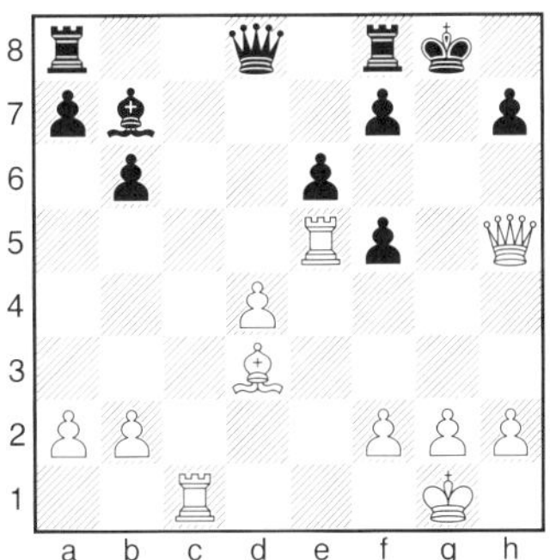

19.♖xf5!

Diese kleine Kombination hat die Öffnung die Diagonale b1-h7 zur Folge.

19...exf5 20.♗xf5 ♔g7

Zum Matt führt 20...♖e8 21.♕xh7+ ♔f8 22.♕h6+ ♔g8 (22...♔e7 23.♖e1+ ♗e4 24.♖xe4#) 23.♗h7+ ♔h8 24.♗g6+ ♔g8 25.♕h7+ ♔f8 26.♕xf7#.

21.♖c3! ♖g8

Schöne Mattbilder würden nach 21...h6 entstehen: 22.♖g3+ ♔f6 23.♖g6+! fxg6 (23...♔e7 24.♕e2+ ♗e4 25.♕xe4#) 24.♕xg6+ ♔e7 25.♕e6#.

22.♖g3+ ♔f6

22...♔f8 23.♕h6+ ♔e7 24.♖e3+ ♗e4 25.♖xe4#

23.♗xh7 ♕xd4

Die Verteidigung 23...♖e8 nützt nichts wegen 24.♕g5+ ♔e6 25.♕e5+ ♔d7 26.♗f5+ ♖e6 27.♗xe6+ fxe6 28.♖g7+ ♔c6 (28...♔c8 29.♕xe6+ ♔b8 30.♖d7+-) 29.♕xe6+ ♔b5 (29...♕d6 30.♕c4+ mit Gewinn) 30.♕b3+ ♔c6 31.♖g6+ ♔d7 32.♕e6+ ♔c7 33.♕f7+ ♕d7 34.♕f4+ ♔c8 35.♖g8+ und gewinnt.

24.♗xg8 ♕f4 25.♕xf7+ Schwarz gab auf.

Partie Nr. 8
Becq – A. Sokolov
Metz 2001

1.d4 d5 2.♘f3 e6 3.e3 ♘f6 4.♗d3 b6 5.0-0 ♗b7 6.♘bd2 c5 7.c3 ♘bd7 8.b3

Die Fortsetzung 8.♘e5 wurde in Kapitel 1 besprochen.

8...♗d6 9.♗b2 0-0 10.♕e2 e5

Ein typischer Zug: Schwarz möchte damit Gegenspiel auf der e-Linie einleiten.

11.dxe5 ♘xe5 12.♘xe5 ♗xe5 13.♘f3

Nach 13.♖ad1 ♕e7 14.♘f3 ♗c7 15.c4 ♖ad8 wäre das Spiel etwa ausgeglichen. Dagegen ginge nicht 13.e4? ♘xe4 14.♘xe4 dxe4 15.♗xe4 ♗xh2+ 16.♔xh2 ♕h4+ 17.♔g1 ♗xe4 mit schwarzem Vorteil.

13...♗c7

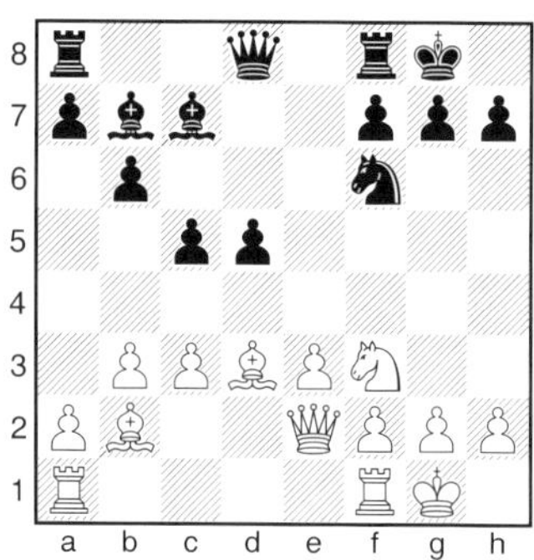

14.♖fd1?

Schablonenhaft gespielt. Weiß müsste endlich seinen schwarzfeldrigen Läufer aktivieren. Daher wäre 14.c4 logisch und nach dem weiteren 14...dxc4 15.♗xc4 ♕e7 16.♖fd1 ♖ad8 die Stellung etwa ausgeglichen.

14...♖e8 15.♖ac1

Nun würde nach 15.c4 schon 15...d4! folgen.

15...♕d6 16.♗a6 ♗c6 17.♗b5 ♖ad8 18.♗xc6 ♕xc6 19.♕d3 b5! 20.♕f5 c4

Worauf der Läufer nicht mehr ins Spiel kommt.

21.♖d4 ♕e6 22.♕c2 ♘e4 23.bxc4 bxc4 24.♖dd1 ♕h6 25.♕a4??

Ein grober Fehler, nach dem die weiße Rochadestellung ruiniert wird. Zäher war 25.h3, obwohl nach 25...♖e6 die Stellung des Anziehenden nicht lange zu halten wäre.

25...♘xf2! 26.♖xd5 ♕xe3 Weiß gab auf.

Partie Nr. 9
Hector – Lindberg
Malmö 2003

1.d4 ♘f6 2.♘c3 d5 3.♗g5 ♘bd7 4.♕d3 e6 5.e4 dxe4 6.♘xe4 ♗e7 7.♘xf6+ ♗xf6 8.♗xf6 ♕xf6 9.♘f3 c5 10.0-0-0 0-0

Die bessere Möglichkeit 10...cxd4 wurde in Kapitel 2 besprochen.

11.♕e3!

Um die Diagonale f1-a6 für seinen Läufer zu freizulegen.

11...b6?

Eine Ungenauigkeit, wonach Weiß rasch die Initiative übernimmt. Besser war 11...cxd4 12.♖xd4 ♕e7 13.♗e2 ♘f6 14.♖hd1 ♗d7 15.♘e5 mit geringem Vorteil für den Anziehenden.

12.♗b5! ♕e7

Wie ernst die Lage von Schwarz ist, zeigt die folgende Variante: 12...cxd4 13.♖xd4 ♕e7 (13...♘c5 14.♘e5 a6 15.♗c6 ♖a7 16.♖hd1 ♖c7 17.g4±) 14.♗c6 ♖b8 15.♖hd1 mit weißem Vorteil, Hector - Koneru, Wijk aan Zee 2003.

13.d5! ♘f6 14.♗c6 ♖b8 15.d6 ♕d8 16.d7! ♗b7

Der Freibauer war natürlich nicht mit 16...♗xd7 zu nehmen wegen 17.♘e5!.

17.♘e5 ♘g4 18.♘xg4 ♗xc6 19.♖d6 ♗d5 20.♖d1 h5

Kaum besser wäre 20...f6 21.♕g3 f5 (21...♔h8 22.♘e3+-) 22.c4 ♗xc4 23.♘e5 ♗d5 24.♖1xd5! exd5 25.♘c6 ♕c7 26.♕e5 mit klarem Vorteil.

21.c4! ♗xc4 22.♘e5 ♗d5

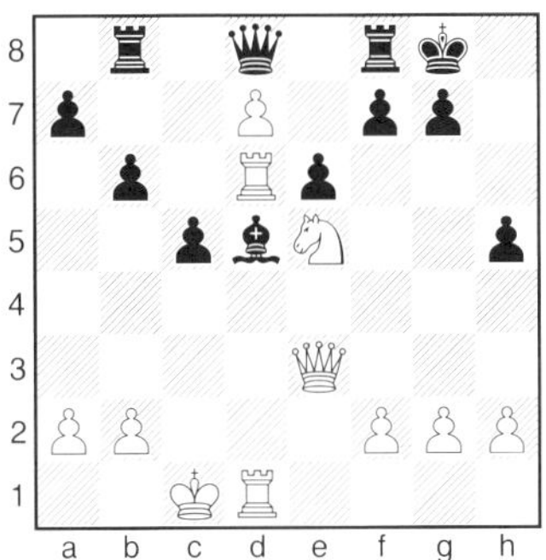

23.♖1xd5!

Das entscheidende Qualitätsopfer.

23...exd5 24.♘c6 ♕c7 25.♘e7+ ♔h7 26.♕e5 g6 27.♘xd5 ♕d8 28.♘f6+ ♔h6 29.g4! hxg4 30.♘xg4+ ♔h7 31.♘f6+ ♔h6.

Oder 31...♔g7 32.♘e8+ ♔h6 33.♕g7+ ♔g5 34.♕xf8 mit weißem Gewinn.

32.♖d3! g5 33.♖h3+ ♔g6 34.♕e4+ ♔g7

34...♔xf6 35.♖h6+ ♔g7 36.♕h7#

35.♖h7+ ♔xf6 36.♖h6+ Schwarz gab auf.

Partie Nr. 10
Lane – P. Kennedy
Exeter 1995

1.d4 d5 2.e4 dxe4 3.♘c3 ♘f6 4.f3 exf3 5.♘xf3 ♗g4

Andere Möglichkeiten wurden in Kapitel 3 analysiert.

6.h3 ♗xf3

Bei der Schacholympiade in Moskau 1956 geschah in der Partie Schneider - Clarke folgendes: 6...♗h5!? 7.♗g5 (Nach 7.g4 ♗g6 8.♘e5 e6 9.♕f3 c6 10.g5 ♘d5 11.♘xg6 hxg6 12.♘e4 ♘d7 13.♖h2 ♕b6 14.♖f2 0-0-0 15.c3 f5 16.gxf6 gxf6 wäre die weiße Stellung kritisch.) 7...c6 8.♗c4 e6 9.g4 ♗g6 10.♕e2 ♗d6 11.0-0 0-0 und Schwarz stand bereits besser.

7.♕xf3 c6 8.♗e3 e6 9.♗d3 ♗b4

Eigentlich Zeitverlust. Schwarz sollte ganz normal die Entwicklung fortsetzen, wie in der Partie Callaghan - Bisguier, Washington 1986: 9...♘bd7 10.0-0 ♗e7 11.♖f2 ♕a5 12.g4 0-0 und Schwarz hat keine Probleme.

10.0-0 ♘bd7 11.♘e4

Nun stellt sich heraus, dass sich Schwarz im 9. Zug geirrt hat.

11...♗e7 12.c4 ♕a5 13.b4!?

Im Kampf um die Initiative ist Weiß bereit, noch einen weiteren Bauern preiszugeben.

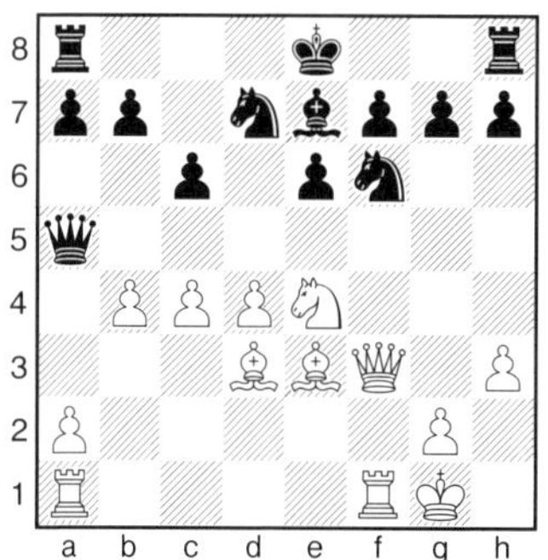

13...♕a3?

Schwarz hat sich entschieden, den Bauern nicht zu nehmen, und will mit dem Angriff auf den Läufer die weitere weiße Entwicklung stören. Dies führt jedoch zu günstigen Komplikationen für Weiß. Infrage käme doch das Schlagen auf b4. Man sehe: 13...♕xb4 14.♖fb1 ♕a5 15.♖xb7 0-0 16.♘xf6+ ♘xf6 17.♕xc6 (17.♖xe7 ♕a3!) 17...♗b4 18.♖d1 (18.♖b1!?) 18...♖ac8 19.♕b5 ♕xb5 20.♖xb5 ♖b8 21.♖xb8 ♖xb8 22.♖b1 ♗d6 23.♖xb8+ ♗xb8 24.♔f2 mit etwas besserem Endspiel für Weiß bzw. 13...♗xb4!? 14.c5 0-0 15.a3 ♗c3 (15...♗xa3 16.♗f2!+-) 16.♖ac1 ♗b2 17.♖c2 ♗xa3 (Nach 17...♕xa3 18.♕e2 ♘d5 19.♖xb2 ♘xe3 20.♖fb1 ♘f5 21.♖a2 ♘xd4 22.♖xa3 ♘xe2+ 23.♗xe2 b5 24.♖ba1 hätte Weiß bessere Aussichten im Endspiel.) 18.♖a1 b5 19.cxb6 (Oder 19.♘xf6+ ♘xf6 20.♗g5 b4 21.♗xf6 gxf6 22.♕g4+ ♔h8 23.♕h4 f5 24.♕f6+ und Weiß hat wohl nichts Besseres, als sich mit Dauerschach zufriedenzugeben.) 19...axb6 20.♖ca2 ♘d5 (Aber nicht 20...♕b4? 21.♘xf6+ ♘xf6 22.♗f2 ♔h8 23.♗f1 mit Eroberung des Läufers.) 21.♖xa3 ♕xa3 22.♖xa3 ♖xa3 23.♗d2 ♖fa8 und der Freibauer auf der b-Linie könnte Schwarz gute Gegenchancen bieten.

14.♗c1 ♕a4 15.♖b1 0-0-0

Nach 15...♕xa2 16.♘c3 ♕a6 17.c5 b5 18.♗xb5! wäre Schwarz verloren.

16.♘c3 ♕a6 17.c5

Die weiße Initiative ist schon entscheidend.

17...♘e5 18.♕xf6! ♕xd3

18...♗xf6 19.♗xa6 ♘d7 (19...bxa6 20.dxe5+-) 20.♖xf6 ♘xf6 (20...bxa6 21.♖xf7+-) 21.♗f1 überlässt dem Weißen eine Mehrfigur.

19.♕xe7 ♕xd4+ 20.♔h1 ♕xc3 21.♗b2 ♕g3 22.♗xe5 ♕xe5 23.♖xf7 Schwarz kapitulierte.

Partie Nr. 11
Dautow – Krasenkow
Essen 2002

1.d4 d5 2.c4 e6 3.♘c3 c6 4.e3

Eine ruhige Fortsetzung mit dem Ziel, die scharfen Varianten nach d5xc4 zu verhindern. In Kapitel 4 wurde an dieser Stelle die aktive Möglichkeit 4.e4!? analysiert.

4...f5

Schwarz wählt einen Stonewall-Aufbau. Nach 4...♘f6 geht das Spiel in Slawisch über, mit dem Textzug in die Holländischen Verteidigung. Schwarz baut eine feste Stellung auf, die optisch nicht einfach zu knacken ist. Andererseits wird nun das wichtige Feld e5 geschwächt, das durch die weißen Figuren besetzt werden kann. Dautow entschied sich, einen scharfen Plan zu spielen...

5.g4!?

Damit will Weiß das Bollwerk sofort zerstören. Diesen Vorstoß kann man natürlich mittels h2-h3 vorbereiten.

5...fxg4

Macht es dem Weißen leichter, im Zentrum mit e3-e4 durchzubrechen. Zu empfehlen ist daher 5...♘h6!?, um die Spannung des Kampfes beizubehalten, z.B. 6.g5 (Oder 6.gxf5 ♘xf5 7.♘f3 ♘d7 8.♗d3 ♘f6 9.♕c2 g6 10.♗d2 ♗g7 mit verteilten Chancen.) 6...♘f7 (Nach 6...♕xg5 folgt 7.e4!) 7.h4 ♘d6 mit Ausgleichschancen. 5...♘f6 ist natürlich auch möglich.

6.♕xg4 ♘f6 7.♕g2

Eine optimale Postierung der weißen Dame, die nun viele wichtige Felder unter Beschuss nimmt.

7...c5!?

Die aktivste Reaktion gegen den weißen Plan.

8.♘f3 ♘c6 9.♗d2 ♗d7

Mit dem Ziel, so schnell wie möglich den König am Damenflügel zu verstecken. In der Partie Seirawan – Yermolinsky, USA 1994, geschah 9...a6 10.0-0-0 ♕c7 11.dxc5 ♗xc5 12.♖g1 0-0 13.♘g5 ♔h8 14.♔b1 ♘e5 15.♘a4 ♗a7 16.♗b4 ♖g8 17.♕g3 und Schwarz kapitulierte. Einige Theoretiker haben die Möglichkeit 9...cxd4 analysiert, z.B. 10.exd4 ♗d7 (10...dxc4 11.0-0-0!) 11.0-0-0 ♖c8 mit unklarer Stellung, laut GM Ftacnik aber deutlich besser für Weiß.

10.0-0-0 ♕e7 11.♘e5!

Der Verlauf der Eröffnungsphase war günstiger für Weiß.

11...cxd4?

Dies ermöglicht dem schwarzfeldrigen Läufer eine aktive Position auf f4 zu besetzen. Zu überlegen ist 11...0-0-0!?.

12.exd4 0-0-0

Nach 12...♘xd4? 13.♗g5 ♘c6 14.♘xd7 ♕xd7 15.♗xf6 gxf6 16.cxd5 wäre die schwarze Partie aufgabereif.

13.♗f4! ♕e8 14.cxd5

14.♘b5!? wäre eine mögliche Alternative.

14...exd5

14...♘xe5 15.♗xe5 ♘xd5 16.♘xd5 ♗c6 (16...exd5 17.♕xd5±) 17.♗c4 exd5 18.♗d3 wäre klar besser für Weiß.

15.♘xc6 ♗xc6 16.♕g3!

Es droht das Läuferschach auf h3 und dann ♗f4-b8 mit entscheidendem Angriff.

16...b5?

Schwarz wollte damit für seinen König einen Ausweg schaffen. Doch dieser Zug schwächt erheblich die Königsstellung. Notwendig war daher 16...b6!?.

17.♗e5?

Dautow nutzt nicht seine Chance, mittels 17.♗b8! das Spiel rasch zu beenden, z.B. 17...♕f7 (17...♖d7 18.♗h3 ♔b7 19.♗xd7 ♕xd7 20.♗e5 b4 21.♘e2 mit klarem Vorteil) 18.♘xb5 ♗xb5 (18...♔b7 19.♕b3!) 19.♗xb5 ♕b7 (19...♔b7 20.♗e5+-) 20.♗a6! mit Gewinn.

17...♔b7 18.♕d3 ♘e4 19.♘xe4 dxe4 20.♕b3?

Weiß träumt von a2-a4 mit Angriff. Er sollte stattdessen den Bauern e4 mittels 20.♕e3!? blockieren, mit der Idee ♗f1-g2!.

20...a6 21.♗c4 e3! 22.♗f7??

Der entscheidende Fehler. Unbedingt notwendig war 22.♖he1 exf2 (22...♗f3 23.♖xe3 ♗xd1 24.♔xd1 mit Kompensation für die Qualität) 23.♖e2 ♖c8 24.♔b1 und laut Dautow lebt Weiß noch.

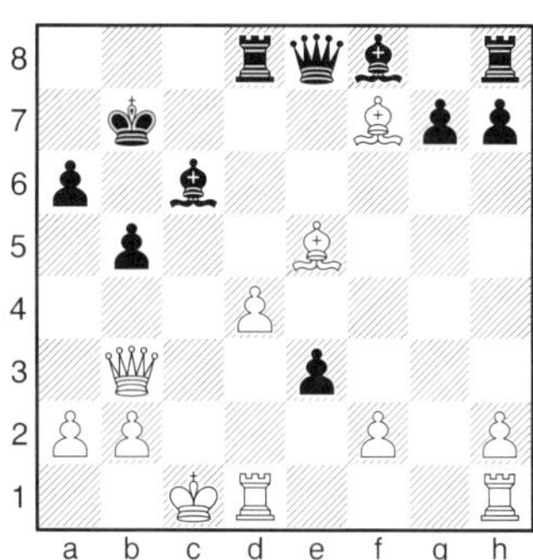

22...♗e4!!

Ein wahrer Hammer! Weiß ist nun verloren.

23.♖d3

Oder 23.♗xe8 ♖c8+ 24.♕c3 ♖xc3+ 25.bxc3 ♗a3# bzw. 23.fxe3 ♕c6+ 24.♕c3 ♗xh1 mit Gewinn.

23...♕e7 24.♖c3 ♗xh1 25.♖c7+ ♕xc7+ 26.♗xc7 exf2 Weiß kapitulierte. Eine sehr tragische Niederlage!

Partie Nr. 12
Dautow – M. Grabarczyk
Ohrid 2001

1.d4 d5 2.c4 c6 3.♘f3 ♘f6 4.e3 ♗f5 5.♘c3 e6

Die Erwiderung 5...a6 wurde in Kapitel 4 analysiert.

6.♘h4

Weiß möchte damit den Läufer tauschen und selbst mit Läuferpaar und flexiblem Bauernzentrum auf Eröffnungsvorteil hoffen. Eine wichtige Alternative ist 6.♗d3, z.B. 6...♗xd3 7.♕xd3 ♘bd7 8.0-0 ♗e7 9.e4 dxe4

10.♘xe4 ♘xe4 11.♕xe4 0-0 12.♗f4 ♕a5 13.♖fe1 ♖ad8 14.a3 mit kleinem Vorteil von Weiß. Das Gegenspiel von Schwarz besteht in der Vorbereitung von c6-c5 oder e6-e5.

6...♗g4

Populärer ist 6...♗e4, z.B. 7.f3 ♗g6 8.♕b3 ♕b6 (8...♕c7 9.♗d2 ♘bd7 10.♗e2 ♗e7 11.g3 dxc4 12.♗xc4 ♗h5 13.♗e2 0-0 14.0-0 c5 15.♖ac1 ♖ad8 16.g4 ♗g6 17.♘xg6 hxg6 18.♖fd1 ♕b8∞, Barejew - Drejew, Wijk aan Zee 2002) 9.♘xg6 hxg6 10.♗d2 ♘bd7 11.0-0-0 ♕xb3 12.axb3 ♗d6 mit Ausgleich.

7.♕b3 ♕b6 8.h3 ♗h5 9.g4 ♗g6 10.♘xg6 hxg6 11.g5

Nach 11.♗g2 ♘bd7 12.♗d2 ♗e7 13.g5 ♘h5 hat Schwarz eine feste Stellung.

11...♘fd7

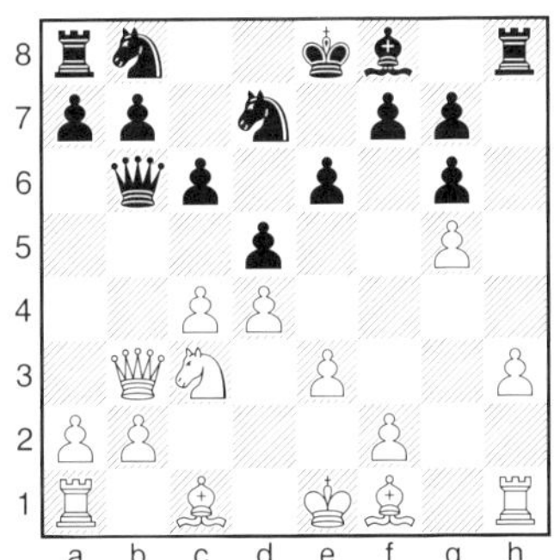

12.e4!

Weiß opfert einen Bauern, um mehr Raum für seinen schwarzfeldrigen Läufer zu schaffen. Man kann natürlich einen ruhigeren Plan wählen: 12.♗d2 ♗e7 13.f4 ♘a6 14.cxd5 exd5 15.♕c2 ♘b4 16.♕a4 a5 17.a3 ♘a6 18.♕c2 ♘c7 19.♖c1 ♘e6 20.♗e2 und Weiß hat mit seinem Läuferpaar einen kleinen Positionsvorteil, Ehlvest - Golubovic, Pula 1997.

12...dxe4 13.♗e3 ♕xb3 14.axb3 ♗b4?

Eine falsche Entscheidung: Schwarz wird gleich seinen Läufer preisgeben und damit seine schwarzen Felder schwächen. Besser war wohl 14...c5!?, z.B. 15.d5 exd5 16.♘xd5 ♗d6 17.♗g2 ♖h4 18.♘c3 ♘c6 19.♘xe4 ♗e7 20.0-0-0 0-0-0 mit Chancen auf ein gleiches Spiel.

15.♗g2 ♖h4 16.♔e2 ♗xc3 17.bxc3 ♘a6 18.f3!

Der weiße König findet gleich einen guten Platz auf g3, von wo er den gegnerischen Turm h4 verdrängen wird.

18...exf3+ 19.♔xf3 ♘c7 20.♔g3 ♖h5 21.♗f3 ♖h8 22.♗f4

Weiß erhielt für den Bauern eine aktive Stellung, weil seine Läufer das Brett beherrschen. Der Plan von Weiß besteht nun in Vorbereitung von d4-d5, um die Stellung zu öffnen und eventuell Druck gegen den schwarzen König auszuüben.

22...♔d8 23.♖he1 a6 24.♖ad1 ♖c8 25.♔g2 ♖e8 26.h4 ♔e7 27.d5! cxd5 28.cxd5 ♔d8

Nach 28...♔f8 29.dxe6 ♘xe6 30.♖xe6 ♖xe6 31.♖xd7 ♖xc3 32.♗d5 ♖e2+ 33.♔f1 ♖cc2 34.♖xf7+ ♔e8 35.♖c7 wäre das Endspiel für Schwarz nicht zu retten.

29.d6 ♘d5 30.♗d2! ♘xc3 31.♖c1 ♘b5 32.♗xb7 ♖xc1

Oder 32...♘xd6 33.♗xc8 ♘xc8 34.♗a5+ ♔e7 35.♗b4+ ♔d8 36.♖c6 mit leichtem Gewinn.

33.♗a5+ ♘b6 34.♖xc1 Schwarz gab auf.

Partie Nr. 13
Kramnik – Morosewitsch
Dortmund 2001

1.d4 d5 2.c4 c6 3.♘f3 ♘f6 4.e3 ♗f5 5.♘c3 a6

Die Erwiderung 5...e6 wurde in Kapitel 4 analysiert.

6.♗d3 ♗xd3 7.♕xd3 e6 8.0-0 ♗e7 9.e4 0-0

Nach 9...dxe4 10.♘xe4 ♘xe4 11.♕xe4 ♘d7 12.♗f4 ♘f6 13.♕c2 hat Weiß einen kleinen Vorteil.

10.♖d1 b5?

Dieses pseudoaktive Vorgehen bringt dem Schwarzen eigentlich nichts. Wieder sieht 10...dxe4 am logischsten aus, z.B. 11.♘xe4 ♘bd7 12.♗f4 ♘xe4 13.♕xe4 ♘f6 mit nur geringem Vorteil für Weiß. Nach dem Partiezug erhält der Anziehende viel bessere Perspektiven.

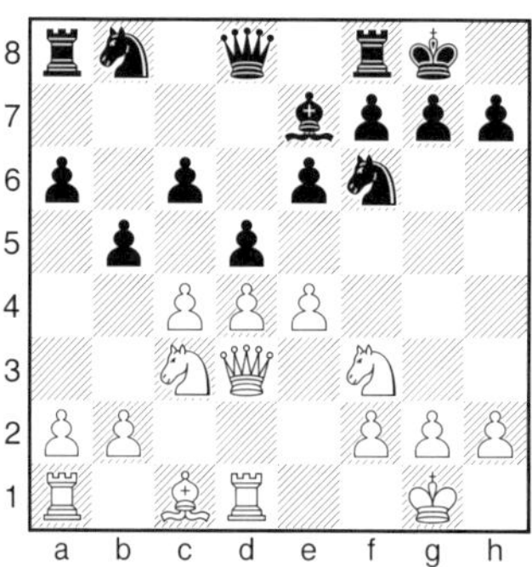

11.c5!

Keinen Vorteil verspricht 11.cxd5 cxd5 12.e5 ♘fd7 13.a4 bxa4 14.♘xa4 ♘c6 mit Ausgleich. Mit der Partiefortsetzung hofft Weiß auf einen Raumvorteil.

11...dxe4

11...b4 12.e5 bxc3 13.exf6 ♗xf6 (13...cxb2? 14.fxe7 bxa1♕ 15.exd8♕ ♖xd8 16.♗g5+−) 14.♕xc3 ♕c7 15.g3 ist bequemer für Weiß.

12.♘xe4 ♘xe4 13.♕xe4 ♕d5

Scheinbar bot sich 13...♗xc5 an, aber nach 14.♘g5 g6 15.♕h4 h5 16.g4 ♗xd4 17.♗e3 c5 18.gxh5 gewinnt Weiß die Oberhand.

14.♕xd5 cxd5 15.♗f4 ♘c6 16.♘e5 ♘b8 17.♖d3!

Weiß bereitet die Turmverdoppelung in der e-Linie vor. Es geht darum, den Zug f7-f6 zu entkräften.

17...♖c8 18.♖e1 ♗f6

Schwarz hat sich nicht zu 18...f6 entschieden. Nach weiterem 19.♘f3 ♔f7 20.♖de3 ♖c6 würde die schwarze Stellung zu passiv.

19.♘g4 ♘c6

Das lässt die Schwächung der Königsstellung zu. Aber nach 19...♗e7 20.♗xb8 ♖axb8 21.f4 wäre der weiße Positionsvorteil ebenfalls spürbar.

20.♘xf6+ gxf6 21.♗g3 ♔g7?

Danach wird die schwarze Lage kritisch. Laut Kramnik war 21...h6!? stärker, z.B. 22.♗f4 ♔h7 23.♖ee3 (23.♖h3 ♘xd4 24.♗xh6 ♔g6 25.♗e3 ♘f5=) 23...♖g8 24.♖h3 ♖g6 25.♗d2 ♔g7 und Schwarz lebt noch.

22.♗h4 ♘e7 23.g4! ♘g6 24.♗g3 a5

Schwarz hat nun Schwierigkeiten, z.B. 24...♘e7 25.♖f3 ♘c6 26.♗h4 f5 27.♖f4 fxg4 28.♖xg4+ ♔f8 (Oder 28...♔h6 29.♗d8! ♘xd4 30.♖e3 und gegen das drohende Matt gibt es keine Parade mehr.) 29.♗f6 ♘e7 30.♔h1 ♘g6 31.♖eg1 ♔e8 32.h4 mit klarem Vorteil.

25.♗d6

Jetzt gelangt der schwarze Springer nicht mehr nach c6.

25...h5

Es drohte 26.f2–f4!.

26.gxh5 ♘h4 27.♖g3+ ♔h6 28.♗e7 ♘f5

Nach 28...♖g8 wäre 29.♔f1 stark.

29.♗xf6 ♘xg3 30.fxg3 ♖g8

Wahrscheinlich zäher war 30...♔xh5 31.♔g2 ♔g6 32.♖f1 ♖c6 33.g4 e5 34.♗xe5 f6 35.♗d6 ♖e8 usw.

31.♔g2 ♔xh5 32.h3 ♔g6 33.♖f1 ♔h7?

Laut Kramnik wäre 33...♖a6 34.♗e5 f5 für Schwarz notwendig.

34.g4 b4 35.♔g3 b3 36.a3 ♖ac8 37.h4 ♖g6 38.h5 und Schwarz gab sich geschlagen. Es könnte noch folgen: 38...♖gg8 39.♔h4 a4 40.g5 ♖c7 41.♗e5 ♖a7 42.♖f6+–.

Partie Nr. 14
Mamedjarow – Anand
Chanty-Mansijsk 2014

1.d4 d5 2.c4 c6 3.♘f3 ♘f6 4.♕c2

Oder 4.e3; siehe Partie Nr. 12: Dautow – M. Grabarczyk und Partie Nr. 13: Kramnik – Morosewitsch. Der Zug 4.♘c3 wurde in Kapitel 4 vorgestellt.

4...dxc4

Eine Alternative ist 4...e6 5.g3 dxc4 (5...♗d6 6.♗g2 0-0 7.♘bd2 ♘bd7 8.0-0 ♖e8 9.♖d1 ♕e7 10.e4 ♘xe4 11.♘xe4 dxe4 12.♕xe4 e5=, Bacrot – Bologan, Poikowski 2014) 6.♕xc4 b5 7.♕b3 (7.♕c2 ♗b7 8.♗g2 ♘bd7 9.a4 c5 10.0-0 b4 11.♗g5 ♖c8 12.♘bd2 ♗e7 13.♖fc1 h6 14.♗xf6 ♘xf6 15.♕d3 0-0=, Radjabow – Ponomarjow, Tromsö 2014) 7...♗b7 8.♗g2 a6 9.a4 c5 10.dxc5 ♘bd7 11.♗e3 ♕a5+ 12.♘bd2 ♗xc5 13.0-0 ♗d5 14.♕d3 ♗xe3 15.♕xe3 bxa4 16.♕d4 0-0 17.♖xa4 ♕b5 mit Ausgleich, Fridman – Iwantschuk, Jurmala 2015.

5.♕xc4 ♗g4

Schwarz wählt einen seltenen Zug. Die Hauptfortsetzung ist 5...♗f5 6.g3 e6 7.♗g2 ♗e7 (7...♘bd7 8.0-0 ♗e7 9.♘bd2 0-0 10.♕b3 ♘b6 11.a4 a5 12.♖d1 ♘fd7 13.e4 ♗g6=, Eljanow – Motylew, Shamkir 2014) 8.0-0 0-0 9.e3 ♘bd7 10.♕e2 (10.♖d1 ♕c7 11.♘c3 ♖ad8 12.♕e2 e5=, Iturrizaga – Mammadow, Dubai 2015) 10...♕c7 (10...♕a5 11.♖d1 ♖ac8 12.h3 h6 13.b3 e5 14.♗b2 e4 15.♘fd2 ♖fe8 16.♘c3 ♗b4 17.♖ac1 ♕d8 18.a3 ♗xc3 19.♗xc3 ♘d5 20.♗b2 ♕e7=, Mamed–

jarow – Wagner, Moskau 2015) 11.♘bd2 (11.♘c3 e5=) 11...h6 12.♘c4 c5 13.♗d2 ♗e4 14.♗c3 ♘d5 15.♖fc1 ♘xc3 16.♖xc3 ♗f6 17.♘cd2 ♗c6 18.♖ac1 ♖ad8 mit Ausgleich, Bu Xiangzhi – Eljanow, Tsaghkadzor 2015.

6.♘bd2

Es kann auch folgen: 6.♗f4 ♘bd7 7.♘bd2 e6 8.e4 ♗xf3 9.gxf3 ♗e7 10.0-0-0 0-0∞, Mamedjarow – Schirow, Rabat 2015. Oder 6.♘c3 ♘bd7 7.e4 e5 (7...♗xf3 8.gxf3 e5∞) 8.♘xe5 ♘xe5 9.dxe5 ♗e6 10.♕d3 ♘g4 11.♕xd8+ ♖xd8 12.♗f4 ♗c5 13.♗g3 ♗d4 14.♖d1 ♗xe5 15.♖xd8+ ♔xd8 16.♗xe5 ♘xe5 17.f4 ♘g4 18.♗e2 ♘h6 19.♔f2 f6 20.h3 ♘f7=, Nyback – Carlsen, Tromsö 2014.

6...♘bd7 7.g3 e6 8.♗g2 ♗e7 9.♘e5 ♗h5 10.♘xd7

Keine Probleme hat Schwarz nach 10.♘df3 ♕a5+ 11.♗d2 ♕d5 12.♕xd5 exd5=, Agrest – Schirow, Gibraltar 2006.

10...♘xd7 11.0-0 0-0 12.♘b3 a5 13.a4 ♗b4

Eine andere Idee ist 13...e5 14.♖d1 ♕c7 15.♗d2 ♖fd8 16.♗e1 exd4 17.♘xd4 ♗f6 18.♗c3 ♘e5 mit gleichem Spiel, Grivas – Caruana, Wijk aan Zee 2008.

14.e4 e5!

Das Beste.

15.♗e3 exd4

Möglich ist auch 15...♔h8 16.f4 exf4 17.♖xf4 f6 18.♖af1 ♕b6=, Nguyen Duc Hoa – Ni Hua, Sharjah 2014.

16.♗xd4 ♔h8

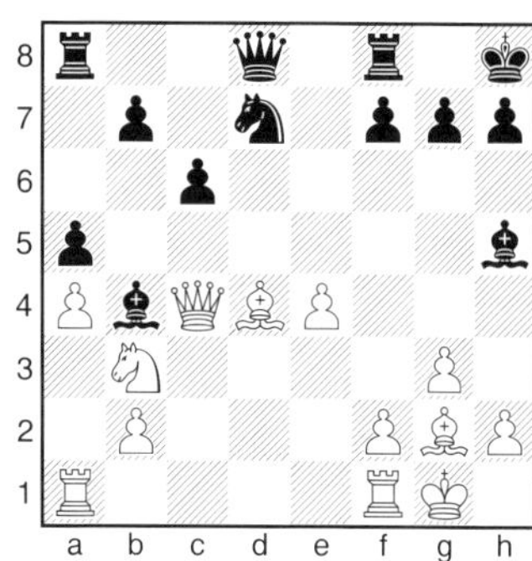

17.e5?

Zu optimistisch. Nach dem richtigen 17.f4! f6 18.♕c2 wäre die Stellung etwa ausgeglichen.

17...♖e8 18.f4 f6!

Die einfache Widerlegung des weißen Planes nach 17.e5?.

19.exf6 ♘xf6 20.♗f3 ♗xf3 21.♖xf3 ♖e4 22.♖e3 ♖xe3 23.♗xe3 ♕e8 24.♗b6?

Dies erleichtert dem Nachziehenden den Gewinn. Mehr Widerstand konnte Weiß mit 24.♗f2!? leisten.

24...♕h5 25.♗d4 ♖e8 26.♖f1 ♘g4 27.♕c2

27.h4 ♘e3! 28.♗xe3 ♖xe3 29.♔h2 ♕g4 30.♖g1 ♗e1!-+

27...c5! 28.♘xc5

28.♗xc5 ♗xc5+ 29.♘xc5 ♘e3-+

28...♖c8 29.♖d1

29.♗xg7+ hilft nicht: 29...♔xg7 30.♘e6+ ♔f6 31.♕xc8 ♕xh2#

29...♗xc5 30.♗xc5 h6 31.♔h1 und Weiß gab sich geschlagen wegen

31...♘f2+ 32.♕xf2 ♕xd1+ 33.♔g2 ♕d5+ mit entscheidendem Vorteil.

Partie Nr. 15
Caruana – Tomaschewski
Chanty-Mansijsk 2015

1.d4 d5 2.c4 c6 3.♘f3 ♘f6 4.♘c3 a6 5.a4 e6 6.♗f4!?

Gängiger ist 6.♗g5, was ich in Kapitel 4 analysiert habe.

6...a5

Mit der Idee ♘b8-a6-b4 und Einnistung des Springers im gegnerischen Lager. Es geht auch 6...c5!?. Ein Beispiel: 7.e3 ♘c6 8.♗e2 dxc4 9.♗xc4 cxd4 10.exd4 ♗e7 11.0-0 0-0 12.♖e1 ♕b6 13.♕d2 (13.♕d3 ♖d8 14.♖ad1 ♗d7 15.♕e2 ♕b4 16.♘e5 ♘a5 17.♗a2 ♗e8 18.♘d3 ♕xd4 19.♗xe6 ♘c6 20.♗e3 ♕d6 21.♗c4 ♕c7 22.♗g5 ♖ac8∞, Wurschner – Flaherty, IECG 2003) 13...♗d7 14.♖ad1 ♖ad8 15.♕e2 ♗c8 16.♗d3 ♖fe8 17.♕d2 ♘b4 18.♗b1 ♘bd5 19.♘e5 ♘xf4 20.♕xf4 ♕xb2 21.♖e3 h6 22.♖g3 ♔f8 23.h4 ♕b4 24.♗a2 ♗d6 25.♖xg7 ♔xg7 26.♘e4 ♗e7 27.♘xf6 ♗xf6 28.♘g4 ♗e7 29.♕xh6+ ♔g8 30.♗b1 f5 31.♕g6+ ½-½, Persson – Gleichmann, ICCF 2012.

7.e3 ♗e7

Ein guter Plan ist 7...♘a6!? 8.♗e2 ♗e7 9.0-0 ♘b4 mit beiderseitigen Chancen, Carlsen – Kamsky, Moskau 2008.

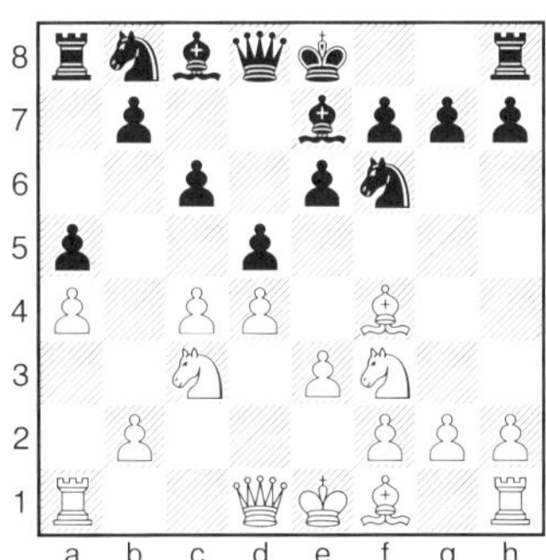

8.g4!?

Weiß forciert das aktive Spiel am Königsflügel. Nach 8.♗d3 ♘h5 9.0-0 ♘xf4 10.exf4 ♘a6 11.b3 (11.♖c1 ♘b4 12.b3 0-0 13.♗b1 ♗f6 14.♖e1 b6 15.cxd5 cxd5 16.♘a2 ♘xa2 17.♗xa2 ♗a6 18.♗b1 g6 19.♗d3 ♗xd3 20.♕xd3 ♖c8=, Nakamura – Carlsen, Wijk aan Zee 2012) 11...♘b4 12.♖e1 0-0 13.♖c1 ♘xd3 14.♕xd3 f6 15.g3 ♗d6 hat Schwarz gute Perspektiven, Nakamura – Tomaschewski, Dubai 2014.

8...♘a6

8...♘xg4 gibt dem Anziehenden gute Angriffsmöglichkeiten. Man sehe: 9.♖g1 h5 10.h3 ♘f6 11.♖xg7 ♗f8 12.♖g2 ♘bd7 13.♗d3 usw.

9.g5 ♘d7 10.h4 ♘b4 11.♗e2 b6 12.h5 ♗b7 13.cxd5 exd5 14.♕d2

Weiß bereitet die lange Rochade vor.

14...f5

Nach der Partie empfahlen einige Kommentatoren 14...♘f8, z.B. 15.0-0-0 ♘e6 16.♗e5 (16.g6 fxg6 17.hxg6 ♘xf4 18.exf4 h6 19.♘e5 ♗d6 20.♘f7 ♕f6∞) 16...0-0 17.g6 fxg6 18.hxg6 h6 mit kompliziertem Spiel.

15.gxf6 ♗xf6 16.h6 g6 17.e4!

Der beste Zug. Nach 17.0-0-0 ♕e7 kann Schwarz bei Bedarf lang rochieren.

17...dxe4

Zu beachten ist 17...0-0!? und nach 18.exd5 c5! mit Gegenspiel.

18.♘xe4 0-0 19.0-0-0 ♘d5 20.♗g3 ♗a6 21.♗xa6 ♖xa6 22.♖he1

Sehr stark war 22.♕c2!.

22...♖a8 23.♔b1 ♗e7 24.♕d3 ♖f5 25.♘e5 ♕c8?

Dieser Zug verdient Kritik, da er zu passiv ist. Angebracht war 25...♘xe5!? 26.dxe5 ♖c8 (26...♕d7!?) 27.♘d6 ♗xd6 28.exd6 ♕d7 usw.

26.♘c3 ♘xc3+ 27.♕xc3 ♘xe5 28.♕b3+! ♖f7

28...♘f7 29.♖xe7 ♕f8 30.♖de1 ♕xh6 31.♕xb6 mit weißem Vorteil.

29.dxe5 ♕f5+ 30.♔a2 ♗b4 31.e6! ♖e7 32.♗h4 ♖ee8 33.e7+ ♕f7 34.♖e6!

Die weißen Figuren dominieren das Brett. Schwarz ist nicht mehr zu retten.

34...b5 35.♖d8 bxa4 36.♕e3 ♗xe7

Auf 36...a3 folgt einfach 37.b3!.

37.♖xa8 ♖xa8 38.♗xe7 ♖e8 39.♔a1 a3 40.bxa3 ♕f5 41.♕c3

Schwarz gab sich geschlagen.

Partie Nr. 16
Dautow – Morosewitsch
Bled 2002

1.d4 d5 2.c4 c6 3.♘f3 ♘f6 4.♘c3 a6

Andere Möglichkeiten sehen Sie in Kapitel 4.

5.a4 e6 6.♗g5 ♘bd7 7.a5 dxc4 8.e3 h6

Laut Dautow kommt 8...b5!? 9.axb6 ♕xb6 infrage mit verteiltem Spiel.

9.♗xf6

Mit diesem Schlagen kann man noch warten und erst 9.♗h4 spielen.

9...♘xf6 10.♗xc4 ♗b4 11.♕a4 ♕e7 12.0-0 0-0 13.♘e5 ♗d6 14.♘d3

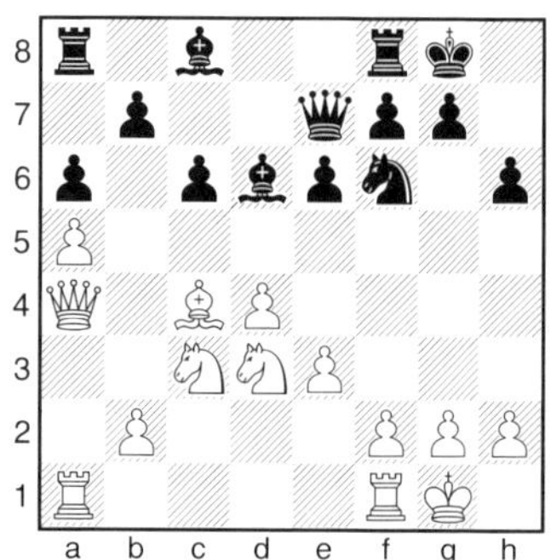

14...c5

Schwarz vermeidet die scharfe Variante 14...♘g4!? 15.h3 ♕h4 16.♖fd1 ♗h2+ 17.♔f1 (17.♔h1 ♗c7 18.♖d2 ♖d8=) 17...♘f6∞, Analyse von Dautow.

15.dxc5 ♗xc5 16.♘xc5 ♕xc5 17.♗e2 ♗d7 18.♘e4 ♗xa4 19.♘xc5 ♗c6 20.♖fc1 ♖fc8

Nach 20...♖fd8 21.b4 (21.♘xa6 ♖d2 22.♗f1 ♖xb2=) 21...♖d2 22.♗f1 ♖d6

23.f3 e5 24.e4 ♖ad8 25.♖ab1 ♘d7 26.b5 axb5 27.♗xb5 ♖c8 (27...♘xc5 28.♖xc5 f6 29.♗xc6 ♖xc6 30.♖xc6 bxc6 31.a6 ♖a8 32.♖b6±) 28.♘a4 ♔f8 29.♗xc6 bxc6 30.♘c5 wäre das Endspiel mit dem starken Freibauern vorteilhaft für Weiß.

21.f3 ♔f8 22.e4 ♔e7 23.♔f2 ♘d7 24.♔e3 ♘xc5 25.♖xc5 ♗d7 26.♖ac1 ♖xc5 27.♖xc5 b6

Oder 27...♔d6 28.♔d4 ♗c6 29.e5+ ♔e7 30.b4 ♖d8+ 31.♔e3±, Analyse von Dautow.

28.axb6 ♖b8 29.♔d4 ♖xb6 30.♔c3 f6?

Schwarz sollte auf keinen Fall das Eindringen des weißen Turms auf c7 erlauben. Notwendig war daher 30...♔d6!?.

31.♖c7! a5 32.♖a7 ♖c6+ 33.♗c4 ♖c5 34.♔d4 ♖h5

Schwarz rettet seinen Bauern, aber der Turm bleibt langfristig im Abseits.

35.h3 ♔d6 36.♖a6+ ♔e7 37.b3 g6 38.♗e2 ♗b5 39.♖a7+ ♔d6 40.♗c4!

Nichts verspricht 40.g4? ♖c5 41.♖xa5 e5+ 42.♔e3 ♗xe2 43.♖xc5 ♔xc5 44.♔xe2 ♔b4 mit gleichem Bauernendspiel.

40...♗d7 41.♖a6+ ♔e7 42.♖a8 ♔d6 43.♖g8 a4 44.bxa4

Nach 44.b4!? bliebe der schwarze Turm in seinem Käfig.

44...♖a5 45.♖xg6 ♖xa4 46.♔c3

Viel einfacher wäre 46.♖xf6! ♗b5 47.♖xe6+ ♔d7 48.♖xh6 ♗xc4 49.♔e3 mit leicht gewonnenem Endspiel.

46...♔e5?

Deutlich stärker war 46...♔c5 47.♗b3 ♖a3 48.♔b2 ♔b4 49.♗c2 ♖e3 50.♖xf6 ♖e2 mit aktivem Gegenspiel, Analyse von Dautow.

47.♖xh6 f5 48.exf5 exf5 49.♖h7?

49.g3! lautet die Empfehlung von Dautow, um den König nicht nach f4 zu lassen. Der Textzug gibt Schwarz reale Verteidigungschancen.

49...♗c6 50.♖c7 ♗a8 51.♗b3 ♖a1 52.♗c2 ♖g1 53.♖e7+ ♔f4 54.♖e2 ♗c6?

Schwarz hat seine Rettungschance 54...♗xf3! 55.gxf3 ♖g3 56.h4 ♖xf3+ 57.♔d4 ♖h3= nicht genutzt.

55.♗d3 ♗d7?

Erneut führte 55...♗xf3! zum Remis.

56.♖e7 ♗c6 57.♖e2 ♗d7 58.h4 ♗c6 59.h5 ♖h1 60.♖e6 ♗d7 61.♖d6 ♗e8 62.h6 ♔g5 63.♖d5

63.g3! wäre noch einfacher.

63...♗g6 64.♗xf5 ♗xf5 65.g4 ♔xh6 66.♖xf5

Das Turmendspiel ist kinderleicht für Weiß gewonnen, aber Wunder können auch in solchen Stellungen geschehen...

66...♖d1 67.♔c4 ♔g6 68.♖d5 ♖f1 69.♖f5 ♖d1 70.f4 ♖d2 71.♖d5 ♖f2 72.♖d6+ ♔f7 73.♖d4 ♖g2 74.f5 ♔f6 75.♔d3

75.♔d5! wäre natürlich angebracht.

75...♔g5 76.♖e4 ♖a2 77.♔c4 ♖a4+?

Noch zu versuchen war 77...♖a5!?.

78.♔d5 ♖a5+ 79.♔e6 ♖a7 80.♖d4 ♖b7 81.♖d5 ♖b6+ 82.♔e7 ♖b7+ 83.♖d7 ♖b6

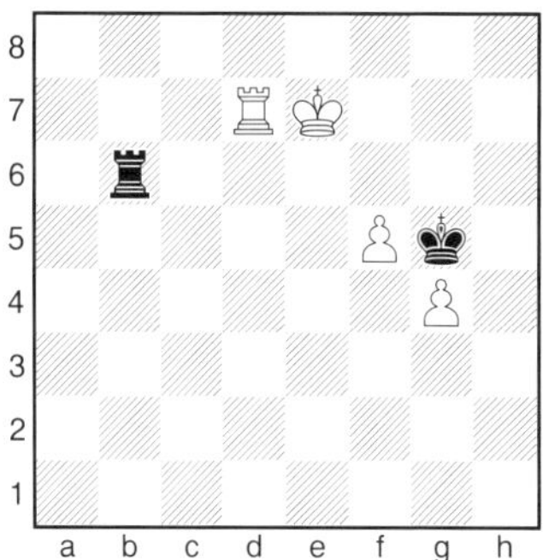

84.♔f8?

Damit lässt Weiß den Gewinn aus. Richtig war 84.♖d6 ♖b7+ 85.♔e6 ♖b1 86.f6 ♔g6 87.g5 ♖e1+ 88.♔d7 ♔f7 89.♔d8 ♖g1 90.♖d7+ ♔f8 91.♖g7 und Weiß gewinnt.

84...♔xg4! 85.♖f7 ♔g5 86.♔g7 ♖h6 87.♖f8 ♖h3 88.♖f7 ♖h6 89.♖f8 ♖h3 90.f6 ♖h6 mit Remis.

Partie Nr. 17
Kasimdshanow – Barejew
Wijk aan Zee 2002

1.d4 d5 2.c4 c6 3.♘c3 ♘f6 4.e3 e6 5.♘f3 ♘bd7 6.♕c2 ♗d6 7.g4 h6

Alternativen für Schwarz wurden in Kapitel 4 besprochen.

8.♗d2

Ein anderer Plan ist 8.♖g1, um die g-Linie schnell zu öffnen, z.B. 8...e5 (8...dxc4 9.♗xc4 b5 10.♗e2 ♗b7 11.e4 ♗b4 12.♗d2±) 9.cxd5 cxd5 10.g5 hxg5 11.♘xg5 ♕e7 12.♘b5 exd4 13.♘xd4 ♘e5 mit kompliziertem Spiel.

8...♕e7 9.♖g1 e5

Nach 9...dxc4 10.♗xc4 e5 11.0-0-0 (11.g5 hxg5 12.♘xg5 exd4 13.♗xf7+ ♔f8 14.♕g6 ♘c5 mit einer komplizierten Situation und guten Gegenchancen für Schwarz.) 11...♘b6 12.♘xe5 ♘xc4 13.♘xc4 ♗xh2 bleibt die Lage unklar.

10.cxd5 ♘xd5 11.♘e4 ♗b4 12.0-0-0 exd4 13.♘xd4 ♗xd2+ 14.♖xd2 g6

Sieht hässlich aus, aber angesichts der Drohung ♘d4–f5 ist das nicht zu vermeiden.

15.♗c4 ♘b4 16.♕b3

Der Zug 16.♕c3 hätte den Übergang ins Endspiel erzwingen können: 16...♕xe4 (16...0-0?? 17.♘f5+–) 17.♕xb4 c5 18.♘b5 cxb4 19.♘d6+ ♔e7 20.♘xe4 ♘e5 21.♗e2 ♗xg4 22.♗xg4 f5 23.♗xf5 gxf5 24.♖d5 ♘f3 25.♖g7+ ♔f8 (25...♔e6?? 26.♖d6+ ♔e5 27.♖e7#) 26.♖dd7 fxe4 27.♖gf7+ mit Dauerschach.

16...0-0

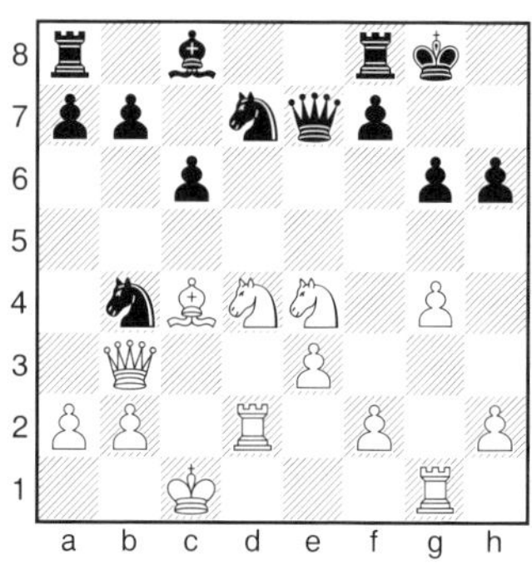

17.♘f5!?

Ein Opfer für die Zuschauer. Weiß hat diesen Springerzug wahrscheinlich gefühlsmäßig ausgeführt, denn Schwarz verfügt über ausreichende Verteidigungsressourcen. Nach 17.f3 c5 18.♘c2 ♘e5 19.♖g3 a5 hätte Schwarz gute Perspektiven.

17...gxf5 18.gxf5+ ♔h7 19.♘d6?

Mit diesem Zug stellt Weiß endgültig die Weichen Richtung Niederlage. Zu überlegen war daher 19.f3!?, z.B. 19...♘c5 20.♕c3 f6 21.♘xc5 ♕xc5 22.♖dg2! (Auf keinen Fall 22.♗g8+?? ♖xg8 23.♕xc5 ♖xg1+ 24.♖d1 ♘d3+ und Schwarz gewinnt.) 22...♘d5 23.♖g7+ ♔h8 24.♖7g6 ♔h7 (24...♗xf5?? 25.♖xh6+ ♗h7 26.♖xh7+ ♔xh7 27.♗d3+ mit Damengewinn) 25.♖g7+ mit Zugwiederholung.

19...♘d5 20.♗xd5 cxd5 21.♕xd5 ♘f6 22.♕d4 ♗d7 23.e4 ♖g8 24.♖gd1

Laut Barejew war 24.♖e1!? besser.

24...♗c6 25.e5 ♘e8 26.♘c4 ♖c8 27.♔b1 ♕g5 28.♘e3 ♘g7 29.h4 ♕h5 30.♕f4 ♕f3 31.♖d4 ♕xf4 32.♖xf4 ♖ce8 33.f6 ♘h5 und Weiß gab sich geschlagen.

Partie Nr. 18
Carlsen – Gretarsson
Kreta 2003

1.d4 d5 2.c4 c6 3.♘f3 ♘f6 4.♘c3 e6 5.e3 ♘bd7 6.♕c2 ♗d6 7.g4 ♘xg4 8.♖g1 ♕f6

Zu 8...f5 siehe Kapitel 4.

9.♖xg4 ♕xf3 10.♖xg7 ♘f6

Es gibt auch einen anderen Verteidigungsplan für Schwarz: 10...♘f8 11.♖g1 ♘g6 12.♗e2 ♕f6 13.♗d2 ♗d7 14.0-0-0 ♗xh2 mit zweischneidigem Spiel.

11.♗g2

Möglich ist 11.♖g5!? (droht den Damenfang ♗f1-g2), z.B. 11...♘e4 (Nach 11...♘g4 12.h3 ♘h2 13.♗g2 ♕f6 14.f4 bekommt Schwarz Probleme mit seinem verirrten Springer.) 12.♘xe4 ♕xe4 13.♕xe4 dxe4 14.♗d2 ♗d7 15.0-0-0 ♗xh2 16.♗g2 f5 17.♖h1 ♗c7 18.♖g7 0-0-0 19.♖hxh7 ♖xh7 20.♖xh7 e5 mit etwa gleichen Chancen.

11...♕h5 12.e4 dxe4 13.♗g5?

Offenbar hatte Weiß die gegnerische Erwiderung übersehen. Stärker war daher 13.h3!?.

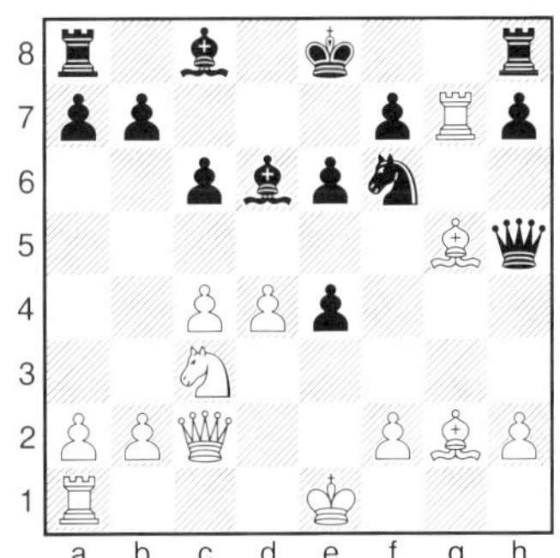

13...♗f8!

Eine wahre Überraschung. Weiß verliert nun Material, aber behält etwas Initiative.

14.♗xf6 ♗xg7 15.♗xg7 ♖g8 16.♘xe4 ♕a5+ 17.♔f1 ♖xg7 18.♕c1 ♕d8 19.♕f4 ♔f8 20.♕e5 ♖g6

Infrage kam 20...b6!? mit der Idee ♗c8–a6!.

21.♕h8+ ♔e7 22.♕xh7 ♕g8

Schwarz spielt auf Gewinn. Nach 22...♕xd4 23.♕h4+ ♔f8 24.♗f3 ♔g7 25.♖d1 ♕xc4+ 26.♗e2 ♕c2 27.♖d8! (27.♘d6 e5 28.♘e8+ ♔g8 29.♘f6+ ♔g7 30.♘e8+=) 27...♕c1+ 28.♗d1 ♕c4+ (28...♕h6? 29.♕e7!) 29.♗e2 ♕c1+ könnte er die Partie mit Dauerschach beenden.

23.♕h4+ f6 24.♗f3 e5

Logischer war, mittels 24...♗d7!? endlich den Turm ins Spiel zu bringen. Hingegen gewinnt Weiß nach 24...♖g1+? 25.♔e2 ♖xa1 26.♘xf6! ♕f7 27.♘g4+ ♔e8 28.♘e5 ♕f5 29.♗h5+ ♔f8 30.♗g6.

25.b3?

Sicherer war 25.♘xf6!? ♕xc4+ (25...♖xf6?? 26.dxe5+–) 26.♗e2 ♕e6 27.♘h7+ ♔e8 28.♗h5 ♕c4+ 29.♗e2 ♕g8 30.♘f6+ ♖xf6 31.♕xf6 ♗h3+ 32.♔e1 ♕g1+ 33.♔d2 ♕xa1 34.♕h8+ ♔e7 35.♕g7+ mit ewigem Schach.

25...exd4 26.♘g3 ♗g4 27.♖e1+ ♔f7 28.♗e4 ♖g7

In Betracht kam 28...♖e8!? 29.♗xg6+ ♕xg6 30.♖xe8 ♔xe8 mit einem eher für Schwarz günstigen Endspiel (der starke Freibauer auf der d-Linie).

29.h3 ♗d7?

Schwarz rechnete wohl nicht damit, dass nach diesem Zug ein schnelles Ende folgt. Richtig war 29...♗e6! 30.♕h5+ ♔f8 31.♕c5+ ♔f7 32.♕h5+ und Weiß hat nichts Besseres als Dauerschach.

30.♕h5+ ♔f8 31.♕c5+ ♔f7

31...♖e7 32.♗f5+–

32.♗g6+!

Eine böse Überraschung. Wegen 32...♖xg6 (32...♔xg6 33.♕h5#) 33.♕e7# gab Schwarz die Partie auf.

Partie Nr. 19
Obodschuk – Lautier
Poikowski 2003

1.d4 d5 2.♘f3 ♘f6 3.c4 e6 4.♘c3 c6 5.e3 ♘bd7 6.♕c2 ♗d6 7.♗d3 0-0 8.0-0 dxc4

Zu 8...h6 siehe Kapitel 4.

9.♗xc4 a6

In Vorbereitung ist die Standardaktion am Damenflügel mittels b7-b5 usw. Gute Chancen auf Ausgleich sollte auch das sofortige Vorgehen im Zentrum garantieren: 9...e5!?, z.B. 10.h3 (10.♖d1 ♕e7 11.e4 exd4 12.♘xd4 ♘b6 13.♗e2 ♖e8=) 10...♕e7 11.a3 ♗b8 12.♗a2 h6 13.♘h4 ♖d8 14.♘f5 ♕e8 15.♗d2 ♘f8 und Schwarz hat gute Verteidigungsmöglichkeiten.

10.♖d1 b5 11.♗e2 ♕c7 12.e4 e5 13.g3

Damit verhindert Weiß den möglichen Läufereinschlag auf h2.

13...♖e8 14.a3?

Es drohte das Schlagen auf d4 und dann b5-b4 mit Bauerngewinn. Aber der Textzug ist zu passiv und ermöglicht Schwarz, rasch die Initiative zu übernehmen. Zum Ausgleich führt dagegen 14.dxe5 ♘xe5 15.♗g5 ♘xf3+ 16.♗xf3 ♗g4 usw.

14...exd4 15.♘xd4 ♗e5

Es droht Bauerngewinn nach c6–c5. Schwarz besitzt schon eine leichte Initiative.

16.Bf3 c5 17.Nde2 c4 18.Nf4

Weiß versucht, auf d5 einen Springer zu etablieren.

18...Bb7 19.Ncd5 Nxd5 20.Nxd5 Bxd5!

Schwarz verzichtet auf das Läuferpaar, doch einen starken Springer auf d5 konnte man einfach nicht dulden.

21.Rxd5 Nb6 22.Rd1 Qe7 23.Rb1

23.Be3 Na4 24.Rab1 Qf6 würde den Bauern b2 kosten.

23...Na4 24.Be2 Rac8 25.f4 Qa7+ 26.Kg2 Bd4 27.Bg4 Rcd8 28.Bd2 Qb6 29.Bf3 Nc5 30.e5 f6 31.exf6 Qxf6 32.Ba5 Rc8 33.Bg4

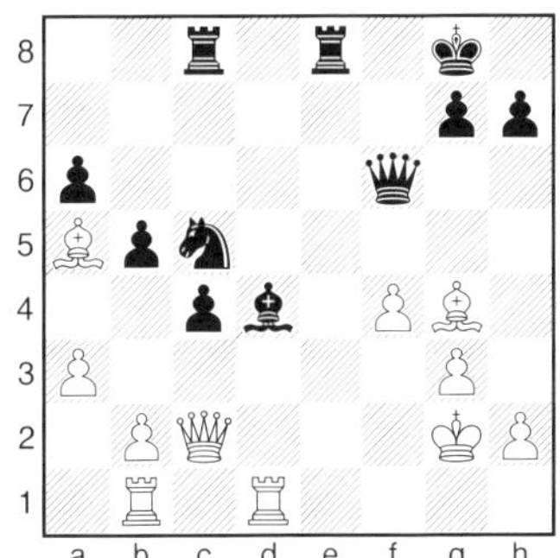

33...Nd3!

Der Springer greift nun entscheidend in den Kampf ein. Die Lage von Weiß ist schon sehr kritisch.

34.Rd2

Der Turm ist tabu wegen 34.Bxc8 Qc6+ 35.Kh3 Nxf4+! 36.Kg4 h5+ 37.Kxf4 Be3+ 38.Kf5 g6#.

34...Re3 35.Rf1 Qc6+ 36.Kh3 Rf8!

Alle schwarzen Kräfte nehmen am Angriff teil.

37.Re2 Rf6 38.Bd8 Rh6+ 39.Bh4 Rxh4+! 40.Kxh4 Qh6+ 41.Bh5 g6 Weiß gab auf.

Partie Nr. 20
Bunzmann – Karakehajow
Athen 2001

1.d4 d5 2.c4 e6 3.Nc3 c6 4.e4 dxe4 5.Nxe4 Bb4+ 6.Bd2 Qxd4 7.Bxb4 Qxe4+ 8.Ne2 Na6 9.Bf8 Qe5 10.Qd2 Qf6 11.Bd6 Ne7 12.Ng3

Zu 12.0-0-0!? siehe Kapitel 4, Abspiel 1.

12...Nf5?

Danach erreicht Weiß deutlichen Vorteil. Vorzuziehen war 12...0-0!?, um die Sicherheit seines Königs zu garantieren, z.B. 13.Ne4 Qh4 14.Bd3 (Nach 14.0-0-0 Qxe4 15.Bxe7 Re8 16.Qd8 Qf4+ 17.Kb1 Nc7 kann Schwarz die Balance halten.) 14...Re8 (14...f5 15.Ng5 Re8 16.0-0-0±) 15.g3 Qh5 16.Bxe7 f5 17.Nf6+ (17.Ba3 Qf3!) 17...gxf6 18.Bxf6 e5 19.Be2 Qg6 20.Bh4 Be6 21.0-0-0 b5 mit Gegenspiel.

13.Nxf5 Qxf5 14.0-0-0 f6 15.Bd3 Qh5 16.g4!

Weiß ist deutlich schneller am Ruder. Schwarz dagegen bleibt mit seinem König im Zentrum und dazu mit unentwickelten Figuren. Der weiße Vorteil ist offensichtlich.

16...♕f7

Die Lage nach 16...♕xg4 17.♖hg1 ♕h4 18.♖xg7 wäre furchtbar für Schwarz.

17.f4 b6 18.♖he1 ♗d7

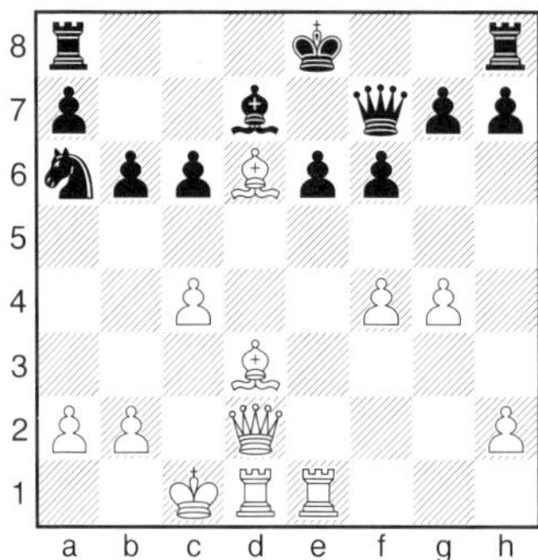

19.c5!

Öffnet neue Angriffslinien.

19...♘xc5 20.♗c4 0-0-0

Auf 20...♘b7 folgt entscheidend 21.f5!. Aber der Partiezug führt ebenfalls schnell zu einer Katastrophe.

21.♗xc5 bxc5 22.♗a6+ ♔c7

22...♔b8 23.♕d6+ ♔a8 24.♕c7+–

23.♕a5+ ♔b8 24.♖e3!

Die schwarze Stellung ist nicht mehr zu retten.

24...e5 25.♖b3+ ♕xb3 26.axb3 exf4 27.♕xc5 ♗c8 28.♕b4+ ♔a8 29.♖xd8 ♖xd8 30.♕e7 und Schwarz gab endlich die Partie auf.

Partie Nr. 21
Kramnik – Aronian
Istanbul 2012

1.d4 d5 2.c4 c6 3.♘c3 ♘f6 4.cxd5 cxd5 5.♗f4 ♘c6 6.e3 a6 7.♗d3 g6

Andere Erwiderungen für Schwarz wurden in Kapitel 4, Abspiel 2 vorgestellt.

8.h3

Dies verhindert ...♘g4.

8...♗f5 9.♘f3

Nach 9.♗xf5 gxf5 kann Schwarz einiges Gegenspiel in der g-Linie erlangen, z.B. 10.♘f3 e6 11.♖c1 ♖g8 usw.

9...♗xd3 10.♕xd3 ♗g7 11.0-0 0-0 12.♖fc1 e6 13.♘a4 ♘e4 14.♘c5 ♘xc5 15.♖xc5 ♕d7

15...f6 war eine interessante Verteidigungsidee, gefolgt von ...♘f7 und ...♘f8.

16.♖ac1 ♖fc8

Kramnik hat seine Entwicklung beendet und muss sich entscheiden, wie es weitergehen soll. Vorab muss er aber die Stellung noch kurz absichern.

17.a3 ♗f8 18.♖5c2 f6

Schwarz nimmt das Feld e5 unter Kontrolle, schwächt dabei aber seine Königsstellung. Infrage kamen 18...♗d6 oder 18...♗g7.

19.♘d2 ♗d6?

Ein ernster Fehler. Nach der Partie wurde 19...♘a7! empfohlen, z.B. 20.♖c7 ♕e8 (20...♕d8 21.♘b3 ♖xc7 22.♗xc7 ♕d7=) 21.♘b3 ♘b5 22.♖xc8 (22.♖xb7?? ♖xc1+ 23.♘xc1 ♕c6-+) 22...♖xc8 mit Ausgleich.

20.♗xd6 ♕xd6 21.♘b3 ♖c7?

21...b6!? war erforderlich, z.B. 22.♘d2 ♔g7 (22...♕d7 23.♕b3 b5 24.♕c3 ♘e7 25.♕a5 ♖xc2 26.♖xc2 ♕d8 27.♕b4±) 23.e4 ♕d7 24.exd5 exd5 25.♘f1 ♘e7 26.♖xc8 ♖xc8 27.♖xc8 ♕xc8 28.♕b3 b5 29.♘e3 ♕c1+ 30.♔h2 ♕d2 31.♘xd5 ♘xd5 32.♕xd5 ♕f4+ mit Dauerschach.

22.♘a5! ♖ac8

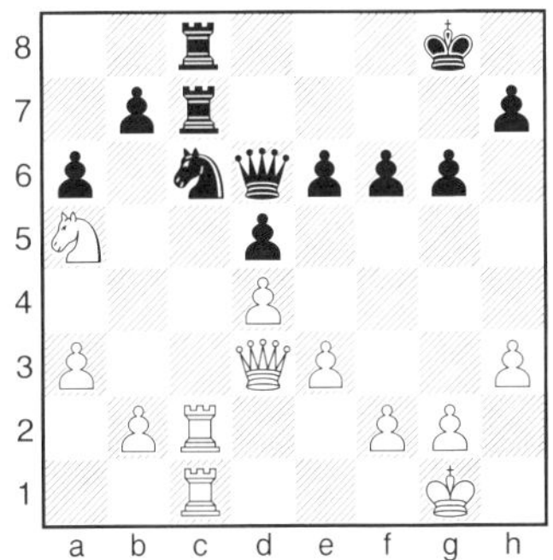

23.♘xb7!

Damit hat Schwarz wohl nicht gerechnet.

23...♖xb7 24.♕xa6 ♖bc7 25.b4

Zwei Freibauern sind eine Macht!

25...♕d7 26.♕b6!

Der Clou der Kombination. Kramnik verstärkt den Druck auf die gegnerische Stellung.

26...♕e8

Verzweiflung, aber andere Züge funktionieren ebenfalls nicht: 26...♖b7 27.♖xc6! ♖xb6 28.♖xc8+ ♔f7 29.♖8c7+-; 26...♔f7 27.b5 ♖b7 28.♕xc6! ♖xc6 29.bxc6+-; 26...♖b8 27.♕xb8+ ♘xb8 28.♖xc7 ♕b5 (28...♕a4 29.♖c8+ ♔g7 30.♖xb8 ♕xa3 31.♖c7+ ♔h6 32.b5+-) 29.♖1c5 ♕b6 30.♖e7 ♔f8 31.♖cc7+-.

27.b5 ♘xd4 28.♖xc7 ♘e2+ 29.♔h1 ♘xc1

Kramnik: Es scheint, als hätte Schwarz es geschafft, seinen Gegner reinzulegen, aber der 31. Zug von Weiß schafft klare Verhältnisse.

30.♖xc8 ♕xc8 31.♕c6 ♕d8

Oder 31...♕b8 32.b6 ♘d3 33.♕c7+-.

32.b6 ♔f7

32...♘d3 33.♕c7 ♘xf2+ 34.♔g1 ♕f8 35.b7+-

33.♕c7+ ♔e8 34.♕a7 d4 35.b7
Schwarz gab sich geschlagen.

Partie Nr. 22
V. Georgiev – Dautow
Plowdiw 2003

1.d4 d5 2.c4 c6 3.cxd5 cxd5 4.♘c3 ♘f6 5.♗f4 ♘c6 6.e3 a6 7.♖c1 ♗f5 8.♘f3 ♖c8 9.♘e5

Andere Möglichkeiten wurden in Kapitel 4, Abspiel 2 erörtert.

9...e6

Schwarz muss genau spielen. Schlechter wäre 9...♘xe5?! 10.dxe5 ♘e4 11.♘xe4 ♖xc1 12.♕xc1 ♗xe4 13.e6! ♕a5+ 14.♔e2 fxe6 15.f3 e5 16.♗xe5 ♗f5 17.♔f2 ♔f7 18.g4 ♗d7 19.a3 e6 20.b4 ♕a4 21.♗d3 ♗e7 22.♕b2 mit etwas besserem Spiel für Weiß, V. Georgiev - Lesiege, Philadelphia 2003.

10.g4

Eine neue Idee: Weiß verschärft das Spiel in einer ruhigeren Variante. Bisher bekannt war die Fortsetzung 10.♕b3, aber nach 10...♘xe5 11.dxe5 (11.♗xe5 ♕d7 12.♗xf6 gxf6 13.♗e2 ♗d6 14.0-0 0-0 15.♘a4 ♖xc1 16.♖xc1 ♖c8 17.♘c5 ♕e7 18.♕d1 ♖c6=, Analyse von Piket) 11...♘e4 12.♗e2 (12.♕xb7?? ♘c5-+) 12...g5 13.♗g3 b5 erhält Schwarz aktives Spiel, van der Sterren – Piket, Rotterdam 1999.

10...♘xe5

Ein Versuch wäre 10...♗g6!? 11.h4 ♕b6 12.♘xg6 hxg6 13.♖b1 ♗b4 14.f3 ♘a5 mit Gegenmöglichkeiten.

11.gxf5 ♘c4 12.fxe6 fxe6 13.♕b3 ♗d6!

Schwarz will, sogar auf Kosten von Material, schnell seine Entwicklung beenden und dann den gegnerischen König ins Visier nehmen.

14.♗xc4?!

Nach Dautow war 14.♗g3!? besser mit etwa ausgeglichener Stellung.

14...♖xc4 15.♕xb7

Konsequent und sehr riskant, aber eigentlich gibt es nichts Besseres. Nach 15.♗xd6 ♕xd6 16.♕xb7 0-0 17.♖c2 ♖b8 18.♕a7 ♘d7 19.♘e4 ♕c6 20.♖xc4 ♕xc4 wäre die Lage von Weiß sehr ernst.

15...♗xf4 16.exf4 0-0 17.♕xa6 ♘h5!

In dieser Stellung, mit weißem König in der Mitte, ist nicht das Material wichtig, sondern der Angriff!

18.♕xe6+ ♔h8

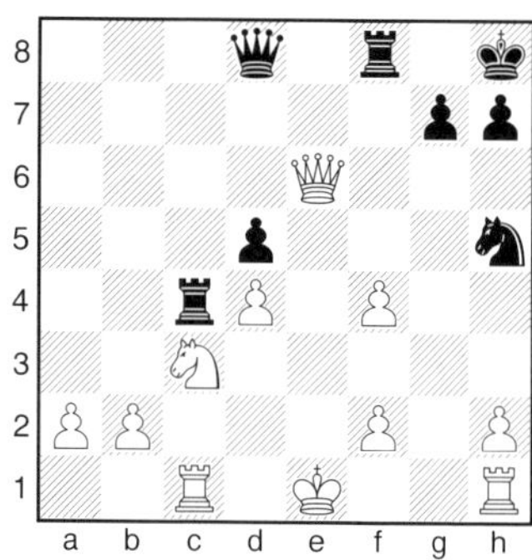

19.♔d1?

Weiß will seinen König am Damenflügel verstecken, doch wie sich gleich herausstellt, ohne Erfolg. Dautow meint, dass hier nur 19.0-0!? infrage käme. Man sehe: 19...♘xf4 20.♕g4 ♖c6 (20...♖xd4!?) 21.♕f3 ♖h6 22.♔h1 ♖xh2+ 23.♔xh2 ♕h4+ 24.♔g1 ♘h3+ 25.♔g2 ♖xf3 26.♔xf3 ♕f4+ 27.♔e2 (27.♔g2?? ♕g4+ 28.♔h2 ♘f4-+) 27...♕xd4 28.♖cd1 ♕e5+ 29.♔d2 und nun konnte Schwarz mit 29...d4 oder 29...h5 fortfahren, jeweils mit einem kleinen, aber zum Gewinn kaum ausreichenden Vorteil.

19...♖xd4+ 20.♔c2 ♘xf4 21.♕e5 ♖b4!

Es droht das Schlagen auf b2. Die Lage von Weiß ist bereits sehr kritisch.

22.♖cd1

Oder 22.b3 ♖e8 23.♕f5 d4 24.♘a4 d3+ 25.♔b1 ♘e2 26.♕c5 ♖xa4 27.bxa4 ♘xc1 28.♖xc1 d2 29.♖d1 ♕d3+ mit leichtem Gewinn.

22...♕b6 23.b3 ♕g6+ 24.♔b2 ♘d3+

Schwarz hat damit die Qualität erobert und steht auf Gewinn.

25.♖xd3 ♕xd3 26.♖d1 ♕f3 27.♖d2 d4 28.♘d1 ♖a8 29.♕g3 ♕f6 30.♕d3 h6 31.a3 ♖b6 32.♖c2

Das Endspiel nach 32.♕xd4 ♖d8 33.♕xf6 ♖xd2+ 34.♔c3 gxf6 35.♔xd2 ♖xb3 wäre natürlich für Schwarz klar gewonnen.

32...♕d6 33.a4 ♖ab8 34.♔a2 ♕xh2 35.a5 ♖xb3 36.♕xb3 ♖xb3 37.♔xb3 ♕b8+ 38.♔a4 ♕b1 39.♖c8+ ♔h7 40.a6 ♕xd1+ 41.♔a5 ♕a1+ 42.♔b6 d3 43.a7 d2 Weiß gab sich geschlagen.

Partie Nr. 23
Sakajew – Kasparow
Kreta 2003

1.d4 d5 2.♘f3 ♘f6 3.c4 c6 4.♘c3 dxc4 5.a4 ♗f5 6.e3 e6 7.♗xc4 ♗b4 8.0-0 ♘bd7 9.♘h4

Dieses Manöver wird meistens in dieser Variante gespielt. Andere Möglichkeiten finden Sie in Kapitel 4, Abspiel 3.

9...♗g6 10.h3

Interessant ist, dass Kasparow hier selbst 10.g3!? empfiehlt, z.B. 10...0-0 11.♕b3 ♕b6 12.♘xg6 hxg6 13.♖d1 ♖ad8 (13...a5 14.♗f1 mit besseren Chancen für Weiß) 14.♗f1 e5 15.♗g2 ♖fe8 16.♘a2 ♗d6 mit Ausgleich, Waganian - Sakajew, Bugojno 1999.

10...♗h5 11.♕b3 a5 12.g4?

Schwächt die Königsstellung, weshalb dieser Zug kaum gespielt wird. Die Theorie empfiehlt 12.f4 oder 12.♘a2.

12...♗g6 13.♘g2 0-0 14.♘f4 e5 15.dxe5 ♘xe5 16.♗e2 ♘fd7 17.♘xg6 ♘xg6 18.♖d1

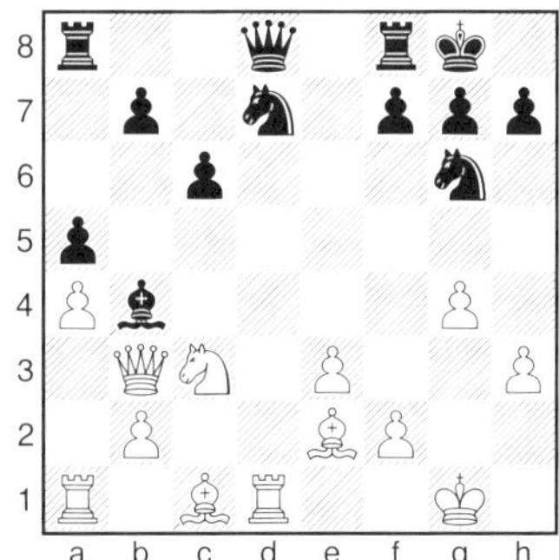

18...♘c5!

Nach diesem überraschenden Zug übernimmt Schwarz die Initiative.

19.♖xd8 ♘xb3 20.♖xa8 ♖xa8 21.♖b1 ♖d8

Schwarz hat die d-Linie besetzt.

22.♗d1

Zäher war wohl 22.♘e4!? ♘e5 23.♔f1 ♘d3 24.♗xd3 ♖xd3 25.♔e2 ♖d8, obschon Schwarz die angenehmere Stellung behält.

22...♘xc1 23.♖xc1 ♘e5 24.♗b3 ♖d2 25.♖c2 ♗xc3 26.bxc3 ♘f3+ 27.♔f1 ♔f8 28.♖c1 ♘g5 29.♖c2 ♘e4!

Der Springer leistet nun ganze Arbeit, die im Endeffekt zum Gewinn führt.

30.♔e1 ♖xc2 31.♗xc2 ♘xc3

Der Bauer ist weg und der Rest ist schon einfach.

32.♔d2 ♘d5 33.♗b3 ♔e7 34.♔d3 ♔d6 35.♔d4 f6 36.h4 h6 37.h5 ♘c7 38.f4 ♘e6+ 39.♔c4 ♘c5 40.♗c2 ♘xa4! Weiß gab auf.

Partie Nr. 24
Anand – Khalifman
Neu Delhi 2000

1.♘f3 ♘f6 2.c4 c6 3.♘c3 d5 4.d4 dxc4 5.a4 ♗f5 6.♘e5 e6 7.f3 ♗b4 8.e4 ♗xe4 9.fxe4 ♘xe4 10.♗d2 ♕xd4 11.♘xe4 ♕xe4+ 12.♕e2 ♗xd2+ 13.♔xd2 ♕d5+ 14.♔c2 ♘a6 15.♘xc4 0-0 16.♕e5 ♖ab8 17.a5 f6

Die Fortsetzung 17...♖fd8 wird in Kapitel 4, Abspiel 3 analysiert.

18.♕xd5 cxd5 19.♘e3 ♖bc8+

Nach 19...♖fc8+ 20.♔b1 ♔f7 21.♖a3 f5 22.♗e2 ♘b4 23.♖f1 ♔e7 entsteht eine unklare Stellung mit verteilten Chancen, Bacrot – Barejew, Cannes 2001.

20.♔b1

Weiß plant, über a3 seinen Turm zu aktivieren. Nach 20.♔b3 ♘c5+ 21.♔a3 f5 22.♗e2 ♔f7 mit dem Ziel ♔f7–e7–d6 und anschließendem Vorrücken der Bauern erhält Schwarz gute Gegenchancen.

20...♘c5 21.♖a3 f5

21...d4!? 22.♘c2 (22.♘c4 ♖fd8 23.♘d2 f5 24.♗c4 ♔f7∞) 22...e5 23.♗c4+ ♔h8 24.♖e1 ♖fd8∞, Analyse von Ftacnik.

22.♗e2 ♘e4 23.♖d1 ♖c7 24.♘c2 ♔f7 25.♘d4

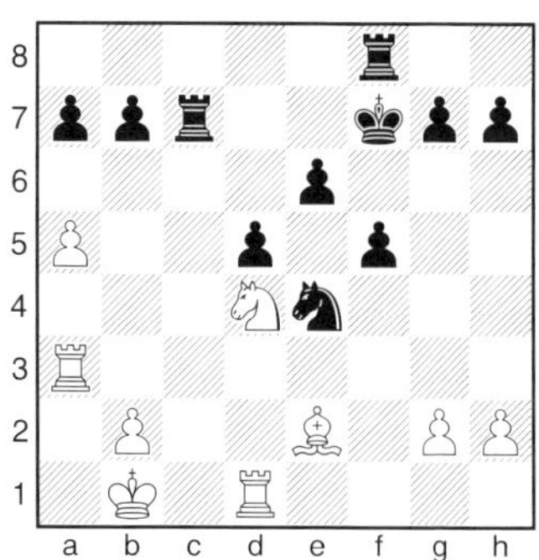

25...♘d6?

Eine falsche Einschätzung der Lage, denn nun erobert Weiß das Feld b5, über das seine Leichtfiguren am Damenflügel entscheidend eindringen werden. Um dies nicht zuzulassen, war 25...a6!? besser.

26.a6! b6

Nach 26...bxa6 27.♖xa6 ♖d8 28.♖e1 wäre der weiße Vorteil klar. Aber zu versuchen war 26...♖b8!?, z.B. 27.♖b3 ♔f6 28.g4 g6 29.g5+ ♔e7 mit Vorbereitung von e6–e5.

27.♖e3 ♖e8 28.♖e1?!

Stärker erscheint 28.♗b5! ♘xb5 (28...♖ec8 29.♘xe6 ♘xb5 30.♘xc7 ♘xc7 31.♖c1+–) 29.♘xb5 ♖d7 30.♖e5 ♔f6 31.♖de1 d4 32.♔c2 d3+ 33.♔d2 nebst ♖e5–e3 und leichtem Gewinn.

28...♘e4 29.♘b5 ♖d7 30.♖c1 ♘c5?

Danach erlangt der Anziehende entscheidend die Oberhand. Richtig war 30...d4!?, und Schwarz kann noch kämpfen.

31.♘d4 ♖a8 32.b4! ♘e4 33.♗b5 ♖d6

33...♖e7 34.♘c6 ♖ee8 35.♘e5+ ♔f6 36.♗xe8+–

34.♖c7+ ♔f6 35.♗c6 ♖f8

35...♖ad8 36.♘b5 d4 37.♖d3 ♘c3+ 38.♘xc3 dxc3 39.♖xc3+-

36.♘b5 ♖dd8

36...d4 37.♘xd6 dxe3 38.♘xe4+ fxe4 39.♔c2 ♖d8 40.♗d7+-, Analyse von Ftacnik.

37.♖xa7 ♘d2+

37...d4 38.♖d3+-

38.♔c1 ♘c4 39.♖e2 ♘e5

39...d4 40.♘c7 e5 41.♘d5+ ♔e6 42.♖c2 ♘a3 (42...♖xd5 43.♖xc4 ♖d6 44.♖xg7+-) 43.♘c7+ ♔f6 44.♖a2 ♘c4 45.♖b7+-

40.♖c7 ♖c8 41.♗b7 Schwarz gab auf.

Partie Nr. 25
Khalifman – Acs
Hoogeveen 2002

1.♘f3 d5 2.d4 ♘f6 3.c4 c6 4.♘c3 e6 5.♗g5 h6 6.♗h4 dxc4 7.e4 g5 8.♗g3 b5 9.♗e2 ♗b7

Die Alternative 9...♘bd7 wurde in Kapitel 4, Abspiel 4 analysiert.

10.h4!

Der aktivste Zug mit dem Ziel, die Bauernstruktur am Königsflügel zu schwächen. In einer Partie Kramnik - Anand, Belgrad 1997, geschah 10.e5 ♘h5 11.a4 a6 12.♘xg5 ♘xg3 13.♘xf7 ♔xf7 14.fxg3 ♔g8 15.0-0 ♘d7 mit unklarer Stellung. Interessant ist 10.♘e5!?, z.B. 10...♘bd7 (10...♗b4 11.0-0 ♘bd7 12.f4 ♗xc3 13.bxc3 ♘xe5 14.fxg5 mit weißem Vorteil) 11.♕c2 ♖g8 12.♖d1 ♘xe5 13.♗xe5 ♘d7 14.♗g3 ♕b6 15.0-0 a6 16.d5 0-0-0 17.dxe6 fxe6 18.♗g4 c5 19.e5 ♗e7 20.♕h7 und Weiß stand besser, Topalow - Barejew, Frankfurt 2000.

10...g4

Nach 10...b4 11.♘a4 ♘xe4 12.♗e5 f6 13.♗xb8 ♖xb8 14.hxg5 b3 15.axb3 fxg5 16.0-0 ♗g7 17.♗xc4 0-0 18.♕c2 ♖f4 19.♖fe1 ♘xf2 20.♖xe6 ♔h8 21.♘e5 erreichte Weiß eine Gewinnstellung, Iwanow - Sitnikow, Smolensk 2000.

11.♘e5 ♖g8

Wahrscheinlich der beste Zug. Die entstandene Stellung ist sehr kompliziert und Schwarz muss genau spielen, denn jeder Fehler kann ihm zum Verhängnis werden. In der Begegnung Kramnik - Akopian, Dortmund 2000, wurde gespielt: 11...h5 12.0-0 ♘bd7 13.♕c2 ♘xe5 14.♗xe5 ♗g7 (14...♖g8 15.♖ad1 ♖g6 16.♗f4 ♗e7 17.g3 a6 18.b3 ist günstig für Weiß, Sakajew - Chenkin, Belgrad 1999.) 15.♖ad1 0-0 16.♗g3 ♘h7 17.e5 f5 18.exf6 ♕xf6 19.f3 mit besseren Perspektiven für Weiß.

12.♘xg4 ♘xg4 13.♗xg4 ♘d7 14.0-0 ♘f6 15.♗e2

Aufmerksamkeit verdiente 15.♗f3!?, weil der Läufer auf der Diagonale h1-a8 aktiver stünde (Vorbereitung des Vorstoßes d4-d5!).

15...♕b6

Schwarz konnte sich nicht für die Variante 15...b4 16.♘a4 ♘xe4 17.♗e5 ♕xh4 18.♗f3 0-0-0 mit scharfem Spiel entscheiden.

16.a4 ♗b4

Interessant ist, warum Schwarz auf 16...b4 verzichtete?

17.♗e5 ♘d7 18.♗f4 ♖d8

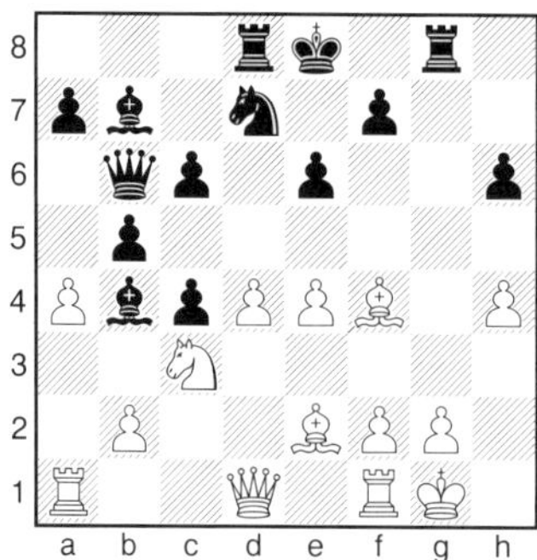

19.♗e3?

Ein Rätsel, warum der Ex-Weltmeister den Bauern nicht verspeist hat: 19.♗xh6!? ♘f6 20.♗e3 c5 (♗xc3 21.bxc3 ♘xe4 22.♕c2 f5 23.♖fb1 ist vorteilhaft für Weiß.) 21.d5 ♗xc3 22.bxc3 ♘xe4 23.♕c2 ♗xd5 24.axb5 ♘xc3 25.♗g5 ♘xe2+ 26.♕xe2 ♖d7 27.♕h5 ♕b7 28.♕h7 ♖f8 29.f3 c3 30.♗h6 f6 31.♕g6+ ♖ff7 32.♖fb1 ♗c4 33.b6 a6 (33...axb6?? 34.♕g8+ ♔e7 35.♖a8 ♔d6 36.♖b8+-) 34.♕g8+ ♔e7 35.♗e3 ♖d5 36.♖c1 ♕xb6 37.♖xc3 ♗d3 38.♖ac1 mit Gewinn des Bauern c5 und starker Initiative.

19...c5 20.axb5

Schwach wäre 20.d5? ♘f6 21.axb5 exd5 22.♘a4 (22.♘xd5 ♘xd5 23.exd5 ♖xd5-+) 22...♕c7 23.♗xh6 ♘xe4 24.♗f3 ♕e7 mit schwarzem Vorteil.

20...♘f6 21.dxc5 ♗xc5 22.♗xc5 ♕xc5 23.♕c2 ♖d4!

Einfach und stark! Der Bauer e4 bedarf nun der Verteidigung.

24.♗f3 ♖d3

Schwarz stellt schon konkrete Drohungen auf. Nicht ausreichend zum Gewinn war das auf den ersten Blick gut aussehende 24...♕f5!?, z.B. 25.♕e2 (Es verbietet sich 25.exf5?? ♗xf3 26.g3 ♖xh4 und gegen das Matt gibt es keine Parade mehr.) 25...♘xe4 26.♘xe4 ♗xe4 27.♖a3! (27.♗xe4?? ♖xe4 28.♕d1 ♕h3-+) 27...♗xf3 28.♕xf3 ♕xf3 29.♖xf3 ♖gg4 30.g3 ♖d3 31.♖f6 ♔f8! (31...♖b3? 32.♖a1 ♔e7 33.♖xh6 ♖xb2 34.♖xa7+ ♔d6 35.♖h8 ♖xb5 36.h5 ♖c5 37.h6 und Schwarz hat plötzlich große Probleme.) 32.♖xh6 ♖d5 33.♖h8+ ♖g8 34.♖xg8+ ♔xg8 35.♖c1 ♖xb5 36.♖xc4 ♖xb2 mit ausgeglichenem Turmendspiel.

25.♕e2 ♖g3 26.♘a4?

Danach erreicht Schwarz deutlichen Vorteil. Vorzuziehen war 26.♖a4!?, z.B. 26...♘d7 (26...♖dxf3 27.♖xc4 ♕b6 28.♘a4+-) 27.♖fa1 ♘e5 28.♗h5 und Weiß hält noch seine Karten im Spiel.

26...♕d4 27.♖fd1 ♗xe4!

Nur so! Schwarz dominiert nun auf dem Brett. Nach 27...♘xe4 28.♖xd3 cxd3 29.♕e3 ♕xe3 30.fxe3 d2 31.♔h2 ♖g7 32.♖d1 sollte Weiß seine Stellung halten.

28.♗xe4 ♘xe4 29.♘c3 ♘d2! 30.b6

Weiß versucht noch im Trüben zu fischen. Zum Verlust führte auch 30.♖xa7 ♘f3+ 31.♔f1 ♕xa7 32.gxf3 ♖gxf3-+.

30...♖xg2+!

Zum Schluss ein durchschlagendes Turmopfer!

31.♔xg2 ♕g7+ 32.♔h2 ♘f3+ 33.♕xf3

Erzwungen, denn nach 33.♔h1 gewinnt 33...♕g4!

33...♖xf3 34.♖g1 ♖xf2+ 35.♔h1 ♕d4
Weiß kapitulierte.

Partie Nr. 26
Carlsen – Topalow
Sofia 2009

1.d4 d5 2.c4 c6 3.♘f3 ♘f6 4.♘c3 e6 5.♗g5 h6 6.♗xf6 ♕xf6 7.e3 ♘d7 8.♗d3 dxc4 9.♗xc4 g6

9...♗d6 wurde in Kapitel 4, Abspiel 4 besprochen.

10.0-0 ♗g7 11.e4 0-0

Spielbar ist auch 11...e5 12.d5 ♘b6 13.♗b3 ♗g4 14.♖c1 0-0 15.h3 ♗xf3 16.♕xf3 ♕xf3 17.gxf3 ♖fd8 18.♖fd1 ♗f6 19.dxc6 bxc6 20.♖xd8+ ♖xd8 21.♘d1 ♖d6 mit Ausgleich, obwohl Weiß im Endeffekt die Partie gewann (Carlsen – Karjakin, Nizza 2009). Der Textzug führt meist zu zweischneidigem Spiel, daher ist es nicht überraschend, dass Topalow ihn wählte.

12.e5 ♕e7 13.♕e2 b5 14.♗d3 ♗b7

Eine starke Alternative ist 14...b4!? 15.♘a4 (15.♘e4 c5 16.♘xc5 ♘xc5 17.dxc5 ♕xc5 18.♖fc1 ♕b6 19.h4 ♗b7 20.h5 g5 21.♘h2 ♖fd8 22.♘g4 ♖d4 23.♖d1 ♖ad8 mit Gegenspiel, Ristic – B. Nikolic, Belgrad 2007) 15...c5 16.♖ac1 (16.♗e4 ♖b8 17.♘xc5 ♘xc5 18.dxc5 ♕xc5 19.♖fc1 ♕a5 ist absolut in Ordnung für Schwarz. Oder 16.h4 cxd4 17.♕e4 ♖b8 18.♕xd4 ♗b7 19.♗e4 ♗xe4 20.♕xe4 ♖b5 21.♕c4 ♖d5∓, Naumkin – Levin, Messina 2011.) 16...cxd4 17.♕e4 (17.♖c7 ♕d8 18.♖fc1 ♘b6 19.♘xb6 axb6 20.h4 h5∞, Komljenovic – Schlecht, Bad Wiessee 2000) 17...♖b8 18.♖c7 ♕d8 19.♖fc1 ♖e8 20.h4 ♖e7 21.♕xd4 ♗b7 22.♗b5 ♗xf3 23.♗xd7 (23.gxf3? ♗xe5-+) 23...♗d5 24.♖c8 ♖xd7 25.♖xd8+ ♖dxd8 26.♕e3 ♖dc8 27.♖xc8+ ♖xc8 28.♘c5 ♖c7 mit späterem Remis, Batchuluun – Battulga, Arvaikheer 2012.

15.♗e4 ♖fd8?!

Carlsen: „Ich glaube nicht, dass er den Turm so früh hätte festlegen sollen, da dieser bald auf c8 gebraucht werden könnte. Das sofortige 15...♘ab8 war besser."

16.♖ac1

Auf 16.♘xb5 folgt 16...♘xe5!=.

16...♖ab8 17.♖fd1 a6 18.h4

Nach der Partie plädierte Carlsen für den interessanten Plan 18.♘b1!? mit Idee ♘d2-b3.

18...♗a8 19.♖c2

Zu langsam. Konsequenter war 19.h5! g5 20.♘h2 mit dem Ziel, den Springer auf das ausgezeichnete Feld g4 zu stellen.

19...♖dc8 20.♖dc1 ♕f8!

Ein guter prophylaktischer Zug, den Topalow sofort spielte. Die Idee wird deutlich in dem Abspiel 20...c5 21.♗xa8 ♖xa8 22.♘e4, wonach die Fesselung auf der c-Linie Schwarz Probleme bereitet (Carlsen).

21.a4 c5?

Die falsche Entscheidung. Schwarz sollte aktiver vorgehen: 21...b4! und nach 22.♘b1 c5 23.♗xa8 ♖xa8

24.dxc5 ♖xc5 25.♘bd2 ♖xc2 26.♖xc2 ♖c8 hat Schwarz wegen der weißen Schwächen auf e5 und a4 sogar leichte Initiative.

22.axb5 cxd4 23.♘xd4

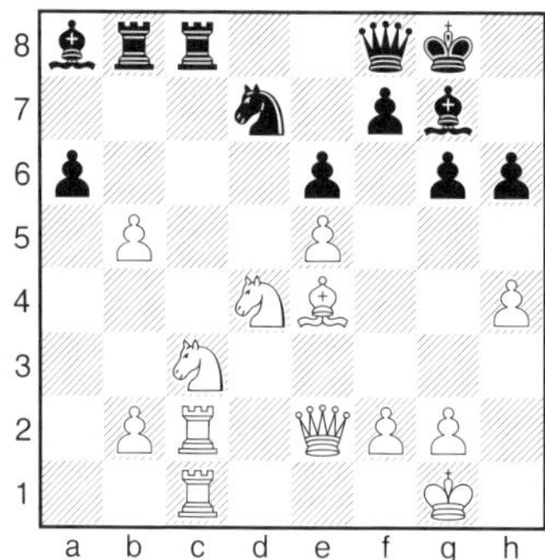

23...♗xe4?

Topalow beschließt, zuerst den feindlichen Läufer zu tauschen. Aber das ist keine gute Lösung. Schwarz sollte 23...axb5! spielen, was das Beste war, z.B. 24.♗xa8 ♖xa8 hätte Weiß zunächst von c6 ferngehalten und ordentliche Gegenspielchancen gewahrt: 25.f4 ♕d8! mit der Absicht ♘d7xe5 sowie g6-g5.

24.♘xe4 ♖xc2 25.♖xc2 axb5

25...♗xe5? verliert Material: 26.♘c6 (26.♖d2!? ist auch gut.) 26...♖xb5 27.♖d2 ♕e8 28.f4 (28.♘xe5!?) 28...♗xf4 29.♖xd7+-.

26.♘c6 ♖b6 27.f4

Schwarz ist in Zugzwang geraten.

27...♕a8 28.♘e7+ ♔h7 29.h5 ♖a6 30.hxg6+ fxg6 31.♖c7! ♖a1+ 32.♔f2?

Aber nun gibt es wieder ein wenig Aufregung. „Ich dachte, das sehr natürliche 32.♔h2 gäbe Schwarz nach 32...♘xe5 unnötiges Gegenspiel, aber dies scheitert an dem einfachen 33.♘f6+ ♗xf6 34.♘d5+ ♗g7 35.♕xe5 ♕f8 36.♖xg7+ ♕xg7 37.♘f6+, wonach Schwarz mattgesetzt wird oder die Dame verliert." (Carlsen)

32...♕d8 33.♕d3! ♕xe7

Der Turm ist tabu: 33...♕xc7 34.♘g5+ hxg5 (34...♔h8 35.♘f7+ ♔h7 36.♕xg6#) 35.♕xg6+ ♔h8 36.♕h5+ ♗h6 37.♕xh6#.

34.♖xd7 ♕h4+ 35.♔f3 ♕h5+

Auf 35...♔h8 folgt 36.♖xg7! ♔xg7 37.♘f6 ♖a7 38.♕d8+-.

36.♔g3 Schwarz kapitulierte.

Partie Nr. 27
Lautier – Markowski
Kreta 2003

1.d4 d5 2.c4 dxc4 3.♘f3 ♘f6 4.e3 e6 5.♗xc4 a6 6.0-0 ♘bd7 7.♖e1

Normalerweise entwickelt Weiß die Dame nach e2 und den Turm nach d1. Der Plan in der Partie wird nicht so oft angewandt. Andere Möglichkeiten für Weiß siehe Kapitel 5.

7...b5 8.♗d3 c5 9.a4

Die energischste Fortsetzung gegen den schwarzen Plan: Weiß will sofort die Lage am Damenflügel klären. Eine andere Möglichkeit ist 9.e4, z.B. 9...cxd4 10.e5 ♘d5 11.a4 bxa4 12.♖xa4 (12.♕xa4 ♖b8!) 12...♗c5 (Nach 12...♗b4 13.♗d2 ♗xd2 14.♘bxd2 0-0 15.♕c2 h6 16.♖xd4

♗b7 17.b4 steht Weiß etwas besser.) 13.♘bd2 ♗b7 14.♘e4 ♕b6 mit verteilten Chancen.

9...b4 10.e4 cxd4 11.e5 ♘d5 12.♘xd4 ♕c7 13.♗g5!?

Ein mutiges Bauernopferangebot! Nach 13.♕h5 ♘c5 14.♗f1 ♗b7 hätte Schwarz alles im Griff.

13...♘c5

Der polnische Großmeister verzichtet auf das Geschenk. Nach 13...♘xe5!? 14.♗e4 ♗b7 15.♘d2 nebst ♖a1-c1 hätte Weiß einige Initiative, aber klar ist diese Stellung keineswegs.

14.♗f1 h6 15.♗h4 ♗b7 16.♘d2 g5?

Eine riskante Entscheidung. Zu beachten war 16...♘f4!? nebst ♘f4-g6 und ♗f8-e7 usw.

17.♗g3 ♖d8 18.♕c2 ♗e7 19.♘c4 ♘f4 20.♖ad1 0-0

Schwarz hatte keine Wahl, denn der König konnte nicht länger im Zentrum bleiben. Aber nun hat Weiß einen simplen Plan: Die Ausnutzung des schwachen Königsflügels.

21.♗xf4! gxf4 22.♕c1 ♗g5 23.h4 ♗xh4 24.♕xf4 ♗g5 25.♕g4 ♔h7 26.♘d6

Der Springer hat sein Ziel erreicht.

26...f5 27.♕h3 ♗d5 28.♘4xf5! ♗b3

Die schwarze Stellung ist nicht einfach zu verteidigen, z.B. 28...♖xf5 29.♘xf5 exf5 30.f4 ♗e7 31.♕xf5+ ♔g7 32.♕g4+ (32.♖e3!?) 32...♔h7 33.♖xd5! ♖xd5 34.♗c4 ♕d8 35.♕f5+ ♔g7 36.♖e3 mit entscheidendem Angriff. Oder 28...exf5 29.♖xd5+−.

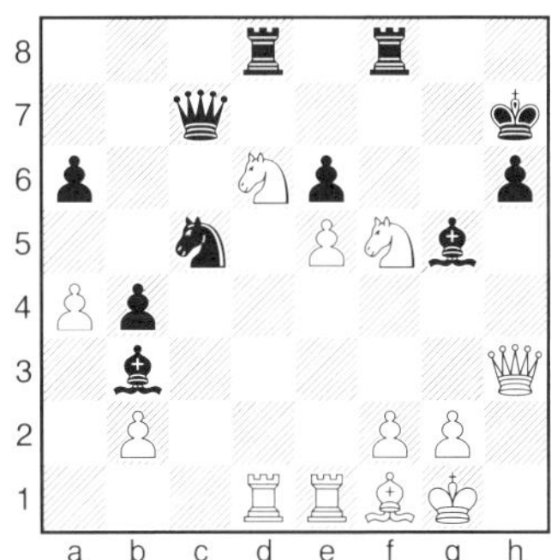

29.f4!

Die Pointe des weißen Planes.

29...♗xf4

Weiß gewinnt einfach nach 29...♗xd1 30.fxg5 ♗c2 31.g6+! ♔g8 32.♘xh6+ ♔g7 33.♘hf5+ ♔g8 (33...exf5 34.♕h7#) 34.g7 usw.

30.♖d4 ♗g5 31.♖g4 exf5

Nach 31...♗d2 32.♘xh6 ♗xh6 folgt 33.♖e3! (Es droht Matt in zwei Zügen.) 33...♕g7 34.♖xg7+ ♔xg7 35.♕g4+ ♔h7 36.♖h3 und Weiß gewinnt.

32.♖xg5 ♘e4 33.♖h5 ♕c5+ 34.♖e3 ♘xd6 35.♖xh6+ ♔g7 36.♖h7+ ♔g8 37.exd6

In Zeitnot fand Weiß nicht die sofortige Entscheidung: 37.♕h5! ♕xe3+ 38.♔h1 mit undeckbarem Matt.

37...♕d4 38.♖h4 und Schwarz kapitulierte.

Partie Nr. 28
Kramnik – Karjakin
Chanty-Mansijsk 2014

1.d4 d5 2.c4 dxc4 3.e4 ♘f6 4.e5 ♘d5 5.♗xc4 ♘b6 6.♗d3 ♘c6 7.♗e3 ♘b4 8.♗e4 f5 9.a3 fxe4 10.axb4 e6 11.♘c3 ♗xb4

Die beste Erwiderung 11...♘d5! wird in Kapitel 5 behandelt.

12.♕h5+ g6 13.♕g4 ♗xc3+

Zu versuchen ist 13...♘c4!?, z.B. 14.♘ge2 ♘xe3 15.fxe3 0-0 16.♘f4 ♖f5 17.0-0 ♗xc3 18.bxc3 ♕e7 19.♘e2 ♗d7 20.♘g3 ♖xf1+ 21.♖xf1 a5!? mit Gegenspiel am Damenflügel.

14.bxc3 ♕d5 15.♘e2 ♗d7 16.0-0 ♕c4

Mit der Absicht, das Feld d5 für den Springer zu räumen. Auf 16...♗b5 folgt 17.♘f4 ♕d7 18.♕xe6+ ♕xe6 19.♘xe6 ♗xf1 20.♘xc7+ ♔d7 21.♘xa8 ♖xa8 22.♔xf1 a5 23.♔e2 a4 24.f3 exf3+ 25.♔xf3 a3 26.♖a2 ♘d5 27.♗d2 b5 28.♔e4 ♔c6 29.♔d3 ♘b6 30.♔c2 ♔d5 31.♔b3 ♘c4 32.♗h6! (32.♗c1 ♖a4 33.♗xa3 ♘a5+ 34.♔c2 ♘c4=) 32...♔e4 33.♗g5 ♔d5 34.♖f2 ♖a7 35.♔a2 ♖b7 36.♖e2 ♔e6 37.d5+ ♔xd5 38.e6 ♖b8 39.e7 ♖e8 40.♗f6 ♔d6 41.g4 h6 42.g5 hxg5 43.♗xg5 ♔d7 44.♖e4 ♖h8 45.♖d4+ ♘d6 46.♗f4 ♔xe7 47.♗xd6+ ♔e6 48.♔xa3 mit weißem Gewinn.

17.♘g3 ♗c6 18.♖a5 0-0-0

Die richtige Lösung des Stellungsproblems. Auf 18...0-0 folgt einfach 19.h4! mit starker Initiative am Königsflügel. Natürlich nicht möglich war 18...♕xc3?? wegen 19.♕xe6+ ♔f8 (19...♔d8 20.♗g5#) 20.♗h6#.

19.♖c5 ♕b3 20.c4

Unklar ist 20.♖xc6 bxc6 21.♘xe4 h5 22.♕e2 ♕c4 usw.

20...♔b8

Oder 20...♖he8 21.d5! ♘xc4 22.♖xc4 ♗b5 (22...♕xc4 23.dxc6 ♕xc6 24.♖c1±) 23.♖cc1 ♗xf1 24.♘xf1 ♕xd5 25.♘d2 mit weißem Vorteil.

21.♕xe6 ♖de8 22.♕h3 ♘xc4 23.♖xc6

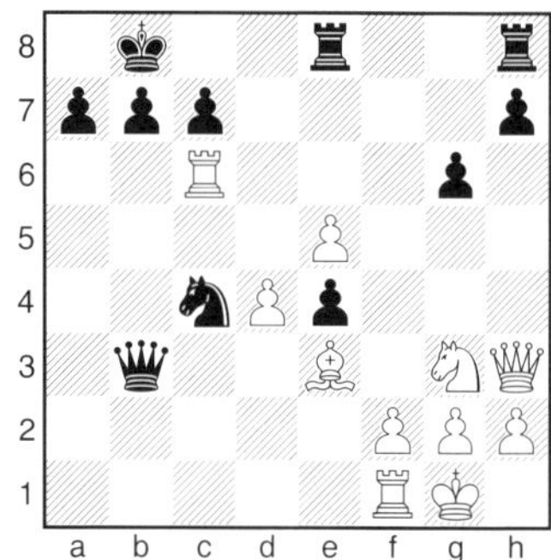

23...bxc6?

Leider falsch. Nur nach 23...♘xe3! hätte Schwarz gute Chancen auf Ausgleich, z.B. 24.♘xe4 ♕d5 25.♖c5 ♕xe4 26.♕xe3 ♕xe3 27.fxe3 ♖hf8 usw.

24.♘xe4 ♘b6

24...♔a8 25.♘c5 ♕b5 26.♗g5±

25.♘c5 ♕d5 26.♖c1 ♔a8 27.♘a6 ♔b7 28.♘b4 ♕f7 29.♕g4

Noch stärker ist 29.♗h6! und Weiß steht überlegen: Es droht 30.♘d3 oder 30.♘a3.

29...♘d5 30.♘xc6 ♖e6 31.♘a5+ ♔a8 32.♕e4 ♖b6 33.g4 h5 34.♖c5 ♖d8 35.♘c6 ♖xc6 36.♖xc6 hxg4 37.♖f6 ♕h7

37...♕d7 38.♖xg6+-

38.♗g5 ♕g8

38...♕d7 39.e6 ♕d6 40.♖f7 ♖e8 41.♖d7+-

39.♖xg6 Schwarz gab auf.

Partie Nr. 29
Schabalow – Granda Zuniga
Curacao 2003

1.d4 d5 2.c4 dxc4 3.e4 e5 4.♘f3 ♗b4+ 5.♘bd2

Laut Theorie ist das ein schwacher Zug. Andere Fortsetzungen wurden in Kapitel 5, Abspiel 1 erörtert.

5...c3 6.bxc3 ♗xc3 7.♖b1 exd4 8.♗c4

Weiß hat für das geopferte Material einen Entwicklungsvorsprung und Initiative.

8...♘h6 9.0-0 0-0 10.e5 ♗f5

Es war nicht einfach, während der Partie die folgende Variante zu berechnen: 10...♘c6! 11.♘e4 ♘g4 12.e6 ♗xe6 13.♗xe6 fxe6 14.♘fg5 ♘f6 15.♕d3 (15.♘xe6 ♕e7 16.♘xf8 ♕xe4-+) 15...♕d7 16.♖xb7 ♘xe4 17.♕xe4 g6 18.♕xe6+ ♕xe6 19.♘xe6 ♘d8 20.♘xd8 ♖axd8 21.♖xc7 ♖f7 22.♖xf7 ♔xf7 23.♖d1 ♔e6 24.♔f1 ♔d5 25.♔e2 ♔c4 und Schwarz steht auf Gewinn.

11.♖xb7 ♘c6 12.♘b3 ♖e8 13.♖b5 ♘g4 14.♘g5 ♘gxe5 15.♗d5 ♘b4 16.♗xa8

Nach 16.♘xf7 ♘xf7 17.♗xf7+ ♔xf7 18.♖xf5+ ♔g8 verbleibt Schwarz mit einem Mehrbauern.

16...♕xa8 17.♘xd4 ♗d3 18.♕h5

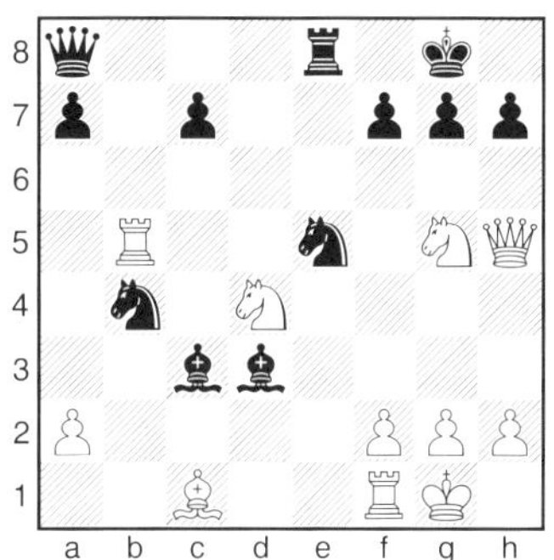

18...♗xd4?

Schwarz sah leider eine einfache Gewinnvariante nicht: 18...c5! 19.♘e2 ♗xb5 20.♕xh7+ ♔f8 21.♘xc3 ♗xf1 usw.

19.♖xb4 c5

19...♕d5!? war auch nicht schlecht.

20.♖b3 ♗g6 21.♕h4 ♕d5 22.♘h3?

Notwendig war 22.♗e3!?. Zum Glück hat Schwarz jetzt seine Gewinnchance nicht genutzt.

22...♗c2?

Oh weh! Nach dem richtigen 22...♗d3! 23.♕e7 ♕c6 24.♕b7 ♗xf1 25.♕xc6 ♘xc6 26.♔xf1 c4 hat Schwarz einen klaren Endspielvorteil vorzuweisen.

23.♘f4 ♕c4 24.♖h3 ♕xa2

Warum nicht 24...♗f5!?

25.♗e3 a5 26.♗xd4 cxd4 27.♘h5 ♕c4?

Empfehlenswert war 27...♕d5!?. Der Partiezug verschafft Weiß einige taktische Möglichkeiten.

28.Nxg7!

Eine Überraschung.

28...Kxg7 29.f4 Qc5 30.Qh6+ Kg8 31.f5 d3+ 32.Kh1 Ng4 33.Qg5+ Kf8 34.Qxg4

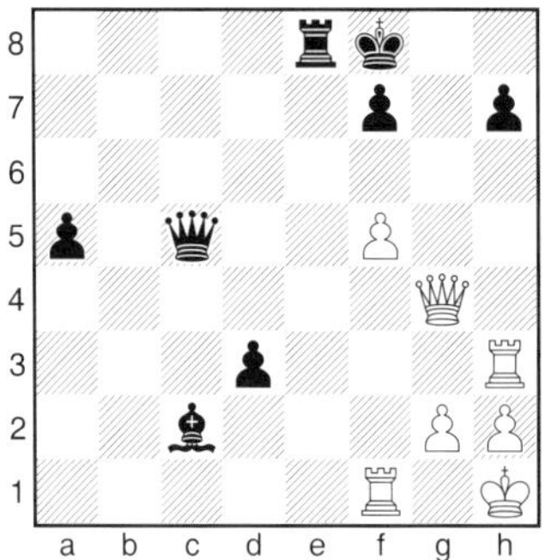

34...d2??

Der letzte und entscheidende Fehler. Die wundersame Rettung war 34...Qf2!, z.B. 35.Rf3 (35.Rg1?? Re1-+) 35...Bd1! 36.Qg5! (Aber nicht 36.R1xf2? Re1+ 37.Rf1 Rxf1+ 38.Rxf1 Bxg4 39.Kg1 d2 und Schwarz gewinnt.) 36...Bxf3 37.Qh6+ Kg8 38.Qg5+ mit Dauerschach.

35.Rxh7! Qxf5 36.Rh8+ Ke7 37.Rxe8+ und Schwarz gab auf. Nach dem weiteren 37...Kxe8 38.Rxf5 d1Q+ 39.Qxd1 Bxd1 40.Rxa5 ist das Endspiel für Weiß leicht gewonnen. Eine spannende Partie mit vielen Fehlern auf beiden Seiten!

Partie Nr. 30
Van der Wiel – Tiwjakow
Groningen 2001

1.d4 d5 2.c4 e5 3.dxe5 d4 4.Nf3 Nc6 5.g3 Bg4 6.Bg2 Qd7 7.0-0 0-0-0 8.Nbd2

Im Falle von Bg4xf3 schlägt Weiß mit dem Springer zurück und verteidigt weiter seinen Zentralbauern. In Kapitel 6 wurde der Zug 8.Qb3 analysiert.

8...h5

Schwarz strebt die Öffnung der h-Linie für seinen Turm an. Ein anderer Plan ist, mittels 8...Nge7 erst die Entwicklung fortzusetzen.

9.b4!?

Der Auftakt zum Königsangriff. Es wird auch 9.h4 gespielt, um die schwarze Aktion am Königsflügel zu stoppen, z.B. 9...Nge7 10.b4 Ng6 11.b5 Ncxe5 12.Qa4 Kb8 13.Nb3 Nxf3+ 14.exf3 Bh3 15.Nxd4 Bc5 (15...Bxg2 16.Nc6+! bxc6 17.bxc6+-) 16.Nb3 Bxg2 17.Kxg2 Be7 18.Be3 b6 19.Nd4 Ne5 20.f4 Bc5 21.fxe5 Bxd4 22.Rad1 Qf5 23.Bxd4 Qe4+ 24.f3 Qe2+ 25.Rf2 und Schwarz gab auf, van der Marel - Clemens, Groningen 2001.

9...Nxb4 10.a3 Na6 11.Nb3 d3 12.Be3 Ne7?

Schablonenhaft gespielt. Stattdessen hätte Schwarz besser 12...h4!? ziehen sollen. Nun geht Weiß zum entscheidenden Angriff über.

13.♘a5! b6 14.e6 ♛d6

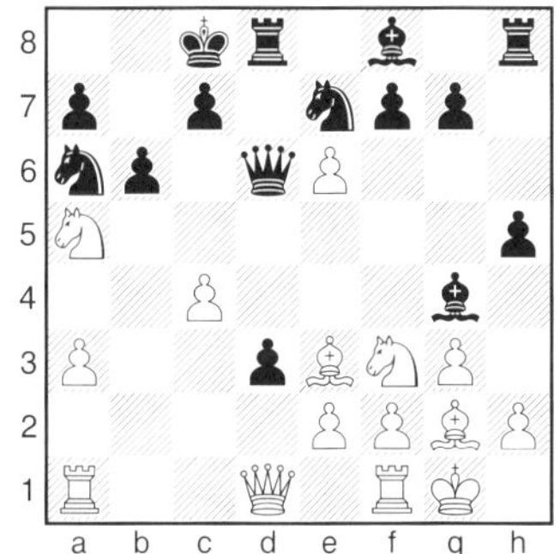

15.♘g5!

Eine kleine Kombination, Weiß übernimmt die Herrschaft über die Diagonale h1-a8.

15...dxe2 16.♕a4 exf1♛+ 17.♖xf1 fxe6 18.♘b7 ♛d3 19.♕xa6 Schwarz kapitulierte.

Partie Nr. 31
Beljawski – Morosewitsch
1. Bundesliga 2000

1.d4 d5 2.c4 ♘c6 3.♘c3 dxc4 4.♘f3 ♘f6 5.e3

Zu 5.e4 siehe Kapitel 7.

5...e5

Die typische Reaktion in dieser Eröffnung: Der Bauer d4 wird unter Beschuss genommen.

6.d5 ♘e7 7.♗xc4 ♘g6 8.h4

Mit dem Ziel, den Springer zu vertreiben und Raum in dieser Region zu gewinnen. Nach 8.♗b5+ ♗d7 9.♕b3 ♗d6 10.♗xd7+ ♕xd7 11.♕xb7 0-0 12.0-0 e4 13.♘d2 ♕f5 erhält Schwarz für den Bauern eine starke Initiative.

8...♗d6 9.h5 ♘f8

In der Partie Smyslow – Rogers, London 1988, folgte 9...♘e7 10.h6 g6 11.e4 ♗g4 12.♕a4+ ♗d7 13.♕c2 0-0 14.♗g5 ♘e8 15.0-0-0 a6 16.♘d2 b5 17.♗e2 f6 18.♗e3 ♕b8 19.♘b3 und Weiß steht aktiver.

10.h6 g6 11.e4 ♘8d7 12.♗g5 a6

Es ist klar, dass Weiß lang rochieren wird. Schwarz bereitet dann mittels b7-b5 ein Gegenspiel am Damenflügel vor.

13.♘d2

Weiß plant f2-f4.

13...0-0 14.g3 ♗e7 15.f4 b5 16.♗b3 ♗b7 17.♕f3 c5 18.0-0-0

Nun kommt Schwarz am Damenflügel als Erster zur Sache. Wahrscheinlich war es sicherer, kurz zu rochieren.

18...c4

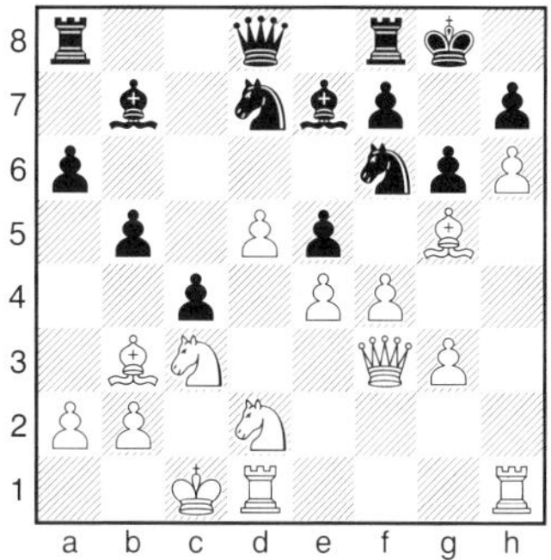

19.d6?

Richtig war 19.♗c2. Mit dem Partiezug hat Weiß auf eine riskante Idee gesetzt.

19...♗xd6 20.♘xc4 bxc4 21.♖xd6 ♕c7!

Nach diesem einfachen Zug verliert Weiß Material.

22.♖xf6 cxb3 23.axb3 ♖ac8 24.♖e1 ♘xf6 25.♗xf6 ♕b6 26.fxe5 ♕xb3

Schwarz verblieb mit Mehrqualität und Angriff: Es droht einfach der Vormarsch des a-Bauern.

27.♗e7 ♖fe8 28.♗d6 ♖e6 29.♖d1 g5 30.♖d4 a5 31.♕e3 ♖xh6 32.♕xg5+ ♖g6 33.♕e3 h6 34.♔b1 ♔h7 35.♖d2 ♗xe4+ 36.♕xe4 ♖xc3 37.e6 ♖e3 Weiß gab sich geschlagen.

Partie Nr. 32
Nemet – Helvensteijn
Amsterdam 2001

1.d4 d5 2.♘f3 ♘c6 3.c4 ♗g4 4.cxd5 ♗xf3 5.gxf3 ♕xd5 6.e3 e5 7.♘c3 ♗b4 8.♗d2 ♗xc3 9.bxc3 ♕d6 10.f4

Zu 10.♖b1 siehe Kapitel 7.

10...exf4 11.e4

Das ist die oft gesehene Idee in dieser Eröffnung: Weiß opfert einen Bauern und erhält dafür ein starkes Bauernzentrum.

11...♘ge7 12.♕f3 0-0 13.♕xf4 ♖ae8

In Planung ist der Vorstoß f7-f5.

14.♕xd6 cxd6 15.♖b1 f5!?

Aggressiv gespielt: Der Nachziehende gibt den Bauern zurück, um die Stellung im Zentrum zu öffnen und dem gegnerischen König Probleme zu stellen.

16.♖xb7 fxe4 17.♗g5 h6 18.♗h4

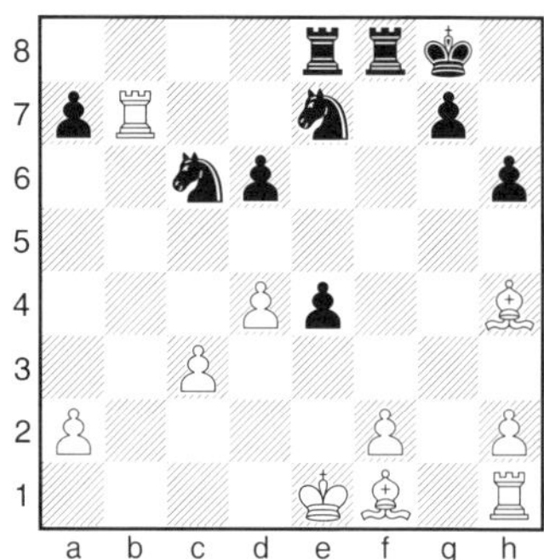

18...♖b8!?

Eine mutige Entscheidung, doch Schwarz hofft auf die Aktivität seiner Türme. Nach 18...♘f5 19.♖g1! d5 (19...♘xh4?? 20.♖gxg7+ ♔h8 21.♖h7+ ♔g8 22.♖bg7#) 20.♗h3 ♖b8 21.♖xb8 ♘xb8 22.♗g3 hätte Weiß bessere Chancen im Endspiel (Läuferpaar und die Schwäche auf d5).

19.♖xe7 ♘xe7 20.♗xe7 ♖b1+ 21.♔e2 ♖f3 22.♗xd6

Oder 22.♗g2 ♖b2+ 23.♔d1 ♖fxf2 24.♗xe4 ♖fe2 25.♗d5+ ♔h8 26.♗h4 ♖ed2+ 27.♔e1 ♖dc2 mit Zugwiederholung.

22...♖b2+ 23.♔d1 ♖xc3 24.♗e5 ♖cc2 25.♖g1 g5 26.♗g2 ♖d2+ 27.♔c1 ♖dc2+ 28.♔d1 ♖e2 29.♖e1 ♖bd2+ 30.♔c1 ♖c2+ 31.♔b1 ♖b2+ 32.♔c1 ♖ec2+ 33.♔d1 ♖d2+ Remis.

Partie Nr. 33
Kasparow – Hjartarson
Tilburg 1989

1.d4 ♘f6 2.♘f3 d5 3.c4 e6 4.♘c3 dxc4 5.e4 ♗b4 6.♗g5 c5 7.♗xc4 cxd4 8.♘xd4 ♗xc3+ 9.bxc3 ♕a5 10.♗b5+ ♗d7

10...♘bd7 wurde in Kapitel 9 analysiert.

11.♗xf6 gxf6

Es gibt nichts Besseres. Zum Verlust führt 11...♕xc3+ 12.♔f1 gxf6 (12...♗xb5+ 13.♘xb5 ♕c4+ 14.♔g1 ♕xb5 15.♕d8#) 13.♖c1 und Schwarz kann aufgeben.

12.♕b3 a6 13.♗e2

Weiß will seinen Läufer behalten. Nach 13.♗xd7+ ♘xd7 14.♘xe6 ♖c8 15.0-0 ♖xc3 16.♘g7+ ♔f8 17.♕d1 ♔xg7 18.♕xd7 ♖c7 19.♕g4+ ♕g5 sollte Schwarz keine Probleme haben, seine Stellung zu halten.

13...♘c6 14.0-0 ♕c7

Der Verbleib des schwarzen Königs im Zentrum kann gefährlich sein. Aus diesem Grund käme nun die kurze Rochade infrage.

15.♖ab1 ♘a5 16.♕a3 ♖c8 17.♖fd1 ♕xc3

Nach 17...♕c5!? konnte Schwarz das weiße Angriffsspiel etwas abschwächen.

18.♕d6 ♕c7

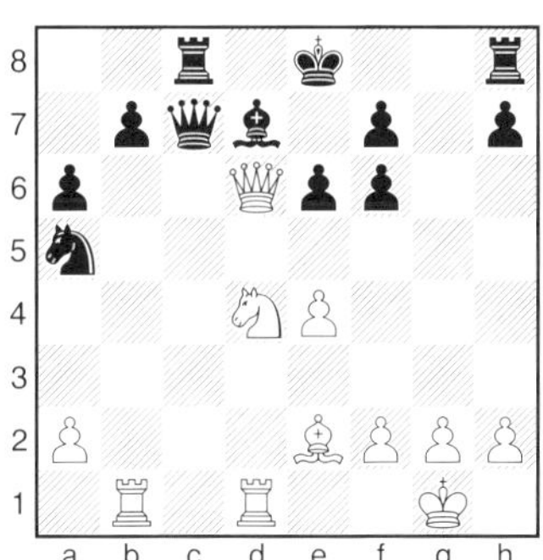

19.♘f5!?

Kasparow opfert seinen Springer, um den gegnerischen König in Gefahr zu bringen.

19...exf5 20.♕xf6 0-0?

Nach dieser Ungenauigkeit wird der weiße Angriff übermächtig. Notwendig war 20...♖g8!, z.B. 21.exf5 ♕c6 22.♕e5+ ♔f8 23.♗f3 ♕c7 (23...♕xf3?? 24.♕d6+ ♔g7 25.gxf3+-) 24.♕f6 ♖g7 25.♗e4 ♗c6 26.♕h6 f6 (26...♗xe4?? 27.f6+-) 27.♕xf6+ ♔g8 und Schwarz lebt noch.

21.♖d3! f4 22.♖d5 h6 23.♕xh6 f5 24.♖b6! ♗c6 25.♖xa5 ♕h7

Es gibt nichts Besseres. Nach 25...♕xb6 26.♗c4+ ♖f7 27.♗xf7+ ♔xf7 28.♖xf5+ folgt Matt in einigen Zügen.

26.♕xf4 Schwarz gab sich geschlagen.

Partie Nr. 34
Uhlmann – Kuczynski
Dresden 1988

1.c4 e6 2.♘c3 d5 3.d4 c6 4.♘f3 ♘f6 5.♗g5 h6 6.♗xf6 ♕xf6 7.♕b3 a5

Damit möchte der Nachziehende unverzüglich auf Kosten der exponierten gegnerischen Dame die Initiative am Damenflügel übernehmen. 7...♘d7 wurde in Kapitel 8 erörtert.

8.e4!?

Dieser Zug führt zu großen Verwicklungen. Laut Theorie ist 8.a3 solider.

8...a4

Nach 8...dxe4 9.♘xe4 ♗b4+ 10.♕xb4 axb4 11.♘xf6+ gxf6 12.c5 ♔e7 13.♗c4 nebst 0-0-0 kann Weiß seine Kräfte leichter entfalten, Analyse von Polugajewski.

9.♕c2 dxe4

Infrage kommt 9...a3!?, z.B. 10.e5 axb2 11.♕xb2 ♕d8 12.c5 ♘d7 13.♖b1 ♕a5 14.♗d3 b6 15.cxb6 ♘xb6 16.0-0 ♗a6 17.♗xa6 ♖xa6 und Schwarz steht befriedigend.

10.♘xe4 ♗b4+ 11.♔d1!?

Gut ins Spiel kommt Schwarz nach 11.♘c3 c5!.

11...♕d8

In der Partie Knaak – Sweschnikow, Novi Sad 1977, geschah 11...♕f4!? 12.♗d3 ♗e7 13.♘e5 h5 14.g3 ♕h6 15.c5 0-0 16.♔e2 (16.♘c4!?) 16...♖d8 17.♕c3 ♘d7 18.♘xd7 ♗xd7 19.h4 ♗e8 mit beiderseitigen Chancen.

12.c5 0-0 13.a3 ♗a5 14.♕xa4 b5 15.♕c2 e5 16.♘d6 exd4?

Stärker war 16...♗g4!. Der Textzug bringt Schwarz schnell in Nachteil.

17.♕e4! ♗e6 18.♗d3 g6

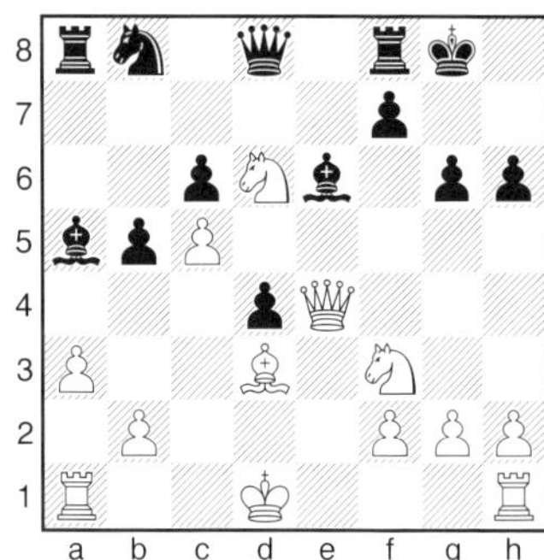

19.♕f4!

Genau gespielt. Nach 19.♘xd4? ♗d5 20.♕f4 ♘d7 behielte Schwarz gute Angriffschancen.

19...♔g7 20.♘xd4 ♕f6 21.♕xf6+ ♔xf6 22.♗e4

Weiß hat seinen Mehrbauern behauptet und wir werden verfolgen, wie der Nestor des deutschen Schachs diesen Vorteil schließlich realisiert.

22...♖a6 23.♔c2 ♖d8 24.♘xe6 ♔xe6 25.♗d3 ♖f8

Oder 25...♘d7 26.b4 ♗c7 27.♖he1+ ♔f6 28.♘e8+ mit Läufergewinn.

26.♖ad1 ♘d7 27.b4 ♗d8 28.♖he1+ ♔f6 29.♘e8+ ♔g5 30.f4+!

Weiß strickt bereits an einem Mattnetz.

30...♔g4

Es rettet auch nicht 30...♔xf4 31.♖e4+ ♔g5 32.h4+ ♔h5 33.♗e2#.

31.♗e2+ ♔xf4

31...♔h4 32.♖d3 mit sofortigem Matt.

32.g3+ ♔g5 33.h4+ ♔f5 34.♖xd7 ♖xe8 35.♗d3+ Schwarz gab auf.

Partie Nr. 35
Waganian – Berelowitsch
1. Bundesliga 2002

1.♘f3 d5 2.d4 c5 3.c4 e6 4.e3 ♘f6 5.♘c3 ♘c6 6.cxd5 exd5 7.♗b5

Die Fortsetzung 7.♗e2 wurde in Kapitel 10 analysiert.

7...♗d6 8.0-0 0-0 9.h3

Mit dem Ziel, die Fesselung des Springers durch ♗c8-g4 zu vermeiden. Häufiger gespielt wird 9.dxc5 ♗xc5 10.b3 (10.♗e2 a6 11.a3 ♗g4 12.b4 ♗a7 13.♗b2 ♖e8=) 10...♗g4 11.♗b2 ♖c8 12.♖e1 ♗d6 13.h3 ♗e6 14.♘e2 a6 15.♗xc6 bxc6 16.♕d3 ♘e4 17.♘c3 ♗f5 18.♖ed1 ♘xc3 19.♕xc3 f6 20.♘d4 und Weiß steht minimal besser, C. Hansen – Gulko, Malmö 2001. Wie der Verlauf zeigt, bringt der Partiezug Weiß keinen Vorteil. Aus diesem Grund empfiehlt sich die Fortsetzung 9.dxc5.

9...♖e8 10.dxc5 ♗xc5 11.b3 a6 12.♗xc6

Nach 12.♗e2, zwecks Erhalt des Isolani d5, kann Schwarz mittels 12...d4 das Spiel ausgleichen oder nach 12...♗f5 Komplikationen anstreben.

12...bxc6 13.♗b2 ♗d6 14.♖c1 c5

Es ist eine typische Stellung mit hängenden Bauern entstanden.

15.♕d3?

Im Sinne der Stellung wäre 15.♘a4! logischer, um die gegnerische Bauernstruktur anzugreifen. Aber nach einer Analyse von Martin Breutigam hätte Schwarz hier ein aktives Spiel mit taktischen Elementen. Man sehe: 15...♘e4 16.♗a3 ♗xh3! 17.gxh3 ♕d7 18.♔g2 ♖e6 19.♘h4 ♖h6 20.♘b6 ♕d8 21.♕xd5 (Wahrscheinlich spielbar war 21.♘f5 ♖g6+ 22.♔h1 ♕xb6 23.♕xd5 ♖e8 24.♖c4 ♕b5 25.f3 ♖e5 und nun könnte Weiß die Züge wiederholen: 26.♕a8+ ♖e8 27.♕d5 ♖e5 28.♕a8+ usw.) 21...♕xh4 22.♕xa8+ ♗f8 23.♕c8 ♖xb6 24.♔h2 ♖f6 25.♖c2 ♖xf2+ 26.♖cxf2 ♕g3+ 27.♔h1 ♘xf2+ 28.♖xf2 ♕xf2 29.♗xc5 ♕f1+ mit Dauerschach. Nach dem Textzug wird der Nachziehende eine ideale Figurenaufstellung einnehmen und rasch die Initiative ergreifen.

15...♗b7 16.♖fd1 ♕e7 17.♘d2?

Weiß entfernt einen wichtigen Verteidiger vom Königsflügel, was gleich spürbare Folgen nach sich zieht. Breutigam schlug hier 17.♕f5 vor.

17...♖ad8 18.♘a4 d4!

Die typische Reaktion: Der Läufer b7 wird zum Leben erweckt.

19.♘c4 ♘e4 20.exd4

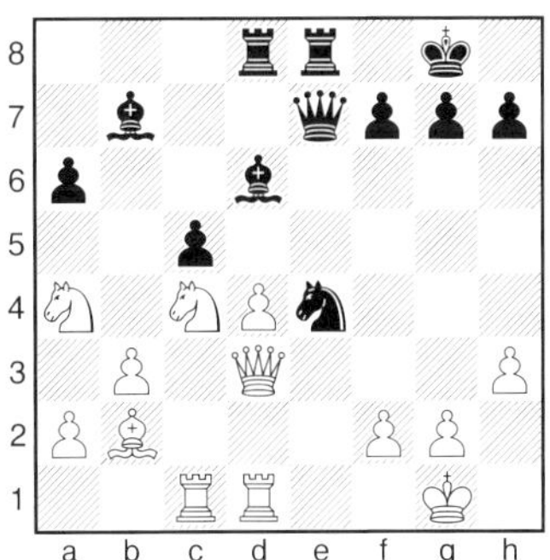

20...♘xf2!

Danach kommt es zu einem unparierbaren Königsangriff.

21.♔xf2 ♕g5 22.d5

Nach 22.g3 gewinnt Schwarz mit 22...♗e4 (22...♗xg3+!? 23.♕xg3 ♖e2+ 24.♔xe2 ♕xg3 25.♘xc5 ♗f3+ 26.♔d2 ♗xd1 27.♖xd1 ♕xh3 sieht ebenfalls gut aus.) 23.♕e3 ♕f5+ 24.♔e1 ♗g2 usw.

22...♗xd5 23.g3 ♗xg3+! 24.♕xg3 ♖e2+ 25.♔xe2 ♕xg3 26.♘e5 ♕g2+ 27.♔e1 f6 28.♖d3 fxe5 29.♖cc3 und zugleich streckte Weiß die Waffen.

Partie Nr. 36
Lautier – Grischuk
Enghien les Bains 2001

1.d4 d5 2.c4 e6 3.♘c3 c5 4.cxd5 exd5 5.♘f3 ♘c6 6.g3 ♘f6 7.♗g2 ♗e7 8.0-0 0-0 9.♗g5 cxd4 10.♘xd4 h6 11.♗e3 ♖e8 12.♕a4 ♗d7 13.♖fd1!?

Es wird auch 13.♖ad1 gespielt: Siehe Kapitel 10.

13...♘a5 14.♕c2 ♘c4

Dieser Zug überlässt Weiß einen klaren Plan. Deshalb bevorzugen viele Spieler die Entwicklung des Damenturms: 14...♖c8 15.♘f5 (15.♘b3 ♗b4 16.♗d4 ♘e4 17.♕d3 ♗xc3 18.♗xc3 ♘xc3 19.bxc3 ♗e6=) 15...♗e6 16.♘xe7+ ♖xe7 17.♗d4 ♖d7 18.♖ac1 mit kleinem Vorteil für Weiß, Cvitan – Handoko, Zagreb/Rijeka 1985.

15.♘xd5!? ♘xd5 16.♗xd5 ♘xe3 17.fxe3 ♗f6?

Nun behält Weiß seinen Mehrbauern. Nach 17...♗g5!? 18.♕b3 ♗xe3+ 19.♔h1 ♖e7 20.♗xf7+ ♖xf7 21.♕xe3 ♕a5 hätte Schwarz für den Bauern aktives Gegenspiel.

18.♕b3 ♕e7 19.e4 ♗g4 20.♖ac1 ♖ed8

Reichhaltige Taktik findet sich in der Variante 20...♗xd4+ 21.♖xd4 ♗xe2 22.♕xb7 ♕f6 23.e5! ♕xe5 24.♕xf7+ ♔h7 (24...♔h8 25.♖e4+-) 25.♖e4 ♕xb2 26.♖c6 ♕b1+ (26...♖f8 27.♖xh6+! ♔xh6 28.♖h4+ ♔g5 29.♕e7+ ♕f6 30.♕e3+ ♔g6 31.♗e4+ ♔f7 32.♖f4 ♖ae8 33.♖xf6+ ♔xf6 34.♕xe2+-) 27.♔g2 ♖xe4 28.♕f5+ ♔h8 29.♖c8+ ♖xc8 (29...♖e8 30.♖xe8+ ♖xe8 31.♕xb1+-) 30.♕xc8+ ♔h7 31.♕f5+ ♔h8 32.♕f8+ ♔h7 33.♗g8+ ♔g6 34.♕f7+ ♔g5 35.h4+ und Weiß gewinnt.

21.♘f3 ♗h5

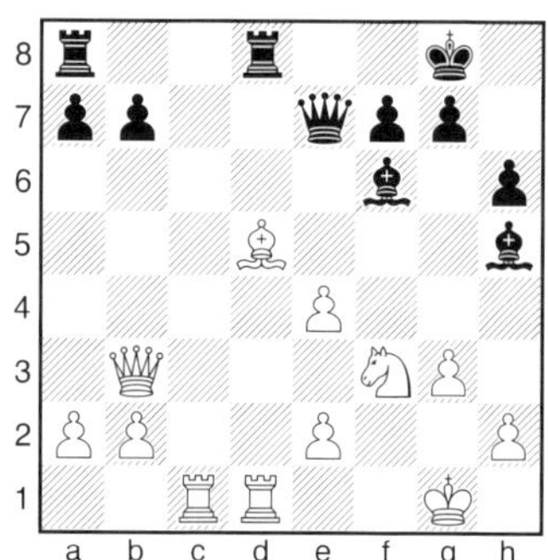

22.e5!

Damit forciert Weiß ein besseres Endspiel.

22...♗xe5 23.♕xb7 ♕xb7 24.♗xb7 ♖xd1+ 25.♖xd1 ♖b8 26.♘xe5 ♖xb7 27.♖d2

Nach diesem einfachen Zug bleibt Weiß mit einem Plus im Endspiel. Wir werden nun verfolgen, wie der Franzose seine Endspieltechnik demonstriert.

27...f6 28.♘c4 ♖c7 29.b3 ♔f8 30.♔f2 ♗f7 31.♘d6 a5 32.♖d4 ♖c5 33.♖a4 ♗d5 34.♔e3

Es ist wichtig, den König zu aktivieren.

34...♗c6 35.♖c4 ♖e5+

Die Abwicklung 35...♖xc4 36.♘xc4 a4 37.♔d4 wäre viel einfacher für Weiß.

36.♔d3 ♗d7 37.♖d4 ♔e7 38.♘c4 ♖f5 39.♖f4 ♖h5 40.h4 ♖d5+ 41.♖d4 ♖f5 42.♖e4+ ♔d8 43.a4 g5 44.♘e3 ♖f2 45.♖d4 ♔c7 46.♖c4+ ♔d6 47.♖d4+ ♔c7 48.♘d5+ ♔c6 49.♔e3 ♖f1 50.b4!

Nun erhält Weiß endlich einen starken Freibauern.

50...axb4 51.♘xb4+ ♔c7 52.♘a6+ ♔c8 53.♖c4+ ♔d8 54.♘c5 ♔e7 55.♖b4 ♖c1 56.♖e4+ ♔d8 57.♔d4

Konsequent und logisch: Der König ist eine sehr wichtige Figur im Endspiel.

57...♗f5 58.♖e3 gxh4 59.gxh4 ♖h1 60.♔d5 ♖xh4

Materiell ist die Stellung ausgeglichen. Doch die weißen Kräfte und der starke Freibauer stellen den Gegner vor unlösbare Probleme.

61.a5 ♖h1 62.a6 ♖a1 63.♔c6 ♗g6 64.♔b7 ♖b1+ 65.♖b3 ♖xb3+ 66.♘xb3 ♗e4+ 67.♔b8 h5 68.♘c5 ♗d5 69.♘b7+ und der Bauer hat freie Bahn zum Umwandlungsfeld. Schwarz gab auf.

Partie Nr. 37
Karpow – Charitonow
Moskau 1988

1.c4 e6 2.♘c3 d5 3.d4 ♘f6 4.cxd5 exd5 5.♗g5 ♗e7 6.e3 ♘bd7 7.♘f3 c6 8.♗d3 0-0 9.♕c2 ♖e8 10.0-0 ♘f8 11.h3 ♗e6 12.♖fc1

Zu 12.a3 siehe Kapitel 11.

12...♘6d7 13.♗f4

Der Abtausch 13.♗xe7 ♕xe7 würde nur Schwarz die Verteidigung erleichtern. Deshalb will Weiß seinen Läufer behalten.

13...♘b6 14.♖ab1 ♗d6 15.♘e2 ♘g6

Nach 15...♗xf4 16.♘xf4 ♘g6 17.♘xe6 ♖xe6 18.b4 geht Weiß sofort zum Minoritätsangriff über.

16.♗xd6 ♕xd6 17.a4

Karpow hat die Stellung genau studiert. Verfrüht wäre 17.b4 ♘c4 18.♗xc4 dxc4 19.♘c3 (19.b5 c5!) 19...b5 20.♘e4 ♕d5 mit unklarem Spiel.

17...♖ac8

Nach 17...a5 18.b3 mit dem Plan ♕c2-d2 und ♖c1-c5 wäre der Bauer auf a5 ein Sorgenkind im schwarzen Lager.

18.♕c5

Weiß könnte nach 18.♘d2!? den Marsch des b-Bauern vorbereiten.

18...♕b8

Die Dame braucht Schwarz sehr oft, um einen Königsangriff zu organisieren. Der Tausch 18...♕xc5 19.♖xc5 ♘xa4 20.♖a5 ♘b6 21.♖xa7 ♖b8 22.b4 ♘c8 23.♖a3 ♘d6 (23...b5

24.♗xg6 hxg6 25.♘e5+–) 24.b5 cxb5 25.♘c3 ♘c4 26.♖a7 ♘e7 27.♘xb5 gäbe Weiß klare Positionsvorteile: Aktivere Figurenstellung bei schwarzen Bauernschwächen auf b7 und d5.

19.♕a3 a6

Infrage käme 19...♘c4!? 20.♕c3 b5 usw.

20.♖c3 ♕c7 21.♖bc1 ♖a8 22.♘d2

Es droht nun b2–b4–b5. Die schwarze Erwiderung kann dies nur kurzzeitig erschweren.

22...a5 23.♖b1 ♘c8 24.b4 axb4 25.♕xb4 ♘d6 26.♘b3 ♗c8?

Es ist nicht einfach, diese Stellung zu verteidigen, aber dies ist ein Fehler, denn er stört das Zusammenwirken der Türme. Die Analyse nach der Partie zeigte, dass man wahrscheinlich nur mit 26...♘e7!? die Stellung halten kann, z.B. 27.♘c5 (27.♘g3!?) 27...♗f5 28.♗xf5 (28.♘xb7?? ♗xd3 29.♖xd3 ♖eb8-+) 28...♘exf5 29.♕b6 ♕e7 mit dem Plan ♕e7–g5 und ♘f5–h4 mit Konterchancen am Königsflügel.

27.a5!

Damit verstärkt Weiß den Druck, der Zug a5–a6 ist in Sicht.

27...♘e7 28.♘g3

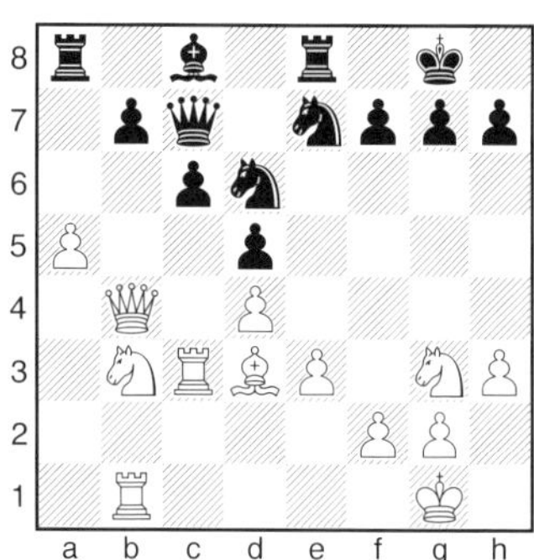

28...g6?

Zeitverlust. Zu versuchen war 28...♘ef5!? 29.♘xf5 ♗xf5 30.♗xf5 ♘xf5 31.♘c5 ♘d6 32.♘xb7 (32.♕b6 ♖ec8!) 32...♖eb8 33.a6 ♖xa6 34.♖cb3 ♘b5 (34...♖xb7 35.♕xb7 ♘xb7 36.♖xb7 ♕xb7 37.♖xb7 h5=) 35.♘d6 ♖aa8 36.♘xb5 ♖xb5 37.♕c3 ♖xb3 38.♕xb3 ♖c8 mit haltbarem Endspiel.

29.♖cc1 h5

29...♘ef5!? wäre immer noch eine Idee.

30.♖a1 h4 31.♘f1 ♗f5 32.♗e2 ♘e4 33.♘c5 ♘xc5 34.♕xc5 ♗e6 35.♘d2 ♘f5 36.♘f3 ♕d8 37.a6! bxa6 38.♖xa6 ♖xa6 39.♗xa6

Endlich wird der Bauer auf c6 schwach.

39...♕a8?

Natürlich ein Versehen. Aber nach 39...♗d7 40.♘e5 ♕e7 (40...♖e6 41.♗b7!) 41.♗b7 ♕xc5 42.♖xc5 ♖b8 43.♗xc6 ♗xc6 44.♖xc6 ♖b1+ 45.♔h2 ♖b2 46.♘g4 konnte sich Schwarz kaum lange halten.

40.♕xc6 ♕xc6 41.♖xc6 ♖a8 42.♗d3
Schwarz gab sich geschlagen.

Partie Nr. 38
Topalow – Kasparow
Linares 1997

1.c4 e6 2.♘c3 d5 3.d4 ♗e7 4.cxd5 exd5 5.♗f4 ♘f6 6.e3 ♗f5 7.♕b3 ♘c6 8.g4

Eine scharfe und riskante Idee. Andere Möglichkeiten finden Sie in Kapitel 11, Abspiel 1.

8...♘xg4

Zu prüfen ist die Möglichkeit 8...♗xg4!?, z.B. 9.♕xb7 ♘b4 10.♗b5+ ♔f8 11.♖c1 ♖b8 12.♕xa7 (12.♕xc7 ♕xc7 13.♗xc7 ♖xb5! 14.♘xb5 ♘d3+ 15.♔f1 ♘xc1 16.♘xa7 ♘xa2-+) 12...♖xb5! 13.♘xb5 ♘d3+ 14.♔d2 (14.♔f1 ♘xc1 15.♗xc7 ♕d7 16.♘c3 ♘d3-+) 14...♘xf2 15.♗xc7 ♘6e4+ 16.♔e1 ♕c8 17.♖c2 ♘d3+ 18.♔f1 ♕f5+ 19.♗f4 g5 und Schwarz steht auf Gewinn.

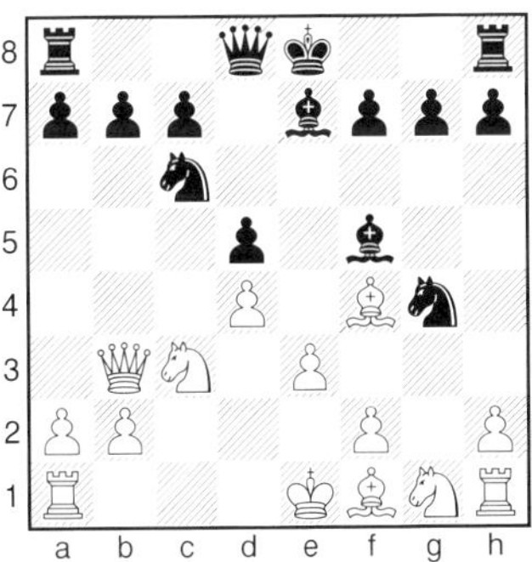

9.♘xd5?

Danach erreicht Schwarz deutlichen Vorteil. Vorzuziehen war 9.a3 0-0 10.♗g2 ♗h4 11.♗g3 ♗xg3 12.hxg3 ♘e7 13.♘xd5 ♘xd5 14.♕xd5 ♕xd5 15.♗xd5 mit etwa gleichen Chancen, Aleksandrow - Asmajparaschwili, Groningen 1997.

9...0-0 10.♗g2

Der Versuch, den Bauern vor Beendigung der Entwicklung zu erobern, geht natürlich nicht auf: 10.♗xc7 ♕d7 11.♗g2 ♗e6 12.♘xe7+ ♘xe7 13.♕xb7 ♗d5 14.♗xd5 ♘xd5 15.♖c1 ♖ac8 16.♘e2 ♖xc7 17.♖xc7 ♘xc7 18.0-0 ♕d6 19.♕g2 f5 und Weiß hat keine Kompensation für die Figur.

10...♗h4 11.♗g3 ♗e6 12.♔f1

Weiß kann leider seine Entwicklung nicht normal beenden. Nach 12.♘e2 ♘a5 13.♕c3 ♗xd5 14.e4 ♗c4 15.♕xa5 ♗xe2 16.♔xe2 ♗xg3 17.hxg3 ♕xd4 wäre seine Stellung aufgabereif.

12...a5 13.♘h3 a4 14.♕c4 ♘a5 15.♕c5 b6 16.♗xh4 bxc5 17.♗xd8 ♖axd8 18.♘e7+ ♔h8 19.d5 ♗d7 20.♖c1 c4 21.♘g5 h6 22.♘f3 ♖b8 23.h3 ♘f6 24.♘d4

Wie schwer die Lage von Weiß ist, zeigt die folgende Variante: 24.♖c2 ♖fe8 25.♘c6 ♘xc6 26.dxc6 ♗f5 27.♖c1 ♗d3+ 28.♔g1 ♖xb2 29.a3 ♘e4 usw.

24...♖xb2 25.♗f3 ♖xa2

Der schwarze Vorteil ist entscheidend, der Rest benötigt keinen Kommentar.

26.♔g2 ♖e8 27.♘ec6 ♗xc6 28.♘xc6

♘xc6 29.dxc6 ♖xe3 30.♖xc4 ♖b3 31.♖d4 ♖bb2 32.♖f1 ♖d2 33.♖b4 ♔h7 34.♖b7 ♘e8 35.♔g3 g6 36.♖e1 ♘d6 37.♖xc7 ♔g7 38.♖d7 ♘f5+ 39.♔f4 ♖xf2 Weiß gab auf.

Partie Nr. 39
Aronian – Kramnik
Monte Carlo 2011

1.c4 e6 2.♘c3 d5 3.d4 ♗e7

Mit diesem Zug vermeidet Schwarz die sehr weit ausgearbeitete Hauptvariante nach 3...♘f6 4.♘g5.

4.cxd5 exd5 5.♗f4 ♘f6 6.e3 ♗f5 7.♕b3 ♘c6 8.g4!? ♘xg4 9.♕xd5!?

Die Fortsetzung 9.♘xd5? wurde in Partie Nr. 38, Topalow – Kasparow, Linares 1997, besprochen.

9...♕c8

Kramnik strebt einen scharfen Kampf an. Eine Alternative ist 9...♕xd5!? 10.♘xd5 ♗b4+ 11.♘xb4 (11.♔e2 0-0-0!) 11...♘xb4 12.♖c1

A) 12...♘d5 13.h3 ♘gf6 14.♗e5 0-0 (14...♘d7 15.♗g3±) 15.♘e2 ♘d7 16.♗h2 c6 17.♘g3 ♗g6 18.h4 ♘7f6 19.♗e2 h5 20.♔d2 ♖fe8 21.♗g1 ♘g4 22.♘f1 ♖ad8 23.f3 ♘gf6 24.♘g3 ♖d7 25.a3 ♖de7 26.e4 ♘f4 27.♗c4 ♖d7 28.♔c3 mit weißem Vorteil, Fridman – Svane, Osterburg 2012.

B) 12...c6 13.a3 ♘d5 (13...♘d3+ 14.♗xd3 ♗xd3 15.f3 ♘f6 16.♔d2 ♗g6 17.♗e5±, Wojtaszek – Onischuk, Poikowski 2012) 14.h3 ♘gf6 (14...♘xf4 15.hxg4 ♘d3+ 16.♗xd3 ♗xd3 17.♔d2 ♗g6 18.♘e2 f6 19.♘g3 ♖d8 20.b4±, Lorparizangeneh – Gawrilow, Moskau 2015) 15.♘e2 0-0 16.♗e5 ♘d7 17.♗d6 ♖fe8 18.♘f4 ♘xf4 19.♗xf4 ♘f6 20.♖g1 ♘d5 21.♗e5 f6 22.♗g3 ♖ad8 23.h4 ♔f7 24.♔d2 h6 25.♗e2 g5 und die Stellung befindet sich etwa im Gleichgewicht, Gustafsson – Baramidze, Oberhof 2012.

10.♕g2 0-0 11.e4!?

Sehr mutig, aber auch riskant, denn der König bleibt – ohne rochiert zu haben – im Zentrum. Solider sieht hier 11.0-0-0 aus, z.B. 11...♘f6 12.f3 ♗g6 13.e4 ♖d8 14.♘ge2 b5 15.♗e3 b4 16.♘a4 ♘a5 17.♘f4 c5 18.♘xc5 ♘d7 19.♘d5 ♗f8 20.♕c2 ♘xc5 21.dxc5 ♖b8 22.b3 und Weiß bleibt mit einem Mehrbauern materiell vorn, Fridman – Prusikin, Bad Wiessee 2012.

11...♗xe4!

Stark gespielt. Schwarz opfert eine Figur, um Mattdrohungen gegen den feindlichen König aufzustellen. Nach 11...♗g6 12.0-0-0 oder 11...♘xd4 12.0-0-0 hat Weiß in beiden Fällen Vorteil.

12.♘xe4

Nach 12.♕xe4 ♖e8 hätte Weiß Schwierigkeiten.

12...♗b4+ 13.♘c3 ♕f5

Schwarz mobilisiert seine Kräfte und aktiviert die Dame.

14.♗e2

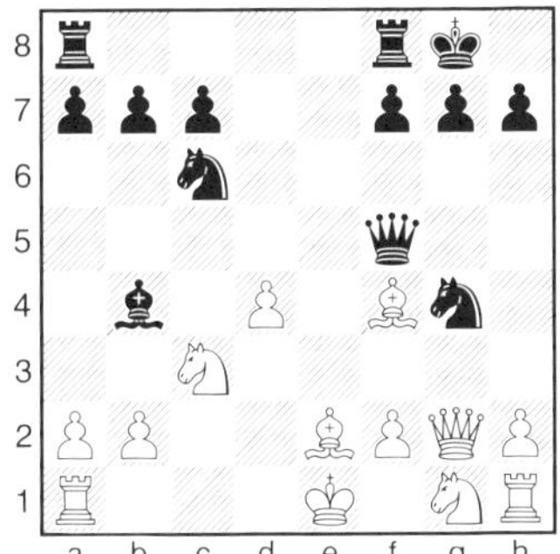

14...Tfe8?

Laut Aronian ein ungenauer Zug. Die einzig richtige Antwort war 14...h5!?, um den Springer zu decken.

15.Kf1! Sf6

Zu überlegen war hier 15...Dxf4!? 16.Dxg4 Dd2 usw. Die Partiefortsetzung verschafft Schwarz größere Probleme.

16.Lh6! g6 17.Dg5

17.a3! (Aronian).

17...Sxd4 18.Td1

18.Dxf5!? Sxf5 19.Ld2±

18...Lxc3 19.bxc3 Se4

Nicht besser wäre 19...Txe2 20.Sxe2 Dh3+ 21.Dg2 Dxg2+ 22.Kxg2 Sxe2 23.Td3 Sg4 24.Ld2 Se5 25.Td5 Te8 26.Te1 c6 27.Td4! mit weißem Vorteil.

20.Dxf5 Sxf5 21.Ld2 Tad8 22.Le1 Txd1 23.Lxd1 Te5 24.Sf3 Tc5 25.Lb3 Sxc3

Schwarz hat schon drei Bauern für die Figur, aber Aronian besitzt zwei starke Läufer, und diese garantieren ihm einen klaren Vorteil.

26.Se5! Se4?

Den aktiven Springer sollte Schwarz beseitigen. Besser war daher 26...Txe5!? 27.Lxc3 Te7 28.Kg2 Td7 29.Te1 Kf8 und Weiß müsste noch viel arbeiten, um den Sieg zu erringen.

27.Sxf7 Kg7 28.f3 Sf6 29.Lf2 Tc3 30.Sg5 Sh5 31.Ke2 Sf4+ 32.Kd2 Td3+ 33.Kc2 Kh6 34.Sf7+ Kh5 35.Tg1 h6 36.Se5 Se3+ 37.Kb1 Tc3 38.Sxg6!

Am Ende eine kleine Lektion in Sachen Taktik.

38...Sh3

38...Sxg6 39.Lf7+-

39.Sf4+

Das hübsche Ende. Schwarz gab sich geschlagen wegen 39...Sxf4 40.Lf7+ Sg6 41.Lxg6#.

Partie Nr. 40
Kasparow – Andersson
Belfort 1988

1.d4 Sf6 2.c4 e6 3.Sc3 d5 4.cxd5 exd5 5.Lg5 c6 6.Dc2 Le7 7.e3 Sbd7 8.Ld3 0-0 9.Sge2 Te8 10.0-0 Sf8 11.f3 Le6 12.Tae1 Tc8 13.Kh1 S6d7 14.Lxe7 Txe7 15.Sf4 Tc7?

Schwarz wählt einen passiven Plan, der nur seine Lage verschlechtert. Die bessere Erwiderung 15...Sf6 wurde in Kapitel 11, Abspiel 2 besprochen.

16.Df2 Sf6 17.e4!

So hat Weiß einfach die Hauptidee dieser Variante realisiert.

17...dxe4 18.fxe4 ♖cd7

Auch 18...♗c8 19.e5 oder 18...♘g6 19.♘xe6 ergibt ein klares Übergewicht für Weiß.

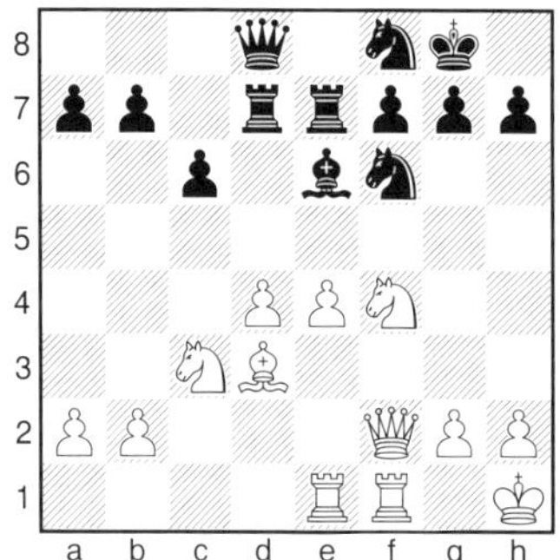

19.d5!

Auf kombinatorische Weise gelingt es Weiß, die schlechte Aufstellung der schwarzen Figuren auszunutzen.

19...cxd5 20.♗b5 ♖c7

Laut Kasparow könnte auch das Qualitätsopfer 20...dxe4 21.♗xd7 ♕xd7 (21...♗xd7 22.♘fd5 ♖e5 23.♖xe4+-) 22.♘xe4 ♘xe4 23.♖xe4 ♗xa2 24.♖xe7 ♕xe7 25.♕xa7 ♗c4 26.♖c1 ♕e4 27.♕c5 die Lage von Schwarz nicht erleichtern.

21.exd5 ♗d7

Der Bauer d5 ist tabu wegen 21...♘xd5 22.♘fxd5 ♗xd5 23.♖d1 ♖e5 24.♗c4 ♖xc4 25.♖xd5 mit weißem Gewinn.

22.♗e2!

Der Tausch der Läufer würde nur die schwarze Verteidigung erleichtern. Nun droht der Marsch des d-Bauern und das Schlagen auf a7.

22...♖c8 23.♕xa7 b6 24.♕a6 ♘e4 25.d6! ♘xd6 26.♘fd5 ♖e5 27.♕xb6 ♘f5 28.♕xd8 ♖xd8

Weiß hat zwei verbundene Freibauern am Damenflügel. Den Rest lasse ich unkommentiert.

29.♗d3 ♖xe1 30.♖xe1 ♘g6 31.a4 ♔f8 32.a5 ♘d4 33.♗xg6 hxg6 34.♖d1 ♘e6 35.♘b6 ♗c6 36.♖xd8+ ♘xd8 37.b4 ♘e6 38.b5 Schwarz gab auf.

Partie Nr. 41
Kramnik – Meier
Dortmund 2012

1.c4 ♘f6 2.♘c3 c5 3.♘f3 e6 4.e3 ♘c6 5.d4 d5 6.cxd5 ♘xd5 7.♗c4 cxd4 8.exd4 ♗e7 9.0-0 0-0 10.♖e1 ♗f6 11.♗b3 ♘de7

Eine neue und sehr ungewöhnliche Weise, diesen Stellungstyp zu behandeln, aber womöglich die beste, zumindest geben Computerprogramme ihre Zustimmung. (Kramnik) Die Alternative 11...♘ce7 wurde in Kapitel 12 besprochen.

12.♗f4!?

Ich war nicht sicher, ob diese Fortsetzung vollauf korrekt ist, aber sie schien mir der einzige Weg zu sein, die Dinge zu komplizieren und auf Gewinn zu spielen. Weiß hat einiges Spiel für den Bauern, aber objektiv steht Schwarz natürlich ordentlich. 12.♗e3 war „korrekt“, führt aber zu Vereinfachung und sehr wahrscheinlich zum Remis. 12...♘f5 13.d5 Es gibt keine gute Möglichkeit, diesen Bauern zu decken. 13...♘xe3 14.♖xe3 exd5 = (Kramnik).

12...♗xd4

Am einfachsten. 12...♘xd4 gefällt dem Computer sogar noch besser.

A) 13.♘xd4 ♗xd4 und Schwarz steht zumindest nicht schlechter, obwohl die Stellung noch immer sehr kompliziert ist. 14.♕f3 (14.♘b5 ♗b6; 14.♗g5 f6∞) 14...♘g6 15.♗g3 ♕f6∞.

B) 13.♘e4 ♘xb3 14.♘xf6+ gxf6 15.♕xb3 ist sehr unklar. (Kramnik)

13.♘xd4 ♘xd4 14.♗c4

Für den Bauern hat Weiß jetzt wenigsten das Läuferpaar.

14...♘ec6 15.♖c1

Auf diese Weise wird die Spannung aufrechterhalten.

15...♕f6 16.♗c7!

Nach 16.♗d6 ♖d8 17.♘e4 ♕g6 steht Schwarz gut.

16...e5?

Positionell schwach. Der Springer d4 wird zwar gestützt, aber zugleich das Feld d5 geschwächt, wohin sich der weiße Reiter sofort begibt. Besser war laut Kramnik 16...♕e7!?. Auf 17.♗g3 folgt 17...♖d8 18.♕h5 ♘f5 19.♗f4 ♗d7 mit einer unklaren Stellung: Schwarz steht recht fest , aber auch Weiß hat Spiel für den Bauern.

17.♘d5 ♕g5 18.f4!

Nun wird es taktisch, und man muss die Varianten genau berechnen. (Kramnik)

18...exf4 19.♗xf4 ♕h4

Nach 19...♕g4 20.♗e3 ♕xd1 21.♖exd1 ♘e6 22.♗b5 hätte Weiß mehr als genügend Kompensation für den Bauern. Oder 19...♕g6 20.♕xd4! ♘xd4 21.♘e7+ ♔h8 22.♘xg6+ hxg6 23.♗d6 ♖d8 24.♗e7 ♖d7 25.♗xf7 ♘f5 26.♖c3 ♖xe7 27.♖h3+ ♘h6 28.♖xh6+ gxh6 29.♖xe7 ♗f5 30.♖xb7 mit weißem Vorteil.

20.♗g3

Kramnik: Interessant war 20.♖e4!?. Während der Partie versuchte ich herauszufinden, ob es funktioniert, aber es blieb unklar: 20...♗g4 (20...♘e6∞) 21.♕d2 (21.♗d6∞) 21...♘f3+! 22.gxf3 ♗xf3 ergibt ein völliges Chaos, zum Beispiel 23.♗d3 ♕g4+ 24.♔f2 ♕g2+ 25.♔e3 ♕h3∞.

20...♕d8?

Der entscheidende Fehler. Notwendig war 20...♕g5! mit sehr kompliziertem Spiel, das in eine mehr oder weniger ausgeglichene Stellung münden kann: 21.♖e4! ♘f5! (21...♗f5? scheitert an 22.♖xd4 ♘xd4 23.♗f4! und Weiß gewinnt.) 22.♖g4 ♕h6 23.♗f4 ♕e6 24.♘c7 ♕e4 25.♘xa8 ♘e3 26.♕f3 ♕xf3 27.gxf3 ♘xc4 28.♖g2 mit einem kleinen Plus für Weiß.

21.♘c7 ♖b8 22.♘b5 ♖a8 23.♗d6! ♖e8?

Schwarz übersieht eine taktische Variante, die forciert gewinnt. Hartnäckiger war ohne Zweifel 23...♘xb5!?, aber Weiß erobert nach 24.♗xf8 eine Qualität und später sicher auch den Punkt.

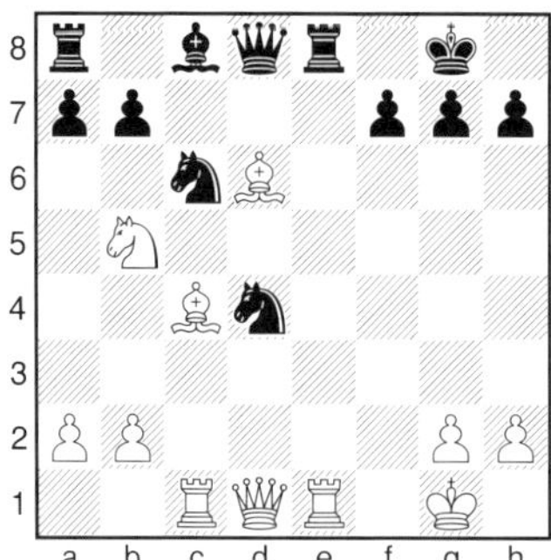

24.♗xf7+!

So wird der schwarze Monarch zum Tanz nach vorn geladen.

24...♔xf7 25.♕h5+ g6 26.♕xh7+ ♔f6 27.♘xd4! ♘xd4

Keine Verteidigung gab es nach 27...♖xe1+ 28.♖xe1 ♕xd6 29.♖f1+ ♔e5 (29...♔g5 30.h4+ ♔g4 31.♘e2 g5 32.♕e4+ ♔h5 33.♖f7 mit baldigem Matt) 30.♘f3+ ♔f6 (30...♔d5 31.♖d1+ ♔c5 32.♖xd6 verliert die Dame.) 31.♘d2+ ♗f5 32.♘e4+ und Schwarz kann aufgeben.

28.♕h4+ ♔f7 29.♖c7+ ♗d7

Oder 29...♕xc7 30.♕h7+ ♔f6 31.♖f1+ ♗f5 32.♗xc7 und Weiß gewinnt.

30.♕h7+ ♔f6 31.♖f1+ ♔e6

„Eine großzügige Geste meines Gegners." (Kramnik) Auch 31...♘f5 32.♖xd7 ♕b6+ 33.♔h1 führt schnell zum Untergang.

32.♕xg6+ ♔d5 33.♖c5#

Partie Nr. 42
Charlow – Nisipeanu
Laibach 2002

1.c4 e6 2.♘c3 c5 3.e3 ♘f6 4.♘f3 ♗e7 5.d4 cxd4 6.exd4 d5 7.cxd5 ♘xd5 8.♗d3 ♘c6 9.0-0 0-0 10.♖e1 ♘f6

Die Erwiderung 10...♗f6 wurde in Kapitel 12 vorgestellt.

11.a3

Damit wird das Manöver ♘c6-b4-d5 endgültig ausgeschaltet.

11...b6 12.♗c2

Diese Umgruppierung der weißen Figuren ist sehr stark und kann für den Nachziehenden sehr gefährlich sein.

12...♗b7

Möglich ist 12...♗a6, um 13.♕d1-d3 zu verhindern. Man sehe: 13.♗f4 (Nicht schlecht ist 13.b4!? ♗c4 14.b5 ♘a5 15.♘e5 ♖c8 16.♖e3 g6 17.♖h3 und Weiß bekam gute Angriffsaussichten am Königsflügel, Sawon – Baturin, Lwow 1981. Ebenfalls stark ist 13.♗g5!?, z.B. 13...♖c8 14.♕d2 ♘d5 15.♘xd5 ♕xd5 16.h4 ♗xg5 17.hxg5 ♘e7 18.♗e4 ♕d6 19.♘e5 ♘g6 20.♗xg6 hxg6 21.♕f4 ♖c2 22.♖e3 mit gefährlichen Drohungen am Königsflügel.) 13...♖c8 14.♗g3 g6 15.♕d2 ♘h5 16.d5 exd5 17.♘xd5 ♘xg3 18.hxg3 ♗f6 19.♕f4 (19.♖ad1 ♗c4=, Franco Ocampos – Ro. Perez, Havanna 2002) 19...♕xd5 (19...♗xb2 20.♖ad1 ♖e8 21.♘e7+ ♕xe7 22.♖xe7 ♖xe7 23.♗b3±) 20.♕xf6 ♖fe8 21.♖ad1 mit etwas besserem Spiel für Weiß, Analyse von Michaltschischin.

13.♕d3 g6

Damit wird der empfindliche Punkt h7 gesichert. Dass die schwarze Stellung schon gefährdet ist, sehen wir nach dem natürlichen Entwicklungszug 13...♖c8. Weiß hat nun zwei starke Möglichkeiten zur Verfügung: 14.d5! exd5 (14...♘b8 15.dxe6 ♕xd3 16.♗xd3 ♗xf3 17.exf7+ ♔xf7 18.gxf3 ♖fd8 19.♗c2 ♘c6 20.♗e3 ♘d4 21.♗xd4 ♖xd4 22.♖e2 ♖h4 23.♗b3+ ♔f8 24.♘e4 ♘xe4 25.fxe4 mit weißem Plus) 15.♗g5 g6 16.♖xe7! oder 14.♗g5! g6 15.♖ad1 ♘d5 16.♗h6 ♖e8 17.♗a4 a6 18.♘xd5 ♕xd5 19.♕e3 ♗f6 20.♗b3 ♕d8 21.♘e5, in beiden Fällen mit starker Initiative.

14.♗h6 ♖e8 15.♖ad1 ♕c7

Oder 15...♖c8 16.h4 (16.♗b3!?) 16...♘d5 17.♘xd5 ♕xd5 18.♕d2 ♕d6 19.♗e4 ♘a5 20.♗xb7 ♘xb7 21.♘g5 ♘a5 22.d5! mit weißem Vorteil, Ribli – Gheorghiu, Warschau 1979.

16.♗b3 ♖ad8 17.h3 ♖d7?

Schwarz dachte, dass die Lage im Zentrum stabilisiert ist, und macht mit diesem unvorsichtigen Zug einen strategischen Fehler. Notwendig war 17...a6!?, z.B. 18.d5 exd5 19.♘xd5 ♘xd5 20.♗xd5 ♗f6 mit guten Ausgleichschancen. Nun kommt es zu einer Katastrophe.

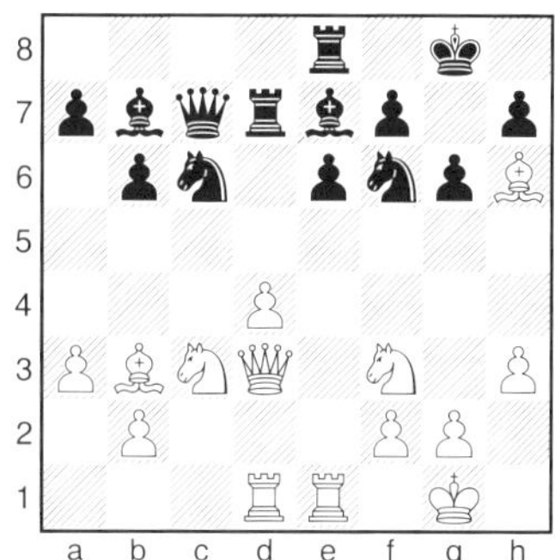

18.d5! ♖c8

Andere Züge verlieren auch: 18...♕d8 19.dxe6 (19.♘g5!?) 19...♖xd3 20.exf7+ ♔h8 21.fxe8♕+ ♘xe8 22.♘g5 ♗xg5 (22...♘e5 23.♖xd3 ♕xd3 24.♖xe5 ♕d7 25.♘f7+ ♔g8 26.♖e3+–) 23.♖xd3 ♕c8 24.♗xg5 ♘g7 25.♖ed1 und Weiß steht auf Gewinn. Oder 18...♖ed8 19.♘b5 ♕c8 20.♕c3 ♗a6 (Oder 20...exd5 21.♖xe7 ♘xe7 22.♕xf6 ♘f5 23.♖c1 ♕b8 24.♗d2 mit den Drohungen g2-g4 bzw. ♗d2-c3 mit entscheidendem Angriff.) 21.dxe6 ♖xd1 22.exf7+ ♔h8 23.♗xd1 ♗xb5 24.♖xe7 ♘xe7 25.♕xf6#.

19.♕e3 exd5 20.♘xd5 ♘xd5 21.♗xd5 ♗c5

Auf 21...♗f8 22.♗xf8 ♖xf8 entscheidet 23.♕h6 mit der Drohung ♘f3-g5!.

22.♕e8+! ♗f8 23.♗xf8 ♖xe8 24.♖xe8 ♕b8 25.♖xb8 ♘xb8 26.♗d6! Schwarz gab auf.

Partie Nr. 43
Anand – Carlsen

Sotschi 2014, 3. Matchpartie

1.d4 ♘f6 2.c4 e6 3.♘f3 d5 4.♘c3 ♗e7 5.♗f4 0-0 6.e3 ♘bd7 7.c5 c6 8.♗d3 b6 9.b4 a5 10.a3 ♗a6 11.♗xa6 ♖xa6 12.b5 cxb5 13.c6 ♕c8 14.c7 b4 15.♘b5 a4

Die Erwiderung 15...bxa3 wurde in Kapitel 13 besprochen.

16.♖c1 ♘e4

16...♖a5 wird mit 17.♗d6 beantwortet, z.B. 17...♖xb5 18.♗xe7 b3 (18...♖e8 19.axb4 ♖xe7 20.♕xa4+-) 19.♗xf8 ♘xf8 20.0-0 mit weißem Vorteil.

17.♘g5!?

Nach 17.♘d2 hat Schwarz keine Probleme: 17...e5 (17...♘c3 18.♘xc3 bxc3 19.♖xc3 b5 20.0-0 ♘b6∞, Villuendas Valero – Labena Bernal, Pamplona 2006) 18.♘xe4 dxe4 19.♗xe5 ♘xe5 20.dxe5 ♗c5 21.♕d5 bxa3 22.0-0 ♖a5! (22...♕a8? 23.♕d7 ♕c8 24.♖fd1 ♕xd7 25.♖xd7±, Jendrichovsky – Goumas, Fermo 2009) 23.♖b1 g6 24.♖fc1 ♖xb5! 25.♖xb5 ♕xc7 26.♕xe4 ♕d7 27.♕xa4 ♖d8 mit Ausgleich.

17...♘df6 18.♘xe4 ♘xe4?

Zu beachten ist 18...dxe4!? z.B. 19.♘d6 (19.♗d6 ♘d5 20.♗xe7 ♘xe7 21.axb4 ♕d7=) 19...♗xd6 20.♗xd6 b3! 21.♗xf8 ♔xf8 22.♕d2 ♘d5 mit etwa gleichem Spiel.

19.f3 ♖a5

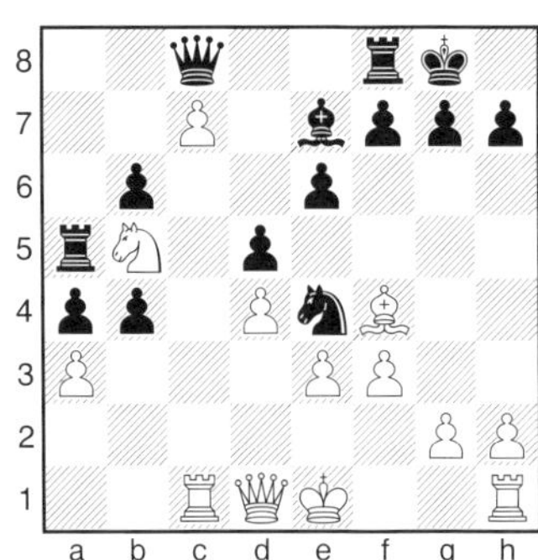

20.fxe4!

Eine neue Idee. In der Partie Aronian – Adams, Bilbao 2013, geschah 20.♕e2 ♕d7 21.fxe4 ♖c8 22.exd5 exd5 23.axb4 ♖xb5 24.0-0 ♖xb4 25.♕a6 h6 26.♖c6 ♗g5 27.♗xg5 hxg5 28.♖fc1 ♖c4 29.♖1xc4 dxc4 30.♕xb6 a3 31.♖xc4 a2 32.♕a5 ♕e6 33.♕xa2 ♖xc7 34.♕a8+ ♔h7 35.♖xc7 ♕xe3+ 36.♔f1 ♕f4+ 37.♕f3 ♕xc7 mit gleichem Endspiel.

20...♖xb5 21.♕xa4 ♖a5 22.♕c6 bxa3

Schwarz hofft auf seinen weit vorgerückten a-Bauern.

23.exd5 ♖xd5

23...exd5 24.0-0±

24.♕xb6 ♕d7

Auf 24...♕a8 folgt 25.♕c6! ♕xc6 26.♖xc6 ♖c8 27.♖b6 ♖a5 28.♖b8 ♖a8 29.♔e2 und Weiß gewinnt.

25.0-0 ♖c8 26.♖c6 g5 27.♗g3 ♗b4

Nach 27...♖a5 28.♖xe6! ♕xe6 29.♕xa5 ♕xe3+ 30.♔h1 ♕d3 31.♖e1 ist die Situation für Schwarz auf die Dauer auch hoffnungslos.

28.♖a1 ♗a5 29.♕a6 ♗xc7

29...♗b4 wird mit 30.♖b6! beantwortet, z.B. 30...♖a5 31.♕xc8+ ♕xc8 32.♖xb4! nebst 33.♘b8 mit Gewinn.

30.♕c4

Die entscheidende Fesselung.

30...e5 31.♗xe5 ♖xe5 32.dxe5 ♕e7 33.e6 ♔f8 34.♖c1 Schwarz kapitulierte.

Partie Nr. 44
Topalow – Kramnik
Monte Carlo 2001

1.d4 ♘f6 2.c4 e6 3.♘f3 d5 4.♘c3 ♗e7 5.♗f4 0-0 6.e3 c5 7.dxc5 ♗xc5 8.a3 ♘c6 9.♕c2 ♕a5 10.♘d2 ♗b4

Oder 10...♗e7 11.♗g3! ♗d7 12.♗e2 ♖ac8 (Zu weißem Vorteil führen andere Antworten: 12...♖fd8?! 13.0-0 a6 14.b4 ♕b6 15.c5 ♕a7 16.♘a4±, L.B. Hansen - Andersen, Dänemark 1993; 12...♕b6 13.0-0 d4 14.♘a4 ♕d8 15.b4 ♖c8 16.♘b2±, L.B. Hansen - Deep Blue, Kopenhagen 1993, und auch 12...♖fc8 13.0-0 ♕d8 14.♖ad1 d4 15.♘b5 dxe3 16.fxe3 ♕b6 17.♕d3 ♗e8 18.b4±, Tukmakow - Simon, Bern 1991.) 13.0-0 ♕d8 14.cxd5 exd5 15.♘f3 a6 16.♖fd1 ♕b6 17.♖ac1 und wegen der Schwäche auf d5 hat Weiß einen positionellen Vorteil.

11.cxd5 exd5

Nach 11...♘xd5 12.♘xd5 exd5 13.♗d3 g6 14.♖c1 ♗e7 15.0-0 ♗f6 16.♘b3 ♕b6 17.♖fd1 steht Weiß etwas besser.

12.♗d3

12.♖c1!? wird gleichfalls gespielt.

12...d4 13.0-0 ♗xc3 14.♘c4 ♕h5 15.bxc3 ♘d5

Die Variante nach 15...dxe3 16.♘xe3 ♗e6 (16...♗d7 17.♖ab1! ♘e5? 18.♗e2 ♘eg4 19.♘xg4 ♗xg4 20.♖b5! ♘d5 21.♖xd5 ♕xd5 22.♗xg4+−, Drejew - Ravi, Indien 1992) 17.♖ab1 mit der Absicht ♖b1-b5 ist vorteilhaft für Weiß, z.B. 17...♘d5 18.♖b5! ♖fd8 19.c4 ♘d4 20.♕b2 ♘xb5 21.cxd5 ♗xd5 22.♗xb5 mit weißem Vorteil, Kortschnoi - Beljawski, Amsterdam 1990.

16.♗g3!

Aber nicht 16.♗d6? ♖d8 17.cxd4 b5 18.♘e5 ♖xd6 19.♘xc6 ♖h6 20.h3 ♗xh3! mit entscheidendem Angriff.

16...dxe3 17.♖ae1! ♗e6

Die Beendigung der Entwicklung ist angebracht. Der Bauerngewinn nach 17...exf2+ wäre zweifelhaft: 18.♖xf2 ♗e6 19.♘d6 b6 20.♕a4 ♘de7 (Noch schlimmer wäre 20...♘ce7? 21.c4 ♘f6 22.♖e5 ♕h6 23.♗f4 ♕h4 24.g3 ♕g4 25.h3! ♕xh3 26.♗f1 ♕g4 27.♖g5 ♗d7 28.♕c2 ♕e6 29.♖e2 mit Damengewinn.) 21.♗b5 ♘a5 22.♗d7 ♕g6 23.♗xe6 fxe6 24.♖fe2 und Weiß bekommt seinen Bauern zurück mit Initiative.

18.fxe3 ♖ad8 19.♘d6 ♘e5

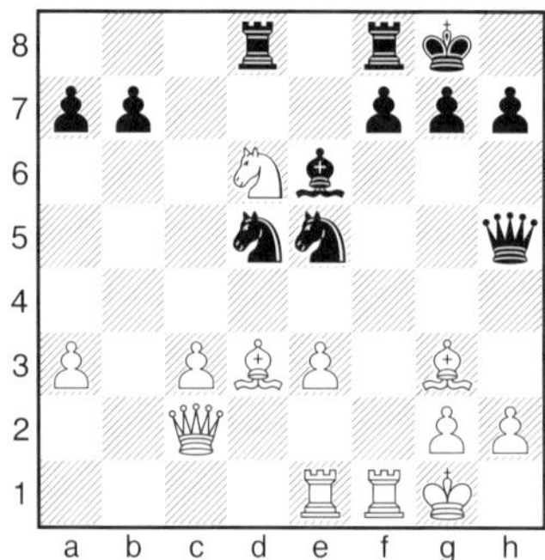

20.♗xh7+!

Eine wesentliche Verstärkung dieser Variante. Bisher brachten andere Pläne keinen Vorteil. Man sehe: 20.♗f5 ♖xd6 21.♗xe5 ♖dd8 (21...♖c6 22.e4±) 22.e4 ♘e7 23.♗d4 ♗xf5 24.exf5 ♘c6 25.♕f2 ♘xd4 26.cxd4 ♕g5 27.♖e5 ♖d7 28.♖fe1 h6 29.h3 ♖fd8 30.♖e8+ (30.♕e3!? ♕xe3+ 31.♖1xe3 ♖xd4 32.♖e8+ ♔h7 33.♖xd8 ♖xd8 34.♖e7=) 30...♖xe8 31.♖xe8+ ♔h7 32.♔h2 ♕f6 mit besserem Endspiel für Schwarz, Tukmakow - Lputian, Tilburg 1994; 20.♘xb7 ♘xd3 21.♕xd3 ♖d7 22.♘d6 (22.♘c5?? ♘f4 23.♕b5 ♘d3-+) 22...♘b6 23.♖f4 ♕c5 24.♖h4 h6 25.♖d4 ♕xa3 26.♖f1 ♕c5 27.♖a1 a5 28.h3 a4 29.♔h2 ♖a8 30.♘e4 ♕f5 31.♕b1 ♖xd4 32.cxd4 mit Remis, Kortschnoi - Lutz, Zürich 1999.

20...♕xh7 21.♕xh7+ ♔xh7 22.♗xe5 f6

Es geht nicht 22...♘xc3 23.♗xc3 ♖xd6 24.♗b4 mit Qualitätsgewinn.

23.e4!

Ein sehr wichtiger Zwischenzug, denn Weiß verbleibt nun mit einem Mehrbauern. Nach 23.♗g3 ♘xc3 wäre bei Schwarz alles in Ordnung.

23...♘b6

Am besten, denn nach 23...fxe5 24.♖xf8 ♖xf8 25.exd5 ♗xd5 26.♖xe5 ♗c6 27.♖e7 wäre das Endspiel für Weiß leichter gewonnen. Daher möchte Schwarz mit ungleichen Läufern spielen, mit der Hoffnung auf Rettung.

24.♗g3 ♘a4 25.e5! f5

Oder 25...fxe5 26.♖xf8 ♖xf8 27.♗xe5 mit klarem Vorteil.

26.♗h4 ♖d7 27.♖e3 f4 28.♖ef3 ♗d5 29.♖h3!

Nach 29.♖xf4 ♖xf4 30.♖xf4 ♘xc3 hätte Weiß noch einige technische Probleme mit der Realisierung seines Mehrbauern. Der Partiezug ist stärker.

29...♗e6 30.♗e7+!

Nun folgt der Übergang in ein leicht gewonnenen Endspiel.

30...♗xh3 31.♗xf8 ♗e6 32.♘e4 ♔g8 33.♘g5 ♔xf8

Es rettet auch nicht 33...♗c4 34.e6 ♖d2 35.e7 ♖e2 36.♖xf4 usw.

34.♘xe6+ ♔e7 35.♘xf4 ♖d2?

Dies erleichtert die Aufgabe von Weiß. Mehr Mühe erwartete Topalow nach 35...♘xc3 36.♘g6+ ♔d8 (36...♔e6 37.♘f8++-) 37.♖f8+ (37.e6 ♖d1!) 37...♔c7 38.e6 ♖d1+ 39.♔f2 ♘e4+ usw.

36.♖f3

Nun gewinnt Weiß einfach das Endspiel mit zwei Mehrbauern.

36...♘c5 37.h4 ♘e6 38.♔h2 ♖a2

39.♘xe6 ♔xe6 40.♖g3 ♔f7 41.e6+ ♔xe6 42.♖xg7 ♖xa3 43.♖xb7 ♔f5 44.♖b5+ ♔g4 45.♖b4+ ♔h5 46.g3 ♖a1

46...♖xc3 47.♖a4 ♖c7 48.♔h3+-

47.♔h3 a5 48.g4+ ♔h6 49.♖b6+ ♔g7 50.h5 a4 51.♖a6 a3 52.♔h4 a2 53.♔g5 ♔h7 54.♖a7+ ♔g8 55.♔g6 ♔f8 56.g5 Schwarz gab auf.

Partie Nr. 45
Meister – Wirthensohn
Stockholm 1997

1.d4 ♘f6 2.c4 e6 3.♘f3 d5 4.♘c3 ♗b4 5.♕a4+ ♘c6 6.e3

Anderes sehen Sie in Kapitel 14.

6...0-0 7.♗d2 a6 8.♕c2

Dies bringt Weiß gar nichts. Besser ist wahrscheinlich einfach 8.a3 ♗xc3 9.♗xc3 ♘e4 10.♗d3 ♘xc3 11.bxc3 mit minimalem Vorteil.

8...dxc4 9.♗xc4 ♗d6 10.e4 e5

Schwarz hat eine ideale Stellung erreicht und steht schon recht gut.

11.dxe5 ♘xe5 12.♘xe5 ♗xe5 13.0-0-0!?

Mutig gespielt. Nach dem üblichen 13.0-0 wäre die Stellung etwa gleich.

13...♕d4 14.f4 ♕xc4 15.fxe5 ♘d7 16.♗f4

Interessant war 16.b3!?, z.B. 16...♕c6 (16...♕e6 17.♘d5 ♕xe5 18.♔b1! c5 19.♗f4±) 17.♘d5 ♕xc2+ 18.♔xc2 c6 19.♘e7+ ♔h8 20.♖hf1! ♘xe5 21.♗c3 ♘g6 22.♘xc8 ♖axc8 23.♖d7 f6 24.♖xb7 mit günstigerem Endspiel für Weiß.

16...c6 17.♖d6 ♘c5 18.♗e3 ♗g4 19.h3 ♗h5 20.g4 ♗g6 21.♖d4 ♕e6 22.♕h2 ♘d7 23.h4 h5 24.gxh5 ♗xh5 25.♗f4 ♖ae8 26.♖d6 ♕e7 27.e6

27.♗g5!? f6 28.exf6 ♘xf6 29.♕d2 wäre ebenso möglich für Weiß.

27...fxe6 28.♖g1

Noch zu versuchen wäre 28.♗g5 ♕f7 29.♖g1 mit Kompensation für den Bauern.

28...e5

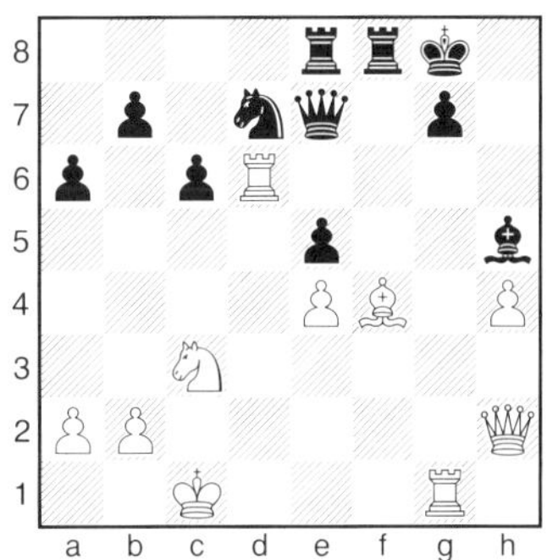

29.♖xd7?

Nun kommt Schwarz schnell voran. Notwendig war 29.♕d2! ♖xf4 (29...♘f6 30.♗g5!) 30.♖xd7 ♕f6 31.♖xb7 und Weiß spielt mit.

29...♕xd7 30.♗xe5 ♖f7 31.♕g3 ♖e6 32.♗f4 ♖ef6 33.♗d2 ♖f1+ 34.♖xf1 ♖xf1+ 35.♔c2 ♖f3 36.♕g2 ♕d3+ 37.♔b3 ♕xe4 und Weiß kapitulierte.

Partie Nr. 46
Vachier-Lagrave – Caruana
Chanty-Mansijsk 2015

1.d4 ♘f6 2.c4 e6 3.♘f3 d5 4.♘c3 ♗b4 5.cxd5 exd5 6.♗g5 ♘bd7 7.♖c1

Andere Fortsetzungen wurden in Kapitel 14 besprochen.

7...c6 8.e3

8.a3 ♗xc3+ 9.♖xc3 h6 10.♗f4 ♘e4 11.♖c1 ♘df6 12.♘d2 ♘xd2 13.♕xd2 ♘e4 14.♕b4 a5 15.♕b3 0-0 16.e3 a4 17.♕b4 ♕h4 mit aktivem Gegenspiel, Lechtynsky – Luther, Nürnberg 2009.

8...♕a5 9.♗d3 ♘e4

Der Nachziehende erhöht den Druck auf den Punkt c3, diese Aktion ist vergleichbar mit dem Vorgehen in der Cambridge-Springs-Variante (siehe Kapitel 16).

10.0-0 ♘xg5

Nach 10...♘xc3 11.bxc3 ♗xc3 12.♕c2 h6 (12...♗b4 13.♗xh7±) 13.♗f4 ♗b4 14.♖b1 erhält Weiß ausreichenden Ersatz für den Bauern. Dagegen führt die Folge 10...♗xc3 11.bxc3 ♘xc3 12.♕d2 zum Verlust des Springers. Mit dem Partiezug sichert sich Schwarz das Läuferpaar.

11.♘xg5 ♘f6 12.♕c2 h6 13.♘f3 ♗d6

Auf 13...0-0 ist 14.h3!? stark mit der Idee 15.♘e5 und f2-f4. Aus diesem Grund nimmt der Läufer das Feld e5 unter Kontrolle.

14.♘e5 ♘g4!

Ausgezeichnet gespielt. Nun kann Weiß seinen ♘e5 durch f2-f4 – wegen ♘g4xe3 – nicht stützen.

15.♘f3 ♘f6 16.h3

Verhindert ♘f6-g4.

16...0-0 17.♘e5 a6!?

Zuvor wurde hier 17...c5 gespielt. Im Duell Gelfand – Jakowenko, Chanty-Mansijsk 2009, weiter geschah: 18.♘b5 ♗xe5 19.dxe5 ♘d7 20.f4 c4 21.♗h7+ ♔h8 22.♘d6 ♘c5 (22...g6 23.♗xg6 fxg6 24.♕xg6+-) 23.♖cd1 b6 24.♖xd5 ♗a6 25.♗e4 ♖ab8 26.a3 c3 27.b4 ♕xa3 28.bxc5 ♗xf1 29.♔xf1 bxc5 30.♖d1 ♕b2 31.♖c1 a5 32.♗d5 1-0.

18.f4 c5 19.g4 cxd4 20.exd4 ♗e6 21.♕b3 b5 22.f5 ♕b6 23.♘f3 ♗c8!

Die Rückkehr des Läufers auf sein Ausgangsfeld ist korrekt. Nach 23...♗d7? 24.♘xd5 ♘xd5 25.♕xd5 ist bei Weiß alles in Ordnung.

24.♔g2

Nun wäre die Folge 24.♘xd5? ♘xd5 25.♕xd5 ♗b7 26.♕b3 ♖ae8 27.f6 ♗f4 28.fxg7 ♔xg7 günstig für Schwarz.

24...♗b7 25.♘a4 ♕a7 26.♘c5 ♖ac8 27.a4?

Notwendig war 27.♘xb7!.

27...♗xc5 28.dxc5

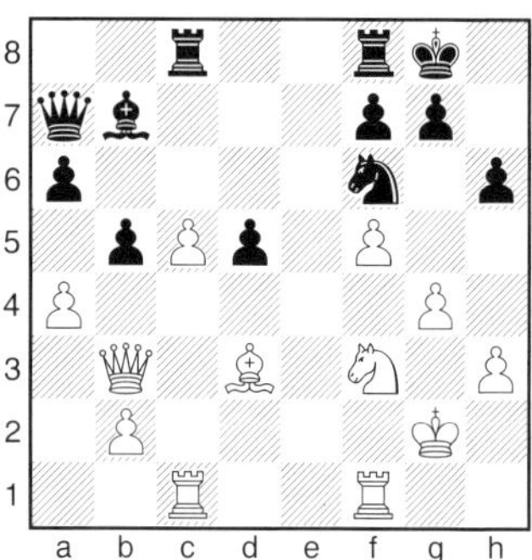

28...d4!

Das Material spielt in diesem Moment keine Rolle: Wichtig ist die Öffnung der Diagonale für den Läufer.

29.axb5 axb5 30.♕xb5 ♗c6 31.♕b6 ♕d7 32.♔g1 ♖fe8

Jetzt ist auch noch die e-Linie in schwarzer Hand. Weiß steht schon auf Verlust.

33.♖ce1 ♖xe1 34.♘xe1 ♖e8 35.♘g2 ♘d5 36.♕b3 ♘e3 37.♘xe3 dxe3 38.♕c4 ♕c7!

Es droht 39...♕g3#.

39.♕f4 ♕xf4 40.♖xf4 e2!

Nun macht der schwarze e-Bauer das Rennen.

41.♗xe2 ♖xe2 42.♖b4 ♖g2+ 43.♔f1 ♖c2 Weiß kapitulierte.

Partie Nr. 47
Kramnik – Lautier
Cannes 1993

1.d4 d5 2.♘f3 ♘f6 3.c4 e6 4.♘c3 ♗b4 5.♗g5 ♘bd7 6.cxd5 exd5 7.♕c2 h6 8.♗h4 c5 9.e3 c4

Die Möglichkeit 9...♕a5 wird in Kapitel 15 analysiert.

10.♗e2 ♕a5 11.0-0

Eine andere Fortsetzung ist 11.♘d2, um den Springerausfall nach e4 nicht zuzulassen, z.B. 11...0-0 12.♗f3 ♗xc3 13.bxc3 ♕a3 14.0-0 b5 15.♖fb1 a6 16.♖b4 ♖a7 17.♘b1 ♕a5 18.a4 g5 19.♗g3 ♘b6 20.♗e5 mit gutem Spiel von Weiß, Krasenkow - Garcia Ilundain, Las Palmas 1993.

11...♗xc3 12.bxc3 ♘e4 13.♖fc1!

Es ist nicht egal, welcher Turm seiner Dame zu Hilfe kommt. In der Partie wählte Weiß den richtigen Plan, denn auf 13.♖ac1 folgt 13...♘b6!, z.B. 14.♘d2 ♗f5 15.♘xe4 ♗xe4 16.♕d2 0-0 17.♗e7 ♖fe8 18.♗b4 ♕b5 und Schwarz steht ausgezeichnet.

13...♘b6 14.a4!

Jetzt ist der Sinn des letzten Zuges klar: Mit dem Partiezug wird die Beweglichkeit der schwarzen Figuren am Damenflügel erheblich eingeschränkt.

14...♗f5 15.♕b2 0-0

Auf 15...♘xa4 folgt 16.♕a3! g5 17.♗g3 b5 18.♗d1 und das weiße Spiel ist vorzuziehen.

16.♗d1 ♖fe8 17.♖a2 f6 18.♘d2 ♗d7

Schwarz konzentriert seine Kräfte gegen den Bauern a4. Aber stärker war 18...♘xd2, denn nun wird der Springer zum Königsflügel überführt.

19.♘f1!

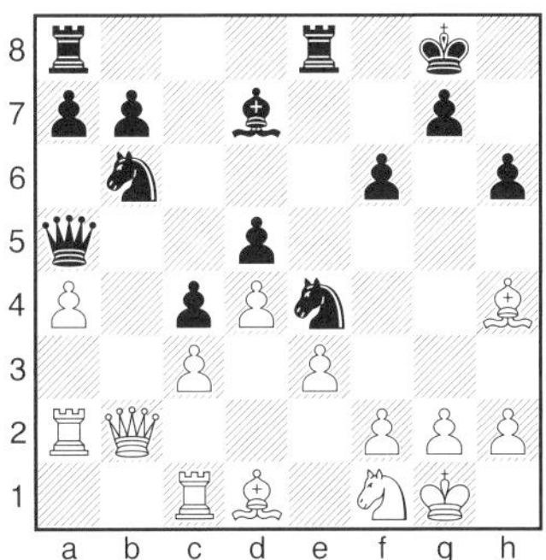

19...♘xa4?

Konsequent, aber leider falsch. Erst sollte man die Figuren ins Spiel einbeziehen, z.B. 19...♖ac8!?.

20.♕xb7 ♖ed8 21.♗xa4 ♗xa4 22.f3 ♖db8??

Ein schreckliches Versehen. Notwendig war 22...♘d6.

23.♖xa4!

Damit hat Schwarz wohl nicht gerechnet. Seine Partie bricht nun sofort zusammen.

23...♕xa4 24.♕xd5+ ♔h8 25.♕xe4 ♕a3 26.♖b1 ♕xc3 27.♗g3 ♖e8 28.♕g6 a5 29.♖b7 ♖g8 30.♗f4 ♕d3 31.e4 ♕xd4+ 32.♗e3 ♕d8 33.♗xh6 ♕f8 34.♗e3 ♕e8 35.♕g4 ♔h7 36.♕h3+ und wegen Matt gab Schwarz die Partie auf.

Partie Nr. 48
Karpow – Kasparow
Moskau 1985,
47. Matchpartie

1.♘f3 ♘f6 2.c4 e6 3.d4 d5 4.♘c3 c6 5.♗g5 ♘bd7 6.e3 ♕a5 7.cxd5 ♘xd5 8.♕d2 ♘7b6 9.♘xd5

Stärker ist 9.♗d3, siehe Kapitel 16. Nach dem Textzug verschwinden die Damen vom Brett, was nur für Schwarz günstig ist.

9...♕xd2+ 10.♘xd2 exd5 11.♗d3 a5 12.a4?!

Ein positioneller Fehler, denn Weiß schwächt dadurch das Feld b4, ohne dafür anderweitige Kompensation zu erhalten.

12...♗b4 13.♔e2 ♗g4+ 14.f3 ♗h5 15.h4

Dieser Zug hat eigentlich keinen positionellen Sinn. Besser war jedenfalls 15.b3 0-0 16.♖ac1 f6 17.♗f4 ♖fe8 18.♘f1 usw.

15...0-0 16.g4 ♗g6 17.b3 ♗xd3+ 18.♔xd3 ♖fe8 19.♖ac1

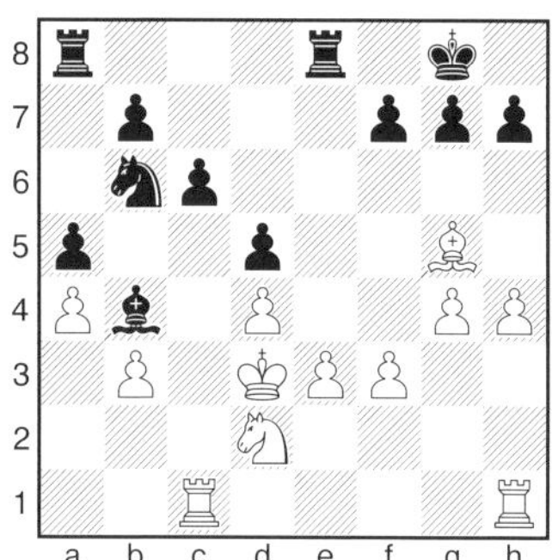

19...c5!

Mit diesem Hebel übernimmt Kasparow die Initiative. Es wird sich gleich herausstellen, dass Weiß mit seinem im Zentrum gefährdeten König bereits ums Überleben kämpft.

20.♗f4

Nicht besser war 20.dxc5 ♘d7 21.♔e2 ♘xc5 mit klarem Vorteil von Schwarz.

20...♖ac8 21.dxc5?

Möglicherweise konnte Weiß die Drohung c5-c4+ mit 21.♖c2!? parieren. Nun erhalten die schwarzen Figuren mehr Raum für Aktionen gegen den weißen König.

21...♘d7 22.c6

Hartnäckiger war 22.♗d6 b6 23.c6 ♘c5+ 24.♗xc5 bxc5 25.♖hd1 ♖xc6 26.♘f1 mit einigen Remischancen.

22...bxc6 23.♖hd1 ♘c5+ 24.♔c2 f6! 25.♘f1 ♘e6 26.♗g3 ♖ed8 27.♗f2

Nach 27.♗e1 wäre ebenfalls c5 stark.

27...c5! 28.♘d2 c4 29.bxc4 ♘c5! 30.e4 d4 31.♘b1?

Verliert endgültig die Partie. Notwendig war 31.♖a1!?.

31...d3+ 32.♔b2 d2

Materialverluste von Weiß sind unabwendbar. Karpow gab die Partie auf.

Partie Nr. 49
Timman – Jussupow
Linares 1983

1.d4 d5 2.c4 c6 3.♘f3 ♘f6 4.♘c3 e6 5.♗g5 ♘bd7 6.e3 ♕a5 7.♘d2 ♗b4 8.♕c2 0-0 9.a3

Anderes finden Sie in Kapitel 16.

9...♘e4

Ein anderer Plan besteht in 9...dxc4 10.♗xf6 ♘xf6 11.♘xc4 ♗xc3+ 12.bxc3 ♕c7 13.♗d3 c5 14.e4 b5 15.♘e3 cxd4 (15...c4!?) 16.cxd4 ♕f4 (16...♕d8!?) 17.0-0 ♗b7 18.e5 ♖ac8 19.♕e2 ♘d5 20.♘xd5 ♗xd5 21.♕e3 ♕xe3 22.fxe3 ♗c4 mit etwa gleicher Stellung.

10.♘cxe4 dxe4 11.♗h4

Hier wurde auch 11.♗f4 f5 12.0-0-0 ♗e7 13.f3 gespielt.

11...♖e8 12.0-0-0

Weiß bleibt seinem Plan treu und wählt eine scharfe Fortsetzung. Möglich ist auch 12.♖d1!?, um die kurze Rochade vorzubereiten.

12...♗xd2+ 13.♖xd2 ♕f5 14.f3

14.♗e2!? ist eine solide Alternative.

14...exf3 15.♗d3 ♕h5 16.♗g3 e5!

Damit gewinnt Schwarz mehr Raum für seine Figuren.

17.gxf3 exd4 18.exd4 ♘f8 19.f4 ♗g4 20.f5 ♖ad8 21.♖g1

Zu optimistisch. Den wichtigen Zentralbauern durfte Weiß nicht abgeben, sondern musste einfach 21.♗f2!? spielen.

21...♖xd4 22.♗f2

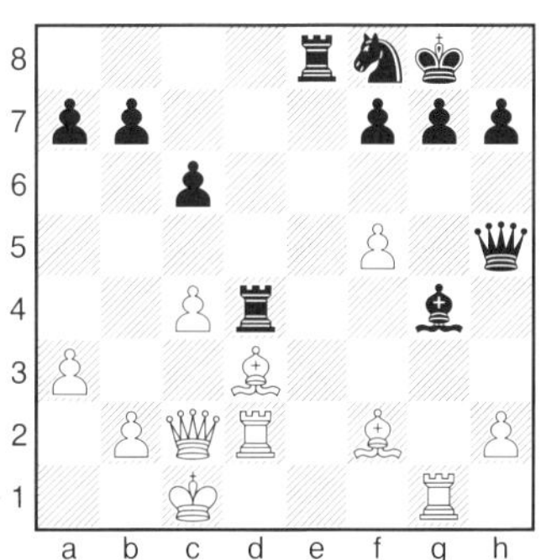

22...♖xd3!

Ein Opfer, das ein vorzügliches Positionsgefühl verrät. Für die Qualität bekommt Schwarz zwei Bauern und gute Angriffsaussichten, weil der gegnerische König zu offen steht.

23.♕xd3 ♗xf5 24.♕c3 ♗g6 25.b3 ♕xh2 26.♗xa7 ♕f4 27.♔b2 h5! 28.a4 ♘e6 29.♗e3 ♕f5 30.♖f2 ♕e4 31.♖e1 ♕g4 32.♗b6 ♔h7 33.a5

Es fällt schwer, etwas Besseres zu finden. Die weiße Stellung ist schwer zu verteidigen.

33...c5! 34.♖d2 ♖c8 35.♕e3 ♘d4 36.♖f1 ♘e6 37.♖g1 ♕h4 38.♖d7 ♘d4 39.♕g3 ♕e4 40.♖xf7

Das beschleunigt das Ende der Partie, aber was sollte Weiß spielen?

40...♕e2+ 41.♔a3 ♘c2+ und Weiß gab sich geschlagen wegen 42.♔b2 (42.♔a4 ♕e8+ 43.♖d7 ♕xd7#) 42...♘b4+ 43.♔c3 ♕c2#.

Partie Nr. 50
Konikowski – Nilsson
Fernpartie 1987

1.d4 ♘f6 2.c4 e6 3.♘c3 d5 4.♗g5 c5 5.e3!?

Zur Hauptvariante führt 5.cxd5, siehe Kapitel 17.

5...cxd4 6.exd4 ♗e7 7.♘f3 ♘c6 8.♗d3 dxc4 9.♗xc4 0-0 10.0-0 b6 11.a3

Mit dem Ziel, das bekannte Blockademanöver ♘c6-b4-d5 auszuschalten.

11...♗b7 12.♕d3 ♖c8

Eine andere Idee ist 12...♘d5!?, um die Spannung des Spiels zu reduzieren. Schwarz hat sich einen anderen Plan ausgedacht, mit dem Angriff auf den isolierten Bauern d4.

13.♗a2 ♖e8

13...♘d5!? wäre weiterhin möglich.

14.♖ad1 ♖c7?

Konsequent, aber leider falsch, denn das schwarze Vorhaben ist einfach zu langsam und ermöglicht Weiß den typischen Durchbruch in der Mitte. Notwendig war schon 14...♘d5!?, um d4-d5 auszuschalten, z.B. 15.♗xd5 (15.♘xd5 ♗xg5=) 15...♗xg5 (Nach 15...exd5 16.♗xe7 ♘xe7 17.♖fe1 ♘g6 18.♖xe8+ ♕xe8 19.♕f5 ♘e7 20.♕d3 ♘g6 21.♖e1 ♕d7 22.♕e3 f6 müsste Schwarz seine Stellung erfolgreich verteidigen.) 16.♗e4 f5 17.♗xc6 ♗xc6 18.♘e5 ♗b7 19.f4 ♗f6 20.♕e3 und Weiß hat es nicht leicht, seinen Bauern nach d5 vorzustoßen, denn Schwarz hat alles unter Kontrolle.

15.♖fe1 ♖d7

Oder 15...♘d5 16.♘xd5 exd5 17.♗b1 g6 18.♗f4 mit besseren Aussichten für Weiß, denn Schwarz verbleibt mit seinem passiven Läufer b7.

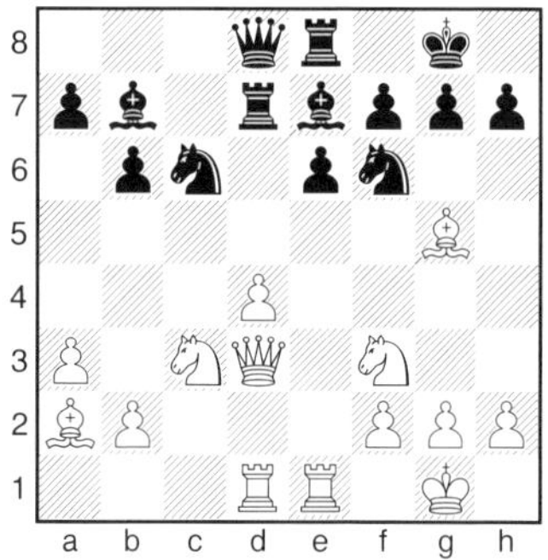

16.d5!

Nun übernimmt Weiß die Initiative.

16...♘xd5

16...exd5 17.♘xd5 ♘xd5 18.♗xd5 bedeutet nur Zugumstellung.

17.♘xd5 exd5 18.♗xd5 ♔h8

Es verliert auch 18...♗xg5 19.♖xe8+ ♕xe8 20.♘xg5 g6 21.♕h3 h5 22.♕xd7 ♕xd7 23.♗xf7+; bzw. 18...♘b8 19.♗xf7+ ♔xf7 (19...♔h8

20.♕xd7 ♘xd7 21.♗xe8+-) 20.♘e5+ ♔g8 21.♘xd7, in beiden Fällen mit weißem Gewinn.

19.♗xe7

Die Alternative war 19.♕f5!? ♗c8 (19...♘d4 20.♖xd4 ♗xd5 21.♗xe7 ♖exe7 22.♖xe7 ♕xe7 23.♖xd5+-) 20.♕xf7 ♖f8 21.♕e6 ♗xg5 22.♘xg5 ♕xg5 23.♕xc6 und Weiß bleibt mit einem Plus.

19...♖exe7

Oder 19...♘xe7 20.♘g5 ♘g6 21.♘xf7+ ♖xf7 22.♗xf7 ♖xe1+ 23.♖xe1 und Weiß gewinnt.

20.♘g5 ♖xe1+?

Beschleunigt nur das schwarze Schicksal. Erforderlich war 20...♕g8, obwohl nach dem weiteren 21.♖xe7 ♖xe7 (21...♘xe7 22.♘xf7++-) 22.♕f5 ♘d8 23.♗c4 ♘e6 24.♘xf7+ ♕xf7 25.♕xf7 ♖xf7 26.♗xe6 ♖f8 27.f3 Weiß mit einem Mehrbauern gewinnen sollte.

21.♖xe1 g6 22.♕c3+ f6

22...♔g8 23.♗xc6 ♗xc6 24.♕xc6 ♖d1 25.♘f3+-

23.♘e6 ♕e7 24.♗xc6 Schwarz kapitulierte.

Partie Nr. 51
Portisch – Dizdar
Sarajevo 1986

1.d4 ♘f6 2.c4 e6 3.♘f3 d5 4.♘c3 ♗e7 5.♗g5 0-0 6.e3 ♘e4 7.♗xe7 ♕xe7 8.♖c1

Ein logischer Zug: Weiß befestigt den Springer und nimmt auch den Bauern c7 ins Visier. Andere Möglichkeiten für Weiß finden Sie in Kapitel 18.

8...c6 9.♗d3 ♘xc3 10.♖xc3 dxc4

Keinen Ausgleich garantiert Schwarz 10...♘d7 11.♕c2 g6 12.0-0 dxc4 13.♗xc4 e5 14.d5 c5 15.♖d1 ♕d6 16.♘d2 f5 17.♗b5 mit spürbarem Positionsvorteil von Weiß, Kavalek – Donner, Amsterdam 1981.

11.♖xc4 ♘d7 12.0-0

Eine andere Idee ist 12.♕c2!? h6 (12...g6 13.♘e5!) 13.0-0 e5 14.dxe5 ♘xe5 15.♘xe5 ♕xe5 und Weiß steht aktiver, aber Schwarz hat Ausgleichschancen mit ♗c8-e6 und ♖f8-d8 usw.

12...e5 13.♕c2 g6

Es ginge wohl 13...h6!? 14.dxe5 (14.♖e1 exd4 15.exd4 ♕d6=) 14...♘xe5 15.♘xe5 ♕xe5 16.♖e4 ♕g5 17.♖d4 ♗e6 mit gleichem Spiel.

14.♖e1 ♘b6

Zu beachten war 14...exd4!? 15.exd4 ♕d6 mit dem Plan ♘d7-f6 und ♗c8-e6 mit realen Ausgleichschancen.

15.♖c5 ♘d7 16.♖c3 ♖e8 17.♗f1 e4 18.♘d2 ♘f6?

Ein kritischer Augenblick. Bedeutend stärker war 18...♘b6!? 19.♖c5 f5 nebst ♗c8-e6 usw. Nun bekommt Schwarz große Schwierigkeiten mit seinem Bauern e4.

19.♖c5 ♘d5 20.♗c4 b6

Schwarz hat Probleme, die Entwicklung zu beenden, z.B. auf 20...♘f6 folgt 21.♖e5 ♕d8 22.♘xe4 ♖xe5 23.dxe5 ♘xe4 24.♕xe4 ♗f5 25.♕d4 und Weiß bleibt mit einem Mehrbauern.

21.♗xd5 cxd5 22.♖xd5 f6

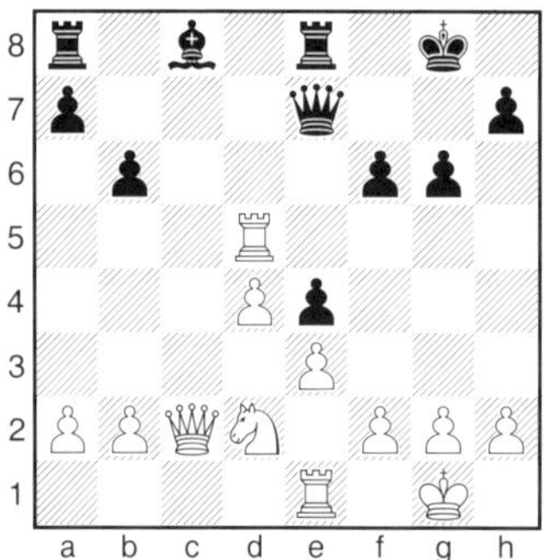

23.♕xe4!

Nach 23.♖b5 ♗a6 24.♖b3 ♗d3 25.♕c1 ♖ac8 26.♖c3 hat Weiß zwar ein Plus, doch die Realisierung dieses Vorteils wäre technisch nicht einfach gewesen. Deshalb entschied sich der ungarische Großmeister für eine mutige Lösung: Er opfert seinen Springer in der Hoffnung, seinen positionellen Vorteil im tiefen Endspiel auszunutzen.

23...♕xe4 24.♘xe4 ♖xe4 25.♖d8+ ♔f7 26.♖c1 ♖e8 27.♖c7+ ♔f8 28.♖xe8+ ♔xe8 29.♖xh7 a5 30.h4 a4 31.f3 ♖a5 32.♖h8+ ♔d7 33.♖g8 ♖b5 34.♖xg6 ♔e6 35.♖g7 ♗d7 36.e4 ♖xb2 37.h5 ♖c2 38.d5+ ♔d6 39.♖g8 ♖c7 40.♖d8 ♔e5 41.d6! ♖c1+ und Schwarz gab gleichzeitig die Partie auf. Es könnte noch folgen: 42.♔h2 ♔xd6 43.h6 ♖c5 44.g4 und der Bauer hat freie Bahn zum Feld h8.

Partie Nr. 52
Karpow – Jussupow
Dortmund 1997

1.d4 ♘f6 2.c4 e6 3.♘f3 d5 4.♘c3 ♗e7 5.♗g5 h6 6.♗h4 0-0 7.e3 ♘e4 8.♗xe7 ♕xe7 9.♖c1 c6 10.♗d3 ♘xc3 11.♖xc3 dxc4 12.♗xc4

12.♖xc4, siehe Kapitel 19.

12...♘d7 13.0-0 b6 14.♗d3 c5 15.♗e4 ♖b8 16.♕a4

Bisher wurde hier überwiegend 16.♕c2 gespielt, z.B. 16...a5 17.♖c1 ♗b7 18.♗xb7 ♖xb7 19.dxc5 ♘xc5 20.♘e5 ♕f6 21.♘d3 ♖d8 22.♘xc5 bxc5 23.♕e2 ♖bd7 24.♖3c2 c4 25.g3 e5 26.♔g2 e4 27.♕g4 ♖d2 28.♕f4 ♕e6 29.♖xc4 ♖e8 30.♖c6 ♕xa2 31.♖c7 ♖f8 32.♖c8 ♖dd8 33.♖xd8 ♖xd8 34.♕c7 ♖e8 35.♕c6 ♕e6 remis, Khalifman – Jussupow, 1. Bundesliga 1992.

16...♗b7

16...a5!? war laut Kramnik eine Alternative.

17.♗xb7 ♖xb7 18.♕c2 a5 19.a3 ♖e8 20.♖d1 ♖bb8 21.h3 ♖bd8

Schwarz darf seinen Standardplan e6-e5 noch nicht verwirklichen: 21...e5 22.dxe5 ♘xe5 23.♘xe5 ♕xe5 24.♖cd3 und die d-Linie ist fest in weißer Hand.

22.♖cd3 ♖c8 23.d5! exd5

23...e5 24.d6 ♕e6 25.e4 und der starke Freibauer würde Schwarz große Probleme bereiten.

24.♖xd5 ♘f6 25.♖e5 ♕c7 26.♖xe8+ ♖xe8 27.a4!

Ein logischer Zug: Damit schränkt Weiß die Beweglichkeit der gegnerischen Bauern am Damenflügel ein.

27...♖d8 28.♖xd8+ ♕xd8 29.♘e5 ♕d5 30.♘c4 ♘d7 31.b3 f5 32.♔f1 ♔f7 33.f3 ♔e7 34.♔e2 ♕e6 35.♕c3 ♘f6 36.♔f2 ♔d7 37.g4 ♔c6?

Dies ermöglicht Weiß den Übergang in ein vorteilhaftes Endspiel. Infrage kam 37...fxg4, obwohl Weiß nach 38.hxg4 etwas besser stünde.

38.♕e5! ♕xe5 39.♘xe5+ ♔d5 40.♘c4 fxg4

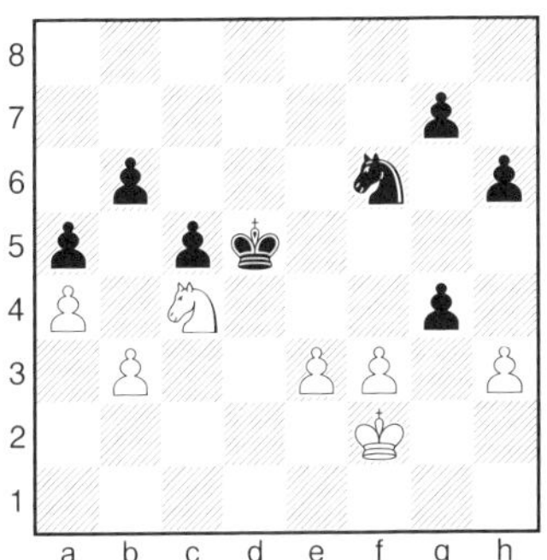

41.♘xb6+!

Mit diesem Zug hat Weiß sein Ziel erreicht: Er wird gleich den schwarzen a-Bauern erobern und einen gefährlichen Freibauern bilden.

41...♔c6 42.♘c4 gxf3 43.♔xf3 ♔d5 44.♘xa5 g5 45.♘c4 h5 46.♘d2 ♔e5 47.e4 ♘e8 48.♔e3 ♘c7 49.♘c4+ ♔f6 50.♔f2 ♘a6 51.♔g3 ♘b4 52.h4 ♘c6

Einen klaren Gewinnplan hätte Weiß nach 52...g4 53.♘e3 ♔e5 54.♘xg4+ hxg4 (54...♔xe4 55.♘f6+ ♔d3 56.♘xh5 ♔c2 57.♘f4 ♔xb3 58.h5 ♘c6 59.h6 ♘e5 60.a5+-) 55.h5 ♘c6 56.♔xg4 ♔f6 57.♔f4 ♘e5 58.a5 ♘d3+ 59.♔e3 ♘b4 60.♔d2 ♘c6 61.a6 und die drei Freibauern entscheiden.

53.a5 ♘b4 54.♘d2 ♘c6 55.a6 gxh4+ 56.♔xh4 ♔e6 57.♔xh5 ♔d7 58.♔g6 ♔c7 59.♘c4 ♔b8 60.♔f6 ♔a7 61.e5 ♔xa6 62.e6 ♔b5 63.e7 und Schwarz kapitulierte. Nach eventuellem 63...♘xe7 64.♔xe7 ♔b4 65.♘d2 ♔c3 66.♔d6 ♔xd2 67.♔xc5 erreicht der Bauer das Umwandlungsfeld.

Partie Nr. 53
Akopian – Jussupow
Wladiwostok 1990

1.d4 ♘f6 2.c4 e6 3.♘f3 d5 4.♘c3 ♗e7 5.♗g5 h6 6.♗h4 0-0 7.e3 ♘e4 8.♗xe7 ♕xe7 9.♕c2 ♘xc3 10.♕xc3 dxc4 11.♗xc4 b6 12.0-0 ♗b7 13.♗e2 c5 14.dxc5 ♖c8 15.b4 bxc5 16.bxc5

16.b5!? wurde in Kapitel 19 besprochen.

16...♘d7 17.♖fd1

17.♖fe1 ♘xc5 18.♖ab1 ♘e4 19.♕b2 ♗d5=, Jepischin – Lputian, New York 1990.

17...♘xc5 18.♕a3 ♕f6 19.♖ac1 ♘e4 20.♖xc8+ ♖xc8 21.♕xa7?

Eine falsche Entscheidung. Besser war 21.♖b1!?.

21...♕b2! 22.♖e1 ♖c1 23.♕a5 ♕xe2!

Eine Überraschung.

24.♖xc1 ♕xf2+ 25.♔h1 ♕xe3 26.♕e1?

Viel hartnäckiger war 26.♖f1 ♘f2+ 27.♖xf2 ♕xf2 28.♕d8+ ♔h7 29.♕d3+ f5 30.a4 usw.

26...♘f2+ 27.♔g1 ♘h3+ 28.♔h1

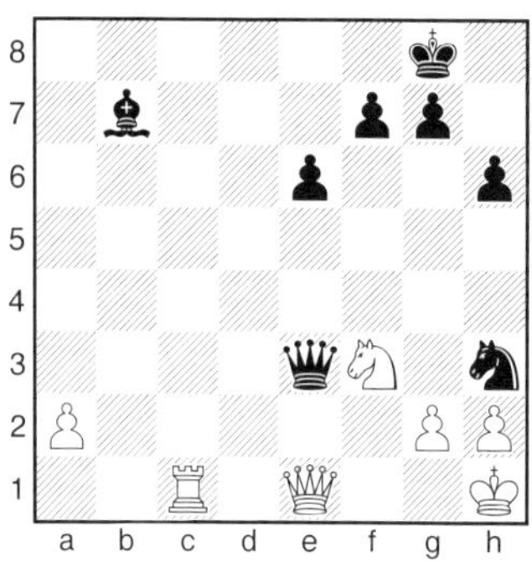

28...♕xf3!

Dieses attraktive Damenopfer hat Weiß offensichtlich übersehen.

29.♕g3

Natürlich war die Dame tabu: 29.gxf3 ♗xf3#.

29...♕f4 30.♕xf4 ♘xf4

Das entstandene Endspiel ist für Schwarz leicht zu gewinnen.

31.♖b1 ♗xg2+ 32.♔g1 ♗d5 33.a4 f5 34.a5 ♔f7 35.a6 ♘h3+ 36.♔f1 ♗c4+ 37.♔g2 ♘f4+ 38.♔g3 ♗xa6! 39.♔xf4 ♗c4 40.♖b4 ♗d5 41.h4 ♔g6 Weiß gab auf.

Partie Nr. 54
Karpow – Geller
Moskau 1981

1.d4 d5 2.c4 e6 3.♘c3 ♗e7 4.♘f3 ♘f6 5.♗g5 h6 6.♗h4 0-0 7.e3 b6 8.♖c1 ♗b7 9.♗d3

Andere Fortsetzungen sind in Kapitel 20 zu finden.

9...♘bd7 10.0-0 c5 11.♕e2 ♖c8 12.♗g3! cxd4 13.exd4 dxc4 14.♗xc4

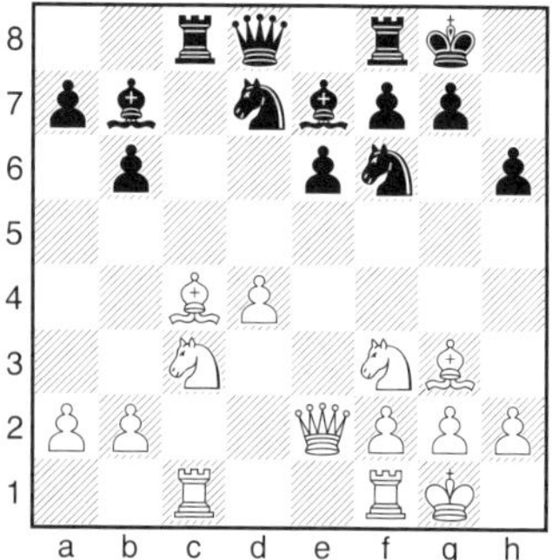

14...♗xf3?

Schwarz rechnet so: Weil sich der Läufer c4 in der Schusslinie des schwarzen Turms befindet, muss Weiß mit dem g-Bauern zurückschlagen und damit seine Königsstellung schwächen. Stärker ist jedoch 14...♘h5, z.B. 15.♗a6 ♘xg3 16.hxg3 ♗xa6 17.♕xa6 ♖c7 mit gleichen Aussichten.

15.gxf3

Die Schwächen im schwarzen Lager (weiße Felder!) wiegen schwerer als die zerrissene Bauernstruktur am weißen Königsflügel. Schon werden die Schattenseiten sichtbar, den wichtigen Läufer aufgegeben zu haben: Weiß droht, mit ♗c4-a6 die Qualität zu erobern. Deshalb entscheidet sich Schwarz notgedrungen, die weiße Bauernstruktur zu reparieren, damit wenigstens der starke Läufer auf g3 liquidiert wird.

15...♘h5

Auf 15...♘b8 geschieht stark 16.♖fd1 nebst d4-d5 und Aktivierung des Läuferpaars, z.B. 16...♘d5 17.♗d3 ♘f6 (17...♘xc3 18.bxc3 ♕d5 19.c4 ♕a5 20.♕e4 g6 21.d5! mit weißem Vorteil) 18.d5 exd5 (18...♘xd5? 19.♘xd5 exd5 20.♖xc8 ♕xc8 21.♕xe7+-) 19.♗f5 ♘bd7 20.♖c2 mit Vorteil für Weiß.

16.♗a6 ♘xg3 17.hxg3 ♖c7 18.♖fd1 ♘f6 19.♘b5 ♖xc1 20.♖xc1 ♘d5

Der a-Bauer ist nicht zu retten: 20...♕b8 21.♖c7. Deshalb versucht Schwarz zumindest zu verhindern, dass der weiße Turm auf c7 eindringt.

21.♘xa7 ♘b4 22.a3 ♕a8

Das Endspiel nach 22...♘xa6 23.♕xa6 ♕a8 (23...♕xd4 24.♘c6 ♕d6 25.♘xe7+ ♕xe7 26.♕xb6±) 24.♖c8 ♖xc8 25.♕xc8+ ♕xc8 26.♘xc8 ♗d8 27.♔f1 ist hoffnungslos für Schwarz.

23.♖c7! ♘d5 24.♖b7 ♗f6 25.♘c6 ♖c8 26.♘e5 ♗xe5 27.dxe5 ♖c1+ 28.♔g2 ♕d8 29.♗d3 ♖a1?

Nun verliert Schwarz sehr schnell. Mit 29...g6 30.♕d2 ♖c7 31.♖xc7 ♕xc7 hätte er noch Widerstand leisten können.

30.♕e4 g6 31.♖xf7!

Ein hübsches Finale.

31...♔xf7 32.♕xg6+ ♔f8

32...♔e7 33.♕g7+ ♔e8 34.♗g6#

33.♕xh6+ Schwarz gab auf, denn sein König sitzt in einem Mattnetz: 33...♔e8 (33...♔g8 34.♗h7+ ♔f7 35.♗g6+ ♔g8 36.♕h7+ ♔f8 37.♕f7#) 34.♗b5+ ♔f7 35.♕h7+ ♔f8 36.♕h8+ ♔e7 37.♕g7#.

Partie Nr. 55
Moissejenko – Ponomarjow
Kiew 2012

1.d4 d5 2.c4 e6 3.♘f3 ♘f6 4.♘c3 ♗e7 5.♗g5 h6 6.♗h4 0-0 7.e3 b6 8.♗d3 ♗b7 9.0-0 ♘bd7 10.♗g3

10.♕e2; siehe Kapitel 20.

10...♘e4

Die von Schwarz gewählte Fortsetzung ist auch gut, aber der Standardzug an dieser Stelle ist 10...c5!? mit Angriff auf das weiße Zentrum, z.B. 11.cxd5 ♘xd5 12.♘xd5 (In der Partie I. Sokolov - van der Sterren, Wijk aan Zee 1995, erreichte Schwarz nach 12.♕e2 cxd4 13.exd4 ♘7f6 14.♖ac1 ♖c8 15.♘e5 ♘xc3 16.bxc3 ♕d5 17.♘f3 ♘e4 18.c4 ♘xg3 19.hxg3 ♕d6 gute Aussichten.) 12...♗xd5 13.e4 (13.♖c1 ♘f6 14.dxc5 ♗xc5 15.a3 a5 16.♕e2 ♘h5 17.♗e5 ♗xf3 18.gxf3 ♕g5+ 19.♗g3 g6 20.♖c4 ♖fd8 21.♖d1 ♖d5 22.♖g4 ♘xg3 23.hxg3 ♕f6=, Mamedjarow - Adams, Shamkir 2015) 13...♗b7 14.♖c1 a6 15.b4 (15.♖e1 b5 16.d5 exd5 17.exd5 ♗xd5 18.♗h7+ ♔xh7 19.♕xd5 ♘f6 20.♕xd8 ♗xd8 21.♖xc5 ♗b6 22.♖c6 ♘d5=) 15...cxb4 16.♗c7 (16.♖c7 ♖a7! 17.♗xa6 ♖xa6 18.♖xb7 ♖xa2∞) 16...♕e8 17.♕e2 b5 18.♗a5 ♖c8

19.♕b2 ♘f6 20.♖xc8 ♕xc8 21.♘d2 ♕c3! 22.♕xc3 bxc3 23.♗xc3 ♖c8 und Schwarz besitzt die besseren Chancen, Carlsen – Topalow, Bilbao 2008.

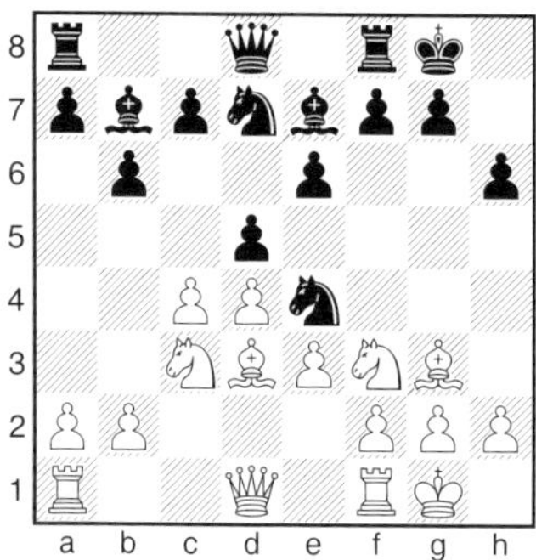

11.♗xe4

Andere Pläne für Weiß:

I. 11.♕e2 ♘xc3 (11...c5 12.♖fd1 cxd4 13.exd4 ♘xg3 14.hxg3 ♘f6 15.♘e5 a6 16.cxd5 exd5 17.♗c2 ♖e8 18.♖d3 ♗f8 19.♖e3 g6 20.♖e1 ♕d6 21.♕f3 ♖e7 22.♗b3 ♖ae8 23.g4 ♗g7=, van Wely – Bologan, Bastia 2010) 12.bxc3 dxc4 13.♗xc4 ♗d6 14.a4 ♗xg3 15.hxg3 c5 16.♗a6 ♗xa6 17.♕xa6 ♕c8 18.♕b5 ♖d8 19.♖fb1 ♖b8 20.♕e2 ♕c7 mit Ausgleich, Michalik – Ghaem Maghami, Rostock 2015.

II. 11.cxd5 ♘xg3 12.hxg3 exd5 13.♕b3 ♘f6 14.♖fd1 ♖e8 15.♖ac1 ♗f8 16.a4 ♖b8 17.a5 bxa5 18.♕a4 c6 19.♖a1 ♗b4 20.♘a2 ♗d6 21.♘c3 ♗c7 22.♕c2 g6 23.♘a4 ♔g7 24.♘c5 ♗c8 25.♖dc1 ♕e7 26.♖a3 ♖b4 ½-½, Kameneckas – Makowski, ICCF Email 2008.

11...dxe4 12.♘d2 f5

Der Nachziehende besitzt das Läuferpaar sowie einen starken Bauernblock auf dem Königsflügel.

13.♘b5 e5

Die Theorie sieht in diesem Zug die beste Wahl für Schwarz.

14.dxe5

Unklar ist 14.♗xe5 ♘xe5 15.dxe5 ♗g5 16.c5 f4 usw.

14...♘c5 15.♘b3

Im Duell Gelfand – Topalow, Monte Carlo, geschah: 15.♘d4 ♕c8 (Zu beachten ist 15...♕d7!?.) 16.♕h5 ♔h7 17.f3 exf3 18.♘2xf3 g6 19.♕h3 ♘e4 20.♖ad1 c5 21.♘b5 g5 22.♕h5 ♔g7 23.♘d6 ♗xd6 24.exd6 ♘xg3 25.hxg3 ♕e6 26.♖f2 ♖ad8 27.♖fd2 ♖d7 28.♔h1 ♕xe3 29.♖d3 ♕e8 30.♕h2 ♕e6 31.♖e1 ♕f6 32.♖ed1 ♖fd8 33.g4 f4 34.♕g1 ♗e4 35.♖3d2 ♖xd6 mit schwarzem Gewinn.

15...♘d3 16.♘3d4

Zuvor wurde hier 16.♘c1!? gespielt. Ein Beispiel: 16...♕d7 (16...♗c5!? 17.♘xd3 exd3 18.a3 a6 19.♘c3 a5∞) 17.e6 ♕c6 18.♘xc7 ♖ad8 19.♕b3 ♔h7 20.♘d5 ♕xe6 21.♘xd3 exd3 22.♕xd3 ♗xd5 23.cxd5 ♖xd5 24.♕b3 ♖fd8 25.♖ad1 ♗f6 26.♗b8 a5 27.♖xd5 ♖xd5 28.♗c7 ♕c6 29.♕xb6 ♕xb6 30.♗xb6 ♖b5 31.♗c7 ♖xb2 32.a4 ♖a2 33.♗xa5 ♖xa4 34.♗d2 g5 35.♖d1 ♔g6 36.♔f1 ♖a2 37.♔e1 h5 und die Partie endete bald remis, Niese – Detela, ICCF Email 2007.

16...♕c8

Damit weicht Schwarz der Springergabel auf e6 aus. Es ist nämlich unklar, ob er nach 16...♘xb2 17.♕c2 ♘d3 18.♘e6 ♕d7 19.♘xf8 ♖xf8 ausreichenden Ersatz für die Qualität hätte.

17.♕b3 ♗c5

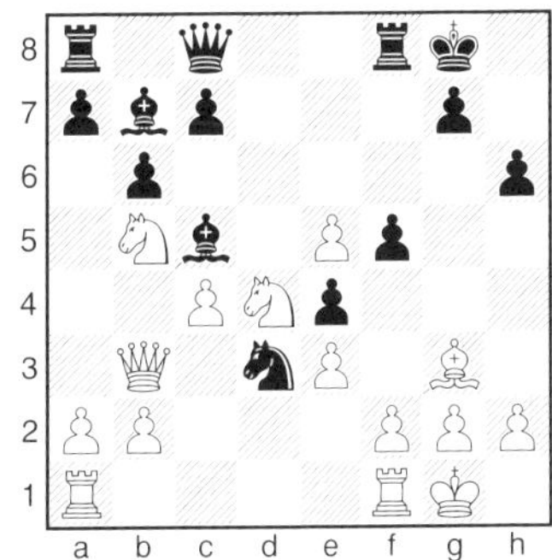

18.♘e2?

Sieht optisch gut aus, doch dieser Zug ist ein Fehler. Richtig ist 18.♘c2!. Denn nach 18...g5 folgt 19.f4! und Weiß verteidigt seine Stellung.

18...g5 19.e6 f4

Interessant war 19...♕xe6!? 20.♘xc7 ♕g6 21.♘xa8 ♗xa8 mit Kompensation für Schwarz.

20.exf4 a6!

Richtig gespielt! Falls 20...gxf4? so 21.♘xf4 ♘xf4 22.♗xf4 ♖xf4 23.♕g3+ mit weißem Gewinn.

21.♘bc3 gxf4 22.♘xf4 ♘xf4 23.♗xf4 ♖xf4 24.♘d5 ♖f5! 25.♕h3 ♕xe6 26.♘xc7 ♕g6

Zum Gewinn führte auch 26...♕e5!? 27.♘xa8 e3 28.fxe3 ♗xe3+ 29.♔h1 ♖h5 30.♕g4+ ♖g5 31.♕h3 ♖xg2 32.♕xg2+ ♗xg2+ 33.♔xg2 ♕xb2+ 34.♔f3 ♗c5 usw.

27.♘xa8 ♗xa8 28.♖ad1 ♖f8 29.♖d7 e3 30.♔h1

30.♕g3 ♕xg3 31.hxg3 e2 32.♖a1 ♗xf2+ 33.♔h2 e1♕ 34.♖xe1 ♗xe1-+

30...e2 31.♖g1 ♗xf2 Weiß kapitulierte.

Partie Nr. 56
Pajeken – Gabriel
1. Bundesliga 2001

1.d4 d5 2.c4 e6 3.♘f3 ♘f6 4.♗g5 ♗e7 5.e3 h6 6.♗h4 0-0 7.♘c3 b6 8.cxd5 ♘xd5 9.♗xe7 ♕xe7 10.♘xd5 exd5 11.♗e2

Oder 11.♖c1; siehe Kapitel 20.

11...♗e6

Der richtige Platz für den Läufer. Auf b7 würde er die b-Linie verstopfen und dort spätere Aktionen behindern.

12.0-0 c5 13.♖c1

In der bekannten Partie Bertok – Fischer, Stockholm 1962, erzeugte Weiß nach 13.dxc5 hängende Bauern, allerdings erwies sich dies letztlich als günstig für Schwarz: 13...bxc5 14.♕a4 ♕b7 15.♕a3 ♘d7 16.♘e1 a5 17.♘d3 c4 18.♘f4 ♖fb8 19.♖ab1 ♗f5 20.♖bd1 ♘f6 21.♖d2 g5 mit klarem Vorteil.

13...♖c8 14.♕a4?

Dieser Zug hat keinen positionellen Sinn, denn Schwarz kann nun am Damenflügel eine Bauernmajorität bilden. Normalerweise wird an dieser Stelle 14.dxc5 bxc5 15.♕a4 ♘d7 16.♕a3 gespielt.

14...c4! 15.♘e5 ♘d7 16.♕c2 b5 17.♖ce1 b4 18.f4 f6 19.♘g6

Zu überlegen war 19.♘xd7 ♕xd7 20.f5 ♗f7 21.♗f3 mit der Vorbereitung von e3–e4.

19...♕d6 20.f5 ♗f7 21.♘f4 ♖e8 22.♖f3 ♖e7 23.♖g3 ♘b6 24.♗g4

Mit dem Plan ♘f4–e6, aber dazu kommt er nicht. Aber was soll Weiß spielen? Nach 24.♖f1 ♖ae8 25.♕d2 a5 stünde er passiv. Nun folgt eine Überraschung...

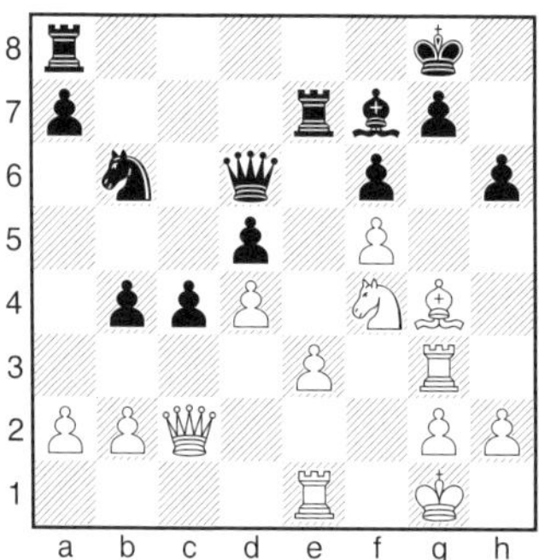

24...♕xf4! 25.exf4 ♖xe1+ 26.♔f2 ♖e4 27.♕d2 a5 28.♖h3 ♘c8 29.♗f3 ♘d6 30.g4 ♖c8!

Schwarz muss endlich seine Bauernmajorität am Damenflügel in Bewegung setzen.

31.♗g2 ♖ee8 32.g5

Ein Versuch, eine Gegenaktion am Königsflügel zu organisieren. Doch die schwarze Bauernmacht auf der anderen Seite entscheidet schneller.

32...♘xf5 33.gxf6 g6 34.♖f3 ♖e6 35.a3 ♖b8 36.axb4 axb4 37.♕c1 ♖eb6 38.♕a1 ♖xf6 39.♕a7 ♖fb6 40.♗h3 ♘xd4 41.♖e3 c3 42.bxc3 b3! 43.cxd4 b2 44.♗f5

Oder 44.♖e1 b1♕ 45.♖xb1 ♖xb1 mit Gewinnstellung.

44...gxf5 45.♖g3+ ♔f8 46.♕a3+ ♔e8 47.♖e3+ ♗e6 48.♕a4+ ♔f7 49.♖xe6 ♔xe6 Weiß gab auf.

Partie Nr. 57
Kasimdshanow – Bologan
Pamplona 2002

1.d4 ♘f6 2.c4 e6 3.♘f3 d5 4.♘c3 ♗e7 5.♗g5 h6 6.♗h4 0-0 7.e3 b6 8.cxd5 ♘xd5 9.♗xe7 ♕xe7 10.♘xd5 exd5 11.♖c1 ♗e6 12.♕a4 c5 13.♕a3 ♖c8 14.♗e2 a5 15.dxc5

Die Fortsetzung 15.0-0 wurde in Kapitel 20 besprochen.

15...♖xc5

Gewöhnlich wird 15...bxc5 gespielt mit hängenden Bauern.

16.0-0 ♘c6 17.♕a4 ♖c8 18.♖xc5

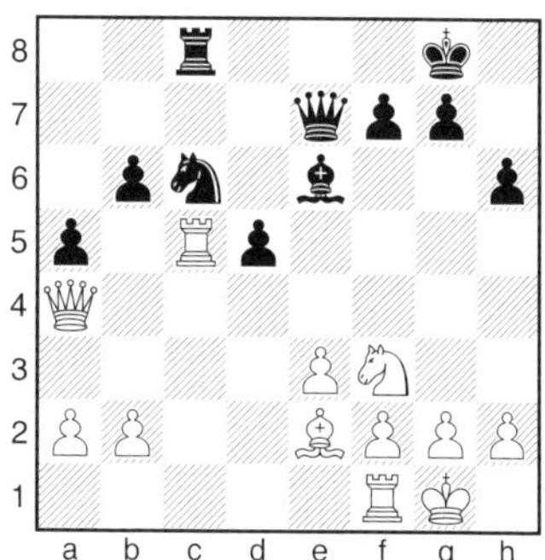

18...♕xc5?

Es war noch Zeit, 18...bxc5 zu spielen, z.B. 19.♗b5 ♕b7 20.♗xc6 (20.b3 ♘a7 21.♗e2 ♕b4∓) 20...♖xc6 21.♕xa5 ♕xb2 mit guter Stellung für Schwarz. Nach dem Partiezug bleibt das Feld d4 bis zum Ende der Partie in weißer Hand.

19.♗b5 ♘a7 20.♗a6 ♖d8

Der Turm sollte auf der c-Linie bleiben. Ungefährlich ist dann 20...♖c7 21.♕e8+ ♔h7 22.♗d3+ g6 23.♘d4

♖c8 24.♕a4 ♘c6 25.♘xc6 ♖xc6 und der weiße Vorteil wäre nur minimal.

21.♕h4 ♖e8 22.♗d3 ♘c6 23.a3 b5 24.h3 b4

Besser war 24...a4!?, z.B. 25.♖d1 b4 26.axb4 ♘xb4 27.♗e2 ♗f5 28.♘d4 ♗g6 mit dem Plan ♖e8–a8, a4–a3 mit etwa gleicher Stellung.

25.a4! b3?

Eine bedenkliche Entscheidung, denn in der Folge wird der Bauer schwach. Stärker war 25...♖c8 und Schwarz kann noch weiterkämpfen.

26.♗b5 ♖c8 27.♕f4 ♕c2 28.♗xc6! ♕xc6 29.♘d4

Der Bauer b3 ist schwach und der Springer hat das Loch d4 besetzt: Weiß hat einen klaren Positionsvorteil.

29...♕c7

29...♕xa4?? 30.♘xe6 führt sofort zur Katastrophe.

30.♕xc7 ♖xc7 31.♖a1!

Genau gespielt. Nach 31.♘xb3 ♖b7 32.♘xa5 ♖xb2 33.♘c6 ♗d7 34.♖c1 ♖a2 35.♘e7+ ♔h7 36.♘xd5 ♖xa4 37.f3 steht Weiß viel besser, aber der Partiezug ist stärker. Man sehe:

31...♔f8 32.♘xb3 ♖b7 33.♘xa5 ♖xb2 34.♘c6 ♗d7 35.♘d4

Jetzt sehen wir der Unterschied zur Variante nach 31.♘xb3. Der Springer steht auf d4 und der Freibauer auf der a-Linie blieb erhalten. Das Endspiel ist für Weiß technisch leicht gewonnen.

35...♔e7 36.a5 ♔d6 37.g4 ♔c7 38.♖c1+ ♔d6

Oder 38...♔b7 39.♖c5 ♗e6 40.f4 und Schwarz verliert seinen Bauern d5.

39.♖a1 ♔c7 40.♔g2 ♔b7 41.♖c1

Schwarz gab auf. Es könnte noch folgen: 41...♖a2 42.♖c5 ♗e6 43.♔g3 mit der Idee f2–f4–f5 usw.

Partie Nr. 58
Karpow – Short
Amsterdam 1994

1.d4 ♘f6 2.c4 e6 3.♘f3 d5 4.♘c3 ♗e7 5.♗g5 h6 6.♗h4 0-0 7.e3 b6 8.♗e2 ♗b7 9.♗xf6 ♗xf6 10.cxd5 exd5 11.b4 c6 12.0-0 ♖e8

12...a5; siehe Kapitel 20.

13.♕b3 a5

Wenn der Vorstoß c6–c5 nicht möglich ist, muss Schwarz auf der anderen Seite dagegenhalten.

14.a3

Nach 14.bxa5 ♖xa5 15.♖fe1 ♘d7 16.a4 ♗a6 17.♗xa6 ♖xa6 18.♖e2 ♖e6 19.♖c2 ♕a8 drückt Schwarz auf den a-Bauern und wahrt das dynamische Gleichgewicht.

14...♘d7 15.b5

Im Falle von 15.♖ad1 axb4 16.axb4 folgt 16...b5! mit dem typischen Manöver des Springers nach c4, z.B. 17.♗d3 ♘b6 18.e4 ♘c4 19.exd5 (Gute Chancen hat Schwarz nach 19.e5 ♖a3 20.♕c2 ♗e7 21.♖b1 ♕a8 usw.) 19...cxd5 20.♘xb5 ♕b6 21.♘c3 ♖a3 22.♕c2 ♕xb4 mit aktivem Spiel von Schwarz.

15...c5 16.♘xd5 ♗xd4 17.♖ad1 ♘e5 18.♘xe5 ♗xd5 19.♘c4

Schwach ist 19.♗c4? ♖xe5 20.exd4 ♗xc4 21.♕xc4 ♖d5 mit schwarzem Vorteil.

19...♕g5 20.g3 ♕f5 21.♖fe1 ♕e4 22.f3

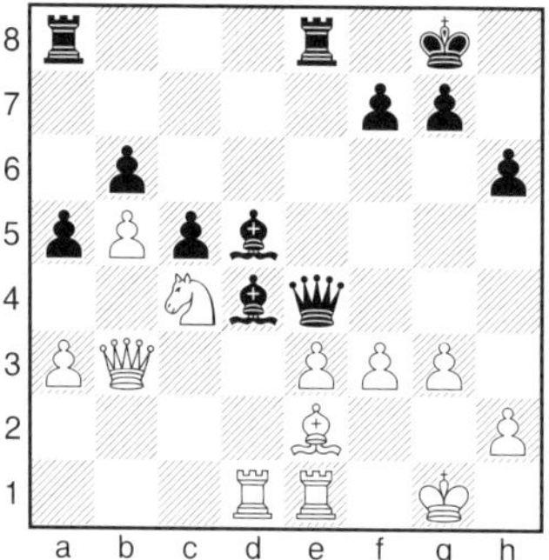

22...♕xe3+!

Eine elegante Kombination, die jedoch nur zum Ausgleich führt.

23.♕xe3 ♖xe3 24.♘xe3 ♗xe3+ 25.♔f1 ♗d4 26.♖xd4 cxd4 27.♖d1 ♖c8 28.♖xd4 ♖c5 29.f4 ♔f8 30.♗d3 ♔e7 Remis.

Partie Nr. 59
Bönsch – Waganian
Tallinn 1983

1.d4 ♘f6 2.c4 e6 3.♘f3 d5 4.♘c3 ♗e7 5.♗g5 0-0 6.e3 h6 7.♗xf6 ♗xf6 8.cxd5 exd5 9.♗e2 c6

Zur Möglichkeit 9...c5 siehe Kapitel 21.

10.0-0

Keinen Vorteil verspricht 10.b4 a6 11.0-0 ♗f5 usw.

10...♗e7 11.a3 ♘d7 12.b4 a6 13.♕b3 ♗d6 14.a4 ♕e7 15.b5 a5!?

Schwarz wählte einen Plan mit dem Vorrücken des Bauern nach a5. Eine andere Idee ist 15...axb5 16.axb5 ♖xa1 17.♖xa1 ♘f6 usw.

16.♖ac1 ♘f6 17.♘d1 ♗d7 18.♘b2 ♖fb8 19.♖c2 g5!

Da die Situation am Damenflügel ziemlich stabil ist, startet Schwarz eine Aktion auf der anderen Seite.

20.♖fc1 ♔g7 21.g3 ♘g4 22.♖a1 ♗f5 23.♗d3 ♕f6 24.♘e1 h5 25.♗xf5 ♕xf5 26.♕d3 ♕e6 27.♘f3 ♕f6 28.♔g2 h4 29.e4?

Weiß hatte geglaubt, dass der Vorstoß h4–h3 nicht möglich ist. Sonst hätte er wohl selbst 29.h3 gespielt. Doch es folgte...

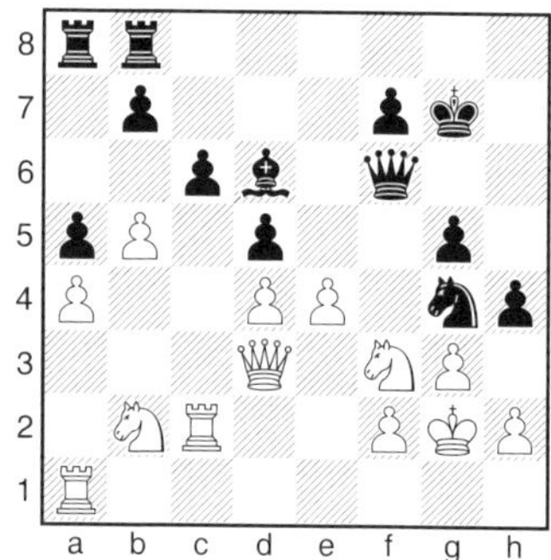

29...h3+! 30.♔g1

Es gibt nichts Besseres: 30.♔xh3 ♕e6! 31.♘xg5 (31.♔g2 dxe4-+; 31.exd5 ♘e3+ 32.dxe6 ♖h8+ 33.♘h4 g4#) 31...♖h8+ 32.♔g2 ♖xh2+

33.♔g1 ♕h6 34.♕f3 ♕xg5 und Schwarz gewinnt.

30...♗e7 31.e5 ♕e6 32.♖ac1 ♖c8 33.bxc6 ♖xc6 34.♖xc6 bxc6 35.♘d2 ♖b8 36.♘d1 c5 37.dxc5 ♕xe5 38.c6 ♕e1+ 39.♘f1 ♘e5 40.♕c3

Oder 40.♕xd5 ♕e2! (Dies ist stärker als 40...♖d8 41.♘de3 ♖xd5 42.♖xe1 ♘f3+ 43.♔h1 ♖c5 44.♖d1 ♖xc6∓.) 41.♖c3 ♖d8 42.♕b5 ♕e4 43.f3 ♘xf3+ 44.♖xf3 ♕xf3 45.♘de3 ♖d1 46.♕b2+ ♗f6 47.♕f2 ♕xf2+ 48.♔xf2 ♖c1 mit leichtem Gewinn.

40...♕xc3 41.♘xc3 ♘xc6 42.♘b5?

Viel hartnäckiger war 42.♘xd5 ♘d4 43.♔h1 ♗a3 44.♖a1 ♗c5∓. Der Partiezug verliert schnell.

42...♘b4 43.♖c7 ♗d8 44.♖d7 ♗b6 45.♘e3 ♖c8 46.♔f1 ♗xe3 47.fxe3 ♖c2 48.♘d6 ♖xh2 49.♘xf7 ♖h1+ 50.♔f2 ♘d3+ 51.♔e2 ♘c5 52.♖a7 h2 53.♘e5+ ♔f8 Weiß kapitulierte.

Partie Nr. 60
I. Sokolov – Short
Groningen 1996

1.d4 e6 2.c4 ♘f6 3.♘f3 d5 4.♘c3 ♗e7 5.♗g5 h6 6.♗xf6 ♗xf6 7.♖c1 0-0 8.e3 a6 9.♕c2 c6

9...♘c6; siehe Kapitel 21.

10.♗d3 b5 11.c5

Nach 11.cxb5 axb5 12.a3 ♘d7 13.0-0 würde gleichfalls e5! folgen.

11...♘d7 12.e4 e5! 13.exd5 exd4

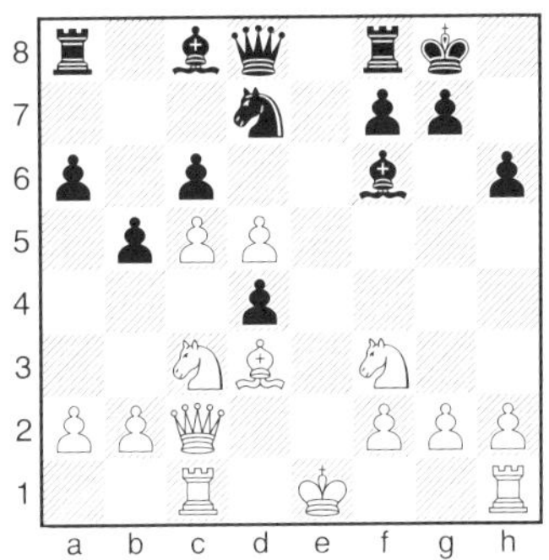

14.♘e2?

Nach diesem fehlerhaften Zug erhält Schwarz ausgezeichnete Gegenchancen. Richtig war 14.♘e4 cxd5 15.♘xf6+ ♕xf6 16.0-0 ♘e5 17.♘xd4 ♘c4 mit etwa gleichen Chancen.

14...♕a5+! 15.♕d2 b4 16.♘fxd4 ♘xc5 17.♗b1

Nun bleibt Schwarz ein Mehrbauer. Allerdings wäre die Variante 17.♘xc6 ♘xd3+ 18.♕xd3 ♕xa2 19.0-0 a5 auch nicht so toll für Weiß.

17...cxd5 18.0-0 ♕b6 19.♖fd1 ♗b7 20.♕c2 ♘e4 21.f3 ♖fc8 22.♕d3 ♖xc1 23.♖xc1 ♘d6 24.♔h1 g6 25.b3 ♖e8 26.h3 a5 27.♖d1 ♗a6

Die schwarzen Figuren dominieren auf dem Brett: Die weiße Stellung ist nicht mehr zu retten.

28.♕d2 ♗xe2 29.♘xe2 ♕f2 30.♗d3 ♘f5 31.♘f4 ♕xd2 32.♖xd2 ♗g5 Weiß gab sich geschlagen.

Literaturverzeichnis

Konikowski, J.: Queen's Gambit Declined, Chess Enterprises 1983

Budde, V./Nikolaiczuk, L.: Schachweltmeisterschaft 1985/85, Band 1, Beyer Verlag 1985

Gunderam, G.: Blackmar-Diemer-Gambit, Schachverlag Mädler 1986

Konikowski, J.: Damengambit Tartakower-System, Dreier Verlag 1990

Varnusz, E.: Slawisch, Dreier Verlag 1991

Varnusz, E.: Semi-Slawisch I, Dreier Verlag 1992

Varnusz, E.: Semi-Slawisch II, Dreier Verlag 1992

Konikowski, J.: Die Tarrasch-Verteidigung im Damengambit, Beyer Verlag 1992

Falchetta, G.: Keres Defence, S1 Editrice 1992

Pachmann, L.: Das Damengambit, Edition OLMS 1993

Konikowski, J./Thesing, M.: Semi-Slav Defence, S1 Editrice 1993

Siebenhaar, E./Weigand, B.: Schara-Hennig-Gambit, Dreier Verlag 1994

Varnusz, E.: Angenommenes Damengambit, Schachverlag Mädler 1994

Schestakow, S.: Damengambit Abtausch-Variante, Russian Chess Report 1994

Konikowski, J.: Slawisches Gambit, Schachverlag Mädler 1995

Orban, L.: Damengambit - richtig gespielt, Beyer Verlag 1995

Kallai, G.: Buch der Eröffnungen, Caissa Chess Book 1996

Konikowski, J.: Abtauschvariante im Damengambit, Beyer Verlag 1996

Konikowski, J.: Eröffnungen - richtig gespoielt, Beyer Verlag 1997

Raetzki, A./Tschetwerik, M.: Albins Gegengambit, Schachverlag Kania 1998

Richter, K./Teschner, R.: Schacheröffnungen, Edition OLMS 2000

Lalic, B.: Queen's Gambit Declined: Bg5 Systems, Everyman Chess 2000

Bronznik, V.: Die Tschigorin-Verteidigung, Schachverlag Kania 2001

Pedersen, S.: The Botvinnik Semi-Slav, Gambit 2000

Sadler, M.: Queen's Gambit Declined, Everyman Chess 2002

Janjgava, L.: The Queen's Gambit & Catalan for Black, Gambit 2002

Panczyk, K./Ilczuk, J.: The Cambridge Springs, Gambit 2002

Konikowski, J.: Schnellkurs der Schacheröffnungen, Praxis, Beyer Verlag 2006

Bronznik, V.: Das Colle-Koltanowski System, Schachverlag Kania 2003

Flear, G.: The ... a6 slav, Everyman Chess 2003

Davies, N.: The Veressov, Everyman Chess 2003

Davies, N.: The Trompovsky, Everyman Chess 2005

Flear, G.: Starting out: Slav and Semi-Slav, Everyman Chess 2005

Johnsen, S./Kovacevic, V.: Win with the London System, Gambit 2005

Awruch, B.: 1.d4 - Band Eins, Quality Chess 2008

Kohlmeyer, D./Konikowski, J.: Von Schachgiganten lernen, Beyer Verlag 2011

Konikowski, J.: Schnellkurs der Schacheröffnungen, Theorie, Beyer Verlag 2013 (5. überarbeitete und ergänzte Auflage)

Konikowski, J./Bekemann, U.: 1.d4 siegt! (Ein Repertoire für Weiß), Beyer Verlag 2014

Konikowski, J./Kohlmeyer, D.: Der erfolgreiche Königsangriff (Tipps und Tricks für eine bessere Strategie), Beyer Verlag 2015

Elektronische Bücher (CD):

Schipkov, B.: Angenommenes Damengambit, ChessBase 2002

Rogozenko, D.: Slawisch, ChessBase 2002

Dautov, R.: Damengambit mit 5. Lf4, ChessBase 2002

Dreev, A.: Meraner Verteidigung, ChessBase 2002

Mega Database 2015: ChessBase 2015

Corr Database 2015: ChessBase 2015

Eröffnungslexikon 2015: ChessBase 2015

Periodika:

Sahovski Informator, New in Chess, ChessBase Magazine, Fernschach, Fernschachpost, Schach, Rochade-Europa,

Schach Magazin 64, Magazyn Szachista, Szachy/Chess, Panorama Szachowa, Schachinfo, usw.

Weitere Bücher aus unserem Verlag

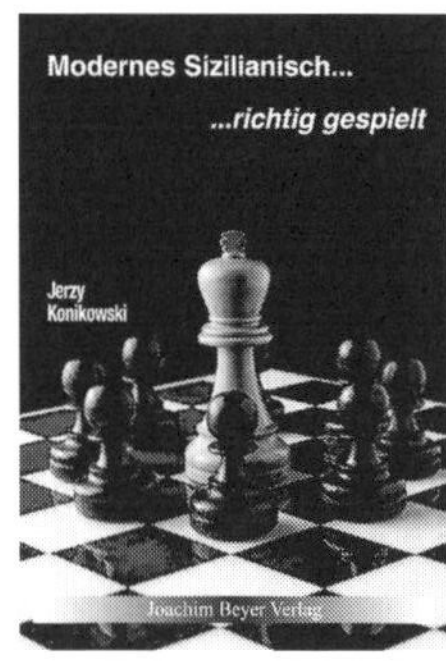

Jerzy Konikowski

Modernes Sizilianisch – richtig gespielt

304 Seiten, gebunden

Die Sizilianische Verteidigung ist heutzutage die meistgespielte Eröffnung gegen 1.e2-e4 und ihre Beliebtheit steigt unaufhörlich. Der Grund ist, dass hier viele scharfe und komplizierte Stellungen entstehen, mit vielen dynamischen Gegenchancen für Schwarz.

Die Verteidigung bietet Spielern jeglicher Spielstärke, vom Amateur bis hin zur Weltspitze, einen breiten Anwendungsbereich. Aus Platzgründen ist es leider nicht möglich, alle Sizilianisch-Systeme in einem Buch vorzustellen. Der Autor hat sich daher entschieden, Ihnen eine der heute populärsten Spielweisen, das Najdorf-System, näher zu bringen. Ohne Zweifel führt dieses System zu kompromisslosem Kampf mit guten Gegenchancen für Schwarz.

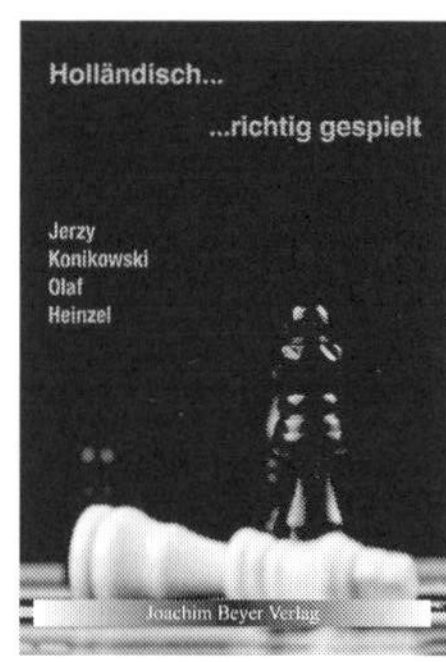

Jerzy Konikowski/Olaf Heinzel

Holländisch – richtig gespielt

152 Seiten, gebunden

Holländisch gilt gemeinhin als scharfe Eröffnung für den kämpferisch eingestellten Spieler, der nicht das positionelle Gleichgewicht wahren will, sondern mit 1... f5 auf die Beherrschung des Königsflügels abzielt und einen eigenen Weg sucht, die der Eröffnung innewohnenden Chancen zu seinen Gunsten zu nutzen.

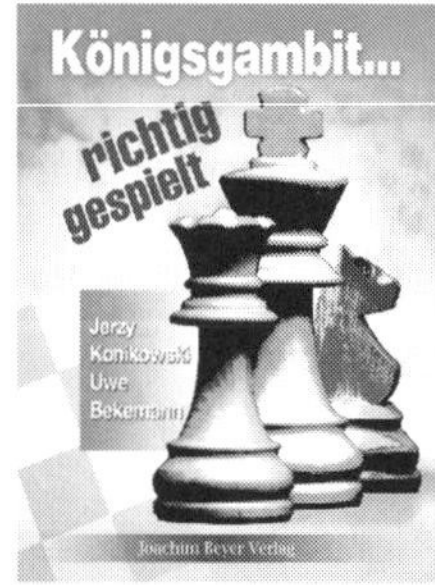

Jerzy Konikowski/Uwe Bekemann

Königsgambit – richtig gespielt

256 Seiten, gebunden

Sein strategisches Hauptziel besteht darin, durch das Bauernopfer auf f4 das Zentrum mittels d2-d4 zu besetzen, was eine schnelle Figurenentwicklung und einen baldigen Königsangriff anstrebt.

Das Königsgambit bietet Weiß in der Turnierpraxis gute Angriffschancen, da die Verteidigung für Schwarz nicht einfach zu führen ist, zudem ist besonders diese Eröffnung häufig mit einem Überraschungseffekt verbunden.